일제시대 독립군시가 연구

황선열

한국문화사

일제시대
독립군시가 연구

황선열 저

한국문화사

일제시대 독립군시가 연구

황 선 열 지음

2005년 7월 15일 초판 1쇄 인쇄
2005년 7월 20일 초판 1쇄 발행

펴낸이   김 진 수
펴낸곳   한국문화사
         133-823 서울시 성동구 성수1가 2동 656-1683 두앤캠하우스 502호
         전화 ■ 02)464-7708(대표) 3409-4488(편집부) 468-4592~4(영업부)
         팩스 ■ 02)499-0846
         등록번호 ■ 제2-1276호(1991.11.9 등록)
         e-mail ■ hkm77@korea.com
         homepage ■ www.hankookmunhwasa.co.kr

가격   20,000 원

ISBN 89-5726-294-6   03810

잘못 만들어진 책은 교환해 드립니다.

책머리에

　일제강점기라는 위압적 상황이 종식된 지 벌써 반세기가 훌쩍 지나갔다. 올해는 을사보호조약이 체결된 지 꼭 100년 째 되는 해이다. 민족이라는 하나의 혈연 집단이 다른 민족에게 유린당하고, 역사마저도 치욕의 기록으로 남아있는 일제강점기를 어떻게 평가해야할 것인가. 이것은 두고두고 우리 민족이 풀어야할 과제로 남아 있다. 해방 후 지금까지 잘못 끼워진 단추처럼, 뒤틀어진 독립운동사를 복원하는 일은 역사적 사명이다. 이와 마찬가지로 독립군들의 남긴 시가 자료를 일제시대 정신적 자산으로 복원하는 일도 문학적 사명이다.

　독립군시가는 구전문학의 양식이다. 급박한 시대 상황 속에서 만들어진 문학이 예술성을 가질 수는 없는 일이지만, 독립군시가에는 다양한 민족의 삶이 융화되어 있음을 확인할 수 있다. 문학이 당대의 사회와 그들의 삶을 형상화하는 것이라면, 독립군시가는 일제시대의 상황을 드러내는 문학이라 할 수 있다. 그러나 아쉽게도 그동안 독립군시가는 한국문학사에서 잊혀진 문학이었다. 일제시대의 현실을 가장 첨예하게 반영하고 있는 독립군시가는 한국문학사의 중요한 문학적 자산임에도 불구하고 우리 문학사에 까맣게 잊혀진 문학이었다. 이 역사적 모순과 문학의 부재를 회복하기 위해서 독립군시가를 연구해야한다.

독립군시가의 원형을 밝히고, 그 문학적 의의를 새롭게 조명하는 일은 너무도 중요한 문학 작업이다. 독립군의 기억 속에 남아있는 독립군시가 자료들이 사라지기 전에 민족문학사에 복원시켜야만 한다. 그 일을 하는 동안에 생존해 있던 독립군 두 분이 세상을 떠났다. 독립군 군가를 부르면서 목이 매이던 분들이었다. 그분들은 이 땅을 떠났지만, 그들이 불렀던 독립군군가는 독립군들의 정신과 함께 역사와 문학에서 길이 전할 것이다.

　현재의 문학은 과거의 정신적 산물이 축적된 것이다. 그러므로 문학에서 과거는 현재의 삶을 가꾸는 기름진 토양이다. 현재의 정체성을 찾는 일은 과거의 역사를 정당하게 평가하고, 그 역사적 가치를 현재의 삶에 반영하는 것이다. 그러나 우리는 일제시대 무엇보다 강한 저항자세를 보여준 독립군시가를 외면하거나 왜곡시킴으로써 민족의 정체성을 스스로 포기하고 말았다. 민족 정체성의 위기와 함께 독립군시가는 분단의 역사 속에서 일그러져 있었다. 일제시대 독립이라는 민족적 과제를 수행하는 대다수의 민중들이야 민족 정체성을 회복하는 것이 최대의 과제였다. 그런 점에서 독립군시가는 일제시대 민족의 정체성을 밝히는 중요한 문학 자료이다.

　여기에서는 독립군시가의 의미를 찾고, 이를 통해서 그 문학적 가치를 발견하려고 한다. 제1장에서는 독립군시가의 자료와 연구사를 살펴보았으며, 제2장에서는 독립군시가의 형성에 영향을 주는 의병시가를 다루었다. 제3장에서는 독립군시가의 작품을 분석하고, 그 문학적 의미를 살펴보았다. 다양한 작품을 분류하고, 주제별로 나누었다. 북한의 항일가요와 남한의 독립군시가를 논의의 대상으로 삼았다. 제4장에는 독립군시가의 문학적 위상과 앞으로 남은 과제를 짚어보았다. 끝으로, <부록 1>은 독립군시가자료집에 실린 작품 중에서 문학성이 뛰어나며, 널리 알려진 작품 중에서 남한의 독립군시가 35편과 북한의 혁명가요 15편을 엄선하였다. <부록 2>는 독립군활동을 하면서 채록한 이국영의 필사본 『망향성』을 실었다. 이국영의 『망향성』은 원본표기를 그대로 살렸다. 그것은 당시 표기법과 독립군시가의 변화양상을 살펴보기 위해서이다.

오랫동안 숙원의 일처럼 매달려 왔던 독립군시가 연구의 첫 번째 매듭을 짓는다. 이것은 새로운 연구를 위한 출발을 말하는 것이고, 앞으로 계속해서 독립군시가를 연구할 것이라는 다짐을 말하는 것이기도 하다. 부지런히 연구를 했는데도 더러는 빠뜨린 부분도 있고, 혼자 힘으로 감당하기 힘든 부분도 있다. 이것은 다음 기회에 다른 연구 단체와 연계하면서 지속적인 연구를 해야할 것이다.

어려운 여건 속에도 독립군시가의 학술적 가치를 인정해 준 한국문화사 측의 배려에 감사 드린다. 그리고 그동안 독립군시가 연구에 많은 격려를 보내주신 지도교수 이동순 교수님, 평생동안 수집한 독립군시가 자료를 아낌없이 보내주신 연변대학의 권철 교수님께도 감사 드린다. 가족이라는 이름으로 학문의 길에 함께 해준 아내에게도 감사 드린다. 표지 사진을 제공해주신 광복군제2지대 지하 공작원 고 차영철 선생께도 감사의 뜻을 전한다.

아직도 이 땅에는 친일의 주구들이 득세하고 있다. 이 모순된 역사를 언제까지 되풀이 할 것인가. 그 역사를 청산하기 위해 독립군의 정신을 오늘에 되살려야 할 것이다. 그것이 오욕의 역사가 되물림 되지 않는 길임을 명심해야 할 것이다.

2005년 여름
갈현서재에서
저 자

일제시대 독립군시가 연구

목 차

책머리에 / 5

제1장 서론 / 11

   1. 문제제기 ·· 11
   2. 연구사와 용어의 개념 ·· 18
   3. 독립군시가의 자료 분석 ·· 23
   4. 연구 방법과 연구 범위 ·· 41

제2장 독립군시가의 형성 배경과 그 영향 관계 / 51

   1. 지식인의 현실대응과 의병시가의 발생 ················ 51
   2. 의병시가의 정신적 기반 ·· 61

제3장 독립군시가의 전개 양상과 양식적 특징 / 103

   1. 망명 지식인의 독립운동과 그 역사적 흐름 ······ 103
   2. 작가계층의 확대와 창작의 대중화 ······················ 116
   3. 독립군시가와 민족문학의 상관성 ························ 121
   4. 독립군시가의 다양한 주제 유형과 분류 ············ 129

5. 북한의 독립군시가와 그 특징 ·· 225
   6. 독립군시가의 양식적 특징 ·· 235

제4장 결론 / 255

참고자료 / 261

부록1 독립군시가 50선 / 269

   1. 남한의 독립군 시가(35편) ·· 275
   2. 북한의 항일가요(15편) ·· 313

부록2 필사본 이국영 편, 망향성 / 335

   1. 망향편 ·· 347
   2. 애국편 ·· 419

찾아보기 / 513

   인명 찾기 ·· 513
   용어와 작품 찾기 ·· 523

제1장 서 론

1. 문제제기

　일제시대 민족문학을 계급주의 문학에서 그 본질을 찾으려고 한 연구자들은 계급주의 문학이 일제에 저항한 문학이었다는 점에서 긍정적인 평가를 내리고 있다. 실제로 일제시대 민족문학이 저항문학만 민족문학이라는 도식이 성립되기는 어렵겠지만, 민족의 생존권이 위협받고 있는 문제의 상황에서 일제와 저항한 문학은 민족문학의 외연을 충분히 확보하고 있다는 사실은 분명하다. 독립군시가는 저항문학의 요소를 가장 많이 갖고 있으며, 그런 점에서 민족문학의 정체성을 보여주는 문학적 성과물이다. 그럼에도 불구하고, 독립군시가는 우리 문학사의 권외에 밀려나 있었으며, 구비문학이라는 문학적 한계로 말미암아 연구 대상에서 제외되어 왔다. 그 이유는 좌·우익 진영에서 모두 독립군시가를 '민족문학'이라는 이름으로 이용하였기 때문이며, '민족문학'이라는 용어에서 '민족'이라는 접두어가 갖는 범칭(凡稱)이 오히려 민족문학의 개념을 명징(明徵)하게 하지 못하게 한 때문이라 할 수 있다.

그러나 민족문학은 민족의 역사 발전 단계에서 민족의 위기가 초래된 위악적(僞惡的) 상황에 맞서는 문학이라는 명제를 분명히 한다면, 독립군시가는 좌·우익의 이데올로기 상황을 뛰어넘어서 존재한다는 사실을 인식할 수 있을 것이다. 독립군시가는 일제시대 우리 민족의 존립 여부에 부합하는 문학적 대응물이라 할 수 있다. 이와 같이 독립군시가는 민족문학의 이분법적 인식을 넘어서 진정한 민족문학의 개념으로 받아들일 수 있는 문학이라고 할 수 있다. 그런 점에서 독립군시가는 민족문학의 새로운 지평을 열어줄 것이라 생각한다.

그러나 아쉽게도 지금까지 한국문학사에서 독립군시가는 민족문학의 범주에서 논의된 바가 없으며, 분단 이데올로기의 양극단에서 이용당하는 불우한 문학으로 폐기되어 있었다. 이러한 모순을 극복하는 것은 한국문학사의 올바른 인식을 위해서 전제되어야 하는 일이며, 더 나아가서 7,80년대에 거칠게 논의되었던 한국 근대문학사에서 민족문학의 개념과 성격을 분명하게 하는 일이기도 하다. 그런 점에서 독립군시가는 한국문학사에서 매우 중요한 위상을 차지하고 있으며, 이에 대한 연구는 향후 민족문학사의 기술에 새로운 분기점을 마련할 수 있을 것이다.

한국문학사를 기술할 때, 독립군시가는 주제 의식과 작가 계층, 형식 등에서 민족문학사의 범주에서 논의되어야 할 것이다. 그것은 독립군시가가 민족의 절박한 현실 문제의 전면(前面)에서 창작되거나 향유되었기 때문이다.

좁은 의미에서 독립군시가는 '독립'이라는 구체적 목적을 내세운 문학이며, 넓은 의미에서 민족의 당면문제를 극복하는 문학이라는 점에서 민족문학의 개념을 보다 분명하게 보여준다. 이처럼, 독립군시가는 일제강점기의 문제의식에 맞선 문학이며, 이를 보다 폭넓은 민중적 시각으로 재구성하고 있는 문학이다. 그런 점에서 일제시대의 위기적 상황에 맞서는 독립군시가는 한국문학사에서 민족문학의 구체성을 확보하는 문학이라 할 수 있다. 따라서 독립군시가는 민족문학의 범주에서 논의되어야 하며, 민족문학사에서 올바르게 자리매김되어야 한다. 섣부르게 가정하더라도 독립군시가는 일제시대 민족문학을 명징하게 보여주는 문학이며, 계급주의 문학과 민족주의 문학의 이분법적 대립에서 벗어나 민족의 문제와 민족의 정서를 충실하게 반영하는 문학이다. 독립군시가의 연구를 통해서 우리는 일제시대 민족문학의 개념을 새롭게 정립할 수 있는 계기를 마련할 수 있을 것이라고 본다.

그동안 독립군시가는 민족문학의 논의에서뿐만 아니라 기록문학의 범주에서조차도 제대로 다루어지지 않았다. 왜냐하면 문학이 언어예술이라는 관점에서 독립군시가는 군가(軍歌)라는 음악적 요소를 갖고 있기 때문이며, 적층문학(積層文學)으로 기록적 성격을 갖지 못하기 때문이다. 그러나 독립군시가에서 악곡을 제외한 노랫말은 언어적 자질로 되어 있다. 창작과 개사의 과정을 거치면서 기록문학으로 정착되어 일부는 구전되다가 나중에 기록으로 남겨지게 되었다. 음악적 요소와 문학적 요소를 동시에 갖고 있기 때문에 문학의 범주에서 도외시되거나 작가 미상의 구비문학이라는 한계성을 내세워 문학사에서 제외시킨다면, 우리 문학의 외연을 스스로 좁히는 결과를 가져올 것이다. 더군다나 일제시대의 폭압적 상황에서 창작 여건이 그리 자유롭지 못하였다는 점을 감안한다면 그 와중에서도 직설적으로 창작한 독립군시가는 당대의 현실을 가장 잘 드러낸 문학이라 할 수 있다. 이와 같이 독립군시가 속에는 다양한 삶의 양태가 반영되어 있어서 일제시대 민족의 현실을 폭넓게 드러내고 있다고 할 수 있다.

이를 전제로 여기에서는 크게 두 가지 방향에서 논의를 전개하려고 한다. 그 중의 하나는 독립군시가를 통해서 우리 문학사의 외연을 확보하는 일이다. 독립군시가의 저항정신과 그 속에 반영된 삶의 양태를 통해서 일제시대를 극복하는 우리 문학의 현실 대응 전략을 밝히는 일이다. 독립군시가의 저항정신과 문학적 대응 전략은 민족문학의 구체성을 보여주고 있으며, 일제시대 우리 민족의 현실 극복 의지를 잘 보여주고 있다. 이와 같이 일제시대라는 특수한 상황에서 민족문학의 개념은 우리 민족을 짓누르는 일본제국주의에 맞서는 문학이어야 하며, 당대 현실에서 민중의 정서와 삶의 문제를 절박하게, 혹은 폭넓게 반영하는 것이어야 한다. 독립군시가는 저항적 요소와 현실 반영이라는 두 가지 조건을 충분히 갖추고 있다. 그런 점에서 독립군시가는 문학의 범주에서뿐만 아니라, 민족문학사의 위상(位相)에서도 새롭게 조명되어야 할 것이다. 논의를 확대해 볼 때, 독립군시가는 당대 민중들이 향유한 문학이라는 점에서 만주지역에서 널리 유포된 유민시(流民詩)[1])와 동일한 맥락에 놓여있다.

다른 하나는 독립군시가의 노랫말이 음악과 함께 존재했다는 사실인데, 여기서 우리는 음악을 문학에서 논의할 수 있는 근거를 마련한다. 독립군시가는 문학과 음악 혹은 음악요소와는 불가분의 관계에 있다. 따라서 독립군시가는 자연스럽게 음악과 문학을 함께 논의의 대상으로 삼아야 하는 것이다. 이러한 사실에서 독립군시가는 민족음악과 민족문학에서 함께 논의될 수 있을 것이다. 독립군시가는 서구에서 유입된 악곡에 우리말 가사를 붙이거나, 혹은 광복군에서 자체적으로 만든 군가에 우리말 가사를 붙였는데, 이들은 모두 문학과 음악의 주체적 근대지향을 보여주는 중요한 자료가 된다. 이와 같이 독립군시가는 음악과 문학의 영역에서 민족예술의 새로운 방향을 보여주고 있다. 굳이 문학에 국한시켜 본다면, 독립군시가는 현실에 맞서는 의지와 저항정신을 강하게 드러낸다는 측면에서 일제시대에 현실과 타협한 지식

---

1) 윤영천은 『한국의 유민시』(실천문학사, 1987)에서 만주 지역으로 이주하면서 생성된 시적 대응을 연구하였다. 일제시대의 '유민시'는 지역적 특성과 향유 계층, 창작자의 측면에서 독립군시가와 맥락을 같이 한다. 독립군시가는 '유민시'와 분명한 경계를 지울 수는 없지만, 독립군시가는 내용의 측면에서 구체적 저항의 요소를 많이 갖고 있으며, 독립군들이 전투에 참가하면서 부르게 되는 군가적 성격이 강하다는 점에서 차별성을 갖고 있다.

인 문학의 위기를 극복하고 있다. 이러한 점에서 독립군시가는 일제시대 민족문학의 맥락에서 새롭게 조명될 수 있을 것이다.

이 두 가지 논의를 원활하게 하기 위해 먼저 독립군시가의 범주 설정이 필요할 것이다. 독립군시가는 창작 계층으로부터 향유계층에 이르기까지 그 담당 계층이 너무 넓고 다양하기 때문에 범주 설정에 상당한 무리수가 따르는 것도 사실이다. 그러나 문학을 결정하는 네 가지 요소, 즉 당대 사회, 작가, 작품, 독자의 입장에서 독립군시가의 범주는 다음과 같이 설정할 수 있다.

독립군시가는 당대 사회를 반영한다는 점에서 구체적 목적을 갖는 시가 문학이다. 그 목적은 나라를 빼앗긴 상황에서 나라를 되찾는 일이다. 또한, 독립군시가는 작가에 있어서 나라를 되찾는 일에 참가한 사람들이 쓴 시가문학이다. 이들 독립군들은 창작과 향유라는 두 가지 요소를 공유하고 있다. 이 두 가지 사실을 염두에 둘 때, 독립군시가는 빼앗긴 나라를 되찾는 목적성을 갖고 있으며, 동시에 그 현실 문제의 전면에 있는 사람이 창작하거나 향유한 것이라 할 수 있다. 이것은 독립군시가의 범주가 전문적인 문인들뿐만 아니라 일반 대중들까지 창작의 주체로 참여하고 있다는 것을 말한다. 이에 덧붙여 독립군시가는 민족의 현실의 문제를 예각적(銳角的)으로 드러내고, 이것을 해결하려는 극복 의지가 나타나야 한다. 독립군시가는 '독립'과 '민족'이라는 두 가지 개념을 만족시키는 문학이다.

개념적 측면에서 독립군시가는 일제시대 우리 문학 중에서 민족문학의 성격을 분명하게 보여주는 문학이며, 주제의식의 측면에서 당대의 현실을 첨예하게 반영하는 리얼리즘 문학이라 할 수 있다. 독립군시가는 민족의 정체성을 잃은 시대에 민족의 생존권을 위해 저항한 민족문학의 모습을 가장 온전하게 보전하고 있는 문학이다. 그런 점에서 독립군시가는 일제시대의 비극적 현실을 극복하는 저항문학이며, 일제 침략을 당하고 있는 상황에서 민족의 정체성을 확보하는 민족문학이다.

독립군시가의 범주가 규명되고 난 뒤에 그 문학적 성과를 고찰할 수 있을 것이다. 독립군시가의 문학적 성과는 민족문학으로서 가능성을 밝히는 문제이기도 하다. 독립군시가는 문학적 의미와 다른 문학 장르와의 상호 영향관계 속에서 비로소 그 문학적 위상이 분명해진다. 우리 문학의 정신적 맥락에서 독립군시가는 고전 문학의 전통을 계승하고 있으며, 형식적 측면에서도 전통적 양식을 일정하게 수용하고 있다. 이것은 독립군시가의 문학적 성격과 문학사적 위상과 관련된 문제이다. 이를 위해서 몇 가지 선행 연구가 필요하다.

우선, 독립군시가와 가장 많은 영향 관계를 갖고 있는 애국계몽기 의병시가에 대한 검토가 있어야 한다. 독립군시가가 의병시가에 근원을 두고 있으며, 이들의 정신적 맥락을 이어가고 있기 때문에 의병시가의 분석은 독립군시가를 연구하는 선행조건이 될 것이다.

독립군시가와 의병시가는 목적과 현실에 대한 대응 방식에 있어서 동일한 양상을 보이고 있다. 독립운동사의 맥락에서 의병운동은 국외 독립운동의 발생에 그 기원이 되고 있으며, 일제 침략 전쟁에 맞서는 연장선상에서 이해되어야 한다. 의병시가는 국내 독립운동의 과정에서 발생한 문학적 성과물이라는 점에서 독립군시가의 전사(前史)라는 문학사적 의의를 갖는다.

다음으로 애국계몽기 의병시가의 창작계층과 향유계층에 대한 연구가 있어야 한다. 왜냐하면, 의병시가는 독립군시가의 향유계층과 창작계층의 근원을 이루고 있으며, 정신적 측면과 양식적 측면에서 매우 중요한 상관관계를 형성하고 있기 때문이다. 독립운동의 역사적 전개 과정 속에서 의병운동의 주체세력은 만주 지역 독립운동의 주체 세력으로 이동하였으며, 일부는 국내에서 지하 조직을 만들어 거점을 확보해 나갔다. 독립군시가는 국내 의병들이 만주와 국내로 확대되면서 새로운 독립전쟁을 모색하는 과정에서 발생한 문학이다. 의병들의 망명으로 만주 지역에서는 새로운 독립단체가 조직되었고 그 세력을 확장해 나갔는데, 이 과정에서 독립군시가가 만들어지고 가창(歌唱)되었다. 이런 까닭에 의병시가의 창작계층과 향유계층은 독립군시가의 발생에 지대한 영향관계에 놓여 있다.

독립군시가는 의병시가의 양식에서 발생한 문학적 성과물이라 할 수 있다. 독립군시가는 의병시가와 마찬가지로 주제 유형에 있어서 당대 사회의 문제의식을 다양하게 표출하고 있으며, 양식적 측면에 있어서 의병시가의 율격체제를 그대로 유지하고 있다. 그런 점에서 의병시가는 독립군시가의 연구를 위해 반드시 선행되어야 하는 것이다.

이 책에서 다루고 있는 독립군시가는 이분법적 사고에 매몰되어 있는 민족문학의 문제를 해명하는 열쇠가 될 수 있을 것이며, 아울러 계급문학과 국민문학으로 양분되어 극단적 이데올로기 대립을 보여 온 민족문학을 뛰어넘어 민족문학의 본령을 밝히는 문학적 대응물이 될 것이다. 독립군시가의 연구는 우리 문학사의 권외에서 밀려난 독립군시가를 한국문학사에서 논의할 수 있는 발판을 제공해 주며, 만주 지역 문학사로 떨어질 수 있는 독립군시가를 우리 문학사에 편입시킬 수 있는 기재(機材)가 될 것이다. 더 나아가 독립군시가는 해방 후 분단이데올로기를 획책한 편향된 민족문학의 논의를 벗어나 민족의 독립이라는 큰 주제에 놓여진 민족문학의 본령을 명백하게 해 줄 것이다. 이 책을 통해서 독립군시가가 우리 문학사의 범주에서 활발하게 논의될 것이며, 일제시대 우리 문학의 토양을 보다 풍부하게 해 줄 것이다. 이와 더불어 민족문학의 논의도 그 본령을 찾을 수 있을 것이라 생각한다.

그동안 독립군시가는 자의든 타의든 우리 문학의 권외에 밀려나 있었으며, 남북의 집정자들에 의해 심각한 훼손을 당하고 말았다. 이것은 일제의 침략 행위보다도 우리 민족의 내부 문제가 더 심각하다는 것을 말하는 것이다. 이런 내·외적 요인 때문에 독립군시가가 일제시대의 사회현실을 치열하게 드러내고 있음에도 불구하고 문학사에서 밀려날 수밖에 없었다. 이에 덧붙여 독립군시가는 작가를 알 수 없는 작품이 많고, 다양한 방식으로 창작되었으며 또한 가감삭제가 이루어졌다. 이 때문에 독립군시가는 문학으로서 자료적 한계를 노정하고 말았다.

그러나 우리는 독립군시가를 통해서 왜곡된 역사관을 바로잡고, 모호한 민족문학의 개념을 분명하게 해야 할 필요가 있다. 독립군시가는 일제시대의 암울한 시대 현실에서 우리 문학의 존립 여부를 놓고 자괴(自愧)하거나, 자기 위안으로서 저항문학의 방편을 찾아간 지금까지의 문학 연구 방법에 하나의 새로운 전기(轉機)를 마련해줄 것이다.

이러한 문제점을 해명하기 위해서 독립군시가의 특징을 고찰하고, 이를 다시 주제 유형별로 나누어서, 그 형식적 특징을 규명하려고 한다. 그 전사(前史)로서 의병시가의 정신적 특징과 주제의식을 검토하고, 이를 기초로 독립군시가의 문학적 연속성을 검증하려고 한다. 이 책은 독립군시가를 통해서 민족문학의 본령을 규명하고, 우리 문학사의 권외에 밀려난 독립군시가의 문학적 위상을 정립하려는데 그 목적이 있다.

2. 연구사와 용어의 개념

독립군시가는 음악적 요소와 문학적 요소를 동시에 갖고 있다. 음악사에 있어서는 '독립군시가'는 군가의 영역에서 다루어져 왔으며, '독립군시가'라는 명칭보다는 독립군군가라는 명칭이 보편화되어 있다. 지금까지의 연구 성과에서 볼 때, 독립군시가는 근대음악사에서 구한말 한국군의 군가와 그 영향관계로서 광복군군가까지를 포함하여 독립군군가라는 개념으로 연구되어 왔다. 이 연구를 통해서 독립군시가가 음악사에서 차지하는 위상을 밝히면서 민족음악의 근원을 이루고 있는 것으로 평가하고 있다. 최근에는 독립군시가와 일본군가와의 비교연구, 북한의 항일가요와 일분군가의 영향관계, 더 나아가 독립군군가와 중국군가의 상관관계 등에서 활발한 연구가 이루어지고 있다.2)

우리 문학사에서 독립군의 노랫말을 문학으로 수용하거나, 그 문학적 성과를 따져보는 작업은 비교적 최근에 있었다. 만주지역의 독립군시가와 관련된 최초의 연구는 윤영천의 『한국의 유민시』(실천문학사, 1987)이다. 이 연구는 국내외 유이민의 역사를 고찰하면서 유이민들의 정서를 반영하는 시들을 다양하게 소개하고 있다. 이 연구를 통해서 그동안 우리 근대문학사의 외곽에 있었던 만주지역의 문학을 우리 문학의 영역으로 끌어들일 수 있었으며, 만주, 시베리아, 일본, 멕시코 등지의 유이민의 문학에서 나타난 우리 민족의 삶이 풍부하게 재현되었다. 유민시는 '일제의 폭압적인 식민통치에 결연히 맞서 싸운 양식적 대응이었으며, 또 그것에 쉽게 굴종하거나 반동적으로 예속당함이 없이 즉각적으로 응전하는 자기정체성 및 자기성실성'을 분명히 보여준 시가문학이었다.3) 이 연구에서 일제시대의 폭압적 상황에서도 굴복하지 않았던 우리 민족의 정신적 흐름을 분명히 할 수 있었다.

그러나 유민시의 연구는 '자료를 제대로 섭렵할 수 없었다'는 점과 '20년대의 만해나 소월, 30년대의 이육사와 윤동주 정도로 구축되는 약한 골격을 서둘러 실세화'하면서 유민시 부분만 다루었다는 한계점이 있다. 이러한 한계점에도 불구하고 유민시 연구는 일제시대 문학의

---

2) 노동은은 '의병가'와 '독립군군가'를 민족음악의 맥락에서 일제시대 우리 민족의 정서를 잘 반영하는 음악적 성과물로 평가하고 있다(노동은, 『한국근대음악사』, 한길사, 1995). 또한, 민경찬은 북한의 혁명가요와 일본군가를 비교분석하면서 군가에 반영된 음악적 왜곡과 한계점을 연구하였다(민경찬, 「북한의 혁명가요와 일본의 노래」, 제2회 국제음악학술심포지엄 : 한국음악학발표논문요지, 1998). 최근에는 1940년경의 한유한은 광복군군가를 많이 작곡하였는데, 이에 대한 연구도 최근 국내외에서 활발한 논의가 이루어지고 있다(양무춘 지음, 오금덕 옮김, 「항일시기 작곡가 한유한에 대한 기초 조사 보고서」, 『한국음악사학보』 20권, 1998).
3) 윤영천, 앞의 책, 201쪽 참조.

토대를 풍부하게 하고 있다는 점에서 분명한 의의가 있다.

다음으로 이동순의 『민족시의 정신사』(창작과비평사, 1996)가 있는데, 이 연구는 애국계몽기의 민족시가와 일제시대 가요시의 맥락을 연결하는 민족시의 정신적 측면을 분석하고 있다. 이 중에서 독립군시가와 관련된 부분은 「일제강점기 가요시에 나타난 현실인식」이다. 이 논문에서 일제강점기 대중가요에 나타난 민족문학사적 의의와 정신사적 성격을 밝히고 있는데, 이들 대중가요 중에는 독립군들이 향유한 노래들이 상당히 있으며, 실제 독립군시가를 창작한 작가도 더러 있다. 이 논문의 성과는 대중가요에 나타난 현실주의 가요시를 우리나라 민족문학사의 한 영역으로 전제하고 있으며, 이들을 시문학 장르 중 한 자리로 끌어들이고 있다는데 있다. 또한, 이를 통해서 민족문학사의 내부를 재정리하고, 가요시를 일제시대 문학의 한 영역에서 확정된 가치로 자리매김하고 있다. 그러나 이 연구에서는 가요시 중에서 독립군이 향유했다는 특수성과 독립군군가를 논의에서 제외시켰다는 점에서 한계가 있다.

국내에서 만주지역 독립군시가가 논의되는 시점에서 이미 만주의 연변지역에서는 체계적이고 광범위하게 독립군시가가 연구되어 왔다. 비교적 최근의 연구 성과는 권철의 『광복 전 중국 조선민족 문학연구』(한국문화사, 1999)가 있다. 이 연구에서 독립군시가와 관련한 부분은 「근대 중국 조선민족 문학론」과 「조선민족의 이주초기 구비문학」이라는 논문이다.

먼저, 「근대 중국 조선민족 문학론」에서는 만주 지역에 남아있는 창가, 독립군가, 한시의 세 부분으로 나누어 고찰하고 있는데, 이 중에서 독립군시가는 주제에 있어서 문명개화와 민족의 각성을 고취하는데 머무른 창가와는 달리 일본의 침략을 폭로 단죄하고, 거족적 무장투쟁을 보여주고 있다고 밝히고 있다. 또한, 독립군시가는 형식면에서 다양한 표현기법과 4·5, 6·5, 7·5, 8·5 등 다양한 음수율의 변화로

시의 운율을 살리고 있다고 주장한다. 그러나 이 논문은 만주지역에 남아 있는 독립군시가의 일부분을 통해서 그 문학적 성과를 살펴보았기 때문에 남한과 북한에 남아있는 독립군시가의 전면을 다루지 못했다는 한계점이 있다.

이들 선행 연구들은 독립군시가라는 단독 연구가 아니라, 당대 대중의 취향을 폭넓게 반영하는 작품에 대한 개괄적 연구였다. 독립군시가의 연구는 다른 시가 장르의 일부분으로 다루어져 왔으며, 음악적 요소가 있다는 점에서 문학에서 본격적인 연구가 이루어지지 않았다. 또한, 이들의 선행 연구는 '독립군'이라는 한정된 집단적 특성과 그들의 정신을 담아내는 작품의 특징을 살펴보지 않았다는 점에서 본격적인 논의가 되었다고 할 수 없다. 이런 점에서 독립군시가는 '독립군'이라는 집단적이고, 특수한 영역을 고려하여 연구되어야 할 것으로 본다.

지금까지 논의에서 독립군시가의 연구는 불모지나 다름없다는 것을 알 수 있었다. 용어의 문제로부터 지역과 계층, 자료의 문제까지 그 연구의 방향은 거의 전무하다고 해도 과언이 아니다. 여기서 '독립군'이라는 집단적 요인을 갖고 있는 독립군시가는 지금까지 어떤 용어로 불려졌으며, 어떤 특성을 갖고 있는가라는 문제가 제기된다.

이 책에서 독립군시가라는 용어는 현재 남한에서 쓰고 있는 용어를 그대로 쓴 것이다. 여기서 사용하는 독립군시가는 일제시대 독립을 위해 싸운 집단인 '독립군'이라는 단어와 문학으로서의 '시가'라는 단어가 합쳐진 범칭(凡稱)의 개념으로 설정한다. '독립군시가'의 범칭은 남한에서 독립군시가로, 북한에서는 혁명가요로, 중국 조선족에서는 항일가요로 불려진다. 이들 용어에 대해서 개념을 분명히 정리하고 있는 것은 북한인데, 북한의 문학예술 사전에서는 혁명가요를 다음과 같이 정의하고 있다.

"혁명가요는 낡고 반동적인 사회제도와 착취계급에 반대하고 민족적 및 계급적 해방을 이룩하며 자주적이며 창조적인 새 사회를 건설하기 위한 혁명의 노래, 투쟁의 노래 (…중략…) 일반적인 특징은 매우 예리하고 투철한 정론성과 강한 호소성, 전투성이며 형식의 대중적 성격이다"[4]

이 정의는 다소 생경하게 들릴지는 모르지만, 사회현실과 목적성을 전제로 할 때 비교적 분명한 개념 정의를 하고 있는 것으로 보인다. 그러나 북한의 혁명가요에 대한 개념 정의는 일제시대에만 적용되는 것이 아니라, '계급적 해방'을 위한 노래까지 포함하므로 일제시대로 한정시킬 수 없다는 한계점이 있다.

중국의 조선족에서는 독립군시가에 대한 개념 정의를 해놓은 것은 없지만, 북한에서 사용하고 있는 '혁명가요'라는 다소 이념적인 정의를 좀더 구체화시켜 일제에 저항하였다는 점을 강조하여 '항일가요'라 부르고 있다. 이것은 일제시대라는 시대적 규정과 함께 '저항가요'라는 점을 강조하면서 구체성을 갖는 것처럼 보이지만, 여기에 채록된 작품들의 면면을 살펴보면, 사회주의 혁명과 관련한 작품만 싣고 있어서 북한의 혁명가요와 별반 다르지 않다는 점을 알 수 있다.

독립군시가는 빼앗긴 나라를 되찾기 위해 불려진 노래라는 내포적 개념을 갖고 있으며, 일제시대로부터 독립하려는 민족주의 정신을 포함하고 있다. 그런 점에서 독립군시가는 일제시대 독립운동을 위해 싸우면서 그 격전의 현장에서 창작되거나 불려진 작품이라 할 수 있다. 따라서 독립군시가는 북한의 혁명가요가 지향하는 사회주의 혁명의 포괄적 개념에서 탈피하고, 조선족의 항일가요에서 나타난 제국주의를 타도하는 저항의 노래라는 투쟁적 개념에서 벗어나 보편적인 개념으로 정의할 수 있다. 독립군시가는 '독립'이라는 당대 사회의 절대적

---

4) 사회과학원 주체문학연구소(편찬), 『문학예술사전(하)』, 평양:과학백과사전종합출판사, 1993.

과제를 수행하는 노래라는 구체성을 가지며, 일제시대라는 시대적 개념을 포함하는 용어이다.

독립군은 독립운동을 한 단체라는 집단의식을 반영하고 있으며, 합방 후부터 끊임없이 민족의 문제로 제기된 독립운동에 참가한 일군(一群)의 단체를 통칭하는 말이다. 넓은 의미에 있어서 독립군은 의병운동, 독립운동, 광복군 활동 등의 성격을 보편적으로 반영하고 있다. 독립군시가는 독립운동이라는 외연적 개념에 문학적 요소인 시가(詩歌)라는 내포적 개념이 합쳐진 말이다. 따라서 독립군시가라는 말은 독립운동에 참가한 개인이나 단체에서 창작하거나 향유한 시가문학을 통칭한다.

독립군시가는 시대성과 목적성을 동시에 포함하는 말이며 일제시대 독립운동에 참가한 개인과 단체에 의해 불려진 작품이라는 측면에서 시대적 요건과 정신적 요건을 함의하는 개념이라 할 수 있다. 독립군시가는 의병항쟁 이후 만주지역과 국외에서 독립군 활동을 하면서 독립군의 사기를 진작시키고, 민족정신을 함양하기 위한 목적으로 불려진 노래를 말한다.

3. 독립군시가의 자료 분석

그러면 이러한 개념에 부합하는 독립군시가는 어떤 문학적 성과물로 남아있는지 살펴보기로 하자. 독립군시가는 독립전쟁의 와중에 불려진 것들이기 때문에 대개 구전시가(口傳詩歌)의 형식으로 전하여졌다. 더러는 만주와 그외의 지역에서 설립한 독립군 양성기관에서 만들어지기도 했는데, 이것은 대개 악곡과 노랫말이 기록문학으로 남아 있다. 독립군시가는 1905년대 이후 근대적 학교에 보급된 학교 창가의 영향으로 발생하였다. 독립군시가는 독립정신을 고취하는 노래로 불려진 것으로부터 만주와 국외에서 독립군 활동을 하면서 불려진 노랫말과 문학적 성과물을 통칭하는 것이다.

현재까지 남아있는 독립군시가는 의병시가와 일정 부분 연계되어 있으며, 의병시가는 애국계몽기 문학적 양식을 보여주고 있다. 애국계몽기의 의병시가 중에서 창가는 독립군시가의 형성에 직접적인 영향을 갖고 있다. 창가는 애국계몽기 의병가사와 1920년대 이후 독립군시가의 형성에 지대한 영향관계를 갖고 있기 때문이다.

창가의 발생에 대해서는 여러 가지 이견들이 있지만, 이들을 종합하면 내부적 발생과 외부적 발생 요인으로 나눌 수 있다. 먼저, 내부적 발생 요인으로 볼 때, 창가는 개화가사에서 형식의 변형이 일어나면서 발전하였다는 것이다. 조선시대부터 우리 문학의 중요한 장르의 하나로 지속되어온 가사문학은 애국계몽기에 들어서면서 약간 긴 형식의 개화가사로 변형되었다. 긴 형식의 개화가사는 그 내용이 주로 계몽과 권고라는 교훈적인 주제를 담고 있었으며, 나중에는 근대 시민정신의 영향으로 대중들에게 쉽게 전파되는 짧은 형식의 창가로 발전하였다.[5]

다음으로 외부적 발생 요인으로 볼 때, 창가는 선교사들에 의해서 서양음악이 전래되면서 이들이 부른 찬송가에서 발전한 형식이라는 것이다. 이러한 관점은 서양 문물의 전래로 새로운 형식의 문학 양식이 나타났고, 일본에서 발생한 창가(唱歌, ショーカ : 쇼오까)의 영향으로 형성되었다는 것이다. 음악과 결부된 창가의 특성을 고려할 때, 외적 요인은 상당한 설득력을 갖고 있다. 그러나 그 발생의 요인보다는 자료적 가치를 밝히는 것이 선결 과제임으로 내·외적 요인으로 발생한 창가 중에서 독립군시가와 관련하여 어떤 자료가 유용한지 검토해야 한다.

이와 같은 두 가지 요인으로 발생한 창가는 대중들에게 전파하기 위

---

5) 신용하, 「최신창가집-해제」(국가보훈처, 『최신창가집』, 국가보훈처, 1996), 23쪽 참조.

하여 창가집으로 묶여졌다. 창가가 일반인들에게 알려지기 시작한 것은 1905년을 전후한 시기이다. 그것은 근대적 교육기관이 설립되면서 교가를 만들어 전파한 것과 함께 선교의 목적으로 외국의 악곡에 우리말 노래를 담은 찬송가가 보급되면서 시작되었다. 특히, 1910년부터 창가는 학교 교육의 교과과정으로 편제되면서 대중들에게 널리 불려졌다. 그런 점에서 창가는 일본의 침략적 목적으로 만들어졌으며, 합방을 전후하여 일반인들에게 널리 알려졌다.[6] 초기의 창가는 서양문물의 소개와 국민 계몽을 위한 목적으로 만들어졌지만, 합방을 전후한 시기에 이 노래들은 조직적으로 일반 대중들에게 빠르게 전파되었다.

독립군시가와 관련한 창가 자료는 합방 이전의 것으로 위기의 정국을 주체적으로 극복하기 위해서 애국계몽사상, 자유주의 정신, 독립정신을 주제로 한 작품들이다. 여기에 해당하는 창가자료집은 1905년 이성식의 『중등창가집』이 있다. 이 자료집은 개인이 발행한 최초의 창가집이다. 그 후 1910년 합방과 함께 학부에서 『보통교육창가집』(제1집)이 발간되었다. 1910년 이후에 많은 창가집이 묶여졌지만,[7] 그 내용에 있어서 '독립'이라는 목적의식보다는 '계몽'이라는 교훈성을 더 많이 드러내었기 때문에 치열한 현실의식을 드러내지 못하고 있다.

이들 창가집은 대부분 독립과 교육, 개화 등의 계몽적 내용을 담고

---

6) 일본의 창가는 1871년 일본의 문부성이 창설되고, 1872년 학제를 개편하면서 소학교에 창가라는 과목이 만들었다. 1879년 문부성음악취조괘(文部省音樂取調掛)가 설치되었고, 1881년에는 『소학창가집』(초편), 1883년에는 『소학창가집』(제2편), 1884년에는 『소학창가집』(제3편)이 간행되었다(호리우찌 케이조우・이노우에 타케시 공저, 민경찬 옮김, 「일본의 창가」, 『한국음악사학보』 16권, 1996, 187-189쪽 참조).
7) 1905년부터 1925년경까지 창가집 형태로 발간된 책은 31권에 이른다. 이상준이 8권, 홍영후(홍난파)가 6권, 정경휘가 5권, 조선총독부 2권, 기타 10권이다. 이들 책에는 대부분 일본 노래가 실려있으며, 서양곡조에 가사를 붙인 것들이 많다. 작사가로는 이상준, 김인식이 대부분을 차지한다(나운영, 「한국 양악의 뒤안길」, 『음악교육』, 1991).

있으며, 악보는 주로 서양에서 알려진 악곡을 그대로 사용하거나, 선교의 목적으로 불려진 찬송가 악곡을 사용하고 있다. 애국계몽기 창가의 보급에 중심 역할을 한 사람은 김인식(金仁湜, 1885-1962), 이상준(李尙俊, 1884-1948), 김형준(金亨俊, 1884-?) 등이었다. 이들은 한국 근대 음악 운동을 주도한 작곡가로 서양음악을 국내에 보급시켰으며, 각급 학교에 음악을 통해서 애국심을 고취시켰다. 이들 창가집은 교과용 도서로 만들어졌기 때문에 주로 계몽적인 내용을 담고 있었다.8) 일본의 창가가 침략을 위한 목적으로 보급되었듯이, 국내의 창가도 그 형식상으로 국가, 교가, 기숙사가, 응원가, 군가, 동요, 민요 등으로 불려지면서 일정한 목적성을 갖고 있었다. 이와 같이 국내에서 발간된 창가집은 일본 국가와 일본말 가사 등이 상당수 실려 있어서 독립군 시가로서 자료적 한계를 보인다.

그러나 이들 창가집 중에서 민족의식을 내세운 자료는 이상준의 창가집이다. 이상준은 창가를 통해서 민족의 자각을 일깨웠고, 독립정신과 민족의 각성을 촉구했다. 그의 창가집은 여러 가지 측면에서 중요한 의미를 가진다. 그가 남긴 창가집은 『최신창가집』(1918), 『명승지리창가집』(1921), 『풍금독습중등창가집』(1921), 『최신중등창가집』(1922), 『신유행창가집』(1922), 『풍금독습중등창가집-개정증보판』(1929), 『소애락(笑哀樂)창가집』(1930) 등이 있다.

이 중에서 이상준의 첫 번째 창가집인 『최신창가집』(박문서관, 1918)을 통해서 일제시대 창가집이 가진 문제점을 살펴보기로 하자.9) 이 책

---

8) 교과용 창가집으로 묶여진 김인식의 『보통창가집(전)』의 작품을 살펴보면, 전체 31편 중에서 부모의 은덕, 권학, 석별, 스승의 은혜 등과 같은 교훈적인 내용이 많이 실려 있음을 알 수 있다.
9) 이상준의 창가집을 소개한 논문은 다음과 같다.
박은경, 「이상준의 『최신창가집』연구」, 『한국음악학회논문집-음악연구』 15, 1997.
박은경, 「이상준의 『풍금독습중등창가집』연구」, 『음악과 민족』 12권, 1996.

에는 전체 37편의 작품이 실려 있는데, 1편에 다섯 작품, 2편에 두 작품이 일본 노래이다. 1편의 일본국가(君が代), 기원절(紀元節, 제1대 신무천황의 즉위일), 천장절(天長節, 일본천황 생일날)은 국내에서 창가집을 묶어내는 한계점을 여실히 보여주고 있다. 국내에서 편찬한 창가집에 수록된 작품이 일본군가와 천황기념일을 축하하는 작품이 실려 있다는 점에서 합방 후 창가집 발행의 한계점을 발견할 수 있다. 그러면서도 나머지 30편이 계몽성과 독립의 중요성을 계몽하고 있다는 점에서 어느 정도 그 한계를 극복하고 있다. 그러나 국내의 창가집이 일본의 군국주의를 홍보하는 수단으로 이용되었으며, 총독부 산하의 학부에서 교과과정의 편제를 담당하였기 때문에 민족음악을 내세운 이상 준의 창가집이라고 해도 국내에서 발간했다는 점에서 일본의 영향에서 크게 벗어나지 못하고 있다. 그런 점에서 국내에서 발간한 창가집은 본격적인 독립군시가로 보기 어렵다.

지금까지 남아있는 창가집 중에서 독립군시가로서 자료적 가치가 있는 것은 국가보훈처에서 발행한 『최신창가집』(국가보훈처, 1996)이다. 이 책은 만주지역 항일 노래모음집으로는 가장 방대한 자료가 수록되어 있다. 구한말부터 1914년까지 국내와 국외에서 불려진 창가들 중에서 항일의식을 고취하는 노래를 엄선하여 실었다. 이 자료집의 원본은 1914년 북간도 소재 광성학교에서 사용되던 음악교재로서 일제 간도영사관에 압수되었던 등사판 창가집이다.

이 창가집을 발행한 광성학교는 만주로 망명한 한민족 동포들이 1911년 길림성 연길현 국자가(局子街) 소영자(小營子)에 설립한 민족학교이다. 이 학교의 교장은 이동휘, 교사는 김하석(金夏錫), 김립(金立), 윤해(尹海), 오영선(吳永善), 김상호(金常鎬), 계봉우(桂奉瑀) 등이었다. 독립운동가 이동휘와 민족운동가들이 주축이 된 광성학교는 철저한 독립정신과 애국사상을 교육하여 후일에 독립군간부를 양성하고자 하였다. 여기서 만든 창가집은 '독립'이라는 목적에 가장 부합하는 것이었다.

등사판 『최신창가집』은 이러한 민족 교육의 목적에 부합하는 '창가' 시간의 교재였다.10) 이 책의 1부는 한국민족의 독립정신을 고취시키는 내용의 창가를 악곡과 함께 수록해 놓았고, 2부는 '음악문답(音樂問答)'으로 이론편이 실려 있다. 또한, 악곡과 함께 창가가 '가나다' 순서로 배열되어 모두 151곡이 실려 있다.

이 창가집은 김형준의 『보통창가집』에 실린 31편 중 23편이 실렸고, 이상준의 『최신창가집』에 실린 37편 중 15편이 실렸다. 김형준과 이상준의 책에 중복하여 실린 창가는 모두 8편 있으며, 이상준의 창가집에는 7편이 일본말 가사로 되어있는 점을 미루어 볼 때, 광성학교의 등사판 『최신창가집』은 국내에 남아있는 창가들 중에서 독립정신에 부합하고, 내용이 중복되는 창가를 엄선하여 실었음을 알 수 있게 한다.

그러나 이 책은 편자 미상의 자료집이다. 1914년경의 만주지역은 국내의 여건보다도 사회적, 경제적으로 매우 열악한 환경에 놓여 있었다. 이 자료집도 출판사에서 활자로 인쇄한 것이 아니라, 등사판으로 만든 학교 교재였다. 제2부는 음악이론과 올간, 기악까지 문답식으로 상세하게 설명하고 있다. 이 등사판의 편자는 음악의 전문적 지식을 갖춘 사람임을 알 수 있다. 여기에 실린 창가는 애국사상을 고취시키는 주제가 8편이 있고, 학문을 권장하는 노래가 4편이 있으며, 항일과 관계없는 노래라 하더라도 독립운동을 고취시키는 상징적인 주제를 갖고 있었다.11) 따라서 이 자료집은 민족문학의 성격을 갖는 창가집으로 독립군시가를 연구하는 자료적 가치가 있다.

등사판 『최신창가집』에 실린 창가들은 대개 독립군시가로 이어졌고, 일부는 새로운 가사로 개작되어 독립군들 사이에 불려지기도 했다. 독립군기지를 건설하기 위해 설립한 각 민족학교는 교가, 응원가

---

10) 신용하, 「최신창가집-해제」, 국가보훈처, 『최신창가집』, 국가보훈처, 1996 참조.
11) 구양근, 「독립군의 항일노래모음 『최신창가집』」, 『민족문제연구』 8권, 1995, 7쪽 참조.

등을 만들었고, 이들 노래들은 1920년대 독립 전쟁의 와중에서 그들의 고통과 울분을 달래는 방편으로 불려지기도 했다. 이들 노래들은 1930년대와 40년대에 와서 독립군 단체가 조직되면서 체계적으로 정착되었다.

이렇게 정착된 독립군시가는 1940년대 광복군이 창설되고 난 뒤에 문화선전대원에 의해 독립군군가의 형태로 기록되었다. 그러나 이 과정에서 많은 부분 윤색이 이루어졌고, 더러는 그 내용이 바뀐 것도 있다. 격전지의 상황을 회상하면서 개인적으로 불렀던 노래와 기억에 의존하여 불려진 독립군시가는 개인 필사본으로 남아 있었다. 해방 후, 북한에서는 인민 교육을 위한 노동당의 정책의 일환으로 혁명가요로 채록하였고, 남한에서는 국내로 돌아온 광복군 출신들이 독립군가보존회를 결성하여 구전자를 찾아서 채록하여 독립군시가집으로 묶었다.

해방 전, 본격적인 독립군시가의 창작과 기록은 일제시대 말 광복군 문화공작대에서 활동한 작곡가 한유한에 의해 이루어졌다. 한유한은 어린 시절에 부친을 따라 중국에 가서 중국 근대음악을 배웠다. 그는 『신가극삽곡』(신중국문화출판사, 1940)과 『낙원행진곡삽곡』과 같은 악극(樂劇)을 창작했다.[12] 『신가극삽곡』은 한유한과 중국음악가 이가(李嘉)가 합작한 작곡집이다. 한유한은 작곡가로서도 중국 근대 서양음악사에 중요한 위상을 차지한다. 한유한이 광복군 문화공작대 활동에 참여하면서 독립군시가는 서양악곡에 노랫말을 담는 근대적 형태를 갖추게 되었다. 이 때 발간한 독립군시가집이 현재 필사본으로 전하는 『광복군군가집』(1940)이다.

이 군가집에는 15편의 독립군군가가 실려 있는데, 이 중에 9편은 한유한이 곡을 붙였다. 이 군가집은 지금까지 남아있는 최초의 독립군군가집으로 노랫말에 악보를 기록하여 체계적으로 정리한 군가집이

---

[12] 양무춘 지음, 오금덕 김, 「항일시기 작곡가 한유한에 대한 기초 조사 보고서」, 『한국음악사학보』 20권, 1998, 515쪽 참조.

다.13) 이 군가집의 편자인 한유한은 여기에 실린 작품 말고도 많은 독립군시가를 작곡하였는데, 지금까지 일본의 군가나 창가에서 악곡을 빌려 쓴 것을 새로운 악보에 담으면서 근대 음악의 체계를 갖게 되었다. 또한, 한유한은 해방 후에도 독립군시가의 보급과 수집에 힘썼는데, 아쉽게도 독립군군가를 체계적으로 정리한 자료집은 발간하지 못했다.

해방 후 독립군시가 자료의 수집은 1973년 발족한 독립군가보존회14)에서 이루어졌다. 독립군가보존회는 독립군으로 참가하거나 광복군 출신들을 중심으로 그들의 기억에 남아있는 독립군시가를 채록하였다. 이들을 취합하여 악보를 붙여서 편찬한 『광복의 메아리』(교학사, 1982)를 발간하게 된다. 이 독립군시가집은 전체 2부로 짜여져 있으며, 제1부는 독립군이 즐겨 불렀던 노래들을 모은 것으로 96편(7편은 중국 노랫말)이 있고, 제2부는 항일 민족의 노래들을 모은 것으로 96편이 채록되어 있다. 이 자료집은 해방 후 남한에서 묶여진 최초의 독립군시가 자료집이다. 1, 2부를 합쳐서 모두 192편의 작품이 있는데, 이 중에서 중국어로 된 작품 7편을 제외하면 한글로 표기된 것은 185편이다. 이 자료집은 노랫말 뿐만 아니라, 악보까지 실려 있어서 독립군시가를 가창(歌唱)할 수 있게 했다. 이 자료집은 독립군시가의 전면을 파악할 수 있는 자료집이며, 일제강점기 독립군시가의 문학적 위상을 살펴보는데 유용한 자료이다. 그러나 이 자료집은 일제시대 많이 불렸던 신유행가류도 독립군시가로 분류하였으며,15) 친일 성향이

---

13) 한유한의 다른 작곡집으로는『신가극삽곡』이 있는데, 여기에는「신중국 만세」의 삽곡(揷曲) 7수, 가극「여나(麗挪)」의 삽곡 2수, 경가극「송랑출정(送郎出征)」의 악보 및 기타 가곡 43수가 있으며,『낙원행진곡삽곡』은 6막으로 된 아동가무극 중의 합곡들이 있는데, 이것은 악보만 있고 가사는 없기 때문에 음악에서 다루어야 할 것이다.
14) 고문에 안호상, 이은상, 지도위원 장호강, 회장에 박노일, 임원에 이신성, 곽영숙, 왕세일, 박재곤, 문상명 등이었다.

분명한 작가의 작품16)도 실려 있어서 독립군시가의 범주 개념을 모호하게 하는 한계점이 있다. 이 자료집은 독립군시가의 개념과 범주 설정을 분명히 한 후에 재편집하는 것이 옳다고 생각한다. 이 자료집은 독립군시가의 외연을 너무 넓게 설정하면서 자료가 산만하게 분류되고 말았다.

다른 자료로 독립군시가집편찬위원회 편, 『독립군시가집-배달의 맥박』(송산출판사, 1986)이 있다.17) 이 자료를 편찬한 독립군시가편찬위원회는 어떤 단체인지 분명하지 않으며, 작품의 대부분이 짜집기 방식으로 편집되어 있다. 제1부는 독립군의 시문을 모았고, 제2부는 독립군의 노래를 실었다. 제1부는 358편, 제2부는 231편으로 전체 589편의 작품이 실려 있다. 제1부는 각종 시인들의 시와 어록(語錄), 의병장들의 한시, 대한매일신보에 실린 우국경시가, 독립신문에 실린 창가, 그리고 각종 문예지에 실린 작품들 중에서 무작위로 선정하여 실었다.

---

15) 대표적으로 신유행가류에 속하는 작품의 예를 들면, 「눈물젖은 두만강」 「목포의 눈물」 「사막의 한」 「타향살이」 「대한팔경」 「삼천리 강산 에라 좋구나」 「강남제비」 등이 있다. 이 노래들은 만주지역에서 불려져 실향의 아픔을 달래거나, 조국 강산의 아름다움을 생각하기도 하지만, 신유행가류를 모두 포함하면 독립군시가의 범주가 불명확해진다. 따라서 독립군시가는 보편성과 특수성을 동시에 갖는 노래들로 한정하여야 한다.
16) 최근에 논의가 되고 있는 「선구자」가 있으며, 일제의 만주 도발을 상징한 「복지만리」가 있다. 「선구자」의 작사가 윤해영은 '파쇼정치가 점차 우심해짐에 따라 여러 가지 원인으로 일제에 순응하고 괴뢰만주국의 이념과 시책을 미화, 선양한 작품을 쓴 작가'이다(권철, 『광복전 중국 조선민족문학연구』, 한국문화사, 1999, 373쪽). 또한, 1941년 만들어진 「복지만리」(김영수 작사, 이재호 곡, 백년설 노래)는 그 내용이 일제의 만주 이주 정책을 정당화하고 있다. 「복지만리」는 고려영화사와 만주영화협회가 제휴하여 일제의 만주 이주 정책을 정당화한 국책 영화 「복지만리」의 주제가이다. 이 영화의 내용은 만주로 이주한 조선인의 생활을 소재로 하여 선만(鮮滿)일체에 따라 두 민족의 정신적 융합을 꾀하고 있다. 이 노래의 3절은 일본어 가사로 되어 있다.
17) 독립군시가편찬위원회는 위원장 김재호, 책임위원 한철수, 감수위원 심형택, 출판위원 이재봉이다.

제2부는 개화가사 20편, 의병가사 13편, 독립군가보존회에 실린 독립군시가 185편, 기타 13편이 실려 있다. 이 자료집은 그동안 발간된 독립군시가집 중에서 가장 많은 작품을 수록하고 있다.

그러나 이 자료집은 작가의 선택과 범주 설정을 분명하게 하지 못하고 있다. 여기에 실린 작가는 최남선, 이광수, 주요한, 한용운, 윤동주까지 있어서 친일문학가와 저항시인의 작품 구분을 분명히 하지 못하고 있다. 이처럼, 이 자료집은 독립군시가의 범주설정을 너무 넓게 설정하면서 그 체제와 수록의 기준이 모호하게 되고 말았다. 또한, 이들 자료 중에서 악보와 함께 실린 작품들은 대부분 『광복의 메아리』에 실린 자료를 그대로 옮겨 놓았다. 이 자료집에 수록된 작가와 작품은 분류기준과 범주 설정을 명확히 해야 할 필요가 있다.

필사본으로 이국영의 『망향성(望鄕聲)』이 있다. 이 자료집은 독립군 활동을 한 편자가 그 당시에 불렀던 노래들을 채록한 것이다. 자료를 수집한 이국영(李國英, 1921-1956)은 충북 청주(淸州)에서 태어난 여성 독립운동가이다. 약관 스무 살의 나이인 1941년 중국 중경(重慶)에서 한국혁명여성동맹(韓國革命女性同盟)이 조직되자 이 단체에 가입하여 활동하였으며, 이 동맹의 대의원으로 선출되어 항일운동을 전개하였다. 1944년 3월에는 한국독립당(韓國獨立黨) 당원으로 활약하였고, 대한민국임시정부(大韓民國臨時政府)의 생계부(生計部) 부원으로 임명되어 일제말기 여성 독립운동에 참가하였다.

『망향성』은 여성 독립운동가로 활약한 이국영이 독립운동을 하면서 함께 불렀던 노래들을 채록한 필사본이다. 필자가 소장한 자료집은 이국영의 필사본을 복사한 자료인데, 독립군군가를 연구한 이중연 씨로부터 입수하였다. 이 필사본의 채록 경위는 이국영 여사의 아들이 쓴 서문에 잘 나타나 있다.

본 가사(歌詞)는 지금으로부터 50여년 전 일제말기 중일전쟁을 전후하여 중국대륙에서 대한민국임시정부를 따라 장정의 길을 걸으면서, 조국의 광복을 위하여 독립운동이 활발히 전개될 때에 우리의 애국청년들이 잃어버린 고국을 그리면서 부르던 우리의 애창가를 어머니(이국영)께서 호남성 장사를 거쳐 사천성 중경에 이르는 동안 틈틈히 친필로 수록하여 놓은 것입니다.
　이제까지 간직해오면서, 더 낡아지기 전에 인멸을 염려하여 새로히 복제하여 보았습니다. 여러 차례의 피난과 광복, 귀국 그리고 6·25사변을 거치는 동안 지금까지 무사히 보존되어 다시 음미할 수 있는 기회를 허락하신 하나님께 감사를 드립니다.
　　　　　　　　　　　　　　　　　　－ 1989년 6월 3일 민중식

　기억에 의존하여 이 자료는 독립군활동을 사람이 독립군사이에서 불렀던 노래들을 채록한 것이다. 1940년 광복군 창설과 함께 만주 지역의 독립군들은 국내 진입을 위한 조직적인 훈련을 하게 된다. 광복군은 중국과 연합군을 이루어 대일 선전포고를 한다. 이 자료를 채록한 이국영은 1940년 광복군이 조직된 뒤에 독립운동에 참가하는데, 인용한 부분에 따르면, 이 자료집은 독립군들 사이에 불려졌던 독립군 시가를 채록하였음을 알 수 있다. 이 자료집에 실린 작품은 『광복의 메아리』에 실린 작품과 중복되는 것이 많다. 그리고 오래된 필사본이라 가사를 식별할 수 없는 작품이 1편 있으며, 일제시대에 유행하던 대중가요도 여러 편 실려 있다.
　『망향성(望鄕聲)』은 전체 2부로 짜여 있는데, 그 주제에 따라 '망향편(望鄕編)'과 '애국편(愛國編)'으로 나누어 편제하였다. '망향편'은 전체 70편의 독립군시가가 실려 있으며, 이들 중에서 악보와 함께 전하는 작품이 4편 있다. '애국편'은 90편의 독립군시가가 실려 있으며, 이들 중에서 악보와 함께 있는 작품이 모두 28편이다. 이 필사본에 수록된 작품은 모두 160편으로 이들 작품 중에서 대중가요의 성격이 있는 작품과 다른 자료집에 실린 작품을 제하고 나면, 약 89편의 작품이 이 자료집에 실려 있다.

 이 자료집은 독립군시가를 연구하는데 있어서 귀중한 자료이다. 이 자료집은 기록자가 직접 독립군 활동을 하였고, 그 과정에서 불려졌던 노래들을 채록한 것이기 때문에 어떤 자료보다도 사실적 측면이 있는 자료이다. 이 자료의 채록자인 이국영은 작품에 악보 번호를 적었는데, 이것은 노랫말과 함께 음악적 요소도 중요하게 다루었다는 것을 확인할 수 있다. 이 자료집은 독립군시가에 대한 애정과 독립군들의 생활을 직접 체험한 것으로 노랫말을 비교적 정확하게 전사(轉寫)하고 있기 때문에 1940년대 독립군시가의 전모를 파악할 수 있는 자료이다.

 그 나머지 자료는 개인의 기억에 의존하여 필사하여 보관하고 있는 것들이다. 이들 자료는 국내에 흩어진 광복군 출신들이 기록으로 남기고 싶은 노래들을 독립기념관에 보내온 자료들이다. 하나하나의 필사 자료들은 독립기념관 수장고에 보관되어 있다. 이 자료는 국내에 생존해있는 광복군 출신의 독립군들이 그 당시에 불렀다고 기억하는 노래를 수기(手記)로 작성하여 독립기념관에서 수집한 것을 모아놓은 자료이다. 독립기념관 수장고에 보관된 목록 자료를 모두 합치면 23편이다. 이들 중에서 기록 시기가 오래되어 글자를 식별할 수 없는 작품이 있는데, 이들 작품을 제외하고 나면 11편의 작품이 독립군시가 자료로 유용하다. 이 11편의 작품은 자료를 제공하거나 작품의 소재를 밝혀놓은 작품이 2편 있으며, 나머지는 자료의 채록 경위와 작가를 알 수 없다. 그래서 이들 자료는 그 내용을 분석해보고, 방증(傍證) 기록을 살펴본 뒤에 독립군시가에 해당하는 작품을 밝혀내야 할 것이다.

 최근에는 자료의 체계적인 정리와 연구가 동시에 이루어지고 있다. 그 중에서 이중연의 『신대한국 독립군의 백만용사야-일제강점기 겨레의 노래사』(혜안, 1998)는 독립군시가의 전면을 알 수 있는 최초의 연구 서적이다. 이 책은 독립군시가의 역사적 의의를 밝힌 본격적인 연구 서적이라 할 수 있다. 이 책에서 독립군시가는 주제와 작가, 작품

관련 정보를 폭넓게 다루고 있다. 이 책은 그동안 산만하게 흩어져 있던 독립군시가집과 각종 노래집, 일제의 정보문서, 회고록 등을 통하여 약 450여 작품을 정리해 놓았다. 이 책은 전체 2부로 편제되어 있는데, 제1부는 동학혁명부터 광복군에 이르는 시기까지의 의병가사와 독립군시가를 체계적으로 정리해 놓았고, 제2부는 주제별로 분류하여 독립군시가의 역사적 의의를 밝히고 있다.

그러나 이 책은 독립군시가의 역사적 전개 과정과 그 내용을 분류해 놓은 것으로 독립군시가의 역사적 흐름과 역사적 의의를 한 눈에 검토할 수 있으나, 독립군시가의 문학적 위상과 의미에 대해서는 제대로 다루지 않았다. 이미 앞에서 언급한 것처럼, 독립군시가는 노랫말의 형태로 남아있는 문학적 성과물이다. 일제시대 독립군시가는 일제의 폭압적 상황에 맞서는 저항의 논리가 있었다면, 그 노랫말은 일제시대 민중의 삶의 양태를 드러낼 것이다. 따라서 독립군시가의 노랫말은 일제 침략의 상황 속에서 민족의 당면 문제를 충분히 반영하고 있어야 한다. 이중연의 연구는 독립군시가의 역사적 의의를 밝히고 있다는 점에 있어서는 분명한 의의를 갖고 있지만, 노랫말에 반영된 민족의 문제를 규명하는 데까지는 이르지 못하고 말았다.

국외에 찾을 수 있는 자료들은 북한과 만주지역에 있다. 북한의 자료집은 김일성, 김형직 외 『혁명가요집』(노동당출판사, 1959)이 있으며,[18] 만주 연변 지역의 자료집은 중공연변주위선전부 편, 『혁명의 노래』(연변인민출판사, 1958)가 있다. 이 두 권의 자료집은 북한과 만주지역에서 독립군시가로 다루고 있는 항일가요를 묶은 것이다. 먼저, 북한의 『혁명가요집』은 사회주의 혁명을 바탕으로 한 내용들을 선별하여 노랫말과 함께 악보까지 실었다. 이들 작품 중에서 12편은 노랫말의 끝 부분에 작품의 배경 설명과 김일성 교시까지 함께 수록하고

---

[18] 이 책은 연변대학에서 수정, 보완하여 책으로 묶어냈다. 편자미상, 『혁명가요집』(문예출판사, 1987)이 있다.

있다. 북한의 독립군시가를 연구한 민경찬의 보고에 따르면, '북한의 혁명가요는 그 이면에 청일전쟁 시기에 만들어진 일본의 군가와 1910년대와 1920년대에 만들어진 일본의 민중가요가 자리 잡고 있다'고 하면서 그 유형을 다음과 같이 정리하고 있다.

> 김일성이 작곡했다고 하는 「조선인민혁명군」「모두다 나서자」「모두다 반일전으로」「반일가」「소년군가」「조국해방가」는 小山作之助 작곡의 「일본해군」이라는 일본군가임.
> 「결사전가」「나가자 싸우자」「아동가」「통일전선가」는 小山作之助 작곡의 「敵は幾万」이라는 일본의 군가임.
> 「메데가」「계급전가」「일어나라 만국의 로동자」는 栗林宇一 작곡의 「アムール川の流血や」라는 일본의 군가임.
> 「녀성의 노래」「불평등가」「추도가」는 「一番始めは」라는 일본의 전래 동요임.
> 「반일혁명가」「일어나라 무산대중」은 多梅稚작곡의 「鐵道唱歌」라는 일본의 창가임.
> 「적기가」는 일본에서 번안한 「赤旗の歌」임.[19]

민경찬의 연구는 북한의 사회과학연구원 주체문학 연구소에서 편찬한 『문학예술사전』 상(1988), 중(1991), 하(1993)에 수록된 독립군시가만을 대상으로 한 연구라는 점에서 문제가 있기는 하지만, 북한의 항일가요가 일본 군가를 수용했다는 점을 밝힌 점에 대해서는 분명한 의의가 있다. 북한의 독립군시가가 일본 군가에 근원을 두고 있다는 점에서 북한 항일가요는 민족음악의 주체성을 확보하지 못하고 있다고 할 수 있다.

물론 독립군시가의 일본 군가 수용에 대해서는 남한의 경우에 있어서도 예외가 아니다. 그러나 악보를 제외하고 북한의 『혁명가요집』 소

---

19) 민경찬, 「북한의 혁명가요와 일본의 노래」, 제2회 국제음악학술심포지엄 : 한국음악학발표논문요지, 1998, 157쪽 참조.

재 작품 77편을 살펴보면, 노랫말은 일본 군가 수용과는 사정이 다름을 알 수 있다. 애국계몽기 창가가 서구 찬송가와 일본 창가에서 그 영향을 받았다는 것을 인정한다면, 남북한의 독립군시가가 일본 군가의 악보를 수용했다는 것은 창가의 수용 경로와 일치한다고 할 수 있다. 이렇게 볼 때, 일제시대는 폭압적 현실상황 때문에 민족문학의 구체성은 찾을 수 없다고 할 것이다. 남북한 독립군시가는 서구와 일본의 악보를 그대로 차용하고 있지만, 노랫말은 많은 부분 개사가 이루어졌다. 이러한 개사 과정에서 독립군시가는 당대 민중의 정서를 폭넓게 수용하고 있다. 그런 점에서 독립군시가의 노랫말은 악보와는 다른 측면에서 연구되어져야 할 것이다. 비록 독립군시가가 악보에 있어서 일본의 근대 음악을 수용하였다고 하더라도, 독립군시가의 노랫말은 일제에 저항한 문학적 특징을 잘 드러내고 있다. 독립군시가의 연구가 음악적 요소에 있어서 일본의 악보를 사용하였다고 해서 독립군시가의 문학적 특징을 민족문학의 범주에서 제외시키는 것은 민족문학의 흐름에 있어서 큰 손실이 아닐 수 없다.[20]

그런데도 여전히 문제는 남아 있다. 그것은 노랫말만 놓고 볼 때, 남북한과 만주 지역에 남아있는 독립군시가 자료는 채록 과정에서 많은 윤색이 있어서 그 원본을 확정하는데 어려움이 따르기 때문이다.[21] 북한의 『혁명가요집』과 중공연변주위 선전부(이하, 연변)의 『혁명의 노래』를 비교 분석해보면, 내용과 주제에 많은 유사성이 있다. 우선 작품의 수는 북한의 『혁명가요집』에는 77편이 실려 있고, 연변의 『혁명의 노래』에는 67편이 실려 있다. 북한의 가요집이 약 10편 정도 많

---

20) 민경찬, 앞의 논문, 125쪽.
21) 황선열 편, 『님찾아가는길-독립군시가집』(한국문화사, 2001)에서도 대교(對校)할 자료가 부족한 관계로 기왕에 자료집으로 나온 북한의 『혁명가요집』을 원본으로 하였다. 북한과 연변 지역의 자료를 통한 텍스트의 비교 연구를 통한 원본 확인은 다음 자료집 발간 후로 미루기로 하고, 여기에서는 북한의 『혁명가요집』을 기본 자료로 하기로 한다.

으며, 작품 중의 일부에 김일성 교시가 나오는 점이 다르다. 이것은 북한의 독립군시가가 김일성 우상화 정책의 하나로 채록되었다는 것을 말한다. 그리고 북한의 가요집은 사회주의 혁명과 관련한 노동자, 농민의 혁명과 제국주의의 타도, 사회주의 건설 등을 주제로 하고 있으며, 연변의 『혁명의 노래』는 일제에 저항하는 중국 공산당의 사회주의 노선을 반영하고 있다. 연변의 가요집이 김일성 교시를 싣지 않았다는 것을 제외하고는 그 내용이 거의 유사하다. 따라서 북한의 『혁명가요집』과 연변의 『혁명의 노래』는 이념의 선전 도구와 주제 의식이 비슷하며, 채록 경위와 목적성에 있어서도 동일하다.

연변의 『혁명의 노래』는 전체 작품 67편 중에서 북한의 『혁명가요집』의 작품과 가사의 제목과 내용이 유사한 작품이 모두 11편이고, 제목은 같지만 내용이 다른 작품이 15편이고, 나머지 41편은 제목과 내용이 다른 작품이다. 제목과 내용이 비슷한 작품은 가사의 일부분만 약간씩 다르고, 전체의 구성과 내용은 일치한다. 『혁명의 노래』에서 '혁명가'라는 제목의 작품이 무려 10편이나 있는데, 이들은 제목이 같고, 내용이 서로 다른 작품의 예이다. 같은 제목에 다른 가사를 실은 것은 제목을 혼동한 것일 수도 있으며, 같은 제목을 사용하면서 가사만 바꾸었을 가능성도 있다.

이와 같이 북한의 혁명가요와 연변 지역의 항일가요는 상당부분 유사한 채록의 경위를 갖고 있다고 할 수 있다. 그 채록의 과정에서 북한과 연변의 가요들은 내용에 있어서 서로 가감삭제가 있었을 것이라고 짐작된다. 이러한 사실은 필사본과 비교해보아도 그 작품의 변화 요인을 충분히 짐작할 수 있다.

연변 지역에 남아있는 필사본은 채록 과정을 추적할 수 있으며, 채록된 작품을 효과적으로 대교할 수 있는 자료이다. 연변지역에 구전되는 항일가요를 모은 필사본은 모두 3종류가 있다. 우선 제목을 알 수 없고, 독립군시가라는 흔적만 알 수 있는 필사본이 있는데, 여기에는 모두 21

편의 항일가요가 실려 있다. 이 필사본에 실린 작품들은 북한의 『혁명가요집』에 나오는 작품과 일치하는 작품이 1편뿐이고, 연변의 『혁명의 노래』와 일치하는 작품은 2편뿐이다. 이 필사본은 북한과 만주 지역에 채록된 작품과는 무관하게 개인적으로 필사한 자료라 할 수 있다.

또 다른 필사본은 김한산(金漢山), 김희산(金希山) 편, 『가곡선집』(대동인쇄소, 1920)이 있다. 여기에는 모두 24편의 항일가요가 실려 있는데, 이 자료집은 상해 대동민보의 대동인쇄소에서 발행하여 동북 각지와 각 대학, 잡지사에 교부한 자료집이다. 노래로 불려진 것을 중심으로 실은 이 자료집은 김한산, 김희산이 학창시절에 부르던 가곡을 기억나는 대로 전사(傳寫)한 것이다. 여기에 실린 작품 중에서 10편 정도는 남한의 독립군가보존회에서 채록한 독립군시가집에도 실려 있다. 김한산, 김희산의 자료집은 북한과 연변 지역에 남아 있는 자료들 중에 문학적 성과가 가장 뛰어난 필사본이다.

다음으로 전하는 필사본은 항일 투사의 수첩에 적힌 것을 옮겨 쓴 것으로 『항일투쟁시기노래집』(연변사회과학대, 1957)이 있다. 여기에는 124편의 항일가요가 실려 있다. 이 필사본은 북한과 연변 지역에 전하는 항일가요를 모은 방대한 자료집이다. 이 자료집은 북한의 『혁명가요집』과 연변의 『혁명의 노래』에 나오는 작품을 두루 채록하였으며, 두 권의 책에서 중복되는 작품을 제외하고 모두 취합한 자료집이다. 이 자료집은 앞의 두 권에 실린 작품을 비교, 대조하면서 각 작품의 변화 과정을 추적해볼 수 있는 자료집이다.

만주 지역 독립군시가의 일부분을 알 수 있는 자료로 강용권의 『죽은 자의 숨결 산 자의 발길-만주항일유적지 답사1』(장산, 1996)이 있다. 이 책에 실린 독립군시가는 만주 지역의 항일 유적지를 자전거를 타고 답사하면서, 현장에 남아있는 구전자의 기록을 그대로 채록한 것이다. 이 책에는 약 17편의 독립군시가가 있다. 이 작품들은 현장에서 직접 채록한 독립군시가이기 때문에 최근까지 만주 지역에 구전되고 있는 독립군시가의 모습을 파악할 수 있는 자료이다.

이처럼 독립군시가는 넓은 범위에서 산만하게 흩어져 있어서 그 자료의 분석에 많은 어려움이 따른다. 독립군시가는 자료의 선정과 분류 작업이 가장 중요한 과제로 남아있다. 최근 국내외의 자료를 모아서 편찬한 황선열 편, 『님 찾아가는 길-독립군시가집』(한국문화사, 2001)이 발간되어 독립군시가의 자료적 한계를 어느 정도 극복할 수 있게 되었다. 이 자료집은 국내외 독립군시가를 집대성한 것으로 독립군시가의 문학적 위상을 밝힐 수 있는 자료이다. 이 자료집에는 국내는 물론 북한과 만주 지역에 남아 있는 독립군시가가 수록되어 있다. 독립군시가와 영향관계에 있는 의병가사로부터 일제시대까지 불려진 작품을 가나다순으로 편제하였다. 친일 작가의 작품과 친일 성향이 있는 노랫말을 제외하고 독립군 활동을 한 작가와 독립군 진영에서 널리 애창된 작품들을 선정하였다. 북한의 자료는 『혁명가요집』에 실린 작품을 가려 뽑았고, 필사본으로는 이국영의 『망향성』과 독립기념관 수장고에 남아 있는 필사본 독립군가를 실었다.

이 자료집에 실린 작품은 의병가사 23편, 독립군시가 242편, 북한의 독립군시가 77편, 이국영의 필사본 89편, 독립기념관에 남아있는 필사본 11편이다. 남한의 독립군시가는 독립군가보존회에서 엮은 『광복의 메아리』와 독립군시가집 편찬위원회의 『배달의 맥박』에 실린 작품 중에서 중복된 작품을 우선적으로 선택하였고, 개화기에 발표된 작품들 중에는 작가가 알려진 것을 중심으로 간추렸다. 친일 작가와 작품을 배제하면서 시적 성과를 보이는 작품을 중심으로 가려 뽑았다. 이와 같은 선정 기준에 따라 의병가사를 포함하여 모두 442편의 독립군시가를 실었다

여기에서 다룰 자료는 『님 찾아가는 길-독립군시가집』에 실린 독립군시가 442편과 만주의 『항일의 노래』 67편, 이국영의 『망향성』을 기본 자료로 하여 독립군시가의 문학사적 위상을 밝혀보고자 한다. 원문

자료는 독립군가보존회의 『광복의 메아리』와 독립군시가집 편찬위원회의 『배달의 맥박』, 이국영의 『망향성』, 북한의 독립군시가 『혁명가요집』에 실린 것으로 하되, 『님 찾아가는 길-독립군시가집』을 방계자료로 한다. 자료의 출처를 밝힐 때도 이 세 권의 자료집에 실린 쪽수를 밝힌다.

4. 연구 방법과 연구 범위

한국문학사에서 일제말기는 암흑기라 부르면서 민족문학의 수난기로 설정하고 있으나, 독립군시가의 저항정신을 중심으로 할 때, 일제말기의 문학은 결코 민족문학의 수난기라 부를 수 없다. 왜냐하면, 일제말기 독립군시가는 민족의 독립을 염원하고, 일제에 저항하는 문학적 대응을 무엇보다 첨예하게 보여주고 있기 때문이다. 이 책에서 독립군시가의 작품 분석을 통하여 그 민족 문학의 가치를 살펴보려는 것은 일제시대 민족문학의 토양을 재검토하기 위해서이고, 민족문학의 위상에서 새롭게 살펴보기 위해서이다.

일제시대의 상황에서 민족의 문제를 절실하게 드러낸 독립군시가는 저항 문학의 맥락에서 중요한 위치를 차지하고 있음에도 불구하고 연변 지역의 연구자와 국내의 연구자들에 의해 부분적인 연구만 이루어지고 있었다. 독립군시가가 구전자(口傳者)의 기억에 의존하여 채록되었다는 점에서 원본 확정의 문제가 남아있긴 하지만, 독립군시가는 일제시대 민족문학을 연구하는데 있어서 중요한 성과물임에 틀림없다. 독립군시가에 대한 연구는 일제시대 문학의 다양한 연구를 하는데 있어서 새로운 지평을 보여줄 것이다.

이를 위해서 몇 가지 전제를 두고 독립군시가를 연구해야 한다. 우선 의병시가와 독립군시가는 일제의 핍박에 맞서 싸우는 급박한 상황에서 나온 창작물이기 때문에 기록문학으로 남아있는 것은 그리 많지 않다는 것을 전제로 해야 한다. 따라서 이 책에서 독립군시가의 기본 자료로 인용하는 것은 지면을 통해서 발표된 것을 우선하고, 그 다음으로 필사본을 2차 자료로 인용한다.

독립군시가의 연구에 있어서 구비문학의 한계점이 전제될 수 있다. 대부분의 독립군시가가 구비문학으로 남아있기 때문에 기록문학의 측면에서 볼 때, 문학적 위상은 분명하지 않을 수 있다. 그러나 구비문학으로서 독립군시가는 일제말기의 열악한 상황에서 민족의 현실과 당대 민중의 정서를 폭넓게 반영하고 있다. 문학사회학에서 '문학이 당대 사회의식을 다층적(多層的)이고, 중층적(重層的)으로 반영하고 있다'[22]고 하는데, 구비문학으로 존재하는 독립군시가는 일제말기의 시대 상황을 다층적이고, 중층적으로 드러내는 문학적 성과물이라 할 수 있다. 사회구성체의 하나로서 개인은 그 사회의 집단의식 속에 포함되어 있으며, 그 개인의 정서는 사회 집단의 이념을 형성하는 하나의 유기체에 속한다. 일제시대 문학을 연구할 때, 작가가 알려진 기록문학을 문학의 중심에 놓고 논의하다 보면, 작가가 알려지지 않은 대다수의 구비문학은 문학사에서 밀려날 수밖에 없다.

일제시대의 열악한 현실에서 구비문학은 기록문학만큼 풍부한 문학적 토양을 갖고 있다. 이 구비문학이 문학의 범주에서 제외된다면 우리 문학의 한 쪽 측면을 잃어버리는 결과를 가져올 것이다. 독립군시가는 구비문학으로 전승되다가 후대에 기억에 의존하여 채록되었기

---

[22] 당대 사회의 의식을 개인의 의식에서 발견하려는 기계적인 분석은 문학과 사회의 이분법적 적용에서 비롯하는 것이다. 그러나 문학에서 당대 시대의식은 다양한 작가들의 다양한 스펙트럼으로 존재하고 있으며, 그 다양성의 공통분모가 시대의식으로 드러난다. 독립군시가는 개인의 의식보다는 집단의식이 강하고, 민족의 문제를 공동으로 해결하려는 집단적 성격이 강하다. 그런 점에서 독립군시가는 다양한 주제의식을 다층적으로 드러내고 있으며, 창작자의 의식을 중층적으로 표현하고 있다.

때문에 자칫 문학사에서 사장(死藏)될 가능성이 있다. 그렇지만 독립군시가는 구비문학이라는 한계점을 내포하고 있으면서도 일제시대의 침략적 상황을 극복하는 저항정신을 가장 많이 담보하고 있는 문학적 성과물이며, 일제시대 현실의 문제의식을 극복하려는 민족문학의 보고(寶庫)라 할 수 있다.

다음으로 현실저항의 한계점을 들 수 있다. 일제시대의 침략적 상황에서 문학은 두 가지 선택의 귀로에 존재하고 있다. 그 중의 하나는 일제와 타협하는 것이고, 다른 하나는 일제에 맞서 싸우는 것이다. 그 방법이 얼마나 적극적이어야 독립군시가의 영역에 넣을 수 있느냐라는 것이다. 소극적 준비론 보다는 적극적 투쟁론이 독립군시가의 영역에 속할 것이다. 민족문학의 입장에서 일제에 타협한 문학은 반민족적 문학이며 동시에 우리 문학의 범주에서 상쇄(相殺)되어야 할 문학이다. 반면에 일제에 맞서 싸운 문학은 민족문학이며, 그 전달 방법이 기록문학이든 구비문학이든 우리 문학의 현실 대응전략으로 이해되어야 하는 문학이다. 이와 같은 문학의 존재방식에서 독립군시가는 현실의 문제에 적극적으로 대응한 문학이라 할 수 있다. 독립군시가는 저항문학의 외연을 확장시켜주는 민족문학의 성과물이라 할 수 있다.

이러한 한계점에도 불구하고 독립군시가는 민족문학사의 입장에서 연구되어져야 한다. 그것은 독립군시가가 당대 현실을 다양하게 반영한다는 점에서 그렇고, 또한 다양한 작가층의 등장이라는 점에도 그렇다. 독립군시가는 주제의식과 작가층의 측면에서 민족문학의 성격을 갖고 있다. 주제의식의 측면에서 독립군시가는 일제침략으로부터 해방되는 민족적 과제를 수행하는 뚜렷한 목적의식을 반영하고 있으며, 작가층의 측면에서 일제의 침략 정책에 맞서 싸우는 상황에서 구전(口傳)되면서 다양한 작가층을 형성하게 되었다. 독립군시가는 작가층의 입장에서 근대적 다양성을 지향하고 있으며, 주제의식의 측면에서 현실 참여라는 뚜렷한 주제의식을 드러내고 있다. 독립군시가는 일제시대의 어떤 문학적 장르보다도 현실 상황을 극복하려는 저항의식이 강하다. 그것은 일제시대 민중의 집단의식을 반영하는 민족문학의 성격이라 할 수 있다.

의병시가와 독립군시가는 일제의 침략정책이 가속화되는 시기에 집단적으로 불려지거나 창작되었다. 노랫말의 일부는 인멸(湮滅)되기도 했지만, 많은 작품이 필사본으로 채록되기도 했다. 구비전승된 문학이라는 점에서 독립군시가는 구전자의 기억에 따라 노랫말의 내용이 상이(相異)할 수 있으며, 노래로 불려지면서 개인적으로 노랫말을 바꾸어 불려질 수도 있었다. 이를테면, 남한의 독립군시가가 1970년대 이후에 독립군들의 기억을 중심으로 채록된 것이라고 한다면, 북한의 혁명가요는 1950년대 이후 김일성 우상화정책의 일환으로 묶여지면서 이념성을 드러내는 방향으로 편제되거나 개사될 가능성이 있다. 그런 점에서 독립군시가는 어느 것 하나 자료의 신빙성 문제에 있어서 의문이 제기되지 않는 것이 없다.

이와 같이 독립군시가 연구는 원전 확보가 가장 중요한 연구 과제이다. 어떤 자료가 독립군시가이며, 어떤 작가의 작품이 독립군시가의 범주에 드는 것인지를 먼저 밝혀야 한다. 이를 바탕으로 그 작품의 창작 배경과 주제의식을 살펴보아야 한다. 이러한 기본적인 연구를 거쳐서 독립군시가의 범주에 넣을 수 있는 자료를 연구의 대상으로 삼아야 할 것이다.

우선 독립군시가는 독립군들이 전쟁의 상황에서 그들의 고충을 달래는 노래로 불려졌거나 그런 목적으로 창작된 작품이라 할 수 있다. 작가의 문제를 염두에 둘 때, 독립군시가는 독립운동에 참가하고 민족의 생존을 위해 투쟁한 작가가 쓴 작품이어야 한다. 그리고 주제 의식과 형식적 측면에서 민족의 정서를 반영하는 것이어야 한다. 이와 같은 기준에서 독립군시가의 자료 범위를 설정하는 문제는 체계적인 분류기준이 요구된다는 사실을 알 수 있다. 독립군시가의 연구를 위해서 그 자료가 축적되고, 작품을 대교하는 작업이 이루어질 때, 보다 체계적이고 합리적인 방법으로 분류할 수 있을 것이라고 본다. 여기에서는 지금까지의 한계점과 문제점을 전제로 하면서 원전확정은 추후의 과제로 남긴다.

지금까지 알려진 독립군시가 중에서 독립군시가의 용어에 부합하고 그 개념에 속하는 자료만을 뽑아서 독립군시가의 민족문학사적 위상을 검토하려고 한다. 그런 점에서 여기에서 살펴보는 독립군시가 연구는 본격적인 연구를 위한 출발점이 될 것이다. 일차적인 자료만으로 분석한 이번 연구에서 검토된 내용들은 독립군시가 자료가 축적되는 대로 그 문학적 의미는 증폭될 것이고, 민족문학의 층위를 두텁게 해 나갈 것이다.

이 연구의 목적은 일제시대라는 한정된 공간 속에서 독립군시가의 문학적 위상이 무엇인지를 규정짓는데 있다. 그리고 더 나아가 산만하게 흩어진 방대한 자료를 간추리고 그 중에서 독립군시가의 범주에 해당하는 작품들을 골라서 그 주제적 특징과 양식적 특징을 밝히는데 있다. 따라서 이 연구는 독립군시가로 알려진 작품 중에서 독립군시가의 범주에 속하는 것을 기본 자료로 선택하고, 그 다음으로 작가의 유형, 주제별 분류, 양식적 특징을 분석하려고 한다. 이 연구 작업은 독립군시가의 민족문학사의 위상을 규명하는 작업이 될 것이다.

독립군시가의 연구 방법에서 우선해야 할 것은 자료의 검증 작업이다. 독립군시가로 불려진 작품이라 하더라도 창작자와 향유자의 문제가 남아 있기 때문에 그 진위(眞僞)를 따져보기 위해서 독립군시가 중의 몇 작품을 선정하여 독립군 활동을 한 분들을 찾아서 자료를 검증해보았다. 광복군 출신으로 생존에 있는 분들을 만나서 독립군시가로 불려진 당대의 상황에 대해서 자세한 진술을 들을 수 있었다. 이들은 독립군시가로 알려진 몇몇 작품을 일제시대 독립군들의 전투 장면과 그들의 애환을 반영하는 작품으로 기억하고 있었다.[23] 이들 작품들이 독립군들의 기억에 의존해서 채록되었고, 그 노랫말이 독립군들의 애환과 삶의 방식을 드러내고 있다면 독립군시가는 일제시대의 현실을 반영하는 문학으로서 충분한 가치가 있다고 할 수 있다. 일제시대에는 비록 구전되었지만 생존해있는 독립군들이 그 노랫말을 그대로 기억하고 있으며, 그 노랫말이 독립군들의 현실을 반영하고 있다면, 그 시대의 정서를 반영하는 문학적 등가물(等價物)이라 할 수 있다.

독립군시가가 지면을 통해서 발표된 작품이면서 독립군들에게 불려졌던 노래라고 한다면, 그 원본을 쉽게 확정할 수 있지만, 필사본과 자료 제공자의 기록에 의존한 작품들은 대교 작업을 거쳐서 원전을 확정해야 한다. 이 과정에서 상이하게 나타나는 작품은 우선 노랫말이 가감첨삭된 것을 원본으로 해야 할 것이다.

이와 같이 원본 확정이 이루어지고 난 뒤에 이들 작품을 작가별로 분류하고, 주제 유형별로 나누어야 한다. 우선 작가의 문제는 창작자와 향유자 모두 독립운동에 참가한 사람이어야 한다는 것을 전제로 한다. 그리고 주제는 일제시대를 극복하고, 민족의 독립을 위한 목적의식을 드러내는 작품이어야 한다. 독립군시가는 일제시대 독립군의 보편적인 정서를 반영하고 있으며, 독립군들 사이에 널리 불렀다고 해서 무조건 독립군시가로 분류할 수 없다. 왜냐하면 독립군시가로 반영된 일부 작품은 일제시대의 열악한 조건과 그 의도를 정확히 직시하지 못한 채, 친일의 목적으로 불려진 노래도 있으며, 독립군들 사이에 불려졌다는 점을 내세워 민족문학으로 치부되면서 왜곡되게 알려진 경우가 허다하기 때문이다.24) 민족문학과 친일문학의 옥석을 가리지

---

23) 1999년 8월 부산의 동래구 낙민동에 사는 조동린 옹(광복군 제3지대에서 활동), 부산시 남구 대연동에 사는 차영철 옹(비밀결사대 활동), 부산시 남구 대연동에 사는 박규채 옹(광복군제2지대 구대장) 등 독립군 출신을 만나서 구전되는 독립군시가를 불러보게 하였다.
24) 대표적인 경우가 윤해영의 「선구자」라는 작품인데, 권철의 보고에 따르면, 이 작품은 '윤해영이 창작하였다는 것은 시기적으로도 어긋나고, 구전된 노

못한 것은 일제시대에 한정된 우리 문학의 비극이 아니다. 그것은 해방 후 지금까지 지속되어 온 우리 민족문학의 비극이기도 하다. 아직도 해방 후 민족문학의 정체성을 결정짓지 못하는 까닭은 해방 후 친일 문제를 분명히 청산하지 못한 채, 어정쩡한 상태로 역사의 고리를 이어가고 있기 때문이다.

이에 더하여 독립군시가는 노래로 불려진 것이 대부분이기 때문에 음악가와 관련된 작품이 많다. 작곡을 한 사람이 친일을 한 사람이라도 그 노랫말을 쓴 작사자가 민족운동을 한 사람이라면 노랫말을 중심으로 하여 독립군시가에 분류해야 할 것이다. 음악과 문학이 분리되어야 하는 것은 아니지만, 노래가 불려지는 정황과 지역에 따라서 그 노래는 다르게 받아들여질 수 있기 때문이다. 일제시대 문학의 하위범주로서 독립군시가는 문학이라는 장르에 국한할 때, 모국어 정신을 반영하는 노랫말을 연구 대상으로 삼아야 한다.

독립군시가는 일제시대의 사회적 환경과 독립군이라는 특수한 목적을 가진 집단적 요인을 반영하고 있다. 따라서 독립군시가는 작품이 불려진 시대 상황을 충분히 고려해야 하며, 그 토대를 바탕으로 독립군들의 정신을 반영하는 주제 의식과 양식상의 특징이 나타나야 한다. 독립군시가는 대개 노래로 불려졌기 때문에 원곡과 가사가 있었다. 이 원곡과 가사를 변형하여 독립군들의 정서를 표출하였으며, 그 향유자의 취향에 따라 내용의 윤색이 있었다. 기존의 악곡에 노랫말만 바꾸어서 불렀던 독립군시가는 일본군가의 악보에 노랫말만 바꾸어서 독립군군가로 불려지기도 하였다.

작사가가 분명한 필사본은 독립군시가 자료로서 충분한 가치가 있

랫말을 조두남이 개사했을 가능성이 있다'(권철, 앞의 책, 358-374쪽). 이 '선구자'의 허위성은 윤해영과 조두남의 친일행각과 맞물리면서 '선구자'를 독립군시가로 생각하던 잘못된 인식은 사라졌다. 따라서 독립군들이 많이 불렀다고 해서 무조건적으로 독립군시가의 범주에 넣을 수 없다는 것이다.

다. 독립군시가는 새로운 지식인 계층과 독립군으로 참가했던 대다수의 민중들이 창작한 것이기 때문에 예술적 성격을 갖기보다는 대부분 당대의 현실을 그대로 반영하는 계몽적 성격이 강하다. 독립군시가의 노랫말은 그것이 필사본이든지 구전 기억을 후대에 기록하였든지 간에 독립군들의 정신과 당대의 현실을 드러내는 일련의 작품군(作品群)이라 할 수 있다.

역사적으로 볼 때, 독립군시가는 의병가사에 그 뿌리를 두고 있으며, 정신사적 측면에서 독립군들의 투쟁 정신을 폭넓게 반영하고 있다. 이미 앞에서도 말한 독립군시가의 한계점에서 구비전승 문학이라고 전제하였는데, 구비전승된 노랫말을 채록하였다는 점에서 주제의식과 형식, 작가의 문제에 이르기까지 실증적인 검토가 있어야 할 것이다. 여기서 독립군시가의 범주 설정의 문제와 그 정신의 뿌리를 탐색하는 것이 일차적 연구 대상이 될 것이며, 당대의 현실을 어떻게 반영하고 있는지를 분석해야 할 것이다. 독립군시가의 연구방법은 자료의 분석을 위한 실증적인 방법과 자료의 원본 확정을 위한 비교문학적 방법을 병행해야 할 것이다.

다음으로 독립군시가의 연구에 있어서 전제되어야 하는 것은 그 시기를 어디까지 잡을 것인가의 문제이다. 독립군시가는 민족이 존폐 위기에 처했을 때 독립을 위해 싸우면서 얻어진 문학적 성과물이다. 그런 점에서 일제시대는 민족의 생존문제와 함께 독립에 대한 열망이 가장 고조되었던 때이다. 그 전조(前兆)를 보이는 열강의 침략 시기는 민족의 위기의식이 고조되었던 시기이고, 민족의 미래까지도 불안의식에 사로잡혔던 때이다. 이러한 시대적 요건에서 볼 때, 독립군시가의 발생시기는 열강의 침략이 은연 중 드러나는 애국계몽기라 할 수 있고, 그 정신적 연원(淵源)은 한말 개화기 지식층과 유학자들에 두고 있다고 할 수 있다.

독립군시가의 발생시기는 열강의 침략과 일제시대라는 시대적 상황 속에 놓여있다. 열강의 침략 시기는 독립 전쟁의 연속선상에 놓여있는 의병운동 발생시기이고, 일제시대는 나라를 빼앗긴 뒤 만주와 국외에서 독립 운동을 전개하는 독립군들의 무장투쟁시기이다. 따라서 독립군시가의 연구 범위는 애국계몽기로부터 한일합방까지의 의병 운동시기와 합방 이후의 독립군들의 무장투쟁시기로 설정할 수 있다.

이 시기에 해당하는 시가 장르 중에서 어떤 작품을 독립군시가로 설정할 것인가라는 문제가 남아있다. 이 시기의 문학 중에서 시가 장르에 해당하는 것은 민족을 계몽시키기 위한 목적으로 창작된 창가, 개화가사, 한시가 있다. 이들 중에서 창가는 그 영향관계와 목적의식으로 볼 때, 열강의 침략 목적과 일본의 정책적 성격이 분명하기 때문에 본격적인 독립군시가로 볼 수 없다. 반면에, 개화가사와 한시는 현실의 문제의식을 분명하게 드러내고 있어서 독립군시가의 성격을 어느 정도 유지하고 있다. 특히, 의병가사와 한시는 그 목적의식과 정신적 측면에서 국가의 자존심과 민족의 위기감을 극복하려는 문제의식이 강하게 반영되어 있다. 개화가사와 창가가 근대적 지식인들이 주도가 되어 전근대적인 국민들을 계몽하는 목적의식을 갖고 있었다면, 한시와 의병가사는 현실 참여와 의병운동을 통해서 독립을 되찾으려는 주체성을 갖고 있었다. 그런 점에서 한시와 의병가사는 민족의 위기 상황에서 민족의 문제를 가장 직접적이고, 분명하게 드러내고 있다고 할 수 있다. 이들 한시와 의병가사는 일제시대 독립군시가의 형성에 직접적 영향을 끼쳤다.

애국계몽기 외세의 침략 정책에 맞서는 의병 활동은 주로 국내에서 이루어졌고, 한일합방으로 일제의 조선 통치가 이루어지는 일제시대 독립군의 활동은 주로 국외와 만주지역에서 일어났다. 지역적으로 볼 때, 독립군 활동은 거점 지역이 국내보다도 국외라는 넓은 공간으로 확대되었기 때문에 정서와 형식 등에서 혼효(混淆)될 가능성이 높다. 독립군시가 중에서 중국어로 만들어진 군가가 있는가 하면, 외국곡을 그대로 번안하여 부르면서 가사의 일부를 차용한 것도 있다. 독립군들이 널리 부르고 그들의 정신을 노래 속에 담고 있다고 하더라도, 언어 표기 형식에 있어서 외국 가사를 그대로 사용한 것은 독립군시가의 범주에 넣을 수 없다.

그런 점에서 독립군시가의 구체적 양상은 만주 지역과 국외의 독립군단체들이 조직적으로 전개한 군사양성 기관에서 불려진 노래들이라 할 수 있다. 이들 노랫말은 독립에 대한 강한 의지를 표출하고 있으며, 독립군들의 다양한 정서를 담아내고 있다. 독립군시가는 의병시가의 직접적인 영향으로 창작되거나 향유되었지만 의병시가와는 다른 정서와 의미를 담아내고 있다. 독립군시가의 발생 여건을 고려할 때, 독립군시가는 독립군 활동이 의병운동보다 그 목적의식이 뚜렷하였고, 주어진 현실을 보다 치열하게 드러내고 있다. 향유자의 측면에서 독립군시가는 일제로부터 독립을 쟁취하기 위해 참가한 독립군단체들이 그들의 결집된 힘을 모으고, 독립군들의 사기 진작을 위한 목적으로 창작하거나 그들의 처지를 스스로 위로하기 위해서 향유했기 때문에 보다 구체적인 목적의식을 내포하고 있었다.

이와 같은 논지에서 독립군시가의 연구 범위는 1895년 을미사변 이후 일어난 초기 한시와 의병가사로부터 1945년 독립을 되찾는 때까지로 설정할 수 있다. 이 시기에 창작된 작품 중에서 애국계몽기의 한시와 의병가사는 독립군시가의 발생에 그대로 영향을 끼치는 시가 장르로 다루고, 일제시대의 독립군시가는 직접 창작한 작품과 노랫말을 바꾸어 부른 작품, 그리고 독립군들이 즐겨 불렀던 작품들이라는 점에서 본격적 연구 대상으로 삼아야 할 것이다. 이와 같은 연구 범위에 덧붙여 독립군시가의 주제적 측면을 고려해야 한다. 독립군시가의 주제는 민족의 독립이나 자주를 위한 투쟁과 저항의 양상을 보이는 작품으로 한정해야 한다.

제2장 독립군시가의 형성 배경과 그 영향 관계

1. 지식인의 현실대응과 의병시가의 발생

　독립군시가는 의병시가의 발생에 그 뿌리를 두고 있다. 의병운동이 독립운동으로 전개되면서 독립군시가가 형성되었다. 독립군시가 연구에 앞서서 의병시가 연구가 필요한 까닭은 독립운동이 의병운동의 연장선상에 놓여있기 때문이다. 의병시가는 독립군시가 발생을 위한 하나의 근원이 된다. 따라서 독립군시가 연구를 위한 전제조건으로서 의병시가를 연구해야할 것이다.

　독립군시가에 대한 본격적인 논의에 앞서 의병운동의 전개 양상과 의병시가에 나타난 주제의식을 살펴보기로 하자. 의병시가는 의병활동과 관련한 일들을 표현한 시가작품을 말한다. 의병에 대한 정의는 맥켄지가 그의 저서 「The Fight for Freedom」에서 구체적으로 밝히고 있다. 그는 의병을 'Righteous Army'라고 하는데, 이 말은 '정의(正義)를 위해 일어난 군대'를 말한다.25) 여기서 의병이란, '옳은 일을 위해 일어난 군대'라는 뜻으로 불의에 저항하는 무리라는 성격이 강하다.

의병은 관군(官軍)과는 다르며, 조직적인 훈련을 받지 않은 민군(民軍)을 말한다. 물리적 힘보다는 정신적 힘이 앞서 있으며, 체계적인 군사조직을 갖지 못하여 전투력이 뛰어나지 못한 군대이다. 이 때문에 의병은 외세의 침략에 맞서 싸워 민족의 안위를 보존하려는 보편적 정의를 실천하려고 하였다. 의병은 정의라는 보편적 질서를 정신적 기반으로 하고 있다. 애국계몽기에 발생한 의병은 이러한 보편적 정의를 실천하려는 의욕이 강했고, 불의의 침략정책에 맞서는 자율적 군사 조직이었다. 또한, 의병은 국가 단위로 구성된 체계적 군사조직이 아니라, 훈련을 받지 않은 일반 백성들과 의를 중시하는 유학자들이 중심이 된 민중의 군대였다.

애국계몽기 의병운동은 수오지심(羞惡之心)이라는 보편적 덕목이 무너지고 있는 현실에 대한 반향과 주체적 민족주의를 회복하기 위한 사회 참여정신에서 시작하고 있다. 이 시기 의병운동은 민족의 자존심이 무너지고, 전통적 질서가 파괴되면서 민족이라는 혈연적 집단의 틀이 위협받는데 대한 자주권 수호의 측면에서 일어난 주체적 민족운동이었다. 애국계몽기 의병운동은 사적인 이익을 위한 현실 참여가 아니라, 민족의 자주권을 수호하기 위한 대타적 성격의 현실 참여운동이었다.

애국계몽기 의병운동은 외세에 의해 유린당하는 당대 현실에 대한 농민의 울분이 폭발한 동학농민 운동에 그 기원을 두고 있다. 동학농민운동은 애국계몽기 의병운동의 현실참여 정신과 민중봉기의 한 단면을 잘 보여주고 있다. 동학농민운동은 외세에 의존한 정부가 농민들을 무자비하게 수탈하자 이에 항거한 농민들이 정부를 상대로 저항한 대표적 의병운동이었다. 이처럼, 동학농민운동은 애국계몽기 의병운동의 모범적 선례를 남기는 근대적 시민성격을 갖춘 의병운동이었다.[26]

---

25) 김상기, 『한말의병연구』, 일조각, 1997, 36쪽, 재인용.
26) 김병하, 「동학사상의 새로운 조명 : 동학농민혁명운동과 전봉준의 경제사상」, 영남대학교 민족문화연구소, 『민족문화연구총서』 19권, 1998.

그러나 동학농민운동은 근대적 성격의 개혁, 구체적인 대안과 실천적 방법을 주장하였음에도 불구하고 체계적 군사조직을 갖추지 못하여 곳곳의 전투에서 관군에게 패배함으로써 궁극적인 개혁에는 실패하고 말았다.27) 동학농민운동은 국가 정체성의 확보와 외세의 침략에 맞서야 한다는 경각심을 불러일으켰으며, 애국계몽기 의병운동과 일제시대 독립운동의 정신적 바탕을 이루었다는 점에서 긍정적으로 평가할 수 있다.

동학농민운동의 근대적 정신을 이어받은 애국계몽기 의병운동은 국난 때마다 일어난 조선시대 의병운동과는 몇 가지 다른 특징이 있다.

우선, 애국계몽기 의병들의 기병(起兵) 원인이 서세동점(西勢東漸)의 국가적 위기 상황에서 민족이 해체되는 위기를 극복하려는 민족의 자주권 수호라는 열망에서 비롯되었다는 점이다. 전통적으로 지켜져 왔던 유교적 질서가 단발령의 시행으로 말미암아 그 정신적 기반이 흔들리게 되었으며, 더불어 민족문화의 위기와 '존화양이론(尊華攘夷論)'이라는 전통적 국가 이념이 존폐의 위기에 놓이게 되었다. 이러한 위기의식이 민족의 자존심을 회복하고 민족문화를 수호하려는 주체적 논리로 작용하였다. 이것은 민족문화를 수호하려는 민중의 욕구가 반영된 것이라고 할 수 있다.

다음으로, 애국계몽기 의병운동은 새로운 국가 건설을 열망하는 정치문화운동으로 확산될 가능성을 내포하고 있었다. 초기 의병운동이 단발령에 항거하는 보수적인 유학자들의 복벽주의(復辟主義)에서 출발하였지만, 군대 해산 이후에는 왕조의 회복에 그치는 것이 아니라,

---

27) 김상기, 앞의 책, 37쪽 참조. 한말 의병활동을 의병운동과 의병 전쟁이라는 용어를 사용하고 있는데, 의식과 사상의 고취라는 측면에서 볼 때, 초기의 의병은 운동의 성격이 강하고, 을사보호조약이 체결된 후 국권이 상실되는 위기적 상황에서 일어난 의병은 일본과 맞서 싸운 전쟁의 성격이 강하다. 여기에서는 본격적인 독립전쟁이 시작되는 시점을 1910년 이후로 보고, 한말 의병은 운동의 개념으로 설정하는 것이 타당하다.

국가의 존망을 회복하려는 근대적 국가의 열망까지 나타났다는 것이다. 구체적으로 말하면, 애국계몽기 2차 의병운동은 정의심과 충의정신에 입각하면서 근대적 입헌군주제라는 국가정체성을 회복하려는 운동이었다는 점이다. 그런 점에서 애국계몽기 의병운동은 일본이라는 외세를 구축(驅逐)하여 정치적으로 자주독립을 회복하고 침략적 행위에 맞서서 구국항쟁을 전개한 민족운동이었다.28)

끝으로, 애국계몽기 의병운동은 13도창의군을 조직하면서 보다 구체적이고 체계적인 항전을 이루어내었다. 이것은 동학의 실패로 비롯된 산발적인 의병운동에서 구체적이고, 체계적인 방법으로 전쟁의 역량을 키워나갔다는 것이다. 군대 해산으로 강화된 의병의 조직은 계층의 통합을 통해서 새로운 군사조직을 갖추게 되었고, 국가의 정체성을 내세운 군사 조직으로 성장할 수 있었다. 애국계몽기 의병운동은 그만큼 강화된 군사 조직을 바탕으로 한 저항운동이었다. 겉으로는 복벽주의를 주장하였지만, 안으로는 근대적 민주국가의 이념을 주장하였다. 의병운동이 전국적인 규모로 확대될 수 있었던 것은 근대적 국가에 대한 열망 때문이라고 할 수 있을 것이다. 이처럼, 애국계몽기 의병운동은 봉건적 계층의 한계를 뛰어넘는 각성된 민중의식의 발로였으며, 독립운동의 사상적 배경을 이루는 시민정신을 보여주었다. 애국계몽기 의병운동은 1910년 이후 전개되는 독립운동의 정신적 바탕이 되었으며, 일제시대 독립운동의 저변을 이루는 중요한 대응전략이었다.

의병운동이 주체적 민족운동이었으며 의병시가는 문학의 주제적 측면에서 볼 때, 당연히 민족문학의 범주에 속한다. 창작의 주체에서 볼 때, 의병시가는 의병운동을 한 작가들의 작품이다. 또한 의병시가는 문학의 양식적 측면에서 장르의 변형기, 혹은 형성기에 해당하는데, 장르의 경계를 넘나드는 다양성을 보여주고 있다. 그런 점에서 의병시가는

---

28) 김상기, 앞의 책, 37쪽 참조.

문학의 현실 대응방식으로 '제시형식(提示形式, form of presentation)'이라는 작자와 독자 사이의 관계를 무시할 수 없다.29)

이처럼 애국계몽기 의병시가는 독자와 작품의 상관관계로 파악되는 일종의 교시적(敎示的) 목적문학의 성격이 강하기 때문에 내용에 있어서 반미학적 속성과 계몽성을 무시한 채 논의할 수 없을 것이다. 일반적으로 애국계몽기 문학의 일반적인 경향을 논의할 때, 개화시가에서 자유시로 옮아오는 과정에서 양식주의 진행과정을 크게 벗어나지 않고 있음을 알 수 있다.30) 이러한 양식주의 진행과정 속에 놓여있는 의병시가는 의병투쟁의 계몽적 성격을 드러내는 문학으로 격문(檄文), 한시, 한글가사가 주류를 형성하고 있다.31) 의병시가는 의병운동에 참가한 유학자들과 평민들이 중심이 되어 주로 창작하였으며, 창작의 목적이 지식인들과 일반 백성들을 의병운동에 끌어들이는데 있었기 때문에32) 표현 양식에 있어서도 전통적 양식인 한시와 일반 백성들에게 친숙한 한글가사를 택하게 되었다.

의병시가의 발생학적 기원을 이루는 한시는 유학자들에 의한 개인적 저항의 형태로 표현되었고, 한글가사는 몰락한 양반계층이나 한자의 문화권에서 벗어나려는 새로운 지식인과 일반 백성들을 교화하는 목적으로 나타났다. 의병시가의 하나인 한시는 표현 방식에 있어서 전

---

29) 김준오, 「개화기 시가 장르비평의 연구」, 『국어국문학』 22호, 부산대국어국문학과, 1984, 48쪽 재인용. '제시형식이란 프라이가 J. S. 밀처럼 작가와 대중 사이의 여러 상황을 설정하여 장르구분의 기준을 내세운 것이다. 원칙상 서술자는 구술되고 소설은 인쇄되고 서정시는 가창되고 극은 연행된다는 상황들이 그것이다. 작가와 작품과 독자와의 관계양상이다.'
30) 개화기 시가의 전개양상은 대개 다음과 같다. 창가→신시, 개화가사→창가→신시, 개화시→개화가사→창가→신시, 가사와 창가의 양분화, 애국독립가, 개화가사, 창가, 시조, 한시, 신시로 나눈다(김준오, 앞의 논문, 48쪽-49쪽).
31) 조동일, 『제2판 한국문학통사 4』, 지식산업사, 1989, 165쪽 참조.
32) 박종원 외, 『조선문학사』, 한국문화사, 1992, 37쪽 참조.

통적인 한시의 정형성을 택하고 있었다고 하더라도 한글로 표기된 가사문학에 비교해볼 때, 표기상의 제약을 받지 않으면서 보다 적극적인 방법으로 민족 계몽운동에 참여할 수 있었다.

애국계몽기 의병시가는 유학자들의 전통적 장르인 한시와 새로운 지식인이 택한 한글가사, 개화가사 등의 형태로 나타났다. 이와 같은 내적 조건과 더불어 사회적 요인도 작용하고 있다. 의병시가는 국가의 위기의식이 고조되는 시기에 발생하였으며, 이 시대적 완충 조건은 의병가사의 발생에 직접적인 영향관계를 갖고 있다. 또한, 의병시가는 한글을 표기 방식으로 택한 애국계몽기 시가문학에서 근대적 의미를 확보하고, 더 나아가 일반 백성들의 폭넓은 대중성을 확보해나갔다.

이처럼, 의병시가는 외세의 침략이 가속화되는 현실적 여건에 부합하여 혼란한 시대적 상황에 대응하였고, 일반 백성들의 정서를 폭넓게 반영하였다. 의병시가는 문학의 사회적 참여를 유도하였고, 일반 백성들을 계몽하는데 목적이 있었다. 이 때문에 의병시가는 현실의 모순을 적극적으로 드러내면서 대중적 성격의 문학으로 전환하게 되었다.

애국계몽기 문학운동의 범주에 속하는 의병시가는 일반 대중의 사회 참여를 높이기 위해서 대중들에게 쉽게 다가갈 수 있는 한글 표기 방식을 택하고 있다. 또한, 시가 장르이면서도 비교적 호흡이 긴 장형(長型)으로 되어 있다. 이것은 운문과 산문의 결합이라는 독특한 방식이기도 하며 시대적 혼란을 반영하는 장르의 해체라고 할 수도 있다. 이 장형의 문제는 논고를 달리하여 연구되어야 하지만, 의병시가가 장르의 해체를 꾀한 까닭은 시대적 여건과 직접적인 관련이 있다고 생각한다. 그것은 급박한 시대에 작가의 의도를 집중적으로 드러내기 위해서 짧은 운문 방식을 택하는 것이 합리적이며 여기에 계몽성이라는 목적성을 담아내기 위해서 산문화 경향이 반영되었으리라 생각한다. 애국계몽기 문학운동이 효용론적 문학운동, 국어국문운동이 지배적이었는데,[33] 의병시가도 두 가지 문학적 경향을 그대로 반영하고 있다고 할 수 있다.

짧은 서정양식은 경구와 풍자의 표현 방법을 이용하여 사회 비판적 의식을 담아내고 있는데 유용하며 호흡이 긴 서사양식은 백성들을 교화하고 계도하는데 유용한 장르적 특징이 있다. 문학사에서 서사양식이 지배적일 때는 대개 시대적 요청에 의해 이루어지는 경우가 많은 것도 이 때문이다. 의병시가는 애국계몽기 여러 문학 유형 중의 하나이며, 여기에는 당대의 현실 상황이 반영되어 있다. 특히, 의병시가는 일정한 목적성을 갖고 있다는 점에서 당대 사회의식을 더욱 첨예하게 반영하고 있다.

그런 점에서 애국계몽기 문인들의 유형과 의식을 살펴보는 것은 의병시가의 문학적 성격을 규명하는 예비 작업일 것이다. 애국계몽기는 외세의 압력이 더해지고, 개항의 물결이 밀려드는 혼란된 시기이다. 의병시가는 이와 같이 혼란된 시대에 맞서는 당대 지식인의 의식이 투영되어 있다. 김용직에 따르면, 애국계몽기 문인의 유형과 의식은 다음과 같이 유형화되어 나타난다.

<표1> 개항기 문인의 유형과 의식[34]

유형	출신계층, 행동의 성격	반제 의식	반봉건 의식	유형간의 상관관계
1	보수사림출신, 서구수용반대	+	-	상반된 상황의식
2	개화주의자, 구체제 반대	-	+	
3	사림출신, 서구수용 인정	+	+	공통된 시대인식
4	개혁파, 주체성 확보 시도	+	+	

이 네 가지 문인의 유형 중에서 의병시가를 담당한 계층은 주로 제

---

33) 권영민, 『한국민족문학론연구』, 민음사, 1988, 15-23쪽 참조.
34) 김용직, 「개화기 문인의 의식유형」, 황패강, 김용직 외 편, 『한국문학연구입문』, 1982, 481쪽 참조.

1유형에 속하며, 이들의 성향은 제국주의에 반대하고 봉건주의 의식에 반대하였다. 개항기 문인의 의식은 국가 존망의 위기적 상황을 극복하려는 민족문학의 성격을 강하게 지니고 있었다. 이들에 의해 창작된 의병시가는 보수사림들이 창작의 주체자로 있었고, 이들은 서구의 문물에 반대하면서 민중을 계몽하였다. 의병시가는 근대적 정신을 바탕으로 효용주의 문학관의 입장을 내세웠고, 표기 형식은 한시에서 국문가사로 바뀌었다.

시기적으로 볼 때, 의병시가는 초기에는 나라를 잃은 슬픔을 개인적 울분으로 토로하는 한시 형태에서 발생하여 점차 민중들을 교화하고 국가의 위기에 맞서는 세력들을 규합하면서 문학운동의 성격을 띤 의병시가로 발전하였다. 이처럼, 국권 회복운동의 일환으로 창작된 의병시가는 민족의 생존권을 위한 반제국주의 의식이 강했지만, 그 정신의 바탕은 여전히 봉건적인 성격을 내포하고 있었다. 그것은 의병시가의 창작 주체자가 민중들의 정서를 폭넓게 수용하고 있었지만, 근왕주의(勤王主義)라는 국체 의식을 바탕에 두고 있었기 때문이다. 의병시가가 어떤 형태로 창작되었건 간에 의병시가는 국가의 위기와 민족 주체성이 상실되는데 대한 반동으로 발생한 민족문학의 성격을 가졌다는 점은 분명하다.

향유 계층의 측면에서 애국계몽기 문학의 한 유형으로서 의병시가는 외세의 침략에 맞서 싸운 의병들에 의해 창작되거나 의병들이 향유한 문학이라 할 수 있다. 특히, 의병시가는 독립군시가의 발생에 직접 영향을 주고 있는데, 의병문학 중에서도 한시와 의병가사는 독립군시가의 뿌리를 이루고 있다고 할 수 있다. 한시는 전통적 선비 정신과 그 형식적 측면에서 독립군시가에 영향을 끼치고 있으며, 의병가사는 다양한 작가 층의 형성과 계몽주의 문학 정신의 측면에서 독립군시가의 정신적 측면에 영향을 끼치고 있다.

지금까지의 논의에서 의병시가는 의병운동에 직·간접적으로 연결되면서 현실에 저항하는 경향을 보인다. 의병시가는 창가, 한시, 개화가사, 신체시, 민요, 가사 등과 함께 애국계몽기 문학의 하위 범주에 속하며, 계층적으로는 보수사림 출신의 유생들과 몰락한 양반, 혹은 평민들에 의해 창작된 문학적 성과물이다. 의병시가는 의병운동과 관련하여 창작되었으며, 1910년 합방 이후에는 독립군 활동과 이에 따른 독립군시가의 발생에 많은 영향을 주었다.

문학의 전통적 맥락에서 의병시가는 애국계몽기 문학의 발생과 더불어 형성되었으며, 그 정신과 형식은 일제시대 독립군시가로 계승되고 있다. 의병시가는 내용과 형식면에서 애국계몽기 문학의 성격과 특징을 그대로 반영하고 있으며, 정신적 측면에서 일제시대의 척박한 현실에 저항한 저항문학의 유형을 보여주고 있다. 의병시가의 정신 영역은 개화사상의 계몽성, 근대성을 특징으로 하고 있으며, 자주권 수호를 위한 주체적 저항 자세를 보인다. 따라서 의병시가는 서정성보다는 계몽성을 중심으로 하고 있으며, 개인의 문제보다는 민족의 문제를 그 중심내용으로 한다. 또 다른 특징으로 의병시가는 애국계몽기 문학에서 흔히 나타나는 풍자와 해학을 통한 우회적 저항의 방식을 택하지 않고, 현실에 보다 직접적으로 참여한다는 점에서 저항문학의 새로운 방식을 보여준다.

의병시가는 전통적 정신을 바탕으로 새로운 현실 참여의 방식을 택하면서 문학의 대중화를 꾀했다. 의병들이 전투를 하면서 그 현장에서 체험한 사실을 직접 전달함으로써 신문이나 잡지에 발표되던 우회적 풍자 문학을 극복하고 있으며, 표현 양식과 현실 접근 방식에 있어서 새로운 저항문학의 모습을 보여 주었다.

의병시가의 발생은 다양한 문학적 대응물로 나타났다. 그 하위 범주에 속하는 의병가사는 형식적 측면에서 전통적 가사 율격인 4·4조 4음보를 그대로 유지하고 있으며,[35] 한문학은 격문, 일기, 한시 등으로 재현되었다. 이들 형식들은 대부분 과거의 전통적 형식을 그대로 수용하고 있으면서도 형식적 질서를 자유롭게 변형하고 있다. 의병가사는 문학의 영향관계에서 전통적 형식미를 계승하면서 계몽과 훈육(訓育)을 특질로 하는 교훈주의 문학의 전통을 계승하였다. 특히, 의병가사는 율격의 변형을 자유롭게 구사하고 있는데, 이는 자유로운 형식의 변형과 내용을 통하여 새로운 주제의식을 표현하였다. 이와 같이 의병가사는 음보율에서부터 정형률에 벗어나고 있으며 음수율과 음보율에 있어서 새로운 체계로 변화하는 과정에 있었다.36)

의병시가는 지식인의 현실 대응 방식으로 나타난 문학이었다. 이들 문학의 정신적 바탕은 현실에 적극적으로 저항하는 것이었다. 의병시가는 현실의 위기에 맞서서 행동을 촉구하거나, 그들을 계몽하여 의병전쟁에 참여시키는 것이 목적이었기 때문에 현실의 문제를 적극적으로 개진하였고, 짧은 권고문 형식을 보여주고 있다. 초기 의병시가가 백성들에게 위기의식을 일깨우는 계몽적 자세를 취했다면, 후기 의병시가는 저항의 대열에서 체험한 의병들의 참여정신과 그 울분을 적나라하게 드러내는 실천적 자세를 보여주었다. 형식적 측면에서 동학혁명을 전후하여 나타난 의병시가는 민요와 창가 형식이었는데, 유학자들의 의병운동 참여가 이루어지는 후기 의병시가는 주로 한시와 가사 형식으로 표현되었다. 의병시가의 담당계층은 지식인 계열이었다. 의

---

35) 송민호는 애국계몽기의 문학적 대응을 주로 네 가지 정도의 형태로 나누고 있다. 조선 시대부터 이어져온 전통적 율조인 4·4조의 형식을 그대로 답습한 개화가사, 근대화의 계몽성을 담고 있는 애국가류의 개화시, 서구식 음조를 붙여 가창할 수 있는 체제를 갖추고 자수율이 일본 명치초기의 노래와 같은 창가, 근대적 산문시의 효시라고 보는 신시 등으로 나누고 있다(송민호, 「한국시가문학사」(고대민족문화연구소 편, 『한국문화사대계Ⅴ』, 고려대학교 민족문화연구소, 1978, 909-910쪽). 또한, 정한모는 가사형, 시조형, 가사·시조 복합형, 한시형으로 나눈다(『한국현대시문학사』, 일지사, 1974, 131-151쪽 참조).
36) 예창해, 「개화기의 시가와 율격의식」, 『관악어문연구』 9, 서울대국어국문학과, 1984.

병운동에 참여하는 계층은 대다수의 민중들이라 하더라도 이들을 이끄는 주체 세력은 한말 유학자들이나 지식인 계층이었다. 의병시가는 유학자와 의병부대를 이끄는 의병장들에 의해 창작되었고, 점차 그 창작자가 의병운동에 참여하는 일반 대중에까지 확산되었다.

2. 의병시가의 정신적 기반

의병은 국가가 존립해 있는 상황에서 전개된 주권 회복의 소극적인 성격이 강하다고 한다면, 독립군은 국가를 상실한 상황에서 빼앗긴 국가의 주권을 되찾으려는 적극적인 성격이 강하다. 이것은 의병시가와 독립군시가의 현실 대응 전략의 차이점을 나타내는 기본적인 요인이 된다. 의병시가가 계몽성과 교훈성을 전제로 하고 있다면, 독립군시가는 민족의 생존권 회복, 민족의 현실적 삶의 여건, 일제와의 투쟁을 위한 다짐 등을 전제로 하고 있다.

외세와의 투쟁 속에서 창작된 의병시가는 애국계몽기 문학의 중요한 부분에 속하면서도 개화기 시가문학이 갖고 있는 단순한 계몽성을 벗어나 현실의 모순에 저항하는 양상을 보여주고 있다. 이를테면, 의병시가 문학의 하나인 한글 의병가사의 정신적 지향점은 애국의식의 고취, 의병운동의 당위성을 알리는 목적의식을 갖고 있다. 의병가사는 조선시대 대표적 문학 갈래인 가사문학의 형식적 전통을 계승하면서 그들의 정신을 대중에게 전달하는 교술적 성격을 지니고 있다. 애국계몽기 의병가사는 후기 개화가사의 형식적 전통을 계승하면서 이 시기의 새로운 문학 장르인 창가(唱歌)에 이어졌다. 의병시가 중에서 투쟁적 면모를 강하게 드러낸 것으로 한시를 들 수 있는데, 이들의 창작 주체는 구한말의 유학자들이고, 대부분이 지식인 계열이었다. 한시를 남긴 유학자들은 대부분 현실을 극복하려는 강한 저항성과 목숨을 불사하는 살신성인의 자세를 견지하고 있다. 그것은 기존의 체제를 유지하려는 보수적 경향이 있다고 비판할 수도 있지만, 그 정신적 바탕에는 국가의 존망과 위기의식을 극복하려는 민족정신이 있었다.

의병시가는 한글 의병가사의 대중성과 한시의 저항적 민족주의에 그 정신적 기반을 갖고 있다. 주제의식에 있어서도 의병시가는 의병운동을 직접, 혹은 간접적으로 드러내고 있다. 시가문학의 전통성에서 의병시가는 애국계몽기 문학의 하위 범주에서 형성된 것이며, 민족의 위기적 상황과 국가의 패망과 함께 하면서 그 정신과 형식이 일제시대 저항문학의 든든한 뿌리를 이루게 되었다. 일제시대 저항 시가문학이 의병시가를 바탕으로 창조적으로 계승되었다고 해도 과언이 아닐 것이다. 의병시가는 정신적 측면에서 전통적 지식인 계열의 저항정신을 반영하고 있으며, 그 대응 방식은 한글 의병가사와 한시를 비롯한 다양한 문학적 장르로 나타나고 있다. 특히, 한글 의병가사는 독립군시가의 형성에 가장 많은 영향을 주고 있다. 그 영향 관계는 정신적 측면과 형식적 측면으로 나눌 수 있다.

먼저, 의병시가는 정신적 측면에서 독립군시가에 많은 영향을 주고 있다. 의병시가는 외세의 침략에 맞서 싸워야 한다는 계몽성과 근대적 시민 참여정신을 바탕으로 하고 있다. 의병시가는 애국계몽기 문학의 사회비판적 태도의 소극적 형태를 취하지 않고 보다 적극적인 저항 자세를 보여준다는 점에서 민족시가의 새로운 방향성을 제시하고 있다고 할 수 있다. 의병시가는 전통 장르를 계승하면서 근대적 정신과 한글 표기 방식으로 대중성을 획득하고 있다. 이처럼 의병시가는 신문이나 잡지에 발표되던 애국계몽운동의 우회적 풍자문학 보다도 적극적인 형태를 띠면서 민족문학의 새로운 영역을 확보하고 있다. 이 참여정신은 독립군시가의 저항정신으로 이어지고 있다.

둘째로 의병시가의 형식은 대개 정형률로 이루어져 있으나, 시조, 한시, 민요 등의 영향으로 일부 해체되는 경향을 보이기도 한다. 대중 작가의 등장으로 의병시가의 형식은 과거의 전통적 율격을 그대로 수용하고 있으면서도 한편으로는 율격 형식의 자유로운 변형을 시도하고 있다. 의병시가가 전통적 형식을 빌려서 표현하고 있으며, 전통적 율격 형식인 4음보격의 안정된 가락을 바탕으로 하고 있지만 몇몇 의병시가는 율격의 자유로운 변형과 생성을 통하여 정형률 체계에서 탈피하여 비정형률 체계로 변화해 간다.37) 이 자유로운 음보율의 등장은 독립군시가의 변형 율격에 직접 영향관계를 이루고 있다.

이처럼 의병시가는 정신과 형식의 측면에서 자유로운 근대질서 양식을 폭넓게 수용하면서 민족시가의 전통을 계승하고 있다. 의병시가는 민족의 생존권 문제를 놓고 그 위기의식을 극복하려는 현실 참여 문학이다. 의병시가는 애국계몽기 문학과는 달리 의병에 참여한 일부 계층과 의병장이나 유학자들에 의해 창작되었는데, 이것은 애국계몽기 문학의 대중성과는 다른 의병시가의 한 특징이라고 할 수 있다. 이와 같이 의병시가는 애국계몽기 문학 중에서도 현실의 모순에 맞서는 참여 문학이며, 대중들에게 행동을 촉구하거나 저항정신을 고취시키는 문학이었다. 따라서 의병시가는 계몽과 훈육을 통한 저항형태를 꾀하면서 자주권 수호를 위한 실천적 참여정신을 보여준 애국계몽기 민족문학의 대표적 장르라 할 수 있다. 이들 의병시가는 독립군시가의 발생에 가장 직접적 영향을 끼치는 문학이라 할 수 있다.

1) 한시에 나타난 지조와 절개의 정신

의병시가는 이 땅에 외세와 영합하는 무리들을 몰아내고, 국체를 보존하는 유교정신을 표출한 것이다. 의병시가 장르 중에서 전통적 유학

---

37) 예창해, 「개화기의 시가와 율격의식」, 『관악어문연구』 9, 서울대국어국문학과, 1984.

자들에 의해 창작된 한시는 왕권체제를 유지하고, 그 체제를 유지하기 위한 전근대적인 저항방식을 보여주었다. 한시는 조선시대 지배 이데올로기의 하나인 지조와 절개를 강조하면서 목숨을 불사한 선비정신을 보여주고 있다. 한시는 정형화된 형식미를 갖추고 있는 시가문학으로서 전통적인 양반문학의 하나이다. 이러한 양식적 특성은 한시가 양반문학의 계층적 한계를 극복하지 못하고 있음을 말하는 것이기도 하다. 한시의 계층적 한계성은 전근대적 왕권체제를 옹호하기 위한 수단이었으며, 이것은 근대적 제국주의의 위압 앞에 여지없이 무너지고 말았다.

의병들의 한시는 죽음을 불사한 절개가 숭앙받던 전근대적 양반 체제를 벗어나 근대적 시민운동에 걸맞는 민족운동을 이끌어내지 못했으며, 교훈주의 문학(敎訓主義, didiactic literature)의 특징인 '가르침'에 머물렀기 때문에 현실 개혁의 이상은 실현하지 못하고 있다. 이것은 한시의 한계점이기도 하고, 전근대의 한계를 벗어나지 못하는 애국계몽기 의병시가 문학의 한계점이기도 하다. 한시는 양반들의 닫힌 세계관을 드러내고 주제의 경직성을 보이고 말았다.[38]

그럼에도 불구하고 한시의 주체적 저항운동은 애국계몽기 문학에서 상당히 중요한 의미를 갖는다. 왜냐하면, 문학이 서정성을 바탕으로 민중의 집단적 정서를 함축하는 것이라면, 의병들의 한시는 저항운동을 통해서 민족주체성을 확보하고 있으며, 더 많은 민족적 공감대를 형성할 수 있기 때문이다. 그런 점에서 의병들의 저항정신은 명분상의 국권수호라는 비극적 상황의 체념에서 운명을 극복하려는 자세로 변하면서 문학의 질적 성장을 꾀할 수 있었다.

의병시가 장르 중에서 한시가 갖는 저항적 성격은 애국계몽기 시가문학의 새로운 정신적 푯대로 받아들일 수 있다. 시대적으로 혼돈의

---

38) 이동순, 앞의 책, 19쪽 참조.

상황에 있었던 개항 이후 국내정세는 민중들에게 격동기 삶의 방식을 요구하였다. 민중들의 결집된 역량이 발휘되기도 전에 거세게 몰아닥치는 외세의 침략 행위는 국가의 안위마저도 위태롭게 만들었다. 이러한 시대적 상황 속에서 발생한 한시는 당연히 저항문학의 형태로 표출되었고, 단순히 정부의 정책에 대한 저항이 아니라, 국가의 안위에 대한 척왜척양(斥倭斥洋)의 내셔널리즘을 표방하게 되었다. 따라서 한시는 국수주의와 민족주의 노선을 표방하는 저항적 형태를 띠게 되었다.

급격한 시대의 변화를 맞으면서 애국계몽기의 문학은 질적 역량을 발휘할 여력을 갖지 못했으며, 따라서 서정성의 결여와 문학 장르의 혼합과 같은 비문학적 자질이 있다는 점을 부인할 수 없다. 그럼에도 불구하고, 이 시기의 한시는 한국 근대문학의 변혁기를 담당하는 가장 중요한 민족문학의 자질을 갖고 있으며, 일제시대를 관류하는 민족문학의 발전과정을 해명하는 하나의 기초로서 섣불리 지나칠 수 없는 문학적 대응물이다. 이것은 애국계몽기 문학에 대한 다양한 연구 성과가 반증한다.39)

---

39) 김병선,『개화기 시가의 연구-음악학적 접근』, 삼문사, 1985.
  김준오,「개화기 시가 장르비평의 연구」,『국어국문학』 22호, 부산대국어국문학과, 1984.
  예창해,「개화기 시가와 율격의식」,『관악어문연구』 9, 서울대국어국문학과, 1984.
  김영철,『개화기 시가의 장르연구』, 학문사, 1987.
  송민호,「일제하의 한국 저항문학」,『일제하 문학운동사』, 민중서관, 1970.
  조남현,『개화가사』, 형설출판사, 1978.
  조남현,「사회등가사와 풍자방법」,『국어국문학』 72, 73 합병호, 국어국문학회, 1976.
  신범순,「애국계몽기 시사평론기자의 형성과 정치적 위기의식의 문학화」,『국어국문학』 97, 국어국문학회, 1987.
  민병수 외,『개화기의 우국문학』, 신구문화사, 1974.
  김학동,『한국 개화기 시가연구』, 시문학사, 1981.
  이동순,『민족시의 정신사』, 창작과비평사, 1996.
  이청원,『한국민족문학사론』, 원광대출판부, 1982

애국계몽기 한시는 외세의 침략에 맞서는 항전 행위로부터 촉발되었다. 이미 외세의 침략 행위가 노골화되는 시점에서 이들 저항적 한시는 비극적 상황에 대한 직설적 토로와 울분, 자탄 등을 주제로 하고 있다. 이 시기 한시의 일반적 경향은 보편적 예술주의 경향보다는 민족적 공감대를 불러일으키는 현실적 참여주의 경향이 강했다.

한시의 문학적 성과를 살펴보기 위해서 의병운동으로 비롯되는 일련의 역사적 사건을 간과할 수 없다. 애국계몽기 의병운동의 역사적 시기에 대해서는 여러 가지 이견이 있지만, 일반적으로 3시기로 나눈다.40) 애국계몽기 의병운동은 시기적으로 그리 길지 않으며, 그 문학적 대응 방식도 역사적 시기처럼 일목요연하게 드러나는 것도 아니다. 또한, 전기 의병 활동은 중기와 후기 의병활동으로 곧장 이어지고 있기 때문에 그 역사적 시기 구분이 문학적 대응의 분기점으로 보기에는 여러 가지 한계가 따른다. 따라서 애국계몽기 의병시가에서 한시의 문학적 성과에 대해서는 시기적 변천과정 보다는 의병운동이 전개되는 과정에서 반영되었던 치열한 저항의식의 유형과 주제적 특징을 다루는 것이 바람직할 것이다.

애국계몽기 한시 중에서 자주적으로 국가를 지키기 위한 참여정신을 극명하게 보여주는 시기는 1895년 8월 민비 시해라는 치욕적인 사건이 일어나는 때였다.41) 일본의 낭인에 의해 무참하게 살해된 국모를

---

40) 의병의 시기구분은 ⑴ 전기(1894-1896), ⑵ 중기(1904-1907) ⑶ 후기(1907-1910)의 3기로 설정할 수 있다. 물론 1910년 8월부터 1915년까지는 의병에서 독립군으로 전환하는 과도기로 설정할 수 있다. 의병 활동은 주로 역사적 사건과 관련하여 전개되고 있다. 전기 의병은 1894년 동학 농민운동과 갑오개혁, 을미사변 등의 국권 침탈과 관련되어 있고, 중기 의병은 1904년 8월 22일 조인된 1차 한일협약으로 발발하였으며, 후기 의병은 1907년 7월 24일 체결된 한일신협약(정미 7조약)으로 군대가 해산되자 일어났다.
41) 민비 시해와 일본의 획책은 하현강, 「옥호루의 참극-을미사변」(『열강의 침략-한국현대사2』, 신구문화사, 1972, 55-105쪽)에서 자세히 밝히고 있다. 을미사변은 청일전쟁을 치르고도 3국 간섭이라는 또 다른 위기에 직면해 있

추모하는 민중들의 항쟁이 거세게 일어났다. 이 사건으로부터 민중들의 감정이 촉발되기 시작하였고, 그 감정의 도화선은 단발령 실시였다. 단발령의 강제시행은 유학자들의 분노를 사게 되었으며, 이들의 반발은 지도자를 기다리는 민중들의 정서에 부합하였고, 이로써 본격적인 의병운동이 일어나게 되었다.

친일내각에 의해 진행되어 왔던 갑오경장은 1895년 11월 15일 단발령의 실시로 유생들의 거센 항의를 받게 되었다. 단발령은 전통 유교의 이념에 대한 전면적 거부로 민족적 공감을 형성하는 중요한 기폭제가 되었으며, 처음에는 단순히 민족적 자존심으로부터 발생한 것이기는 하지만, 그것이 증폭되어 마침내 일제의 침략적 야욕에 맞서는 항전의 성격을 띠게 되었다. 불과 수개월 사이에 진행된 민족적 자존심의 말살은 의병 봉기의 원인이 되었다.

민중들은 지방유생들의 영도아래 '창의토왜(倡義討倭)'의 깃발을 들었다. 이 시기에 제일 먼저 의병을 일으킨 사람은 을미사변 직후 충북 보은에서 기의(起義)한 문석봉이었다.[42] 이 최초의 의병운동이 요

던 일본이 친러 세력의 핵심 인물인 민비를 시해한 사건이다. 일본공사 미우라의 지령을 받은 일본 낭인이 경복궁에 난입하여 옥호루(玉壺樓)에서 민비를 시해하고 그 시체를 불태웠다. 이 사건은 이노우에(井上馨) 대신 새로 주한 일본 공사로 부임한 미우라(三浦梧樓)가 한성신보사에 있던 일본 낭인을 행동부대로 내세운 역사상 유례없는 참변이었다. 미우라는 1895년 7월 13일 주한 일본 공사로 부임하였고, 을미사변이 일어난 때는 8월 20일 오전 8시경이었다. 불과 한달만에 획책된 이 만행의 구체적 실행방안은 다음과 같다. 첫째, 궁중의 간신을 제거하여 국정을 바로잡는다는 명분아래 대원군을 입궐시키고 왕후를 시해한다. 둘째, 행동부대의 표면에는 훈련대를 내세워 조선인이 일으킨 쿠데타로 가장시킨다. 셋째, 행동의 전위대로는 일본낭인 부대를 앞세우고, 이들을 위한 엄호와 전투의 주력은 일본군 수비대가 담당한다. 넷째, 대원군 호위의 별동대로는 일본인 거류지의 경비를 담당한 일본 경관을 동원한다.
42) 한말 의병의 봉기가 일어난 최초의 시점으로 평안도 상원의 유생 김원교가 일으킨 상원의병(1895. 7-9)과 경상북도 안동의 서상철이 주도한 안동의병(1894. 7-9)으로 보는 견해도 있다. 이를 통칭하여 갑오의병이라하여 을미사

원의 불길처럼 번지면서 의병 활동이 전개되었으며, 단발령 시행 이후부터는 전국적 규모의 산발적 항일전의 성격으로 확대되었다.

경기지방은 이천의 김하락(金河洛, 1846-1896) 등이 이천창의군을 결속하였고, 충주 제천에는 유인석(柳麟錫, 1842-1915)이 중심이 되어 호좌창의군을 창군하였다. 홍주에서는 김복한(金福漢, 1860-1924)·이설(李偰, 1850-1911)·안병찬(安炳瓚, 1854-1921) 등이 의병을 일으키고, 전라도에서는 기우만(奇宇萬, 생몰연대 미상)이 의병을 일으켰다.43) 이들에 의해 나타난 저항시가는 주로 한시로 표현되었는데, 내용상으로는 대부분 전통적 사고의 붕괴로 인한 절망감과 패배감을 드러냈다.

이들 작품 중에서 '단발령(斷髮令)'은 일제의 침략정책에 맞서서 기존의 질서를 고수하려는 상징적 의미가 있었다. 단발령에 대한 유학자들의 분노는 목숨과도 바꿀 만큼 심각한 문제였다. 유학자들의 한시는 유교질서 붕괴에 대한 목숨을 건 투쟁에서 시작하고 있다.

  지사는 낮은 생활을 잊지 않고
  용사는 목숨 바칠 것 잊지 않네
  차라리 머리 없는 귀신 될망정

  변(1895년 8월 20일) 이후 일어난 을미의병과는 다른 성격으로 보고 있다(한국민족운동사연구회 편, 『한국민족운동사연구3』, 지식산업사, 1989, 70-73쪽 참조).
43) 이들이 치루었던 전쟁은 1896년 1월(구력) 1일부터 8월 28일까지 정도인데, 실제 전투를 치룬 횟수는 18회 정도였다. 이들은 전면적인 성격을 띠지 못하고, 산발적인 전투에 그치고 있다. 기록에 따르면, 당시 기병 인원은 남한산성의 이천창의군이 2,000여 명의 의병부대에 300명의 산포수가 포함되어 있었고, 춘천 의병은 400명의 발기인에 400명의 포군이 합세하였고, 충주의 유인석 부대는 전성기에 10,000명에 달하였다고 한다. 이와 관련한 자세한 참고 자료는 다음과 같다.
  박성수, 「항일의 전선(戰線)」, 『민족의 저항-한국현대사3』, 신구문화사, 1972, 158-200쪽 참조.
  윤병석, 『의병과 독립군』, 세종대왕기념사업회, 2000, 45-68쪽 참조.
  역사편찬회 엮음, 『독립운동사』, 역사편찬회출판부, 1990, 219-263쪽 참조.

> 머리 깎는 사람은 아니되련다
> 志士不忘在溝壑 勇士不忘喪其元
> 寧作斷頭鬼　　不爲剃髮人
> 　　　　— 안병찬, 「혈시(血詩)」44)

　단발령 시행으로 촉발된 유생들의 저항적 기개(氣槪)는 이처럼 죽음을 불사한 행위로 나타났다. 안병찬의 「혈시」는 작가가 제 손으로 목을 찔러 의식을 잃었다가 혼수상태에서 깨어나 목에서 나는 피를 찍어 쓴 시이다. 이 시를 써서 작가는 간수를 시켜 변절자 이승우에게 전했다고 한다. 단발에 대한 거부감이 극도의 비장미와 함께 전편을 압도하고 있다. '단발'은 지사의 생활과 목숨과도 바꾸어야 하는 문제였다. 그것은 단순히 '단발'이라는 유교적 이데올로기의 집착을 의미라는 것이 아니라, 민족의 자주권을 수호하려는 의지를 상징적으로 나타내고 있다.

　일제의 침략정책과 극도의 압제 속에 진행된 단발령은 유생들과 민중들을 자극시켰고, 동시에 국권수호라는 절대 절명의 위기의식을 극복하려는 의병운동으로 확산되었다. 이들 의병의 중심세력은 지방의 유생들이었고, 실제로 모집된 의병들은 평민, 산포수, 해산된 동학교도들이었다. 의병운동은 국모시해에 대한 울분과 단발령 시행에 대한 민족자존심이 유린당하면서 유학자들은 정신적 기개로 무장한 채, 집단적 궐기 형식을 띠게 되었다. 이때 일어난 의병운동은 사실상 명분만을 내세운 의병운동이었다. 민족의 절실한 문제를 해결하려는 전면적 투쟁이 아니라, 그동안 유지되어 왔던 유교질서가 해체되는 위기의식 때문에 발생한 일종의 시위대 수준이었다. 이러한 의병운동의 한계가 안병찬의 시에 그대로 나타나 있다.

　안병찬의 시에 나타난 한계처럼, 이들 유학자들은 거의소청(擧義掃

---

44) 신동한, 『抗日民族詩集』, 서문문고, 1975, 21쪽.

淸), 거지수구(去之守舊), 치명수지(致命遂志) 등의 이상적 원칙론을 내세웠다.45) 애국계몽기 의병운동에 유생들이 대거 참여하였다는 사실은 당시 의병의 사상적 배경으로 전통적 유교주의와 주자학의 명분론에 입각한 이상적 국가유형을 제시하는 것이었음을 알 수 있게 한다. 이 명분론이 지닌 한계성을 적시(摘示)한 단재 신채호는 초기 의병운동을 충군애국의 대의로 일어난 독서계급(讀書階級)의 운동이라고 평가하고 있다. 의병운동은 민중적 기초가 없는 위로부터의 운동이었다.46) 이런 까닭으로 이상주의를 내세운 의병운동은 동학농민군이 내세웠던 국가 개혁의 차원에서 자연발생적이고 지역분산적인 방향으로 옮겨간 축소된 항일운동이라 할 수 있다. 이러한 한계점 때문에 이들 이상주의적인 의병운동은 고종의 아관파천(俄館播遷, 1896) 후 친일세력을 견제하고, 친일내각이 해체되는 과정에서 사실상 세력 기반을 상실하고 말았다.

그러나 이러한 한계점에도 불구하고 초기 의병운동은 일제시대 독립운동의 정신적 기반이 되고 있다. 의병운동의 정신적 기반은 민족의 자존을 지키려는 주체성 회복운동에 그 뿌리를 두고 있다. 그런 점에서 현실참여와 민족주체성을 발휘하려는 실천적 의지가 표명되었다는 사실을 인정하지 않을 수 없다. 이들 의병운동은 이항로(李恒老, 1792-1868)의 '전수론(戰守論)'을 계승한 최익현(崔益鉉, 1833-1906)

---

45) 김도형, 「한말 의병전쟁의 사상적 성격」, 한국민족운동사연구회 편, 『한국민족운동사연구5』, 지식산업사, 1991, 111쪽 참조.
46) 안병직, 「단재 신채호의 민족주의」, 이우성 외, 『한국의 역사인식』 하, 창비신서, 1976, 469쪽 참조. 신채호는 『조선혁명선언』에서 우리나라 민족운동을 다음과 같이 비판하고 있다. '우리의 지난 과거를 살펴보면 갑신정변은 특수세력이 특수세력과 싸우던 궁중의 일시적 활극일 뿐이며, 경술전후의 의병들은 충군애국의 대의로 격렬하게 일어난 독서계급의 사상이며, 안중근, 이재명 등 열사의 폭력적 행동이 열렬하였지만, 그 배후에 민중적 역량의 기초가 없었으며, 3·1운동의 만세소리에 민중적 일치의 의기가 잠깐 나타났지만 또한 폭력적 중심을 가지지 못하였다.'

과 유인석, 양헌수(梁憲洙, 1816-1888) 등이 '유교적 휴머니즘을 내세워 민족 주체의식을 철저하게 드러내었다'[47]라고 할 수 있다.

사상적 측면에서 의병운동은 주로 반침략, 반개화, 반봉건적 사상을 배경으로 일어났다. 의병운동은 일본 제국주의 침략에 반대하고, 중화주의에 입각한 반개화주의 노선을 취하였고, 지배계급의 정치 경제적 착취에 반대하였다. 그들의 사상은 주로 주자학 정신에 입각한 존화양이(尊華洋夷)의 중국 중심의 세계관을 크게 벗어나지 못했다. 의병운동은 실추된 임금의 권위를 높이고 국가의 위기를 극복하는 것이 시급하다는 주체의식의 회복 운동이었다. 이들은 근대적 개혁운동인 갑오경장에도 반대했는데, 그 이유는 전통적 통치구조가 무너지는데 대한 반향(反響) 때문이라 할 수 있다. 그들의 봉기 원인은 유교적 근왕주의(勤王主義)가 해체되는데 대한 위기의식 때문이었다. 이들 유생들의 한시는 위정척사(衛正斥邪)의 논리를 내세운 배타적인 우국주의 경향이 강했다.

이처럼 당대 의병운동을 주도한 유학자들의 사상적 배경은 척사운동(斥邪運動)과 복벽운동(復辟運動)이라 할 수 있다. 의병항쟁 과정에서 보여준 유생들의 작품은 유교질서의 붕괴에 따른 항전론(抗戰論)이 주류를 이루었다. 1905년 을사보호조약을 체결하면서 또다시 민중의 감정이 폭발하고 말았다. 을사보호조약은 일본이 한국의 외교권을 강탈한 치욕적인 협상이었고, 이로써 대한제국의 국가적 기능을 상실하고 말았다. 장지연은 『황성신문』에 주권침해의 통분을 눈물로써 국민에게 호소하였고, 민영환, 조병세 등은 일본의 침략에 항거하여 스스로 목숨을 끊기도 하였다. 이러한 민족의 항쟁은 전국적 규모로 확대되면서 전면적인 의병운동으로 확산되었다.

민종식은 을사보호조약 체결 소식을 듣고, 1906년 3월 초순 동지를

---

47) 이동순, 『민족시의 정신사』, 창작과비평사, 1996, 17쪽 참조.

규합하여 5월 중순 총병력 1,100명의 대부대를 편성하여 홍주성을 공격하였다.48) 1906년 6월에는 최익현이 태인에서 450명의 동지를 규합하여 의병을 일으켰다. 이후 전국적으로 의병운동이 활발하게 전개되기 시작했다. 전북 임실의 강재천, 경상도의 정환직(鄭煥直, 1854-1907), 경상도 평해의 신돌석(申乭石 1878-1908), 황해도 평산의 이진룡 등이 봉기하면서 일본군과 치열한 접전을 치렀다. 초기에 미온적인 태도로 의병을 일으켰던 유생들도 전투력을 가진 의병을 규합하여 일본과 맞서 싸웠다.

이때의 의병운동은 대의명분을 갖고 있었으며, 국가를 위기에서 구하고 민족의 당면 문제를 해결하려는 주체적 의지를 갖고 있었다. 이들은 일본제국주의를 이 땅에서 몰아내는 분명한 주체적 역량을 보여주었다. 시위대의 수준에 머물렀던 종래의 의병운동에서 한 걸음 나아가서 주권쟁탈의 전투적 성격을 지니게 되었다. 이 의병운동은 1907년 군대해산 이후 신식군대에 의한 조직적인 전투력을 갖춘 의병부대로 이어졌다. 이들의 전투적 역량과 사상적 기반은 일제의 의병소탕작전 이후 만주에 근거지를 둔 독립군들에게 그대로 계승되었다. 신돌석 의병장의 작품은 시위대 수준에 머문 초기 의병운동과 1905년 의병운동의 차이점을 잘 보여주고 있다.

누(樓)에 오른 나그네 갈 길을 잊고서
낙목(落木)이 가로놓인 조국을 탄식하네
남아 스물일곱에 이룬 것 무엇인고
추풍에 비껴서니 감개만 이는구나

---

48) 이 전투에 대한 자세한 사항은 박성수, 『항일의 전선(戰線)』, 『민족의 저항-한국현대사3』, 신구문화사, 1972, 162쪽 참조. 일본군은 하세가와 소좌를 지휘관으로 2개 보병 중대와 기병 반개소대로 부대를 편성하고, 기관총으로 무장하여 홍주성을 공격하였다. 이 전투에서 일본 측은 14명의 사상자가 생겼고, 의병측은 83명이 목숨을 잃었고, 145명이 포로로 잡혔다.

登樓遊子却行路　可歎檀墟落木橫
男子二七成何事　暫倚秋風感慨生
　　　　― 신돌석, 「누에 오른 나그네」[49]

　　신돌석은 평민 출신으로 영남의병장 중에서 가장 뛰어난 활약을 보였다. 그는 을사조약이 맺어진 이듬해 울진군 평해에서 의병을 일으켜 유리한 지형적 조건을 이용하여 신출귀몰하게 일본군을 괴롭혔다. 그가 쓴 「누에 오른 나그네」는 낙목(落木)과 같은 처지에 놓인 조국의 상황을 바라보면서 자신의 처지를 한탄한다. 그러면서도 자신의 의지를 굳게 다짐하고 있다. 이 시는 가을의 쓸쓸한 분위기와 화자의 비분강개한 심정이 잘 조화되어 있다. 스스로 목숨을 끊으면서 지키고자 했던 자기 비애의 비극적 세계관이 신돌석의 시에는 남아의 뜻을 이루려는 포부로 나타난다. 초기 의병운동의 한계점을 극복하고 자신의 내면을 다지는 강한 신념이 잘 나타나 있다.

　　이처럼 한시의 구체적 저항 자세는 현실의 운명을 극복하려는 강한 의지를 보여주고 있다. 비록, 한시라는 장르적 한계와 구한말 지식인이라는 계층적 한계를 벗어나고 있지는 못하지만, 현실을 극복하려는 구체적 저항정신은 당대의 혼란된 상황 속에서 나타난 값진 문학적 성과임은 부인할 수 없다. 애국계몽기 저항 한시는 일제시대 우리 민족의 주체적 저항정신의 근본 토대를 이루게 되었고, 이것은 독립군시가의 정신적 토대가 되었다.

　　의병운동의 본격적인 전개는 군대해산으로 비롯하였다. 근대적 군대 조직을 갖추었던 군대가 해산되면서 의병운동도 조직적인 전투가 이루어질 수 있었다. 군대 해산에 따른 군사적인 저항은 서울 시위대 제1연대 1대대 대대장 박승환 참령의 자결로 시작되었다. 이 사건으로 서울시위대는 시가전을 치루면서 일본 군대와 맞섰지만, 무력에 앞섰

---

49) 신동한, 앞의 책, 37쪽.

던 일본군에 의해 진압되었다. 이로써 전국에 주둔하고 있던 지방 진위대는 산발적으로 일본군과 충돌하였으며, 서울 시위대는 군대해산 이후 서울과 지방 등지에서 일본군대와 치열한 접전을 벌였다.

군대 해산 명령에 따라 무기를 반납한 사병들은 중대장의 명령에 따라 대대 중정(中庭)에 정렬하고 있을 때, 박승환은 한 통의 유서를 쓰고 자결하였다. 이때 쓴 시는 비장미와 함께 죽음을 불사하는 저항 의지를 잘 보여주고 있다.

> 군으로서 나라를 지키지 못하고
> 신하로서 충성을 다하지 못하면
> 만 번 죽어도 아까울 것이 없다
> 軍不能守國　臣不能盡忠　萬死無惜
> ― 박승환,「만 번 죽어」[50]

군대 해산은 국가가 스스로 그 안위를 지킬 수 없는 치욕적인 사건이다. 이러한 극악(極惡)한 상황 속에서 박승환은 죽음이라는 마지막 방법을 선택하였다. 죽음을 앞두고 쓴 그의 시는 억압된 현실을 극복하는 비장한 저항의 방법을 보여주고 있다. 이 짧은 형식의 한시에서 당대 지식인의 비장한 각오를 읽을 수 있다. 저항의 다양한 방법 중에서 중 가장 최후로 택하는 것이 죽음이다. 이것은 현실에 적극적으로 맞서는 저항의 방법이라기보다는 현실의 문제를 해결하지 못하는데 대한 자기 분개의 저항 방법이다. 그러나 그의 죽음은 새로운 저항의 방향을 이끌어내는 도화선이 되었다.

박승환의 죽음으로 분개한 한국군은 일본군과 시가전을 펼쳤다. 한국군의 전투는 일본군도 놀랄만큼 끈질긴 항전이었지만, 결국 일본군의 압도적인 병력과 무기에 의해 무너지고 말았다. 그러나 박승환의 죽음과 서울 시위대의 해산으로 말미암아 전국적인 의병운동이 촉발

---

50) 박성수,『한국독립운동사연구』, 창작과비평사, 1993, 138쪽.

되었다. 군대가 해산되고 전국으로 흩어진 한국군은 각 지방의 의병부대들과 협력하여 보다 조직적인 항일전을 전개하였다. 이로써 의병운동은 오합지졸의 성격과 시위대의 수준에서 전투력을 갖춘 부대로써 전국적 규모의 의병전쟁으로 발전할 수 있었다.[51] 군대해산 이후 한국군은 자연스럽게 의병부대에 합류하였고, 기존 의병부대의 저항운동과 연계하면서 조직적인 전투를 수행했다.

이때 의병운동 중에서 가장 중요한 사건은 전국적인 조직망을 갖춘 부대가 서울 탈환을 목표로 일본군과 대치했던 것이다. 전국에 흩어진 의병부대는 이인영(李麟榮, 1880-1909)을 창의대장으로 한 13도창의군을 결성하였다. 그 세력은 1만 명을 육박하고 있었다. 이들은 서울에 진입하여 일본군을 몰아내고 국권을 다시 찾으려고 하였다. 그러나 13도창의군의 서울 침공계획은 창의대장 이인영이 부친상을 당하여 귀향함으로써 지휘부를 잃게 되었고, 선발대인 군사장 허위(許蔿, 1854-1908)의 서울도성 진입계획이 사전에 알려짐으로써 일본군에게 참패하고 말았다. 의병운동 중에서 가장 조직적이고 거대한 전투의 성격을 지녔지만, 충의(忠義)냐 보은(報恩)이냐의 문제로 고민한 이인영의 선택과 작전의 미숙함으로 서울 침공계획은 무산되고 말았다. 한국군 해산 이후 충의로 무장한 의병운동이 또 한번의 좌절을 겪으면서 산발적인 전투를 치를 수밖에 없었다. 그러나 의병운동은 전국적으로 끊임없이 일어나고 있었고, 1907년 10월부터 1908년 4월까지 1,659회의 대소전투가 전국 각지에서 치루어졌다.[52] 이들 의병들의 국내 전투역량은 합방 이후 독립군 부대를 형성하는 기본 조직이 되었다.

한말 의병운동은 변화해 가는 국제정세 속에서 국가의 안위와 민족

---

51) 박성수, 「항일의 전선(戰線)」(앞의 책, 173쪽 참조).
52) 박성수의 보고에 따르면, 약 7개월간 일본군과 교전을 벌인 상황은 다음과 같다(「항일의 전선(戰線)」(앞의 책, 180쪽).

전투월일	1907년 10월	11월	12월	1908년 1월	2월	3월	4월
전투횟수	117회	265회	276회	263회	211회	288회	240회

의 자존심을 지키기 위한 구국운동이었다. 그 사상적 배경은 제국주의의 침략으로부터 국가의 안위를 보전하려는 유교적 충의사상이 바탕을 이루었다. 이 사상은 변화의 양상을 거부하는 국민적 여론에 편승하여 의병운동의 정신적 토대가 되었다. 의병운동은 민족과 국가를 위한 주체적 저항정신을 바탕으로 하고 있다. 이들 의병들이 쓴 한시는 당대 시대적 상황을 반영하고 있으며, 민족의 당면 문제를 가장 심각하게 고민한 문학적 성과물이라 할 수 있다. 의병 한시는 자결이라는 극단적 방법을 택했다는 한계점과 함께 현실을 제대로 파악하지 못한 문제점을 갖고 있지만, 일제시대 민족의 문제에 맞서는 저항문학의 토대가 되었다는 사실은 긍정적으로 평가할 수 있다.

이와 같이 의병 한시는 저항문학과 민족의 문제를 다양하게 표출하고 있는 독립군시가에 직접 영향을 주는 문학이라고 할 수 있다. 이들 의병 한시의 문학적 위상은 소극적 저항의 한계점을 갖고 있으면서 지조와 절개로 대표되는 우리 문학의 정신을 가장 잘 표현한 문학이라는 자리매김이 가능할 것이다. 고난의 시대에 처한 독립군들이 저항의 불꽃을 피울 수 있었던 것도 의병 한시에서 나타난 지조와 절개의 정신적 뿌리가 끈끈하게 남아있기 때문일 것이다. 의병 한시는 독립군시가의 문학적 정서에 면면히 흐르는 정신적 바탕이 되고 있다.

2) 의병가사에 나타난 선비정신

의병 한시가 양반 문학의 계층적 문학 장르에 기대고 있다면, 의병가사는 계층의 확대를 꾀하고 있다고 할 수 있다. 한글 의병가사는 민중들의 의병 참여를 유도할 목적으로 창작되었다. 그런데 이들 의병가사 중에서 양반들이 창작한 가사는 한자가 많아서 일반 민중들이 쉽게 읽을 수 없는 한계점이 있었다.

유홍석(柳弘錫, 1841-1913)[53]의 「고병정가사」는 의병들을 규합하고,

이들에게 의병으로 일본과 싸워야함을 논파하고 있다. 사상적 배경은 유교적 이념을 기본적 질서로 하고 있으며, 의병과 싸우고 있는 병정들을 위계질서의 파괴라는 측면에서 꾸짖고 있다. 그의 가사는 개화가사의 형식적 측면을 보여주고 있으며, 내용상으로는 봉건적 질서를 수용하고 있다. 여기에서 그는 의병으로 나서야하는 이유는 국가의 존립과 대의를 위한 일임을 강조하고, 인륜에 바탕한 일임을 주장한다. 「고병정가사」의 서두에 해당하는 첫째 연을 통하여 그 내용의 한 부분을 살펴보기로 하자.

> 슬프고도 슬프도다 痛憤홈도 痛憤하다
> 各道邑 兵丁덜아 네내말을 들어보라
> 스람의 貴흔거시 일륜밧긔 쏘잇눈가
> 임군에게 충성ᄒ고 부모의게 효도홈이
> 天地의 常經이오 古今의 通한 義라
> 예적스람 말도말고 우리나라 古家大族
> 됴상의서 忠孝하여 綱常을 븟즙으스
> 垂名竹帛 ᄒ오시고 流名千秋 ᄒ오시니
> 子孫이 음덕입어 디디로 世祿ᄒ다
> 噫彼頑蠢 倭놈들언 禽獸와 同類로다
> ―「고병정가사(告兵丁歌辭)-명국조세덕(明國祖世德)」54) 1연

전체 내용은 서사-본사-결사의 3단 구성으로 되어 있다. 서사는 인륜의 도덕성을 강조하고, 본사는 당시의 시국, 의병운동의 타당성, 의

---

53) 한말의 의병으로 일명 홍석(鴻錫)이라고도 한다. 자는 효백(孝伯)이고, 호는 외당(畏堂)이다. 본관은 고흥(高興)이다. 강원도 춘성 출신으로, 의암(毅庵) 유인석(柳麟錫, 1842-1915)의 6촌 형이다. 그의 가계를 살펴보면, 유학자의 정신적 계보를 그대로 이어가고 있음을 알 수 있다. 유홍석은 전통적 유학 계통을 이어가는 집안의 후손으로써 어릴 때부터 한학을 배웠다. 그는 화서 이항로와 김평묵의 문하생으로 위정척사 계열의 영향을 받았다.
54) 박한설,『증보 외당선생삼세록』, 강원일보사, 1995, 51-66쪽.

병과 관군 싸움이 부당함을 역설하고, 결사에서 의병으로 출전하면서 죽음을 각오한 자신의 의지를 밝히고 있다. 이 작품의 전체 주제는 병정(관군)들에게 의병들을 진압하는 것은 옳지 않은 일이라는 사실을 깨우쳐 주고 있다. 같은 나라 백성으로써 의병들과 대치하는 병정은 인륜의 도리에 어긋나는 일이고, 국가를 위기에 빠트린 일본을 도움으로써 국가 위기를 가중시키고 있다는 것이다.

전체 구성은 서사가 1연 10행, 본사가 21연 192행, 결사가 1연 5행으로 되어 있다. 서사는 이 작품을 쓰게 된 대의(大義)를 밝히고, 본사는 다시 네 가지 주제로 나누어서 기의(起義)의 타당성과 관군들과 전투를 하는 것이 부당하다는 것을 구체적으로 말하고 있다. 결사는 병정들이 물러나기를 종용한다.

관군들에 대한 경고는 국가의 정책에 대한 경고이고, 이를 바탕으로 현실을 비판한다. 인륜의 위계가 사라진 유교 국가의 문제점을 통탄하면서 단발의 폐단과 친일의 무리가 준동하는 현실을 통박한다. 이 작품은 단순한 의병가사로써 의병운동에 참여할 것만을 주장한 것이 아니라, 현실을 비판하고 그 현실을 극복하기 위해서 기의(起義)하여야 함을 설득하고 있다. 이처럼 「고병정가사(告兵丁歌辭)」는 왕권체제를 유지하기 위한 한말 위정척사파의 민족적 자존심을 분명히 보여준다.

그러나 「고병정가사(告兵丁歌辭)」는 그 창작의도가 외세에 저항하는 의병들의 투지를 진작시키고, 의병들의 대의명분을 통하여 관군을 질타하기 위한 목적으로 창작되었기 때문에 문학성보다는 비문학적 성격이 많다. 예를 들면, '희피완준(噫彼頑蠢-아, 저 완고하고 어리석은)'하는 친일의 무리들에게 유교적 전통 질서를 존중하는 우리 민족의 자존심과 국가의 안위를 내세우면서 국가 세업의 덕을 찬양하고 있다. 그러면서도 근대 시민질서를 바탕으로 한 저항문학이 아니라, 기존의 봉건질서를 옹립하는 왕권체계 유지에 근본을 두고 있어서 명분론을 내세우고 있다는 한계점을 가진다. 작가가 위정척사 계열의 유학자였기 때문에 그 정신은 유교이념에 바탕을 두고 있으며, 국가 권위의 회복을 위한 구체적인 방안을 내놓지 못하고, 다만 기존의 유교질서를 유지하기 위한 대의명분만을 내세운다. 「고병정가사(告兵丁歌辭)」는 유교의 가치질서를 내세워 기존의 질서를 유지하려는 유교주의 이데올로기에 갇힌 채, 현실을 개혁하려는 온건한 자세를 보이고 말았다. 이와 같은 한계점에도 불구하고 「고병정가사(告兵丁歌辭)」는 올곧은 선비정신의 한 단면을 성실하게 보여준다는 점에서 분명한 의의가 있다.

양반들의 의병가사이면서도 독특한 진중가사의 현장성을 보여주는 가사작품이 있다. 그것은 신태식(申泰植, 1864-1932)[55]의 「신의관 창의가」이다. 이 작품은 1920년경에 지어졌는데,[56] 의병들이 일본군과 싸우는 장면을 상세하게 묘사한 진중일기의 성격을 띤 체험적 기록문학이다.

군대 해산 이후 전국적 규모로 의병이 확대되었고, 산발적 시위의 수준에서 무기와 전략을 갖춘 군인들이 의병에 가담함으로써 의병운동이 본격화되었다. 전국에서 일본군 수비대로부터 포위를 당하는 위기의 상황을 맞으면서 일본군과의 전투는 끝없이 이어졌다. 의병은 일정한 전선을 이루고 있는 것도 아니고, 유격전의 양상을 띠면서 끊임

---

55) 신태식은 한말의 의병장이며, 독립 운동가이다. 본관은 평산(平山)이고, 일명 철회(哲會)라고 한다. 자는 열경(悅卿), 호는 도산(島山)으로 경상북도 문경 출신의 의병장이다. 고려 충신 신숭겸(申崇謙)의 후예로서 신명하(申命夏)의 맏이다. 29세 때 통훈대부 중추원 의관 벼슬을 하다가 나라가 위기에 처하자 낙향하여 지내다가 1907년 8월 3일에 의병에 가담하여 일본군과 싸우기 시작했다. 1895년(고종 32년)에 거의(擧義)하여 밀정혐의가 있는 가은면의 김골패(金骨牌)와 상주에 사는 강용이(姜龍伊)를 농암시장(籠巖市場)에서 사살하였다. 그 뒤 1907년 8월 3일에는 단양에서 의병 수백 명을 모집하여 도대장(都大將)에 취임하였으며, 울진·평해·영양·영월·산동·제천·원주·홍천·춘천·철원 등지에서 항쟁하였다.
56) 일각에서는 이 작품을 쓴 작가를 신숙(申橚)으로 보고 있는데, 신숙은 이강년 부대의 참모관 총독장(總督將)이라고 한다. 그러나, 필자가 조사한 바로는 신태식이 옳다(박성수, 『독립운동사 연구』, 창작과비평사, 1980, 79쪽 참조).

없이 이어지는 전투 속에서 때로는 승리의 감격을 맛보기도 하였다. 「신의관 창의가」는 군대 해산 이후 의병들의 투쟁 장면을 가장 잘 보여주는 대표적인 작품이다.

> 어와세상 사람들아 검셰형편 드러보소
> 아태조 창업하사 오백여년 나려올제
> 오천년 요순지치 이쳔년 공부자도
> 인의예지 법을삼아 삼강오륜 분명허다
> 계계승승 나린덕화 팔역이 안돈허다
> 임진외란 병자호란 중간깃침 근심이라
> 태성앙이 이러기럴 인의잇다 칭찬턴니
> 불횡할사 을사조약 오적어 농간이라
> 계님어로 쳔편하야 산림쳔택 전수현니
> 천지도 회맹허고 일월도 무강하다
> 국가가 요란헌대 창싱인덜 편할소냐
> 누백년 양반종사 리씨은우 뉘안인가
> 가삼에 셜난피난 개인개인 일반이라
> 죽자헌니 어리석고 살자헌니 셩병일내
> 쥬소로 잠못일워 전전반칙 누워스니
> 시문에 개지지며 헌화지셩 요란하다
> 문을열고 탄문허니 관동대진 경통이라
> — 「신의관 창의가」[57] 서두

서두 부분을 읽어보면 당대의 형편과 상황이 잘 나타나 있다. 한글로 표기한 것과 한자로 표기한 것이 있는데, 한글로 표기된 것이라 해도 한자의 지식이 없으면 읽기가 힘이 든다. 이것은 양반 문학의 흔적으로 당대의 독자층을 향한 작품이라기보다는 개인적인 기록문학의

---

57) 독립기념관 한국독립운동사연구소, 『한말의병자료집』 제3집, 고려서적, 1989, 315-432쪽. '신태식창의가' 두 편 중 한글본 '창의가'를 기준으로 한다. 독립기념관 수장고의 자료번호 561번으로 보관되어있는 정휘창의 자료는 인쇄본이고, 한글에 한자의 토를 달고 있다.

성격이라고 할 수 있다.

시대의 혼란을 목도한 백성들은 전국의 곳곳에서 의병들을 모집할 때마다 '가삼에 썰난피'를 안고 수백명이 모여들었다. 이처럼 「신의관 창의가」에는 당대 의병활동의 규모와 활동사항이 소상하게 기록되어 있으며, 애국계몽기 의병 전쟁의 상황을 알려주는 보고문학의 백미로 꼽힌다. 기록 내용은 작가인 신태식이 1907년 의병 운동에 참가하면서부터 1919년 1월 19일 특사로 출옥한 후까지 있었던 크고 작은 전투와 그 전투 상황의 긴박한 장면을 묘사하고 있다. 특히, 이 작품은 1907년 2차 의병 운동이 일어나는 시대적 상황을 사실적으로 기록하고 있어서 애국계몽기 문학이 보여주는 계몽주의 문학과는 다르게 리얼리즘 문학의 가능성을 보여준다는 점에서 중요한 의의를 갖는다. 「신의관 창의가」는 1910년대 경상북도, 충청도, 경기도 일대를 오고 가면서 일본군과 곳곳에서 전쟁을 치렀던 의병들의 활동을 사실적으로 기록한 문학으로서 애국계몽기 저항문학의 한 단면을 적실(的實)하게 보여준다.[58]

「신의관 창의가」는 4음보 1구를 기준으로 할 때, 모두 624구의 장시이다. 이미 앞에서도 지적한 것처럼, 「신의관 창의가」는 문학 작품

---

58) 참고로 이 작품에 나오는 지명을 조사해보면 다음과 같다. 문경읍, 갈평장터, 북양사, 용못, 풍기, 죽령재, 단양읍, 상산(商山), 단양읍, 고리들, 매바위, 영월읍, 대화방림(大化方林), 강릉, 삼척, 제천, 충주 목계, 충주 탄금대, 싸리재, 제천, 울진, 평해, 망양정, 죽서루, 안동 서벽, 영춘읍, 진밭, 제천 도동, 운주제골, 김화, 공신원, 배향산, 양양읍, 만물초, 청간정, 총석정, 원산, 추지령(楸池嶺), 안변읍, 김화, 금성, 양구하인(楊口下隣), 홍천, 횡성(橫城), 춘천 방동, 화천, 간척, 말고개, 실운, 원주부진(元帥府陳), 양주산안(楊州山安), 춘천, 가평, 물골, 청계동, 보가산, 이천읍, 고미탄, 수안(遂安), 숙천(肅川)읍, 희천(熙川), 적유령(狄踰嶺), 강계, 포천, 광릉내, 태릉, 영평이동(永平二洞), 서울, 백로조주(白鷺鳥洲), 만세교, 축설령, 의정부, 다락원, 동소문, 박석태, 종로, 영평동면, 구리개, 광화문, 송파강, 이천읍, 장원장, 단양읍, 죽령, 풍기읍, 북문동, 예천읍, 용궁읍, 함창읍, 안은재 등이다. 이를 통해서 의병 활동의 지역적 규모를 짐작할 것이다. 문경에서 기병을 하였지만, 궁극적으로 서울 진격을 염두에 둔 조직적인 전투였음을 알게 한다.

의 성격을 띠기보다는 의병 종군기를 회고형식으로 쓴 창의기록물(倡義記錄)이라 할 수 있다. 그러면서도 「신의관 창의가」는 단순한 진중일기의 성격을 벗어나고 있는데, 그것은 군데군데 드러나는 비유와 탁월한 묘사가 있기 때문이다.

> 산천도 설허허고 초목도 빗창한듯
> 현경이 역수갈제 불분한 노래로다
> 자고로 영웅열사 오늘날 적당허다
> 경경이난 늬가되고 섬계수가 역수로다
> 갈모한기 우산한개 집신간발 초최하다
> ……중략……
> 누각도 조컨이와 풍경이 더욱좃타
> 전후자우 계명서난 고래소각 형치로다
> 안전의 만경창파 일망무지 광활허다
> 파도난 산얼늠고 수강은 겹천일네
> ― 「신의관 창의가」[59] 부분

인용한 부분에서 살필 수 있는 것처럼, 앞부분은 의병 전쟁을 치루는 과정의 비참한 몰골을 보여주고 있으며, 뒷부분은 산천 경계의 수려한 풍광을 바라보는 감회를 묘사하고 있다. 일본군과 전쟁을 치르고 있으면서도 남아다운 패기와 여유로움이 잘 나타나고 있다. 앞부분에서 나타난 화자의 비장한 각오가 삼척 죽서루에 오르는 뒷부분에 이르면 자연의 풍광을 바라보면서 내면을 다지는 계기로 삼고 있다. 의병 부대의 작전참모로서 부대를 이끌고 출병하는 화자의 심정이 산천과 초목의 모습에 비유되면서 문학적 의미를 획득한다. 초췌한 차림새에서 비극적인 당대의 상황이 우울하게 조망되고 있지만, 의병으로서 전투에 참가하는 감회는 사실적 감동을 준다.

「신의관 창의가」는 전투 장면의 극적인 장면을 생생하게 전달함으

---

[59] 독립기념관 한국독립운동사연구소, 『한말의병자료집』 참조

써 당대 리얼리즘 문학의 한 단면을 보여주고 있다. 「신의관 창의가」와 같은 기록문학은 독립군시가의 발생에 직접 영향을 주는 문학적 성과물이다. 그러나 「신의관 창의가」는 전투 장면을 그 장소에서 기록한 것이 아니라, 의병활동을 하다가 붙잡힌 후 출옥하여 쓴 것이기 때문에 전투의 급박한 장면을 그대로 전달하지 못한다는 한계점이 있다. 「신의관 창의가」는 의병 운동의 당위성과 당시의 접전상황을 문학적 감수성으로 잘 드러내고 있으며, 당대 현실의 비극적 상황을 비교적 객관적으로 묘사하고 있다는 점에서 일정한 의의를 갖는다.

애국계몽기 목숨을 담보로 한 올곧은 선비정신을 보여주는 작품으로 김대락(金大洛, 1845-1914)[60]의 「분통가」를 들 수 있다. 「분통가」는 나라를 잃은 설움을 격렬한 감정으로 보여준 작품이다. 김대락은 안동지방의 유학자 서산(西山) 김흥락(金興洛, 1827-1899)[61]의 문하생이다. 그의 작품은 가사문학보다는 한시에서 품격 높은 작품들이 많으며, 산문에서는 문학성을 크게 인정받지 못하고 있다. 1910년 김대락은 국내 의병운동이 위기에 봉착하자, 가족들 모두 국외로 망명을 떠

---

60) 경북 안동(安東) 사람이다. 1905년 안동(安東)에서 대한협회(大韓協會)를 조직하여 주권수호운동에 참여하는 한편, 사재를 털어 구국운동을 전개하였다. 1911년 1월에는 전 가족을 이끌고 서간도 유하현(柳河縣)으로 망명하였다. 이곳에서 이상룡(李相龍, 1858-1932), 이동녕(李東寧, 1869-1940), 이시영(李始榮, 1869-1953) 등과 뜻을 같이하여 신흥강습소를 설치하였으며 경학사(耕學社), 공리회(共理會) 등의 독립군 단체를 조직하는 데 참가하였다. 김대락은 이상룡과 함께 현실을 타개하기 위한 여러 문제를 함께 논의하기도 하였다. 특히 항일투쟁을 수행함에 있어서 당면한 문제는 경제의 부흥에 있다는 사실을 인식하였다. 이의 해결을 위해 전제(田制)에 대한 많은 의견을 교환하여 조국 독립운동의 기지화(基地化)를 꾀했다. 그는 망명생활을 하면서 서종록(西從錄), 백하일록(白下日錄) 등을 저술하여 당시 항일운동의 실상을 낱낱이 밝히고 있다.
61) 김흥락(金興洛)은 안동지방의 거유(巨儒)로서 권세연(權世淵) 의진의 참모로 안동에서 활약하였다. 1895년 을미의병 때, 곽종석(郭鍾錫)·김도화(金道和)·권진연(權晋淵) 등과 함께 기병하였다(柳光烈編,『抗日宣言倡義文集』, 간행년도 미상, 34-35쪽).

난다. 김대락의 망명은 당시 대다수의 민족지도자들이 그러했듯이 국내 독립운동의 거점확보와 혈연적 연계로 이루어졌다. 김대락의 부인이 임시정부 국무령을 지낸 석주 이상룡(李相龍, 1858-1932)의 누이였다는 사실을 통해서도, 그의 망명은 이미 예정된 수순(隨順)이었음을 알 수 있다.62) 이 때문에 그의 망명은 상당한 무리수를 두고 있으면서도 감행되었다. 1910년 만주로 망명길에 오를 때, 김대락의 나이는 예순 다섯이었다. 고향에 안주할 나이인데도 불구하고, 험한 망명길을 택하였고, 풍찬노숙(風餐露宿)을 하면서 3년 간 거의 빠짐없이 일기를 남기고 있다. 이로 미루어 볼 때, 김대락의 행보는 나라를 잃어버린 유학자로서 가진 자기반성과 울분의 표현이었다고 할 수 있다.

김대락의 「분통가」는 1979년 김용직 교수가 친지들의 도움으로 입수한 「백하일록(白下日錄)」과 그에 선행한 기록 「서정록(西征錄)」 등을 공개하면서 학계에 알려지게 되었다.63) 여기에서 살펴보고자 하는 가사 「분통가」는 「백하일록(白下日錄)」 하권에 수록되어 있는 412행의 장편가사로 "1913년 6월 4일 쓴 작품"64)이라고 기록하고 있다. 「백하일록」은 1912년부터 1913년까지의 약 2년에 걸친 일기이고, 「서정록」은 망명길에 오르는 1911년의 일기이다. 「백하일록」의 상권은 1912년의 일기이고, 하권은 1913년의 일기와 잡문이다. 「백하일록」에 실린 「분통가」는 나라를 잃고 울분에 찬 비분강개(悲憤慷慨)의 심정이 잘 묘사되어 있다.

---

62) 이상룡(李相龍)은 1911년 초에 가족을 이끌고 만주로 망명길에 오른다. 석주 이상룡의 망명은 그 후속 민족지도자들의 이주에 직접적인 영향을 끼친다. 김대락의 망명은 1911년을 전후한 시기이다.
63) 김용직, 「새자료, 慎痛歌」, 『한국학보』 15, 일지사, 1979, 215쪽 참조. 김대락의 「분통가(慎痛歌)」는 김용직이 자료를 발굴하여 제시하고 있는데, 이것은 국내에서는 처음 소개되는 것이다. 이 논문에서는 김용직의 자료를 기본텍스트로 사용한다.
김용직, 「「慎痛歌」의 意味와 意識」, 『한국학보』 15, 일지사, 1979, 204-225쪽 참조.
64) 김용직, 앞의 논문, 217-221쪽 참조.

우습고도 분통ᄒ다 無國之國 되단말가
우습고도 憤痛하다 離親去國 ᄒ단말가
憤痛한일 許多하나 닉릴더욱 憤痛하다
二氣五行 聚精하샤 父母님쎄 稟受할제
萬物中에 秀出하니 그안니 貴重한가
四民中에 션비되니 그안니 多幸한가
孝悌忠信 根柢삼고 仁義禮智 坏橫이라
禮義東方 옛딥이셔 靑氈世業 구어보니
四書六經 기동삼아 詩賦表策 工夫로다
時來運到 됴흔바람 事君之路 열예거든
史魚董狐 부슬비러 史局訓練 드러셔셔
北寺黃門 두다리고 小人놈을 버혀닉야
太祖大王 帶礪之盟 萬億年을 期約하고
太平聖主 만나거든 日月山龍 繡를놓고
世上이 板蕩커든 死於王事 하쟈던니
庚戌年 七月變故 꿈일넌가 참일넌가
칼도槍도 못써보고 이地境이 되단말가
—「분통가」[65] 서두

인용한 부분은 김대락의 「분통가(憤痛歌)」중 첫머리에 해당한다. 한자 위주로 표기되어 있어서 지식인을 상대로 자신의 감정을 표현하고 있음을 알 수 있게 한다. 앞에서 살펴본 유홍석의 「고병정가사」와 비슷한 양반 가사문학의 전형을 보여주고 있다. "칼도槍도" 제대로 못 써보고 무너진 국가의 운명을 비통한 심정으로 바라보고 있다. 감탄형 어구를 많이 사용하여 비통한 감정을 표현하고 있으며, 유교적 질서가 무너지고, 인륜이 파괴된 현실의 상황을 인식하면서 일제에 맞서 싸울 것을 다짐한다.

「분통가」의 창작배경은 음력 7월 28일 국치일을 추모하는 추모식이 열리는 교민학교에서 일어난 광경을 목격하고 쓴 작품이다. 그날, 추

---

[65] 김용직, 「새자료, 憤痛歌」, 『한국일보』 15, 일지사, 1979.

모식이 진행되는 가운데 정주 출신의 한 부인이 연단에 올라섰다. 그 부인은 나라를 사랑하는 마음과 국치일을 만든 일제에 대한 적개심을 보이기 위해 가슴에 품은 비수를 꺼내어 단상에 오른손을 올려놓은 다음 식지를 내리쳐 그 마디를 잘랐으며, 이 광경을 지켜본 사람들은 모두 전율하였다. 그 부인은 김준식(金俊植)의 아내 박부인(朴夫人)이라 하는데, 이 장면을 목격한 김대락은 다음날, 윤상우(尹相佑)의 부탁으로 그 정신을 널리 알리기 위해서 「분통가」를 지었다.

그러나 「분통가」는 그 부인의 장쾌한 단지(斷指) 장면을 묘사한 것이 아니라, 그 창작배경과는 다르게 나라를 빼앗긴 비통한 심정을 한탄하고 있다. 자신이 국내를 떠나서 망명을 할 수밖에 없었던 사연을 서술하면서 망국민의 설움을 구구절절 읊고 있다. 망명지에서 일어나는 서러운 일상과 망국민의 비극을 말하면서 나라를 위해 몸을 바친 역사적 인물의 정신을 본받으면 언젠가는 우리 민족의 밝은 미래가 다가올 것이라고 다짐한다.

다섯 개의 단락으로 짜여진 「분통가」는 그 창작배경과는 무관하게 화자는 그 사건과 일정한 거리감을 두고 있으며, 구체적인 사건을 통한 현장성을 밝히지 못하고, 보편적인 문제만을 내세운 공리주의 경향을 보인다. 「분통가」는 개인의 체험을 전달하기 위한 목적으로 창작되었으면서도 구체적 현장감을 전달하기보다는 보편적 유교이념을 내세우는데 머무르고 말았다. 또한, 비통한 감정을 표현하고 있으면서도 개인적인 비통함을 구체적으로 보여주지 못하고, 망국민이 갖는 보편적인 비극을 담담하게 서술한 소극적 태도를 보이고 말았다.

「분통가」는 주권이 침탈된 상황에서 고향을 버리고 서간도로 향하는 민족의 비극적인 모습을 보여준다. 이 작품을 통해서 일제강점기 만주 지역에서 나라를 빼앗긴 민족의 울분을 충분히 짐작할 수 있다. 가사문학의 형식과 구성을 택하면서 양반문학의 계보를 잇고 있으며, 전통적 유교질서를 보편적 정서로 드러내고 있다. 그런 점에서 「분통가」는 일제강점기 망명 민족의 노예상태를 비통한 심정으로 노래하였을 뿐, 체험의 내실화를 꾀하지 못하고 있으며, 말씨가 개념적이어서 공소하게 받아들여질 수 있다. 그러나「분통가」는 일제강점기의 비극적 현실 문제를 드러내는 현장문학으로서의 가치와 양반들의 보편적인 선비정신을 보여주고 있다는 점에서 문학적 의미를 가진다.

3) 여성 의병가사에 반영된 참여정신

양반문학의 보수적 문학 형식에서 벗어나면서도 대중성을 확보하고 있는 가사로 윤희순(尹熙順, 1860-1935)[66]의 『의병가사집』(필사본, 1896)을 꼽을 수 있다. 윤희순의 의병가사는 표기방법과 전달 방식과 구성에 있어서 기존의 양반가사 문학에서 벗어나 있다. 형식적으로 볼 때, 내간체 가사의 영향을 받고 있으며, 정신적으로 볼 때, 사설시조의 자유주의 정신의 영향을 받고 있다. 윤희순의 『의병가사집』에는 발문 1편, 작품 10편, 후기 1편으로 전체 11작품이 필사본으로 전한다.[67] 그외에도 윤희순의 작품으로는 만주 망명시절에 남긴「신세타령」이 있다.

윤희순의 『의병가사집』의 발문에는 외당 유홍석의 가사「고병정가사」를 한글로 옮겨 놓았으며, 본문에 실린 가사는「병정노릭」,「으병

---

[66] 여성 독립 운동가로 본관은 해주(海州)이다. 윤익상(尹翼商, 1823-1878)의 딸로 서울에서 태어났다. 16세 때 고흥 유씨(高興柳氏) 제원(濟遠)에게 출가하여 유홍석(柳弘錫)의 며느리, 유중교(柳重敎)의 증손부가 되었다. 1895년 을미의병 때 시아버지인 유홍석이 유중악(柳重岳)·유중락(柳重洛) 등의 춘천 유림과 더불어 이소응(李昭應, 1861-1928)을 의병대장으로 추대하고, 춘천과 가평일대에서 의병작전을 전개할 때, 윤희순은 수십 수의 의병가사를 지어 의병의 사기를 진작시키고, 직·간접으로 춘천 의병활동을 후원하였다.

[67] 윤희순의 의병가사는 독립기념관 수장고에 필사본이 남아있고, 박한설, 『증보 외당선생삼세록』(강원일보사, 1995, 295-320쪽)에도 있다. 여기서는 독립기념관 수장고의 필사본을 원본으로 하고, 만주 망명시절에 남긴 가사인「신세타령」은 박한설의 자료를 인용한다.

군¬1」,「으병군¬2」,「병정¬」,「은ᄉ름 으병¬ 노래」,「경고흔ᄃ 오ᄅ 키드리기」,「외놈압ᄌ비들으」,「은ᄉ름 으병노ᄅ」,「애들푼 노ᄅ」,「금수들으 ᄇ더보거ᄅ」 등 10편이다. 이 가사집의 끝에는 후기를 달았는데, 일본군 대장에게 경고하는 경고장 형식의 산문이다. 발문은 의병을 일으켜 나라를 구하자고 충고하고 있으며, 후기는 왜놈대장에게 엄중하게 경고하면서 일본의 침략정책을 꾸짖고 있다.

아직 근대적 의식이 싹트지 않았던 구한말에는 의병운동에 참여하는 여성이 그리 흔하지 않았다. 신교육을 받은 여성들은 구국 교육운동, 국채보상운동, 애국계몽운동 등의 민족운동에는 여성들의 참여가 활발했지만, 의병운동은 일본군과 전투를 치르고 있는 위험한 정황에 있었으므로 여성들의 참여한다는 것은 거의 불가능했다. 더군다나 의병의 지도자들은 보수적인 유학자들이 주도하였기 때문에 여성들의 의병운동 참여는 거의 이루어지지 않았다. 이와 같은 한계상황을 고려할 때, 윤희순의 『의병가사집』은 의병가사의 문학적 위상과 여성의 새로운 현실 참여정신을 보여준다고 할 수 있다.

윤희순은 나라가 기우는 비상시국에서 여성들이 전통적인 여성의 일에만 묶여 있어서는 안된다고 생각했다. 비록 참여 동기가 여필종부(女必從夫)의 보수적 양반 계층의 여성관에서 출발하고 있다고 할지라도, 그녀의 의병운동과 독립운동은 단순한 유교적 사고방식을 넘어선 것이라는 점에서 근대적 의식을 보인다고 할 수 있다. 윤희순은 의병을 일으킨 시아버지를 따라 때로는 남장 의병이 되기도 하고, 또 '왜놈 잡는데 남녀의 구별이 있을 수 없다'고 하면서 여성들의 의병참여를 유도하기도 한다. 또한, 자신의 이름으로 일본군 대장에게 경고문을 보내 국모시해의 죄를 극렬히 책망하기도 하고, '안사람 의병가' 등의 구국적 여성 의병 노래를 지어 각 가정 부인에게 돌리면서 토적(討賊)을 위해 궐기할 것을 읍소(泣訴)하기도 한다. 이러한 적극적 저항운동은 의병을 소탕하려는 관군에게 「병정노ᄅ」,「병정¬」 등을 지어 보내어 동족상잔의 부당성을 효유(曉諭)하는 데까지 이른다. 강원도에 기병한 의병 집안 며느리로써 윤희순에 대한 기록은 비교적 소상하게 남아 있으며, 최근에 여성 독립운동가의 한 사람으로 평가받으면서 많은 연구 성과가 뒤따르고 있다.68) 그녀가 남긴 의병가사는 일제시대 여성 독립 운동가들의 참여 문학에 있어서 선구적 위상을 차지한다. 필사본『의병가사집』에 실린 작품 10편과 「신세타령」의 주제는 다음과 같다.

「병정노래」 : 병정들에게 충고함
「으병군ᄀ1」 : 국권 회복을 소망함
「으병군ᄀ2」 : 국권 회복을 소망함
「병정ᄀ」 : 일본군들이 물러갈 것을 종용함
「안사름 으병ᄀ 노래」 : 부녀자들도 의병대를 도움
「경고흔두 오량키드릐기」 : 침략의 행위를 규탄함
「외놈압ᄌ비들아」 : 일본 앞잡이들에 경고함
「안사름 으병노래」 : 아녀자들의 할 일
「이둘푼 노래」 : 같은 민족끼리의 싸움을 애통해함
「금수들아 바더보거라」 : 친일 행위를 하는 자들에 대한 경계
「신세타령」 : 나라잃은 서러움

---

68) 윤희순과 관련한 자료는 다음과 같다.
임진선, 「한국 역사 속의 여성: 김만덕, 윤희순」, 가톨릭대학교 종교학과 대학원 교리교육전공, 교리교안자료, 2001 봄.
박한설, 『증보 외당선생삼세록』, 애국선열윤희순여사기념사업추진위원회, 1995.
이구용, 김흥수, 최창희, 『춘천항일독립운동사』, 춘천문화원, 1999.
한국여성예림회강원도지부, 『강원도 여성의 항일 민족 독립 운동』, 2000.
강원도민일보 www.kado.net
강원도청 www.provin.kangwon.kr
가상도시 춘천 aids.hallym.ac.kr/chunchon
Korean Woman. www.koreanwoman.co.kr

이들 주제에서 공통으로 발견할 수 있는 것은 일본의 침략정책에 대한 저항과 일본과 일본 앞잡이들에 대한 경고이다. 그리고 국권회복에 부녀자들이 동참하고, 의병들과 젊은이들이 앞장서야 한다는 것이다. 같은 민족끼리 서로 싸워야 하는 비통한 현실을 놓고 병정들에게 충고하고 부녀자들이 의병들을 도와서 싸울 것을 종용하고 있다. 그런 점에서 윤희순의 가사는 유홍석의 교훈주의 문학과 많은 부분 상충하고 있다. 시가문학이 가져야 할 가장 기본적인 형식에 부합하지 않았으며, 리듬감과 비유적 표현을 사용하지 않았다는 점에서 문학적 한계점을 가진다.

그러나 윤희순의 의병가사는 애국계몽기 여성의 참여정신과 현실에 대한 적극적인 대응 방식 등에서 돋보이는 문학적 성과를 보인다. 비록 목적의식을 바탕으로 한 교훈주의 문학의 특징을 그대로 반영하고 있다고 할지라도 윤희순의 의병가사는 표현 방식에 있어서 몇 가지 뚜렷한 특징을 보이고 있다. 김주인의 분석에 따르면, 윤희순 가사의 표현상 특징으로 "율격 구조의 변형, 반복 및 점강법의 사용, 작품 종결 어미의 동일성, 한글전용의 채택" 등을 들고 있다.[69] 이것은 자유주의 정신을 바탕으로 한 형식의 선택이라는 점에서 일정한 의미를 가진다.

윤희순의 의병가사는 일제강점기로 향하는 격동기의 현실을 그대로 반영하고 있으며, 그 정신의 바탕에는 근대적 참여정신이 깔려 있다. 문학은 시대적 위기의식에 처할수록 보다 직설적이고, 구체적으로 표현되기도 한다. 윤희순의 의병가사는 김주인이 지적한 것 말고도 명령형과 경고형 어미를 많이 사용하고 있으며, 시적 비유를 전혀 사용하고 있지 않다는 점에서 문학적 한계를 가진다. 윤희순의 가사는 문장의 어미를 경고형으로 끝내면서 표현이 단조롭고 직설적이다. 경고형은 동

---

69) 김주인, 앞의 논문, 36-42쪽 참조.

일한 구절을 반복함으로써 표현이 진부해지고, 비유적 표현이 없기 때문에 직접적이고 단선적이다. 윤희순의 의병가사는 우회적 풍자보다도 직접적인 비판을 택함으로써 작가의 의도를 정확하게 전달한다. 긴급한 상황을 전달하고 의병들의 출병을 권유하는 목적문학의 측면에서 볼 때, 윤희순의 의병가사는 현실 참여라는 문학적 의의를 갖는다.

  저항문학의 본질은 격렬한 정서의 표현과 그에 상응하는 문학적 주제의식을 드러낸다. 윤희순의 의병가사에는 내간체 가사에서 보여준 여성적 소재주의에서 벗어나고 있으며, 현실의 문제를 당당히 말할 수 있는 현실 참여정신을 실천적으로 보여주고 있다. 국가의 안위와 가족의 안위를 생각하면서 불의에 항거하는 저항의식은 근대적 참여정신이다. 윤희순의 의병가사에는 강한 여성의 이미지와 현실의 모순을 바꾸려는 참여정신이 적극적으로 개진되어 있다. 시기적으로 몇 년을 사이에 두고 쓴 다음 두 작품을 비교해 보면서 작품 속에 내재해 있는 참여정신을 살펴보자.

    우리누ᄅ 으병들은 이국우로 뭉처쓴니
    고훈니 된들 무워시 서러우랴
    으이로 중는거선 디중부의 도리거늘
    주금우로 뭉처쓴니 주금우로 충신되ᄌ
    우리누ᄅ 좀벌니 굿든 놈들랴
    어디ᄀ서 살수읍써 오랑키ᄀ 좃든물인ᄀ
    오ᄅ키를 좁ᄌ흔이 니 사롬을 좁기꾸나
    죽두릭도 서러워ᄒ디 무ᄅ
    우리 으병은 금수를 좁는 거시드
    우리 으병들은 주거서ᄅ도 느외괴 복수를 할거신이
    그리올고 우리 인군을 괴롭피지 무ᄅ 원수 오랑키야
          — 「병정노릭」 전문

슬푸고도 슬프도ᄃ 이내신셰 슬푸도ᄃ
이국말리 이내신셰 슬푸고도 슬푸도다
보이는눈 쇠경이요 들리는귀 믹켝꾸나
말하는입 벙어리요 슬푸고도 슬푸도ᄃ
이ᄂᆡ신셰 슬프도ᄃ 보이나니 ᄭᅥ마기ᄅ
이ᄂᆡ몸도 슬푸련ᄆᆞᆫ 우리으병 불숭ᄒᆞᄃ 70)

우리조선 어디ᄀᆞ고 외놈드리 득셰ᄒᆞᄂᆞ
우리인군 어디ᄀᆞ고 외놈딕장 활기치ᄂᆞ
우리으병 어디ᄀᆞ고 왜놈군딕 득셰ᄒᆞᄂᆞ
이ᄂᆡ몸이 어이홀고 어딜ᄀᆞ들 ᄇᆞ겨줄가
어딜ᄀᆞ들 오ᄅᆞ할ᄀᆞ ᄀᆞ는고시 닉집이요
ᄀᆞ는고시 닉ᄄᆞᆼ이ᄅ 슬푸고도 슬푸도ᄃ

― 「신세타령」 부분

　인용한 첫 번째 작품인 「병정노릭」는 『의병가사집』(필사본, 1896)에 실려 있다. 이 가사는 1895년 을미의병을 전후하여 쓴 것이다. 반면에 두 번째 작품인 「신세타령」은 1910년경 작가의 만주 망명지에서 쓴 것이다. 「병정노릭」가 타인에 대한 경고형 문장으로 적극적 성격을 보인다면, 「신세타령」은 비극적인 상황에 놓인 자신의 신세와 우리 민족의 처지에 대해서 자탄하는 소극적인 성격을 보인다. 내용상 대립된 정서를 보일뿐만 아니라, 형식상으로도 상당히 다르다. 「병정노릭」는 전문이 하나의 연으로 이루어진 짧은 분량의 가사이고, 「신세타령」은 전체 9연으로 된 비교적 긴 가사이다. 「병정노릭」는 전체 10행 중 8행이 4음보를 유지하고 있으며, 나머지 2행은 변형된 구조를 보인다.71)

---

70) 박한설, 『증보 외당선생삼세록』(강원일보사, 1995, 315-320쪽)에는 2연 끝 행에 실려 있는데, 노래의 구조면에서 볼 때, 각 연 6행씩 짝을 이룬 것으로 미루어 1연의 끝에 둔 것이 옳다고 본다.
71) 전체 10행을 음보로 나누어 보면 다음과 같다. // 4444 / 3234 / 3444 / 4444 / 4323 / 4445 / 4444 / 4322 / 23323 / 245334 / 4234224 // 이상에서 보는 바

반면에 「신세타령」 4음보의 정격가사 형식을 유지한다. 율격의 안전성에서 볼 때, 윤희순의 창작배경은 국내보다는 만주 망명시절이 안정되어 있다는 것을 알 수 있다.

인용한 두 작품에서 알 수 있듯이 『의병가사집』에 실린 작품들은 모두 일본을 "짐승 같은 왜놈"으로 묘사하고 있으며, 그 "짐승 같은 왜놈"을 몰아내기 위하여 의병운동에 참여해야 한다고 주장한다. 그런 점에서 윤희순의 가사는 의병들의 규합을 위한 선동적인 문구로 일관하고 있다고 할 수 있다. 또한, 의병을 규합하는 방법에 있어서 "임금과 신하"라는 전근대적 관념을 보여주고 있다는 점에서 근대의식 부재라는 한계점이 있다.

이러한 한계점에도 불구하고, 윤희순의 『의병가사집』은 전통적 내간체 가사문학을 넘어서고 있다. 그것은 여성들이 즐겨쓰는 소재주의 한계에서 벗어나고 있으며, 여성의 한이나, 희로애락의 감정에서 벗어나 새로운 여성상을 보여주고 있다는 것이다. 윤희순의 의병가사는 현실에 저항하는 강한 여성의 이미지를 보여준다. 여성으로서 일본군에 경고하는 적극적인 행동 양식은 윤희순의 『의병가사집』에 나타나는 중요한 미덕이다. 이것은 현실 참여정신이라 할 수 있다. 형식의 측면에서, 혹은 문학의 본질에 있어서 일정한 한계를 보이고 있지만, 당대 현실의 모순을 극복하려는 당당한 참여정신은 의병가사의 새로운 위상을 보여주는데 손색이 없다.

윤희순의 의병가사는 작가와 작품, 독자와의 관계[72])에서 창작자와 향유자의 상호 소통이 빠르게 정착되는 과정에서 창작된 작품이며, 애국계몽기 의병가사가 양반 계층으로부터 부녀자 혹은, 서민층으로 확

와 같이, / 4444 / 4음보격을 유지하고 있는 것은 4행뿐이다. 나머지는 모두 변형된 형식을 보이고, 특히 마지막 3행은 파격적인 음보를 보이고 있다.
72) N. Frye, 임철규 역, 『비평의 해부, Anatomy of Criticism』, 한길사, 1982, 345-350쪽.

대되고 있음을 보여주는 문학적 성과물이다. 의병항쟁의 요람지였던 영남 지역의 전근대적 유학자들과는 다르게 부인들의 의병가사는 새롭게 대중들에게 받아들여졌다. 윤희순의 의병가사와 이 당시 유행한 "종군가"는 애국계몽기 여성들의 사회 참여 경향을 잘 보여준다고 할 수 있다.[73] 이것은 국가 위기에 맞서는 민중들의 각성이 어느 때보다 강했다는 것을 의미한다. 윤희순의 『의병가사집』은 한글로 표기되었다는 표현상의 특징과 함께 부인들이 의병가사의 창작자로 등장했다는 대중성을 확보한다. 또한, 사실적이고 구체적인 표현과 당대의 시대상황을 직접적으로 적시(摘示)하고 있다는 점에서 리얼리즘 문학의 의미를 획득하고 있으며,[74] 대중을 기반으로 한 참여정신을 잘 보여주고 있다.

4) 새로운 형식의 풍자정신

의병시가 중에서 새로운 형식의 문학을 보여주는 일련의 시가 작품들이 있다. 이들 작품은 개화 가사 형식이 아니라, 음보와 형식에서 새로운 방법을 보여준다. 이러한 새로운 형식의 시가 작품들은 독립군시가와 형식과 주제에 있어서 많은 동질성을 갖고 있으며, 독립군시가의 발생에 직접적인 영향관계를 이루고 있다. 주어진 악곡에 노랫말만 바꾸어 불렀던 새로운 형식의 의병시가는 풍자성을 강하게 드러내며, 가사의 개방성을 특징으로 하고 있는데, 이것은 전쟁의 상황에 놓여있던 독립군시가에서도 나타났던 창작 방법이었다.[75]

---

73) 『신한민보』에 랑화츄선의 「여성종군가」도 보이는데, 이것은 여성의 반외세 의식이 확대되고 있음을 알게 하는 것이다.
74) 윤희순의 가사는 경술국치를 당하여 의병을 일으킨 내용, 당대 친일앞잡이에 대한 경고, 일본에 대한 경고 등의 내용을 담고 있다. 이들 작품은 모두 당대의 현실을 반영하고 있다.
75) 노래가사 바꿔 부르기는 1878년 리델 신부가 「찬미가」와 「아베마리아」를 불렀는데, 이들은 조선의 민요에 천주교 신앙 가사인 천주가사를 얹어서 부르

이들 새로운 형식의 의병시가는 국내 의병활동에서 국외의 만주로 무대를 옮기는 과정에서 자연스럽게 독립군들 사이에 불려지게 되었으며, 이들 노래들은 독립군시가가 발생하는 토대가 되었다. 장형(長型)의 의병가사들은 전쟁의 위급한 상황에서 군가로 불려지기에는 알맞지 않다. 의병가사가 가진 이러한 한계점 때문에 새로운 형식의 의병시가는 대중들에게 빠르게 정착되었다. 이들 의병시가는 민요의 리듬에 노랫말만 바꾸어 부른다든지, 일본 군가의 악곡을 빌려서 개사(改詞)했기 때문에 쉽게 노래로 불려지면서 대중들에게 전파되었다. 이에 덧붙여 이들 시가는 표기면에서 쉬운 우리말을 택하면서 대중들에게 다가갔으며, 창가(唱歌)와 함께 빠르게 전파되었다. 새로운 형식의 의병시가는 비록 의병 활동을 소재로 하고 있다 하더라도 그 목적성을 뛰어넘어 대중들에게 폭넓은 공감대를 형성하였다. 그리고 의병운동이 만주 지역으로 거점이 옮겨지면서 독립군들 사이에 자연스럽게 확산되었다.

독립군시가를 연구하기 전에 이들 의병시가의 특징을 살펴보는 것은 독립군시가의 문학적 위상을 밝히는 선행 작업이다. 새로운 형식의 의병시가는 주제를 드러내는 방법과 시적 비유에 있어서 뛰어난 문학적 성과를 보인다. 민요의 악곡에 가사를 바꾸면서 현실의 모순을 풍자한 의병시가는 한시나 가사 문학에서 보여준 전근대적 요소를 탈피하고 있다. 그것은 전통 문학의 계승과 외래 요소를 민감하게 받아들이면서 현실적 시대 상황에 대응하고 있기 때문이다. 이들 의병시가는 문학의 현실 대응 전략에 있어서 근대적 위상을 차지한다고 할 수 있다.

또한, 이들 의병시가는 의병운동을 소재로 하고 있지만, 독립운동과

는 '노래 가사 바꿔 부르기'(노가바)를 공식화하여 민족 성가의 길을 터놓았다. 노래 가사 바꿔 부르기는 통감부가 통치적 차원에서 통제한 '불량 창가'로서 대부분 국권을 회복하려는 노래들이었다. 의병가사도 노래 가사 바꿔 부르기의 형태로 불려졌다. 이에 대한 자세한 내용은 노동은, 『한국근대음악사』, 한길사, 1995, 365, 638쪽을 참조할 것.

분명히 구획지을 만큼 뚜렷한 특징을 보이지 않으며, 독립군시가와 혼효(混淆)되었을 가능성이 높다. 그런 점에서 새로운 형식의 의병시가는 의병시가이면서도 독립군시가와 근접한 문학적 경향을 보인다. 그것은 이들 노래가 일정한 작가층이 없다는 점에서뿐만 아니라 쉽게 불려질 수 있는 악보를 그대로 차용했다는 점에서 그렇다. 또한, 제목과 발표 지면이 분명하지 않다는 점에서 구비문학적 요소를 갖는다. 이들 노래들은 대부분 계몽적인 내용을 담고 있으며, 현실을 풍자하고 있다.

이와 같이 한시와 가사문학의 장르에 속하지 않으면서 현실 문제를 개진한 저항적 의병시가는 대략 9편이 남아있다. 이들 의병시가를 살펴보면 전통적 문학 장르와 개화기 문학 다른 장르와는 다른 독특한 형식을 보인다. 비교적 짧은 시가 형식을 택하고 있는 이들 작품은 길어야 5연 내외로 구성되어 있다. 지금까지 조사된 의병시가 9편을 음보, 주제, 내용별로 나누어 보면 다음과 같다.

<표2> 새로운 형식의 의병시가

작품명\구분	형식	음보	주제	성격	비고
용병가	전체4연(각4행)	4음보	출병의 권유	권고와 독려	후렴 2행
의병가	전체4연(각2행)	3음보	홍범도의 용맹 찬양	칭송과 기개	
의병격중가	전체4연(각3행)	4음보	일본축출과 태평성대	출병과 훈계	
의병노래	전체3연(각2행)	4음보	의병들의 넘치는 기상 찬양	출병과 기상	
의병대가	전체5연(각4행)	3,4음보	의병승리와 일본퇴진을 종용	승전과 기원	4연 4음보
의병창의가	전체2연(각6행)	4음보	출병과 나라 보전	출병과 도리	
대의를 펼것	전체1연 8행	4음보	대의를 이룸	대의와 실천	
병정타령	전체1연 4행	2음보	출병의 권유	출병	
봉기가	전체3연(각4행)	3음보	일본 축출과 평화의 기원	출병과 기상	

「용병가」는 찬송가의 악곡에 노랫말을 바꾸어 불렀던 작품이다. 이것은 일제에 대응하는 길은 무력투쟁임을 전제하고, 의병으로 나와서 싸울 것을 권고하고 독려하는 내용이다. 그리고 다른 작품들도 거개가 의병으로 출병할 것을 권유하면서 싸워서 이길 것이라는 의지를 보여준다. 이들 작품 중에서 「의병대가」와 「의병가」는 반일 의병투쟁의 현장을 잘 묘사하고 있으며, 특히 「의병대가」는 민요의 타령곡에 가사를 붙인 것으로 함경도 지방에서 활동하고 있었던 홍범도 의병부대에서 널리 불렀던 노래이다. 「의병대가」는 9편의 작품 중에서 풍자성과 주제의식이 분명한 작품이다. 「의병창의가」는 동학 전쟁 때 부른 민요 「새야 새야 파랑새야」의 가락에 노랫말을 바꾸어 부른 것이다. 나머지 작품들도 거의 마찬가지지만, 따라 부르기 쉽도록 4음보가 일정하게 반복하고 있다. 「의병격중가」는 창가(唱歌)의 형식으로 일본의 침탈을 풍자하고, 태평성대의 시대가 오기를 간절히 바라는 민중들의 소망을 담아내고 있다.

　이들 작품은 구성이 다양하고, 음보가 비교적 자유로운데, 구성은 대개 2연에서 5연까지 있으며, 음보는 2음보격부터 4음보격까지 분포되어 있다. 9편의 작품이 주로 4연 4음보격이 많이 보이기는 하지만, 구성과 음보에 크게 구애를 받지 않았음을 알 수 있다. 이들은 주로 의병들의 기상을 찬양하거나, 의병으로 출병하여 일본군과 싸울 것을 독려하고 있다. 이러한 적극적인 현실 대응 방식은 국권회복에 있어서 점진적인 실력을 양성하는데 있는 것이 아니라, 무력투쟁을 통해서 구체적인 싸움을 해야 한다는 진보적 입장을 취하고 있다. 이처럼 의병 운동에 참가한 대다수의 의병들은 교육과 문화를 통해서 외세를 몰아내는 점진적 국권회복 운동을 전개한 것이 아니라, 일본군과 무력으로 싸워서 이겨내는 전략적 투쟁방법을 택했다. 앞에서 살펴본 9편의 의병시가 중에서 가장 치열하고 격렬한 투쟁 전략을 보여주는 작품은 「봉기가」이다.

이천만 동포야 일어나거라
일어나서 총을메고 칼을잡아라
잃었던 내조국과 너의자유를
원수의 손에서 피로찾아라

한산의 우로받은 송백까지도
무덤속 누워있는 혼령까지도
노소를 막론하고 남이나여나
어린아이까지라도 일어나거라

끓는피로 청산을 고루적시고
흘린피로 강수를 붉게하여라
섬나라 원수들을 쓸어버리고
평화의 종소리가 울릴때까지
    ―「봉기가」 전문76)

「봉기가」는 계몽과 훈육, 경계의 차원에서 벗어나 의병들의 투쟁방법이 구체적 싸움의 양상으로 바뀌고 있다는 것을 보여주고 있다. 이 작품은 유홍석, 김대락, 윤희순의 의병가사와는 달리 무력투쟁으로 잃어버린 조국을 찾으려는 구체적 싸움의 전형성을 보여준다. 빼앗긴 나라를 되찾는 일은 교육과 계몽이 아니라, 무력투쟁을 통해서 일제를 이 땅에서 몰아내어야만 하는 것이다. "송백과 혼령", "남녀노소" 없이 모두 일어나서 끓는 피로 "청산"을 고루 적실 때, 비로소 빼앗긴 나라를 되찾을 수 있다는 것이다.

이 시의 장점은 노랫말이 간결하며, 구체적이고 명징(明徵)하다. 비록 창가에서 악곡을 빌려왔다고 하지만, 일제를 몰아내려는 견강(堅强)한 주제의식과 힘찬 행진곡풍의 리듬은 의병시가로서 성숙된 일면

---

76) 독립군가보존회 편, 『독립군 가곡집-광복의 메아리』, 독립군가보존회, 1982, 46쪽.

을 보여 준다77)고 할 수 있다. "무덤 속 누워있는 혼령까지도" 일어나 일제와 맞서 싸우듯이 우리 민족도 일본을 완전 소탕할 때까지 싸우자는 의지를 보인다. 다소 격렬한 시구인 "원수", "피" 등을 사용함으로써 생경(生硬)하게 되었지만, 민중들에게 무력투쟁의 전선에 함께 동참하자는 분명한 주제의식이 잘 드러나 있다. 이 시는 의병운동에 참가하기를 독려하면서 죽기를 각오한 견결(堅決)한 용기가 돋보인다. 「봉기가」는 9편의 의병시가 중에서 불굴의 저항 자세를 가장 잘 보여 주고 있다.

오연발 탄환에는 군물이 들고
화성대 구심에는 내굴이 돈다
(후렴) 에헤야 에헤야 에헹에헹 에헤요
　　　왜적 군대가 막 쓰러진다

괴택이 원성책 중대장님은
산고개 싸움에서 승리하였고
도상리 김치갱 김도감님은
군량도감으로 당선됐다네

홍대장 가는 길에는 일월이 명랑한데
왜적군대 가는 길에는 눈과 비가 내린다

왜적놈이 게다짝을 물에 버리고
동래 부산 넘어가는 날은 언제나 될까
　　　　　　　 ― 「의병대가」78)

---

77) 노동은, 『한국근대음악사1』, 한길사, 1995, 686쪽 참조.
78) 『조선음악사1』 하(학부용), 박우영, 평양: 예술교육출판사, 1985, 20-21쪽(노동은, 『한국근대음악사1』, 한길사, 1995, 683쪽). 이동순, 『홍범도』(1-10), 국학자료원, 2003, 중 4권, 106쪽. 이 자료는 홍범도의 일대기를 정리한 민족서사시이다. 이 책의 별책 부록에 홍범도의 일대기가 정리되어 있는데, 인용한 부분의 「의병대가」는 3부 1권에 '홍대장 타령'으로 나온다.

인용한 시는 갑산 지역을 점령하고 함경도 후치령 및 갑산 일대에서 일본군과 교전하여 적을 섬멸한 의병운동사에 빛나는 전공을 세운 홍범도 의병부대에서 불렀던 구전 가요이다. 홍범도(洪範圖, 1868-1943)는 열다섯 살 무렵인 1882년 임오군란이 일어나자 평양 신건 친군에 입대하여 나팔수로 활약했고, 마흔 나이인 1907년 2차 의병 항쟁 때는 갑산 사포계 산포수를 중심으로 의병대를 조직하였다. 그는 일흔 넷의 나이로 이국땅에서 서거할 때까지 평생 독립운동에 참가하였다.[79)]

구전 가요로 유사한 작품들이 회자(膾炙)하고 있지만, 이 작품은 가장 널리 알려진 의병대가이다. 이 시는 민요의 타령조에 가사를 붙인 것으로 생경한 시어를 사용하지 않으면서도 적절한 비유와 풍자를 사용하여 시적 형상화에 성공하고 있다. 의병들이 전투에서 승리하는 장면을 열거하는 방법과 홍대장과 왜적군대를 비교하면서 홍범도의 위용을 드러내는 시적 기교를 보이기도 한다. 이것은 현실에 대응하는 풍자성과 민중의 정서를 대변하는 시적 방법이기도 하다. 그리고 홍범도 의병부대에서 사용한 "오연발 탄환"과 "화성대"와 같은 무기를 구체적으로 제시하고, "원성책 중대장"과 "도상리 김치갱 김도감" 등 홍범도 의병부대에 참가한 인물들까지 등장한다. 이것은 피상적이고 막연한 진술을 하는 것이 아니라, 구체적인 의병운동의 장면을 제시한 것이라 할 수 있다. 비록 구전되어서 작가를 알 수 없으며, 가사의 윤색이 있었다고 할 수 있지만, 의병부대의 활약상과 당대 민중들의 소망을 애틋하게 시화한 수작(秀作)이라 할 수 있다.

홍범도 의병부대는 국내에서 의병 운동을 하다가 조직적인 부대를 형성하면서 독립군부대로 성장하였으며, 1920년에는 독립투쟁사에 빛나는 청산리 전투에도 참가하게 된다. 이처럼, 홍범도 부대의 「의병대가」는 처음에는 의병부대를 중심으로 불려졌지만, 홍범도가 대한독립

---

79) 이동순, 『민족서사시 홍범도』(1-10), 국학자료원, 2003, 중 10권, 245쪽.

군을 조직하는 1920년 무렵에는 독립군시가로 널리 불려졌을 것이라 짐작할 수 있다. 의병 부대에서 독립군부대로 옮겨가는 시기가 분명하지 않듯이 이들 노래들이 의병시가에서 독립군시가로 옮겨가는 시기도 분명하지 않다. 다만, 홍범도 부대의 「의병대가」는 의병운동이 독립운동으로 옮겨가는 과도기의 상황을 잘 보여주고 있으며, 의병들이 일본군과 전투를 하는 장면과 그들의 투쟁의지를 구체적으로 보여주고 있는 리얼리즘 문학이라는 점에서 높이 살만하다.

이와 같이 새로운 형식의 의병시가는 시대현실에 좌절한 비극적 인식을 보여주는 것이 아니라, 의병운동에 참가하여 일본군과 싸우자는 구체적인 전략을 보여주고 있으며, 해학과 풍자를 통한 자기 위안을 보여주고 있다. 이것은 당대의 비극적 시대 현실을 극복하려는 민중의 의지가 형상화된 것이라고 할 수 있다. 형식과 내용에 있어서 새로운 문학적 성과를 보인 이들 의병시가는 그대로 1920년대 독립군들의 투쟁방법과 시적 정신에 이어졌다. 의병시가는 시대의 급박한 흐름 속에 놓여진 위기의 상황 속에서 표출된 현장성을 살리면서 투쟁의 다양한 방법과 민중들의 보편적 정서를 잘 보여주고 있다. 따라서 이들 의병시가는 독립군시가의 발생에 지대한 영향관계를 형성하고 있으며, 일제강점기 저항 문학의 흐름에 분명한 위상을 차지하고 있다.

제3장 독립군시가의 전개 양상과 양식적 특징

1. 망명 지식인의 독립운동과 그 역사적 흐름

 국내의 의병운동이 위축되면서 독립운동가들은 그 기지를 만주와 노령으로 옮겼으며, 보다 체계적이고 조직적인 군대를 조직하려는 움직임이 일어났다. 이 과정에서 점진적 개혁주의와 적극적 투쟁주의의 두 가지 방법론을 택하게 되었다. 이 두 가지 움직임이 중심이 되어 독립군기지의 건설과 무장투쟁을 위한 독립군을 양성하게 되었다. 나라를 빼앗긴 민족의 최대과제는 독립에 있었다. 그 방법상의 문제가 어디에 있든지 일제를 물리치고 나라를 되찾는 것만이 우리 민족이 풀어야 할 문제였다.
 국내에 잔류한 민족주의 진영은 대부분 점진적인 개혁에 머물렀다면, 만주 지역으로 거점을 옮긴 민족주의 진영은 적극적인 투쟁 노선을 택하게 되었다. 국내의 의병운동은 대의명분을 주장하는 유학자들의 소규모의 전투였지만, 만주지역에서 펼쳐진 독립군들의 대일 항쟁은 민족의 주체를 찾으려는 국가차원의 전쟁이었다. 의병운동과 독립운동의 근본적인 차이점은 독립운동은 의병운동과는 달리 근대 시민의식을 바탕으로 한 민족주의 국가 건설을 지향하고 있었다는 점이다.

만주로 망명한 대부분의 지식인들은 새로운 국가 건설과 독립을 향한 투쟁 정신을 갖고 있었다. 이들은 신교육을 받은 지식인들이었고, 나라를 되찾는 길은 국력에 있다는 사실을 알고 있었다. 만주의 독립운동은 교육을 통한 지식인 양성과 무력투쟁을 위한 전진기지라는 두 가지 대응전략을 취하면서 새로운 국면의 전환을 꾀하였다.

1910년대 이후 형성된 만주 지역 독립운동은 국내의 의병운동이 만주지역으로 옮겨지면서 새롭게 재편성되었다. 이곳에서 시작된 독립운동은 국내 의병운동의 한계점을 어느 정도 극복하면서 보다 체계적이고, 조직적인 형태로 나타났다. 망명 지식인의 독립운동은 국내의 의병운동과 다른 양상으로 전개되었다. 그런 점에서 의병운동과 독립운동의 차이점을 밝히는 것은 독립군시가를 연구하는 기본적 전제가 될 것이다.

우선, 의병운동은 왕조 체제를 인정하고, 존화양이(尊華洋夷)의 정신을 지켜나갔다. 그러나 독립운동은 이미 빼앗긴 나라를 되찾기 위한 투쟁적 성격을 보였으며, 새로운 근대국가에 대한 열망이 강했다. 그것은 의병운동과 독립운동의 계층적 특징이 잘 말해준다. 의병운동은 대부분 전통유학자 출신이 중심이 되어 항일 운동을 펼쳤다. 예외적으로 신돌석과 같은 평민 출신의 의병장들도 있긴 했지만, 의병부대를 이끄는 중심 세력은 대부분 한말 유학자들이었다.[80]

---

80) 13도창의군이 서울 탈환 작전을 전개하기 직전인 1907년 12월 말의 조직을 살펴보면, 13도창의 총대장 이인영, 군사장 허위, 관동창의대장 민긍호, 호서창의대장 이강년, 교남창의대장 박정빈, 진동창의대장 권중희, 관서창의대장 방인관, 관북창의대장 정봉준 등이다. 이인영은 유학자이고, 허위는 의정부 참찬이었다. 민긍호는 원주 진위대 정교 출신이고, 이강년은 한말에 선전관을 역임한 관료이다. 방인관은 함경도 출신의 병장이다. 나머지는 출신 배경이 분명하지 않은 유생들이다.

그러나 독립군 부대를 이끈 사람은 포수 출신, 한국군 출신, 일찍이 만주에 망명한 신지식인 등이었다. 이것은 계층적 다양성을 의미하며, 전통적 왕권체제에 대한 국수주의 경향보다는 근대적 시민 국가의 열망이 강했다는 것을 의미한다. 따라서 독립군시가는 의병시가 보다도 계층적 다양성을 보이는 작품이 많이 산출되었다.

다음으로 의병운동은 군사 행동을 할 만큼 체계적인 조직을 갖지 못했으며, 일본군과의 전투에서도 전면전을 치르지 못했다. 그러나 독립운동은 군사훈련을 받은 정예부대로 재편하여 체계적인 조직과 무기의 확보로 전투적 역량이 강화되었다. 당시 의병운동은 화력과 기동력, 조직력에 있어서 군사적 능력을 갖지 못했으며, 일본의 침략정책에 대한 상징적 대응 수준에 머무르고 있었다. 그래서 국가적 위기에 스스로 목숨을 끊어버리는 방법을 택했던 것이다. 이처럼 의병운동은 충군애국을 바탕으로 한 소극적 무장투쟁이었다.

그러나 독립운동은 일본군과의 전면전을 치르면서 전투적 역량을 강화시켰다. 이 전투적 역량 강화로 홍범도 독립군부대가 봉오동전투에서 일본군을 대파하고, 김좌진과 만주 지역 독립군들이 참가한 청산리 전투에서 일본군 연대병력을 물리치는 전공을 세울 수 있었다. 이처럼 독립운동은 그 규모와 조직면에서 의병운동과는 성격이 달랐다. 이 때문에 독립군시가는 기개와 불굴의 의지를 보이는 작품이 있으며, 전투적 체험을 형상화한 작품들도 보이는 것이다.

끝으로 의병운동은 국권회복을 위한 민중들의 참여를 촉구하는 계몽적 성격이 강했지만, 방법론과 대응전략에 있어서는 구체적인 대안을 마련하지 못했다. 그러나 만주 지역의 독립운동은 독립의 당위성을 전제로 하고 있으며, 투쟁 방법도 국내와 만주, 해외와 연계하면서 조직적이고 체계적으로 대응하였다. 의병운동은 지역의 연고를 중심으로 형성된 조직이었고, 독립운동은 그 지역적 기반이 만주나 노령을 중심으로 국내와 해외가 연합전선으로 이루어진 조직이었다. 실제로 의병운동은 '순연한 애국혈단이니, 열강도 국제법상의 전쟁단체로 인(認)하며, 또(又) 정의, 인도를 주장하는 국(國)의 동성응원(同聲應援)에 규(叫)하'[81]는 정도였다. 그러나 독립운동은 나라를 빼앗겼다는 사실을 구체적으로 받아들이고 빼앗긴 나라를 되찾으려는 국권회복을 위한 전쟁의 개념이 강했다. 이를 반영하는 독립군시가는 독립을 위한 긍정적인 자세와 함께 국권 회복의 열망을 강하게 보여주고 있다.

이러한 세 가지 변별요소는 독립군시가를 의병시가와는 다른 양상을 띠고 있음을 보여준다. 여기서 우리는 독립운동의 전개양상과 현실 대응의 변화를 살펴볼 필요가 있다. 그것은 독립군시가의 발생과 흐름을 파악할 수 있는 계기가 될 것이다.

국내에서 두 차례에 걸쳐서 전국적 규모의 의병항쟁이 일어났고, 일본은 국내 진압을 명분으로 군대를 증강 배치했다. 이후 국내의 의병운동은 혼란에 빠지면서 산발적인 유격전 양상을 띠게 되었다. 1907년 10월부터 1908년 4월말까지 1,659회의 크고 작은 전투가 있었지만,[82] 이것은 조직적인 전투의 수준이 되지 못했다. 1908년부터 1909년까지 국내에서 의병들의 전투횟수가 가장 많았던 지역은 전라남도와 강원도 지역이었다. 일본군은 해산된 한국 군대의 병력이 가장 많이 남아있던 강원도와 전라남도를 집중 공격하면서 의병과 연합한 한국군을 완전 소탕하려고 했다.

일본군은 국내의 의병 토벌작전을 감행하면서 1909년 10월까지 420명의 의병을 사살했고 1,687명을 체포했다. 그 해 12월까지는 3,100명에 달하는 의병이 체포되었다. 일본군의 대공세에 밀리면서 국내의 의병활동이 어렵게 되자 1909년 이후의 의병운동은 만주나 노령, 그 밖

---

81) 신용하, 「전국 '13도창의대진소'의 연합의병운동」, 『한국독립운동사연구』, 독립기념관 한국독립운동사연구소, 1987, 21쪽.
82) 박성수, 「항일의 전선」, 『민족의 저항』, 한국현대사 3, 신구문화사, 1972, 180쪽.

의 지역으로 옮겨가서 새로운 독립군기지를 만들었다. 만주는 국외의 항일 기지 건설의 발빠른 대응을 가져왔고, 국내 의병장들이 만주로 거점을 옮기는 기폭제 역할을 했다. 이처럼, 만주지역의 독립운동은 일제의 침략과 수탈, 봉건적 군벌 정권과 중국인 지주들에 대한 저항을 위해서 한인공동체의 형성으로 전개되었다.

만주 지역의 독립군단체는 국내에서 망명한 지식인들이 중심이 되어 조직되었는데, 이들 단체는 주로 독립군을 양성하는 역할을 했다. 만주 지역의 이민은 반드시 독립군 활동을 하기 위해서만이 아니라, 생존을 위한 방편으로 이주하기도 했지만,83) 그들의 대부분은 독립운동의 거점을 확보하는데 음성적으로 가담하고 있었다. 만주로 옮겨온 이주민들은 사회적으로는 중국인 지주와 갈등을 겪었고, 국가적으로는 일본과의 독립운동을 전개해야 했다. 그런 점에서 만주 지역의 독립운동은 일제의 탄압과 조국의 독립이라는 이중과제를 수행하는 입장에 있었다.

1910년대에 만주 지역으로 이주한 한민족의 성향은 주로 정치망명의 성격을 지니고 있었으며, 이들은 일본에 대한 저항의지와 독립에 대한 열망이 강했다. 초기의 만주 지역 이민은 일본제국주의를 피한 지식인의 자발적 이민이었는데, 1920년대 이후에는 일제의 기만적 술책으로 이민이 장려되었다. 이것은 독립군 탄압을 위한 정책적 성격이 강했다.84) 1910년대 만주 지역은 일제와 맞서 싸우기 위한 독립군 전진 기지의 역할을 했으며, 1920년대 이후에는 일본이 만주를 점령하면서 중국 침략을 위한 교두보 역할을 했다. 이처럼 만주 지역은 독립군의 국내 진격을 위해서 확보해야할 지역이었고, 일본은 대륙침략을 위

---

83) 현규환, 『한국유이민사』 상·하(어문각, 1967), 고승제, 『한국이민사연구』 (장문각, 1973).
84) 황유복, 「중국 조선족이민사의 연구」(『조선학』, 북경 : 중앙민족학원 조선학연구소, 1993).

해서 거쳐야할 가장 중요한 지역이었다. 만주 지역은 1931년 만주사변 이후 일본군과 독립군의 치열한 격전지의 하나였다.

1910년 이후 만주 지역으로 독립운동의 거점을 옮기면서 독립군은 중국과 일본의 압박을 동시에 받게 되었다. 이들 이주민들은 치외법권 지역에 거주하였기 때문에 법적으로 아무런 보장을 받지 못했으며,[85] 중국 군벌정권의 탄압으로 독립군 활동의 충분한 거점을 확보하지도 못했다. 당시에 만주 지역으로 이주한 한민족의 경제 상황을 조사한 보고에 따르면, 한인의 90% 이상이 수전(水田)농업으로 생계를 유지하였으며, 가장 유리한 조건을 갖추고 있던 연변지방에서 조차도 63%만 개인 토지를 소유하고 있었다. 그것도 가구 당 평균 0.4헥타르(약 1,200평) 정도의 영세규모 토지를 소유하고 있었다. 이처럼 만주 지역의 한인 자작농의 비율은 약 29%에 불과하였다.

길림지방은 서·북간도 이주 한인들이 다시 이주한 특징을 보이고 있는 곳인데, 이곳 한인들은 평균 4·5할의 높은 소작료를 중국인 지주에게 내며 풍년에도 쌀밥을 먹지 못하고, 중국인의 고리대금을 차용하지 않으면 안될 정도의 열악한 조건에 있었다.[86] 이와 같이 만주 지역에 이주한 한인들은 나라를 빼앗긴 민족으로서 조국의 독립을 위한 피눈물 나는 환경을 견디어내야 했다. 그러나 이러한 열악한 환경에 놓여 있으면서도 만주를 떠날 수 없었던 것은 만주는 국내와 가장 인접한 지역에 있었으며, 일본의 탄압을 피할 수 있는 곳으로 국내 독립운동과 연계할 수 있는 가장 중요한 거점 지역이었기 때문이다.

---

[85] 박영석, 「일제하 재만한인의 법적지위-이중국적을 중심으로-」, 『윤병석교수화갑기념논총』, 지식산업사, 1990.
박영석, 「일본제국주의하 재만한인의 법적 지위에 관한 제문제- 1931년 만주사변 이전을 중심으로-」, 『한국민족운동사연구』 11, 한국민족운동사연구회, 1995.
[86] 장세윤, 「만주지역 독립운동 연구의 회고와 전망」, 『한국사연구의 회고와 전망 Ⅳ』, 한국사론 26, 1996, 396쪽 참조.

이러한 조건 때문에 만주 지역은 수많은 독립군 단체가 결성되었다. 일제의 강제점령 이후 국내의 사정이 여의치 않아서 만주로 독립군기지를 옮기면서 조직한 최초의 독립군단체는 서전서숙(瑞甸書塾)[87]이었다. 이 학교는 이상설(李相卨, 1870-1917), 이동녕(李東寧, 1869-1940), 여준(呂準, 1862-1932) 등이 교육을 통해 독립사상을 고취할 목적으로 설립한 사설 민족 학교였다.[88] 1910년을 전후하여 설립된 이 사립학교는 독립군 양성 기관으로 발전하였으며, 만주 지역에서 생겨난 독립군 단체의 모범적 사례가 되었다. 이들 단체들은 1920년대 일본군의 만주 진출에 맞서서 대규모 독립전쟁을 수행하는 군사조직이었다.

　서전서숙이 결성되고 난 뒤에 많은 독립군 단체들이 결성되었는데, 1910년경에는 러시아의 블라디보스토크에서 성명회(聲明會), 경학사(耕學社), 부민단(扶民團) 등의 단체가 결성되었다. 이 단체들은 민간인들이 주도한 자치단체의 성격을 갖고 있었는데, 만주 지역으로 이민한 한인의 인권 보호를 위해 자치적으로 결성되었다. 이들은 독립군을 양성하기 위한 군사교육을 실시하였다. 1920년경의 독립운동에 지대한 영향을 주는 서로군정서는 경학사에서 설립한 신흥무관학교의 후

---

[87] 서전서숙에 대한 자료로는 다음과 같다. 서전서숙 이전의 학교가 있었다고 주장하는 논문이 있지만, 여기에서는 통설에 따르기로 한다.
　　이현희,『석오 이동녕 평전』, 동방도서, 1992.
　　윤병석,『이상설전-해아특사 이상설의 독립운동론』, 일조각, 1984.
　　김석영,『조국광복의 대인- 대한민국 임시정부 주석 석오 이동녕 일대기』, 진명문화사, 1995.
　　이현희,「서전서숙의 창립운영과 석오의 위상」,『성신사학』7, 성신여대사학회, 1989.
　　김정아,「서전서숙에 관한 연구」,『성신사학』10, 성신여대사학회, 1992.
　　중국조선족교육사 집필소조 편,『중국조선족교육사』, 연길 : 동북조선민족교육출판사, 1991.
　　김흥수,「중국 연변조선족의 근대민족교육에 관한 연구-1910년 전후의 연길과 용정지방을 중심으로-」,『국사관론총』64, 1995.
[88]『중국조선민족발자취총서 1 - 개척』, 민족출판사, 1999, 545-547쪽.

신이었다. 서로군정서 출신의 독립군들은 1940년대 조직되는 광복군에서 주요한 역할을 수행한다.

한편, 종교 단체에서도 독립군 단체를 결성하게 되는데, 민족 종교의 기치를 내건 대종교는 서일(徐一, 1881-1921)을 단장으로 하는 중광단(重光團)이라는 독립군 무장단체를 결성한다. 이 단체는 1919년 정의단이라는 독립운동 조직으로 확대 개편되면서 독립운동에 가담하게 된다.[89]

1910년부터 1920년대까지는 독립군 단체가 우후죽순처럼 결성되는데, 1913년에는 간민회(墾民會)가 건립되어 한인사회의 조직화를 꾀하기도 하였고,[90] 1914년에는 보다 조직적인 독립운동 단체인 대한광복군정부가 조직되기도 하였다.[91] 광복군 정부 산하에 예속된 사관학교는 군사정부의 장교를 양성하였다. 이 학교에서는 엄격한 군사훈련을 시켰으며, 이 학교를 졸업한 생도들은 독립군의 정예 장교로 활약하였다. 이 사관학교는 1916년 중국지방 정부의 압력으로 해산되었지만, 그 후신으로 북일학교를 세워 사관학교의 군사적 역량을 이어갔다. 북일학교는 1920년 경신년 대학살 때 심각한 타격을 입고 그 기능을 잃고 말지만, 그후 수많은 독립군 부대를 이끄는 장교들을 양성했다.[92]

지역적으로 떨어진 동변도 지방을 이끄는 독립군단체로는 대한독립단이 있었다. 이 대한독립단은 각 지방에 총관과 지단을 설치하고, 그 조직을 확장하기도 하였는데, 한 때는 무장 독립활동을 하는 대원이 4개 중대 1,000여 명이나 되기도 하였다.[93] 그리고 1920년을 전후한 시기에 결성하는 독립군 단체로는 철혈광복단이 있는데, 이 단체에서는

---

89) 『중국조선민족발자취총서 1 - 개척』, 민족출판사, 1999, 370-371쪽.
90) 김춘선, 「'북간도' 지역 한인사회의 형성 연구」, 국민대학교 대학원 사학과 박사학위논문, 1998, 156-171쪽
91) 한국근현대사연구회 엮음, 『한국독립운동사강의』, 한울, 1998, 208쪽
92) 『중국조선민족발자취총서 1 - 개척』, 민족출판사, 1999, 580-589쪽.
93) 『중국조선민족발자취총서 1 - 개척』, 민족출판사, 1999, 410-414쪽.

한인사회당, 전로한족회중앙총회, 대한국민의회, 북간도국민회 등의 항일단체에 활동하는 지도자들을 배출하였다. 이들 단체 중에서 대한국민회의는 상해 임시정부와 대립하여 독립운동의 새로운 방향을 모색하기도 하였지만, 1920년경 이동휘(李東輝, 1873-1935)가 상해 임시정부의 국무총리로 선임되면서 외형상으로는 통합되었다.

이들 무장 독립단체들은 상해 임시정부의 수립으로 하나의 결집된 역량을 보인 독립단체로 성장하였다. 1919년 임시정부의 수립은 독립운동의 새로운 전기를 마련하였다. 산발적으로 조직된 독립군단체는 북로군정서가 결성되면서 조직적 부대로 성장하였으며, 이들은 국내 진입을 위한 독립전쟁을 준비하였다. 만주 지역에서 독립운동을 주도한 세력은 이들 단체에서 조직된 독립군이었다.

미주 지역에 이민한 한국인들은 각종 한인군사 훈련학교를 조직하였고,[94] 러시아령 부근과 두만강 일대에서는 안중근이 조직한 독립군 부대가 활동하고 있었다. 그리고 북만주 지역에서는 김좌진이 독립군 전초기지를 조직하면서 독립 전쟁을 준비하고 있었다. 이들 국경 지역의 독립군부대는 압록강과 두만강 지역에서 산발적인 전쟁을 치르면서 본격적인 대 일본전을 예비하였다. 이와 같이 일제시대 독립운동은 합방 이후 약 10년간 독립군기지를 건설하는 시기를 거쳤고, 국내의 3·1운

---

[94] 1910년 이후에 결성된 미주 한인군사훈련학교는 다음 표와 같다. 박영석, 「한인소년병학교 연구」, 『한국독립운동사연구』, 한국독립운동사연구소, 1987.

설립일	장소	주당 훈련	주관기관	인원
1910. 6	네브라스카 커니 농장	6일	소년병학교	27명(교장 박용만)
1910. 10. 3	클레어몬트	3일	훈련반	
1910. 10. 8	롬폭	6일	의용훈련대	
1910. 11. 10	캔서스	6일	소년병학원	
1910. 11	하와이 각 섬	6일	국민회 연무부	200여 명
1910. 11. 17	멕시코 메리다	6일	승무학교	118명(이근영 등)
1910. 12. 5	슈퍼리어(와이오밍)	6일	청년병학원	
1914. 6. 10	하와이 오아후, 가할루	6일	국민군단	박용만

동을 계기로 그동안 결집된 힘으로 일본과 치열한 접전을 준비하고 있었다.

이처럼 만주 지역에 이주한 망명 지식인들은 각종 독립군단체를 조직하면서 독립전쟁을 준비했다. 이러한 준비과정을 거치면서 1920년대는 본격적인 독립전쟁을 위해서 역량을 결집시켰다. 더욱이 만주 지역 독립군의 항일무장 투쟁은 일제의 식민지 통치에 있어서 하나의 걸림돌로 작용하고 있었으며, 국내외에 있는 민중들에게 독립에 대한 희망과 일제에 대한 저항적 자세를 갖게 하는 계기가 되었다. 1920년대와 30년대 사이에 만주 지역에 조직된 대표적인 독립군 단체만 들어도 북로군정서, 대한독립단, 광복군총영, 대한청년단연합회가 있었다.[95] 이들 단체들은 독립군자금을 모아서 중국과 러시아로부터 무기를 구입하였고, 군사훈련을 받은 단체들로 성장하면서 독립전쟁을 치르기 위해 역량을 강화시켜 나갔다.

상해 임시정부와 국내의 민족 진영과 긴밀한 관계를 갖고 전개한 독립운동은 1920년 6월 홍범도가 이끄는 독립군 부대가 봉오동전투에서 승리하였고, 그해 10월 김좌진(金佐鎭, 1889-1929)과 이범석(李範奭, 1900-1972)이 주축이 된 독립군부대는 청산리 전투에서 일본군에게 대

---

95) 독립군의 조직과 전투에 대한 연구논문은 다음과 같다.
박훤,「북로군정서의 성립과 활동」,『국사관논총』11, 1990.
박훤,「북간도 대한국민회의 성립과 활동」,『윤병석교수화갑기념논총』, 지식산업사, 1990.
채영국,「3・1운동 이후 서간도지역 독립군단 연구-대한독립단・대한독립군비단・광복군총영을 중심으로-」,『윤병석교수화갑기념논총』, 지식산업사, 1990.
정원옥,「대한광복군총영의 조직과 독립전투」『윤병석교수화갑기념논총』, 지식산업사, 1990.
정원옥,「한국독립군의 조직과 독립전투」,『사학연구』43, 한국사학회, 1992
박창욱,「국민회를 논함-1919-1920년 국민회의 역사작용을 위주로 하여-」,『국사관논총』15, 1990,『조선족연구논총』3, 연변대학출판사, 1991(재수록).

승을 거두었다. 그러나 이 과정에서 많은 독립군들이 희생되었고, 일본군의 보복이 본격적으로 시작되면서 만주 일대는 전운이 감돌았다. 독립군들은 계속되는 일본군과의 전투에서 전투력이 약화되어 갔고, 근대적 군사 훈련과 전투력에서 강세를 보인 일본군의 초토화 작전에 밀려 독립군 기지는 중국 본토와 러시아로 거점을 옮겨야 했다.

그러나 일본군은 두 전투에서 참패하면서 독립군을 소탕하기 위한 전면적인 계획을 세웠다. 안으로는 만주 일대의 한국인 거주 지역을 초토화하고, 바깥으로는 중국과 러시아에 독립군을 고립시키는 외교 정책을 펼치기 시작한다. 이미 일본은 봉오동 전투를 설욕하기 위해 훈춘사건을 조작하여 만주를 침략하였고, 청산리 전투에서 대패한 일본은 그 보복 조치로 러시아의 연해주 지역에서 한국인을 무차별 학살하였다. 독립군은 일본군의 추격을 피해 소만국경선에 가까운 밀산(密山)에 집결하였는데, 여기에 모인 인원은 모두 3만 5천명 10개 부대나 되었다.

1920년 김좌진, 홍범도, 지청천(池靑天, 1888-1957), 안무(安武, 1883-1924) 등이 모여 대한독립군단(大韓獨立軍團)을 조직하게 되었다. 일본의 전면전에 대항하기 위한 대한독립군단은 독립군의 연합단체였다. 총재는 서일, 부총재는 김좌진, 홍범도, 조성환 총사령관에 김규식, 참모장에 이장녕, 여단장에 지청천이 임명하였고, 그 내부 조직으로 3개 대대를 편성하였다. 이 독립군단의 결성으로 독립군부대는 연합전선을 형성하였으며, 사실상 북간도의 통일군단이 되었다.

그러나 그 많은 군사를 지원할 만한 전진 기지를 상실해버린 독립군은 러시아 공산당의 회유책에 말려들어 러시아로 주둔지를 옮기게 되었다. 이 과정에서 독립군 부대는 러시아 공산당과 의견이 충돌하면서 몇 차례 협상을 하였으나 결렬되고 러시아군과 적대적인 관계로 돌아서고 말았다. 이후 독립군단은 와해되었으며, 연합전선을 형성하지 못한 독립군은 여러 단체로 나누어져 독립운동을 전개하게 되었다.

서간도 지방에서는 서로군정서, 대한독립단 등이 통합되어 대한통군부를 조직하였다. 통군부는 2개월 후 통의부로 명칭을 바꾸고, 다시 파벌이 생겨 의군부로 나누어져 서로 대립관계에 놓이게 되었다. 그 후, 대한민국 임시정부에서는 독립운동의 효과적인 수행을 위해 임시정부 산하의 직할 군단(軍團)으로 참의부를 두었다. 그리고 북만주 지역에서는 신민부가 조직되었는데, 이 단체는 대한독립군단, 대한독립군정서를 주축으로 효과적인 항일투쟁을 위하여 통합을 추진하여 결성되었다. 지방조직을 확장시키고 500여 명의 별동대와 보안대를 편성하여 무장시키고, 군사부위원장 겸 총사령관 김좌진의 통솔 아래 두었다. 또한, 독립군 양성을 위해 성동사관학교를 설립하였는데, 여기에서 속성교육으로 배출된 졸업생들은 독립군 간부로 활동했다.

독립군부대는 단순한 군사 조직을 넘어서 만주 지역에 군구제(軍區制)·둔전제(屯田制)를 실시했으며, 산업의 진흥을 위해 공농제(公農制) 실시, 식산조합·소비조합 등을 설치했다. 그리고 재만 동포에 대한 자치활동과 아울러 북만주에 거주하는 친일한국인 암살을 비롯하여 국내에 사람을 보내 조선총독 암살을 계획하기도 했다.

1935년에는 민족혁명당(民族革命黨)이라는 민족연합전선의 성격을 띤 독립운동단체가 결성되었다. 이것은 동맹의 연합체적 성격을 넘어서는 강력하고 광범위한 통일전선을 이루고자 하는 것이었으나, 임시정부를 옹호하는 한국독립당 내의 일부 세력이 불참했다. 민족혁명당은 인민전선론을 표방하면서 조선민족해방동맹·조선청년전위동맹·조선혁명자동맹 등과 연합하여 조선민족전선연맹(朝鮮民族戰線聯盟)을 결성했으며, 1938년 산하 군사조직인 조선의용대(朝鮮義勇隊)를 조직하여 활발한 항일무장투쟁을 전개했다. 1941년부터는 독립운동정당과 단체가 연합전선을 이룬 임시정부에 참여했고, 1942년 산하 군사조직은 광복군 제1지대로 편입되었다. 8·15광복 후인 1946년 2월 좌익계 정치단체인 민주주의 민족전선에 참여했으며, 같은 해 6월

인민공화당(人民共和黨)으로 개칭했다.

  1930년 이후 독립단체는 일본의 만주침략에 맞서는 대일 전면전 양상을 띠게 되었다. 이에 독립군은 만주의 중국 의용군과 연합전선을 구성하고, 독립 전쟁을 전개했다. 지청천(池靑天, 1888-1957)의 북만과 양세봉(梁世奉 ?-1932)의 남만으로 나뉘어서 체계적인 전투를 감행했다. 그러나 무기와 탄약, 식량의 결핍, 중국 의용군의 배신, 병력소모, 독립 기지의 상실 등의 내외적 조건이 극도로 악화되었다. 따라서 독립군 수뇌부는 임시 정부의 요청으로 중국 관내로 이동하였고, 만주의 독립군 활동은 1936년을 고비로 막을 내렸다.

  그러나 1940년 중·일 전쟁이 전면전으로 확대되는 시점에서 중경 임시정부는 광복군을 창설하였다. 광복군은 독립된 단위부대의 자격으로 일본군과 전쟁을 수행했다. 광복군은 총사령부 산하에 제1, 제2, 제3지대로 조직되었으며, 그 산하에 다시 각 전구공작대가 편성되었다.

  1941년 말 일제가 태평양전쟁을 일으키자 임시정부는 일본, 독일, 이태리 등에 선전 포고를 하였고, 1943년에는 광복군 공작대가 영국 군대의 요청으로 인도, 버마 전투 지구에 파견되었으며, 1945년에는 한·미 군사 합작이 체결되어 제2, 제3지대에서 미군 지도 아래 OSS 특수 훈련이 시작되었다. 이 훈련이 종료된 8월 초에 본토 진격을 계획하던 중, 해방을 맞이하게 되었다. 이로써 1895년부터 1945년에 이르는 동안 의병에서 독립군으로 이어지고 그 연합전선으로 조직된 광복군 창설에 이르러서 독립운동은 그 끝을 내리게 되었다. 그러나 이 독립운동은 우리 민족의 저항정신을 그대로 반영하는 것으로 애국계몽기와 일제시대를 관류하는 50년 동안 줄기찬 대일 무력항쟁으로 이어지고 있었다.[96]

---

96) 독립기념관 소장 자료, 『한국독립군소사』 참조.

2. 작가계층의 확대와 창작의 대중화

독립군시가는 대개 구비문학의 요소가 많기 때문에 작가가 밝혀지지 않은 작품이 많다. 또한, 지면에 발표되었다고 하더라도 작가를 밝히지 않은 것이 많으며, 작가를 밝혔더라도 작가가 분명한지에 대해서도 의문이 제기될 수 있다. 애국계몽기와 일제시대는 급격한 외세의 침략으로 혼란된 시대 상황에 놓여 있었으며, 이 때문에 지식인은 현실문제에 있어서도 적극적인 저항과 소극적인 저항적 자세를 보이고 있었다. 독립군시가의 작가들도 이러한 시대상황 속에서 저항의 방법을 택하였으면서도 드러내놓고 작가를 밝힐 수 없었다. 운양호(雲揚號) 사건이 일어나면서 일본의 침략정책은 확연하게 드러났고, 합방 때까지 끊임없이 강행된 지식인에 대한 억압은 당대 지식인을 더욱 혼란에 빠뜨렸다. 저항 작품을 쓴 지식인은 일제의 감시를 받아야 했고, 의병으로 참가한 사람은 무자비한 탄압을 받았다.

이 때문에 독립군시가를 쓴 작가들은 그들의 이름을 마음대로 공개할 수 없었다. 독립군시가에 있어서 작가를 밝힐 수 없는 작품이 많은 것은 당대의 시대 상황이 만들어낸 비극적 일면이다. 그러나 당대의 지식인들은 외세와 일제의 음모에 저항하는 글들을 발표하면서 우회와 풍자의 방법으로 그들의 저항성을 표현했다. 일제의 침략적 야욕이 거세지는 시점에 민족의 운명이 어떻게 변화할지 모르는 상황에서 작가를 당당하게 밝히는 것은 불가능했고, 자주와 독립을 위한 투쟁도 두 가지의 방향에서 그 갈피를 잡지 못했다. 온건하고 점진적인 개혁을 주장한 지식인들은 일제의 묵인이 있을 수 있었지만, 강경하고 투쟁적인 지식인들은 일제의 탄압에 시달려야 했다.

더군다나 국내의 항일 운동이 국외의 항일 운동으로 옮겨가면서 그 조건은 더욱 열악할 수밖에 없었다. 여기에 만주의 망명길에서 궁핍한 생활과 망국민의 설움을 동시에 겪어야 했던 지식인들은 이중의 고충에 놓여 있었다. 일제시대의 현실은 창작의 문제보다도 더 시급한 생존의 문제가 놓여 있었다. 이러한 내외적 조건들이 작가의 존재를 불분명하게 만들었으며, '독립'이라는 이념을 표출하는 거대집단의 창작자로만 존재하게 만들었다.

독립군시가는 개인 작가보다는 집단적으로 불려지던 것이기 때문에 기록으로 남기기가 어려웠고, 독립군단체 자체가 군사적 기밀을 필요로 했기 때문에 창작의 주체를 밝힐 필요도 없었을 것이라 생각된다. 오히려 독립군들의 집단정서를 반영함으로써 서로 격려하고 위안을 삼았을 것이다. 그리고 독립군시가는 개화기와 일제시대의 문화 충격권 내에 창작되거나 일정한 목적성을 갖고 창작되었기 때문에 많은 부분 비유와 상징이 필요했다.

이런 점에서 독립군시가의 연구에서 가장 풀리지 않는 문제가 작가의 고증이다. 이러한 작가의 문제는 독립군시가의 존재 여부와 함께 근원적으로 문학작품으로서 의미가 있느냐의 문제까지 거론될 소지가 있다. 문학에서 작가의 연구는 작품의 내적 의미를 형성하는 요인이 되기도 하는데, 이러한 역사주의 방법론을 무시한 채 작품을 연구하는 것은 문제의 소지가 있을 수 있다. 이 때문에 문학사에서 작가가 밝혀진 작품만을 중요하게 다룰 수밖에 없는 요인이 된다.

그러나 독립군시가는 그 창작의 주체가 독립운동을 하는 사람들이며, 독립군 단체의 공동 운명과 주제가 집약되어 나타난 것이기 때문에 개인 작가는 규명할 수 없는 시대적 상황에 놓여 있었다. 이와 같은 시대적 여건 때문에 독립군시가는 독립과 자유라는 집단의식을 드러낸다고 할 수 있다. 따라서 독립군시가는 개인적으로 창작한 작가이거나 이름을 분명히 밝히지 않은 작가의 작품이라 하더라도 그 작품이 독립운동이라는 집단의식과 그들의 욕망을 표출하고 있다면, 당대 사회를 반영하는 문학이라 할 수 있다.

독립군시가는 개인 창작자를 대상으로 하는 것이 아니라, 집단 창작자를 대상으로 한다. 독립군시가의 문학적 의미는 개인의 문제보다는 독립군 활동을 한 집단의식에서 그 의의를 찾을 수 있다. 분석대상으로 하고 있는 작품이 필명이든 본명이든 작가가 알려진 것을 우선 대상으로 했기 때문에 개인 작가가 많이 있다. 그러나 필사본에서는 작가가 알려지지 않은 작품이 대다수이다.

독립군시가는 대개 구전되었기 때문에 작가를 확인할 수 없는 작품이 많다. 최초의 작사가가 있으면 그 작사가의 의도와는 무관하게 노랫말이 바뀌어지기도 했다. 독립군시가가 다른 지역에서 유사한 노래로 남아있기 때문에 작사자를 굳이 밝히지 않았으리라 짐작된다. 작가를 알리지 않고 인접지역에서 불려진 노래를 따라 부르면서 그 단체의 특성에 맞게 자유롭게 개작했다. 그리고 체계적인 군사훈련을 목적으로 한 독립군단체에서는 그들의 목적을 결집시키기 위한 방편으로 노랫말을 지었다.

이들 작품은 대개 항일 정신을 바탕으로 하고 있으며, 독립을 위한 목적성만을 시적 주제로 선택했다. 작가가 알려지지 않은 것은 여러 가지 요인에서 찾을 수 있는데, 일제시대 시대적 상황에서 필명으로 작품을 발표한 사정과 유사하다고 볼 수 있을 것이다. 시대적으로 외부적 통제를 받고 있는 상황에서 작가를 밝히는 문제는 그리 쉬운 일이 아니다.

독립군시가에서 분석대상으로 삼고 있는 작품 중에서 작가를 밝히지 않은 작품이 무려 119편이나 된다. 독립군시가에서 작가를 확인할 수 있는 작품은 모두 123편이 있다. 생몰 연대를 알 수 없는 작가와 생몰 연대를 알 수 있는 작가를 합해서 이름을 밝힌 작가는 모두 89명이다. 비록 작가는 분명하지 않지만, 그 작품의 내용으로 볼 때, 강한 저항정신을 내포하고 있는 작품이 많다. 이들 작가들은 필명을 사용하여 많은 작품을 발표한 작가도 있고, 일제시대 한국문학에 많은 영향을 끼친 작가도 있다. 작가를 확인할 수 있는 작품은 기록으로 남겨진 것이 대부분이다. 더러는 잡지와 신문에 발표된 작품도 있고, 독립군 단체와 광복군에서 사기 진작과 단체의 취지를 알리기 위해 불려진 군가형식의 작품도 있다. 시대적으로 볼 때, 작가를 확인할 수 있는 작품은 애국계몽기에 발표된 작품과 광복군 결성 뒤에 만들어진 작품들이다. 이들 작품을 발표한 작가들 중에는 필명을 사용한 작가도 있고, 본명을 밝혀놓은 작가도 있다. 그러나 본명일 가능성이 있는 작가라 해도 생몰 연대를 알 수 없는 작가들이 대부분이다.

작가가 알려지지 않은 작품은 219편으로 이 논문에서 분석대상으로 하는 442편의 절반 정도를 차지한다. 이와 같이 독립군시가의 절반 이상은 작가가 알려지지 않은 채 후대에 기록으로만 남겨지게 되었다. 심지어 작가를 알 수 있는 경우라 하더라도 필명을 사용한 작가가 많으며, 본명일 가능성이 있다고 해도 생애를 추적할 수 없는 작가가 전체 89명 중 48명이나 된다.97) 반면에 독립군시가 작가들 중에서 작가의 생애를 추적할 수 있거나 문학사에 일정한 영향을 끼친 작가는 불과 40여명 정도밖에 되지 않는다. 이처럼 전체 작품수로 비교해보더라도 작가를 알 수 없거나 작가를 밝혀놓았다 해도 어떤 사람인지 알 수

---

97) 작가를 확인할 수 있는 작품 중에서 생애를 알 수 없는 작가는 다음과 같다. 권동주(權東州), 권두현, 김서정, 김이한, 김종한, 김철남, 맹석조(孟石鳥), 박노철(朴魯哲), 박재순(朴再順), 송옥동(宋玉童), 안신영(安信永), 오능조, 유영(柳榮), 윤세위, 이규송, 이득화(李得華), 이포영(李抱影), 이필균, 이상춘, 전우한(全佑漢), 정초랑, 조남령(曺南嶺), 장관성, 장조인, 장진영, 조민(趙民), 채봉석(蔡鳳錫), 최병서(崔秉瑞), 최인학(崔仁學), 추미림, 추양, 함호영, 근원운인(槿園耘人), 낙천자(樂天者), 늘샘, 석담생(石潭生), 양아(洋兒), 와룡(臥龍), 운생(橒生), 일우(一雨), 창호일지(昌瑚一枝), 향산(向山), 해일, 이두산, 이해평, 하심(何心), 김광현 등이다. 그리고 생애를 확인할 수 있는 작가는 다음과 같다. 김교제, 김억, 김여, 김영진, 김좌진, 김태연, 김형준, 노자영, 문상명, 박영만, 방정환, 선우훈, 양상은, 오광심, 유도순, 윤극영, 윤봉길, 윤치호, 이규영, 이병기, 이신성, 이원수, 이윤재, 장응두, 조만식, 조운, 조종현, 지청천, 한정동, 현상윤, 노백린, 박용만, 옥인찬, 최남선, 남궁억, 안중근, 장호강, 김학규, 신덕영, 이범석, 안창호 등이다.

없는 경우가 훨씬 많다. 400여 편의 작품 중에서 작가를 알 수 있는 작품은 겨우 70여 편밖에 되지 않는다.

이와 같은 작가의 고증 문제 때문에 작가가 분명하지 않거나 작가를 알 수 없는 작품을 어떻게 문학 혹은 문학사의 범주에서 연구될 수 있을 것인가라는 의문이 제기된다. 그러나 작가가 분명하지 않으며, 구전되었다고 하더라도 그 민족의 정서와 시대현실을 담고 있으면 문학의 범주에 넣을 수 있다. 독립군시가는 기록문학과 구비문학의 이분법으로 범주화된 우리 문학에서 구비문학으로 전승되다가 기록문학으로 정착된 문학 장르에 속한다. 더러는 독립군시가 중에서 발표 지면을 통해서 기록으로 남아있는 것도 있기는 하지만, 그것은 그리 많지 않다.

그런데 우리 문학사에서 구비문학이 기록문학으로 남겨지면서 그 문학적 의미를 획득하는 것으로 향가, 고려 속요, 민요, 설화 등을 들 수 있다. 이들은 모두 독립군시가의 문학적 의미를 갖는 것과 동일한 맥락에서 이해할 수 있다. 신라향가는 구비전승된 후 고려시대 삼국유사에 채록되었고, 고려 속요는 구비전승되다가 조선시대에 와서 한글로 기록되었다. 이들은 모두 우리 문학사에서 중요한 위상을 차지하고 있다. 또한 민요는 전통사회의 생활 방식 속에서 자생하여 민중이 즐겨 부르는 과정을 통하여 전승된 노래로서 그들의 삶의 애환과 소망 등이 표현하고 있는데, 이들은 모두 민중들의 생활방식과 당대의 사회현실을 반영하고 있다. 설화는 지역과 시대, 역사적 공간에서 전승되었으며, 서사문학의 보고(寶庫)이다. 설화는 우리 문학의 풍부한 자양분으로서 그 역할을 수행해 왔다.

이들 문학 장르들이 우리 문학사에서 기층문학의 새로운 지평을 열어주었듯이 독립군시가도 자생적인 민중문학의 성격을 가지면서 그들의 삶의 애환과 소망을 폭넓게 드러내면서 새로운 문학적 지평을 보여주었다. 독립군시가에서 작가를 알 수 없는 작품이라고 해도 문학사의 범주에서 논의되어야 하며 그것은 민족문학의 새로운 가능성을 보여준다.

　독립군시가 중에서 이름과 생몰 연대 등을 알 수 있는 작가는 약 40여명이다. 독립운동사와 문학사에서 알려진 작가는 생몰 연대를 밝힐 수 있다. 소수에 불과하지만 이미 작가에 대한 연구가 이루어진 작가도 있다. 그러나 대부분은 독립운동사와 문학사에서 알려지지 않은 대중 작가들이다. 이러한 한계점 때문에 이 책에서는 작가 연구에 초점을 두지 않고, 작품 연구에 초점을 두고 이들 작품을 분석하고 그 의의를 밝히려고 한다. 비록 문학사에서 알려진 작가라 해도 독립군시가의 범주에 속하는 작품만을 논의의 대상으로 삼으려고 한다.

3. 독립군시가와 민족문학의 상관성

1) 민족 정서의 표출방식

　독립군시가는 일제시대 민족의 현실을 적극적으로 드러내고 있으며, 그 현실의 문제를 문학으로 표현하고 있다. 독립군시가가 일제시대라는 특수한 시대상황에서 '독립'이라는 하나의 주제의식을 갖고 창작되었기 때문에 민족의 정서를 표출하는 민족문학의 성격을 띠고 있다. 따라서 독립군시가의 문학사적 위상을 검토하기 위해서는 민족문학의 의미를 반드시 짚고 넘어가야 한다.

　민족문학은 일제시대 민족적 위기에 봉착되었을 때, 그 현실 타개를 위해 끝없이 논의되었던 문학이다. 민족문학이라는 개념 자체가 객관적인 실체가 아니고, '개인들의 집단이며, 그 구성원들이 갖고 있는 하나의 정신상태(mental state)와 형태상의 공동체(Community in behavior)'[98]

---

98) 김용락, 『민족문학논쟁사연구』, 실천문학사, 1997, 25쪽 참조(이 부분의 원

의식을 표출한 것이기 때문에 그 실체를 정확하게 파악할 수가 없다. 오히려 민족문학은 민족의 정서를 반영한다는 점에서 모든 문학은 민족의 정서를 표출하는 민족문학이라고 할 수 있다.

민족의 개념을 확대 적용할 때, 민족문학의 범위는 너무 넓어지고, 그 의미는 모호해질 수 있다. 이 때문에 민족문학은 다양한 해석이 가능하고, 더러는 개념자체가 모호해지기도 한다.99) 민족문학의 포괄적 개념 때문에 일제시대 친일문학까지도 민족문학으로 포장하는 모순을 낳고 말았다. 그것은 '민족'이라는 용어가 정신적 개념이기 때문에 정확하게 규정지을 수 없고, 역사적 상황에 따라 변할 수밖에 없기 때문이다. 그런 점에서 민족문학은 역사적 상황 속에서 가변적이고 역동적인 해석이 가능하다.

이러한 한계점을 극복하기 위해서 좀더 구체적인 범위의 민족문학을 설정할 필요가 있다. 우선 '민족'이라는 말에 초점을 두고 민족문학의 개념을 설정하고, 일제시대의 특수한 상황에서 민족문학의 의미를 파악해야 한다. 사전적으로 정의하면, 민족(民族, nationality)은 일정한 지역에서 장기간에 걸쳐 공동생활을 함으로써 언어·풍습·종교·정치·경제 등 각종 문화내용을 공유하고, 집단귀속감정(集團歸屬感情)에 따라 결합된 인간 집단 최소단위의 문화공동체를 말한다.

문은 W. B. Pillsbury, *The Psychology of Nationality and Internationalism*, New York : Appletom, 1919, 5쪽, 267쪽 참조).
99) 이에 대해서는 이미 80년대 민족문학 주체논쟁 등을 통하여 이론적인 측면에서 많은 진척을 보았다. 그러나 여전히 민족문학은 한국문학의 새로운 전망을 내포하는 중요한 문학적 논제로 남아있다. 통일문학이 우리 시대의 한 과제로 남겨져 있고, 민족의 숙원이 이루어지지 않은 상황에서 민족문학은 여전히 한국문학의 중요한 과제로 남아있다. 민족문학이 용어주의에 빠진 채, 그 개념의 혼돈만을 초래한 대표적인 경우로 1920년대 계급문학론과 국민문학론의 민족문학 논쟁, 그리고 해방직후의 계급문학과 순수문학의 논쟁 등을 통하여 민족문학을 빌미로 벌어진 한국문학의 심각한 '용어주의(用語主義)'의 한계를 적시할 수 있을 것이다(최원식, 「민족문학론의 반성과 전망」, 정한용 편, 『민족문학주체논쟁』, 청하, 1989).

민족의 속성이 시대성과 역사성을 담보하고 있다면, 민족의 개념이 역사적 상황에 따라 다르게 해석되어야 하고, 당대의 문화적 욕구가 반영된 민족문학도 시대에 따라 다를 수밖에 없다. 그러면 민족의 개념은 부정확하고 포괄적 개념으로 정의되어지고, 민족문학도 왜곡될 가능성이 있다. 민족은 집단귀속감정을 표명하기 때문에 집단의 공동의식을 해석하는 기준도 달라진다. 이 때문에 좀더 구체적으로 민족의 개념을 제시할 필요가 있다. 그것은 다음과 같은 일반적 조건을 필요로 한다.

> 민족은 다음과 같은 일반적인 특징을 가지고 있다. 첫째, 민족은 자본주의 사회구성체 또는 공산주의 사회구성체와 함께 생겨나고 발전하는 역사적 성격을 갖는다. 둘째, 민족은 경제적 기초를 갖는다. 셋째, 민족은 중요한 의사소통 수단인 언어라는 기초를 갖는다. 넷째, 민족은 일정한 영토 위에서 민족공동체로 결합되며 대체로 이 결합 뒤에는 하나의 민족국가 수립이 뒤따른다.[100]

이에 따르면, 민족은 역사적 성격, 경제적 토대, 의사소통 수단인 언어와 민족공동체라는 공동의지를 기반으로 하고 있으며, 역사의 발전단계에서 민족의 집단의식으로 표출된 정신적 공동체를 일컫는다. 그렇다면, 민족의 정신적 공동체는 당대의 현실을 폭넓게 반영하며 그 집단의 문제의식을 표출해야 한다. 따라서 일제시대라는 특수한 역사적 상황에서 민족의 공동문제는 '독립'이라는 하나의 주제에 묶일 수 있을 것이다.

이 하나의 주제는 민족의 집단의식이라 할 수 있으며, 이것을 효과적으로 표출한 문학이 민족문학이라 할 수 있다. 이런 점에서 민족문학은 민족의 정서를 표출하면서 당대의 역사적 현실을 드러낸 문학이다. 민족문학은 민족의 집단적 정서를 표출하면서 시간적 영구성과 공

---

100) 한국철학사상연구회 편역, 『철학소사전』, 동녘, 1990년, 126-127쪽 참조.

간적 보편성을 가진다. 그래서 민족문학은 민족의 자유와 행복을 실현하는 이념으로서 '존재하는 그대로의 민족, 구체적으로 보여지는 민족, 역사적, 현실적으로 보여지는 문제를 실천하는 문학이며, 민족의 정서를 구체적으로 드러내는 문학이다.[101] 민족문학은 민족이 처한 역사적 상황 속에 존재하기 때문에 대다수의 민족 정서를 표출한 문학이다.[102] 또한 역사적 현실과 당대의 민중적 욕구가 지향하는 공통분모를 갖고 있어야 한다. 따라서 현실의 가장 절박한 문제를 반영하면서도 역사적 의의와 가치를 갖는 것이 진정한 의미의 민족문학이라 할 수 있다.[103]

일제시대라는 역사적 상황에서 민족 문제는 민족의 독립을 쟁취하는 데 있었다. 그런 점에서 일제시대 민족문학은 당대의 현실적 억압구조를 극복하고, 독립된 민족국가를 건설하는데 기여한 문학이 민족문학으로서 가치가 있을 것이다. 민족문학은 민족의 역사적 발전을 위한 공동의지를 표출한 문학이라 할 수 있다.

문학이 인간 정신의 구체적 표현이라고 한다면, 그 성과물에는 당대 현실의식과 역사적 상황이 반영되어 있다. 민족문학은 민족의 정신적 지향가치에 따라 변할 수 있지만, 역사 발전단계 속에 있는 민족 문학의 개념은 민족의 집단의식을 반영하는 문학이어야 할 것이다. 따라서 일제시대 민족문학은 보편적인 민족 정서를 기반으로 하며, 민족의 당면 문제를 분명하게 드러내는 것이어야 한다.

---

[101] 임화, 「민족문학의 이념과 문학운동의 사상적 통일을 위하여」(신형기, 앞의 책, 301쪽 참조) 임화의 이 글은 민족의 개념을 계급적 관점에서 관철시킨 대표적인 글이다. 민족은 역사적, 사회적 산물이며, 따라서 당면한 역사의 문제, 사회적 관점 등에 맞설 수 있는 인민의 문학만이 민족문학이라는 극단의 논리이다.
[102] 백낙청, 「민족문학의 개념정립을 위하여」, 『민족문학과 세계문학』, 창작과비평사, 1979, 125쪽.
[103] 권영민, 『한국민족문학론연구』, 민음사, 1988, 126-128쪽 참조.

이와 같은 보편적 민족문학의 개념에서 일제시대의 민족문학은 민족의 위기상황에서 일제와 맞서 싸운 문학이라 할 수 있다. 전통적 왕권이 무너지고, 근대국가의 성립이 이루어진 상황에서 민족문학의 주체는 당연히 시민대중, 혹은 민중이어야 하며, 민족의 집단적 정서를 드러내는 문학이어야 한다. 그런 점에서 일제시대 민족문학은 민족의 생존을 위한 구체적 저항의 자세를 갖춘 문학이다.

독립군시가는 일제시대 민족문학의 조건을 충분히 갖추고 있는가. 독립군시가는 일제시대 자주적인 민주국가를 열망하는 민중들의 현실적 대응을 문학으로 표출한 것이다. 근대적 민주주의가 실현되는 민족적 과제를 안고 있었던 독립군시가는 당대의 민족적 가치관을 새로운 국가의 건립과 일본제국주의를 이 땅에서 몰아내는 저항적 태도를 취하였다. 그런 점에서 일제시대의 당면과제는 좌우의 이념 대립을 초월해서 민족의 문제를 해결하는 것이었다.

독립군시가는 일제시대 민족문학의 모범적 본보기이다. 독립군들은 일제와 투쟁을 통하여 민족의 완전한 주권을 찾아내는 것을 목적으로 하고 있으며, 이들이 불렀던 노랫말은 일제시대라는 특수한 상황을 반영하고 있다. 따라서 독립군시가는 민족의 첨예한 문제와 민족의 집단의식을 드러내고 있으며, 주제의식에서 민족의 문제가 가장 위협받는 시점에 민족의 문제를 구체적으로 표출한 민족문학이라 할 수 있다.

독립군시가는 창작의 주체에서부터 향유계층에 이르기까지 당대 민중의 정서를 반영하고 있으며, 민족 주체성을 획득하고 있다. 민족문학의 개념이 다양하고, 그 정신적 문제가 왜곡되었다고 해도 민족의 삶이 핍박받는 일제시대의 현실에서 독립군시가는 민족의 정서를 직접적이고, 구체적으로 보여준다고 할 수 있다. 따라서 독립군시가는 일제시대 민족의 정서를 폭넓게 수용하고 있으며, 민족문학사의 범주에서 논의되어야 할 것이다.

2) 당대 의식의 반영과 독립군시가의 위상

민족문학의 하위개념으로서 독립군시가는 당대 의식을 반영하고 있다. 독립군시가는 독립군들의 정서를 폭넓게 수용하고 있는 시가문학을 말한다. 민족문학이 역사적 발전단계와 민중적 삶의 욕구가 변증법적으로 통일되어 형성된 것이라면, 독립군시가는 당연히 당대의 현실과 부합하는 민중적 삶의 질서가 반영된 문학이라 할 수 있다. 독립군시가는 '독립군'이라는 계층적 요건에 '시가'라는 장르의 개념이 복합된 말이다. 여기서 '독립군'은 시대적 요건을 제시하는 말이고, 시가(詩歌)문학은 음악, 무용, 문학이 동시에 이루어지는 종합적인 원시예술형태에서 분화된 것을 말한다. 문학에서 시가문학은 예술의 분화와 발생과정과 일치하며,[104] 문학적 요소인 시(詩)와 음악적 요소인 가(歌)를 동시에 만족시키는 장르 개념이다.

독립군시가는 문학적 요소인 시(詩)와 음악적 요소인 가(歌)를 동시에 포함하고 있다. 이 두 가지 요소를 동시에 포함하기 때문에, 독립군시가는 종합예술 형태에서 미분화된 전근대적 문학 장르라고 할 수도 있다. 근대 이후 문학과 음악이 그 예술적 갈래에서 분화된 상태에 있었지만, 그 노랫말 속에는 상당부분 음악과 문학이 상충되어 있었다.

일제시대와 같은 폭압적 상황에서 문학은 기록매체보다도 구전의 형태로 가창(歌唱)되는 것이 훨씬 용이한 자기표현 수단이 될 수 있다. 따라서 문학이 존재되어야 할 자리에 노랫말이 그 기능을 담당하게 되었고, 이 때문에 일제시대의 독립군시가는 시가문학의 성격을 강하게 내포하고 있는 것이다.

독립군시가는 현실에 대한 저항적 성격을 갖고 있으며, 현실의 변혁을 끊임없이 요구하는 문학적 성격을 지니고 있다.[105] 그런 점에서 독

---

104) 임기중, 「신라가요에 나타난 주력관(呪力觀)」, 국어국문학회 편, 『신라가요연구』, 정음문화사, 1986, 249쪽 참조.

립군시가는 민족이라는 집단 공속의식(公屬意識)과 보편적 민중의 정서를 드러내는 문학이라 할 수 있다. 시대적 조건으로 볼 때, 독립군시가는 민족의 주권이 박탈당한 시기에 민족의 독립을 되찾기 위해 불렀던 노래이며, 독립운동에 참가한 대다수의 독립군과 일제의 압박에 울분을 토하던 보편적 민중들이 함께 향유한 문학이다.

독립군시가는 1910년 합방에 대한 민중의 울분과 의병운동의 와해로부터 새로운 독립운동이 전개되면서 나타나기 시작한다. 독립군시가는 의병시가에서 발전한 것으로 그 정신은 의병에 뿌리를 두고 있지만, 독립운동에 가담하는 새로운 지식인들의 정신을 반영하고 있다. 독립군시가는 왕권의 해체에 따른 근대 시민정신을 잘 반영하고 있으며, 민족의 당면문제를 인식하는 지식인들의 정서를 폭넓게 드러내고 있다. 독립운동에 참가한 구성원들은 의병운동의 전력이 있거나 구한국군대 출신, 애국계몽기 의병운동의 지도자들이었기 때문에 민중들의 보편적 의식과 저항정신을 표방하였다.

이러한 정신적 기반을 가진 독립군시가는 일제의 침략과 근대의식의 성장으로 계층의 분화 현상이 일어나면서 그 향유계층이 확대되었다. 이 시기의 독립군시가는 몰락한 양반, 서민 지주, 소작농, 상인, 수공인, 노동자, 유민 등이 주된 창작자와 향유계층으로 나타나기 시작했다. 그런 점에서 독립군시가는 대다수의 민중들과 함께 일제에 저항하는 정신의 문제와 향유 계층의 확대와 맞물리면서 대중적 성격을 띤 대중가요로 발전하게 되었다.[106] 이와 같이 독립군시가는 향유계층의 다양화에 따른 대중적 성격으로 민족문학의 보편적 개념에 부합하는 방향으로 발전한 것이다.

---

105) 이동순, 『민족시의 정신사』, 창작과비평사, 1996, 3면 참조. '민족시란 당대의 민족적 삶이 직면하고 있는 모순과 부조리를 누구보다도 재빨리 간파하고 거기에 맞서 저항하고 극복해가려는 저항의지를 가진 시작품이다.'
106) 이노형, 『한국근대대중가요의 역사적 전개과정연구』, 서울대대학원 박사학위논문, 1992, 11-24쪽 참조.

여기서 독립군시가의 문학적 위상이 문제가 될 것이다. 이것은 독립군의 역사적 위상과 함께 논의되어야 할 문제이다. 독립군시가의 발생은 근대 시민의식이 싹트는 시기와 맞물리는데, 그 시기는 대개 1894년 2월 고부민란으로부터 시작된 동학농민운동이 발생에 기원을 두고 있다. 이것은 의병운동의 발생과 함께 하고 있으며, 정신적 측면에서 근대적 개혁운동을 반영하고 있다. 동학농민운동의 민중의 사회참여를 반영하는 계층적 각성이었고, 이러한 사회적, 정신적 각성은 동학운동의 중요한 개혁내용이었다.[107] 동학의 주체성과 민족의 각성은 애국계몽기 의병시가에 영향을 끼쳤는데, 이들 의병시가는 저항문학의 하나로 당대 민족의 현실을 집중적으로 드러낸 문학이었다. 동학농민운동의 주체적 민족운동은 의병운동으로 발전하였고, 이 의병운동은 독립운동의 정신적 뿌리가 되었다. 이와 같이 독립군시가는 동학농민운동의 민족 운동에 정신적 뿌리를 두고 있으며, 의병운동의 대중 참여정신을 정신적 기반으로 하고 있다.

독립군시가는 동학농민운동과 애국계몽기를 거치면서 대중적 기반을 확보하였으며, 그 향유계층도 민중으로 확대되었다. 1930년대 이후 독립군시가는 여러 지역의 독립군으로 분화되면서 각자의 민족주의 노선으로 나아갔지만, 그 근본정신은 일제에 맞서 싸워서 독립을 쟁취하는 것이었다. 독립군시가는 현실 문제를 극복하려는 저항 정신과 이를 표출하는 다양한 문학적 대응 전략을 보여준다는 데서 그 문학적 위상을 찾을 수 있다.

독립군시가는 어떤 이념을 주장하든지 그 주제는 일제를 몰아내고,

---

[107] 갑오개혁은 동학농민봉기와 청일전쟁, 삼국간섭, 민비 시해사건 등을 배경으로 1894년 7월부터 1896년 2월까지 계속된 조선정부의 제도개혁운동을 말한다(최덕수, 「갑신정변과 갑오개혁」, 『한국사』, 한길사, 1994. CD판). 갑오개혁의 중요한 내용은 사회개혁에 있었다. 반상(班常)의 계급타파, 문벌을 초월한 인재의 등용, 인신매매의 금지, 천민대우의 폐지 등 전통적인 양반체제 하에서의 신분제도를 철폐하였다.

민족의 독립을 회복하는데 있었다. 합방 이후부터 해방 시기까지 우리 민족의 모든 역량은 일제에 맞서는 저항정신을 보여 왔다. 그런 점에서 일제시대는 독립군시가를 양산하는 토대였다고 할 수 있다. 독립군시가는 일제에 저항하면서 민족의 정서를 반영하는 문학을 통칭한다. 문학사의 위상에서 독립군시가는 애국계몽기 시가문학과 일정한 상관성을 갖고 있으며, 일제의 강압적 통치에 맞서면서 민중의 애환을 반영하는 민족문학이라 할 수 있다.

4. 독립군시가의 다양한 주제 유형과 분류

독립군시가는 의병시가의 맥락을 그대로 이어받으면서 그 저항의 형태를 다양하게 표현하였다. 의병시가에 보여준 무력투쟁의 방법론뿐만 아니라, 자기위안, 역사인물, 노동과 교육, 실향민의 비애 등을 통하여 다양한 저항적 자세를 보여주었다. 1894년부터 시작된 국내의 의병운동은 1910년 일제가 한반도를 무력으로 장악하면서 새로운 독립전쟁의 양상을 띠게 되었으며, 그것은 새로운 문학적 대응으로 나타났다.

이와 함께 독립군시가의 작가와 향유 계층도 확대되었다. 초기의 의병운동을 주도한 세력이 주로 한말의 유학자들이었다면, 후기의 의병운동과 독립운동에서는 직업군인 출신과 평민 계층들에서도 나왔다. 합방 이후 전개되는 독립운동에 참가하는 독립군들은 새로운 지식인 계층이었다. 이와 같은 계층의 다양화는 문학의 형식과 내용에 있어서도 많은 영향을 주었다. 우선 유학자들이 한시 장르는 사라졌고, 호흡이 긴 개화가사도 자취를 감추었다. 그 장르적 공백을 한글 문학 장르가 차지하였고, 호흡이 단조로운 민요 형식과 일반인들이 쉽게 접근할 수 있는 대중가요의 형식을 빌리게 되었다. 형식에 있어서 독립군시가가 민중들에게 쉽게 접근함으로써 정신적으로 공유할 수 있는 공간이 넓어지고 독립운동의 비극적 상황을 극복할 수 있는 힘과 용기를 얻을 수 있었다.

문학예술의 관점에서 독립군시가는 고급예술의 방식을 취하고 있는 것이 아니라, 대중가요처럼 쉽게 향유될 수 있는 서민예술의 방식을 취하고 있다. 특정한 계층의 고급 문학에서 다양한 계층의 대중문학으로 옮겨가는 것은 근대 문학의 특징이고, 상업 자본주의 사회에 나타나는 지배적인 문학 경향이다. 문학의 다양화는 질적 수준의 저하를 초래할 수도 있지만, 대중들에게 보다 많은 참여 기회가 주어진다는 점에서 문학 담당층의 양적 확대를 가져올 수 있다. 노래의 형식을 빌려 표현한 독립군시가는 보다 많은 사람들이 향유할 수 있는 공유기반을 갖고 있었다. 이처럼, 독립군시가는 대중가요의 형식을 따랐으며, 대중가요는 서민문화이며 동시에 자본주의 사회의 지배문화라는 양면성을 갖고 있었다.[108]

독립군시가는 기존의 문학 질서에서 벗어나 창작 계층의 다양화와 향유계층의 확대라는 근대적 문화개념을 보여준다. 집단의 욕구를 반영하는 작품으로부터 전쟁의 상황을 반영하는 작품에 이르기까지 우리 민족의 삶의 방식을 다양하게 표현하고 있다. 독립군시가는 노래로 불려졌기 때문에 문학적 수용 방식인 작품, 작가, 작가의식, 세계를 고려의 대상으로 하면서도 대중가요가 염두에 두고 있는 작품, 수용자, 세계, 양식도 고려해야 하는 것이다.[109] 그리고 독립군시가는 어떤 상황에서 창작되었으며, 무엇을 반영하고 있으며, 수용자는 어떤 사람들

---

108) 이영미, 『한국대중가요사』, 시공사, 1998, 18쪽.
109) 독립군시가는 서민예술의 영역에 속하는데, 서민예술 작품은 작품, 수용자, 세계, 양식의 네 가지가 주요한 고려대상이 되어야 한다. 작가 대신에 수용자가, 작가 의식 대신 양식이 더 중요한 고려대상이며, 작가는 그 다음에 고려할 만한 대상이다. 고급예술과 대중예술에서 고려할 사항은 정사면체의 꼭지점처럼 서로 밀접한 관련을 맺고 있다(이영미, 앞의 책, 23쪽).

인가라는 것도 살펴보아야 한다. 왜냐하면 독립전쟁을 치르는 상황에서 그들의 정신을 무장시키기 위해서 향유계층의 태도가 무시될 수 없기 때문이다. 일제시대 대다수의 민중들은 일제의 핍박에 저항하려는 의식을 갖고 있었으며, 독립군시가는 이들의 현실대응 방법을 문학으로 재현하고 있다.

독립군시가는 민중들의 정서를 반영하고 있으며, 저항과 투쟁의 이분법적 성격을 보이고 있다. 일제시대 민족문학의 과제가 일제로부터 빼앗긴 나라를 되찾는 것이었고, 그것은 저항문학의 방식을 취할 수밖에 없었다. 여기서 과연 어디까지가 독립군시가인가라는 범주 설정의 문제가 제기된다. 우선 작가의 문제에서 독립군들이 직접 만들었거나, 독립군 활동을 하면서 불려진 작품이다. 그리고 수용자의 입장에서 그들의 애환을 함께 하는 작품이며, 현실 문제의식에서 일제에 저항한 작품이다. 이들 조건들에 앞서서 독립군시가는 '독립'이라는 민족의 과제를 안고 있는 작품들이어야 할 것이다. 그런 점에서 독립군시가는 저항문학이라는 주제에서 벗어나지 않는다.

독립군시가는 애국계몽기의 의병가사가 지닌 저항문학을 정신적 뿌리로 하고 있다. 독립군시가는 정신적으로 의병의 저항 정신을 계승하고 있으며, 내용상으로 독립을 위한 정신무장과 투쟁의 방법을 다양하게 보여주고 있다. 합방 이후 국내의 의병전쟁은 일단락되었지만 국외로 망명한 대부분의 의병들은 새로운 독립전쟁을 주도하였고, 이들에 의해 창작되거나 불려진 독립군시가는 일제시대 저항문학의 본령을 이루는 문학이다.

구전되거나 필사본으로 전하는 많은 작품들 중에서 독립군시가의 범주에 드는 작품을 분류하면 다양한 주제 의식을 보여주고 있다. 독립군시가는 특정 개인의 작품이 아니라, 주로 집단의 성격을 띤 창작물이기 때문에 집단적 저항의식을 담고 있는 것이 많다. 그리고 대부분 쉽게 불려지기 위해서 단순한 노랫말을 갖고 있으며, 노래로 불려지지 않는 것이라 하더라도 일정한 리듬과 정형화된 형식으로 창작되었다. 또한, 악곡으로 남겨진 작품들은 대개 일본군가와 창가의 악곡에 노랫말만 바꾸어 부르는 것이 많았다.110)

독립군시가의 노랫말이 일본군가의 영향을 받았고, 이 때문에 노랫말마저도 일본 것이라는 오해를 받을 수 있다. 지금까지 독립군시가가 한국문학에서 제외되었던 것은 악곡 자체가 가진 일본의 요소를 무시할 수 없었기 때문이다. 기왕에 노래로 불려진 것을 음악과 문학을 분리시켜 논의하는 것이 처음부터 무리가 따를 수 있다고 해도 독립전쟁을 치르고 있는 당대의 절박한 현실을 감안한다면, 작사와 작곡에 있어서 일정한 한계점이 있다는 점을 인정할 수밖에 없다. 이러한 한계점에도 불구하고 독립군시가는 개사 형식으로 불려지면서 저항문학의 새로운 영역을 보여주었다.

독립군시가는 민중들의 애환을 담고 있는 문학으로써 당대의 현실을 충실히 반영하고 있다. 그동안 우리는 일제시대의 기록 문학만을 중심으로 문학사를 고찰함으로써 구비문학으로 남아있는 독립군시가는 문학사에서 다루지 못했다. 독립군시가는 우리 문학사에서 하나의 주변문학으로 인식하여 왔다.

독립군시가는 전투의 과정에서 불려졌거나, 혹은 일정한 목적으로 창작되었다는 한계점과 동시에 현장성과 계몽성을 갖고 있다. 이러한 요인 때문에 독립군시가는 주변부 문학으로 방치될 수밖에 없었다. 그러나 독립군시가는 그 내면에 나라를 잃은 설움과 고향을 떠나 살아야하는 유랑민의 비애가 절절하게 나타나 있다. 이것은 독립군시가가 우리 민족의 삶의 방식을 다양하게 드러낸다는 말이다.

독립군시가는 현실의 문제를 다양하게 드러내 민중의 공감대를 확보하고 있다. 1894년경 널리 불려진 민요 '파랑새'는 구전되다가 1920

---

110) 이강숙·김춘미·민경찬, 『우리 양악 100년』, 현암사, 2001, 115쪽.

년대 독립군들의 노래로 계승되었는데, 이것은 독립군시가가 구전가요의 형태에서 정착되었다는 것을 의미한다. 이와 같이 독립군시가는 일제시대의 여러 가지 상황을 다양하게 보여주고 있으며, 리얼리즘 시가문학으로서 중요한 위상을 차지하고 있다.

1) 비극적 세계의 반영과 위안의 문학

1910년대 이후로 만주로 망명길에 올랐던 애국지사들은 독립군 기지를 건설하기 위해서 각종 학교를 설립하고 한인 단체를 조직하였다. 이러한 단체를 조직하면서 함께 부를 수 있는 노래를 만들고, 그 노래를 통하여 서로 단합을 하고 서로를 각성시켜 나갔다. 그러나 현실은 여전히 비극적 상황에 놓여 있었으며, 민족의 문제를 해결해야 하는 상황에 놓여 있었다. 그 주제는 대개 비극적 세계를 반영하고 있으며, 당대의 상황에서 위안을 받으려는 내용으로 되어있다.

만주 지역의 이주는 생존을 찾아서 간 경우도 있었지만, 독립운동을 위해서 택한 경우가 많았다. 이러한 이주의 특성 때문에 만주 지역은 여러 부류의 독립군 집단이 형성되었다. 독립운동을 하는 단체가 주류를 이루었지만, 일제의 정책적 이주로 이민을 간 부류는 친일 단체를 조직하기도 하였다.

만주 지역으로 옮겨온 조선인은 일제시대 이전에는 주로 평안도와 함경도 지역에서 거주하는 주민이었고, 일제시대 이후에는 경상도, 전라도, 충청도 등의 남부지방 농민들이었다. 지역과 이주의 규모에서 1910년대 만주 지역 이주는 항일 운동의 목적성과 독립군의 기지 건설을 위한 방편이었고, 1920년대 만주 지역의 이주는 일제의 식민지통치와 만주침략의 구실을 위한 정책 이주였다. 만주 지역의 이주가 생활상의 문제로 선택되었건, 일제의 정책에 따라 선택되었건, 만주 지역은 독립 운동의 전초기지 역할을 하고 있었다.[111]

만주 지역은 한인 사회를 기반으로 독립운동단체들이 조직되어 적극적인 활동을 하였고, 한편으로는 교육, 식산 운동을 통한 점진적인 실력 양성운동을 전개하였다. 이처럼, 만주 지역의 이주는 국내의 의병활동과 애국 계몽운동을 계승한 독립운동의 연장선에서 이루어졌다. 그러나 이 지역으로 이주한 우리 민족의 삶은 처참하기 이를 데 없었다.

궁핍한 생활을 벗어나기 위해 선택한 만주 지역은 우리 민족이 새로운 삶을 개척하는 근거지였다. 그러나 만주 지역의 이주는 중국인과의 마찰을 가져왔고, 한인 세력은 단체를 결집하여 이들과 맞서게 되었다. 이러한 시대적 여건에서 창작되거나 향유된 독립군시가는 나라를 잃고 방황하는 설움과 고향에 대한 간절한 그리움이 주류를 이루었다. 이들은 신세 한탄이나, 망향의 그리움과 같은 온건한 저항의 방식을 보였다. 독립군시가에 나타난 고향에 대한 그리움은 일제시대 나라를 빼앗긴 상황에서 자연발생적으로 나타난 우리 민족의 공통 정서였다.

---

111) 1910년대를 전후하여 우리 민족의 해외 이주는 경제적 핍박과 일제시대의 피압박 민족으로서 삶을 거부하는 선택이었다. 1910년 이후 만주 지역으로 이주한 한인 숫자는 연평균 1만 5천 명을 넘어서고 있었다. 더군다나 일제의 기만적인 토지 조사가 끝나는 1918년에는 연평균 46,267명, 1919년에는 연평균 44,344명으로 증가하였다. 이러한 이주의 결과로 1920년까지 만주에 거주하는 한인들은 약 40만 명에 달하였다. 1881년부터 만주 지역으로 이주한 조선인은 1945년 해방 때까지 그 숫자는 160만 명을 넘어서고 있었다.

<통계표> 재만 조선인 인구(1881-1949)

연도	인구	연도	인구
1881	10,000	1925	531,973
1894	65,000	1930	607,119
1904	78,000	1935	826,570
1910	202,000	1940	1,450,384
1915	282,070	1944	1,658,572
1920	459,000	1949	1,110,657

김기훈, 「1930년대 일제의 조선인 만주 이주 정책」, 전주대 역사문제연구소, 『전주사학』6집, 1998, 206쪽.

망국의 설움을 표현한 작품은 고향을 떠난 유랑민의 비애, 조국을 잃고 방황하는 민족의 설움이 잘 드러났다. 그것은 나라를 잃은 슬픔과 함께 고향에 대한 애틋한 그리움으로 나타났다. 문학에서 표출되는 설움과 그리움의 정서는 구체적인 저항이 아니라, 우회적인 저항의 방법이다. 나라를 빼앗긴 채, 고향을 등지면서 자신의 처지를 비관하거나 빼앗긴 땅에 대한 그리움을 표명하는 것은 독립을 위한 구체적인 싸움이라 할 수 없다. 그렇지만, 독립군들은 이러한 노래를 부르면서 민족의 단합과 강한 공동체 의식을 가졌으며, 일제에 대한 저항정신을 다지는 계기를 마련하였다.

　　신농(神農)의 백성이냐 요순의 백성이냐
　　촌철(寸鐵)을 못지닌 배달의 백성이라
　　간데족족 씨뿌리여 추수동장(秋收冬藏) 일삼는다
　　풍경에 들리는말 만주벌이 넓다고서
　　가자가자 너도가자 옥야찾어 너도가자
　　땅잃고 굶은무리의 생문방(生門方)이 거기란다.

　　정든고향 떠날때에 시집간딸 보고싶고
　　김매던 그전토와 빨래하던 시냇물이
　　가지말라 하는듯해 애연한뜻 못참어라

　　언덕에 내친걸음 멈추기도 어려워라
　　낯선호지(胡地) 찾아드니 개조차 무섭더라
　　배달할멈 날다려가소 외쳐봐도 소용없다
　　십년이란 그세월도 가기는 잠깐이라
　　그러나 그대양자(樣子) 못지님이 설어워라
　　고향의 내동갑들 이다지야 늙었으랴

　　도원몽(桃源夢) 찾던 백성 종소리 무서워라
　　봇짐싸서 회정(回程)차니 찾아갈 곳 어디인고

고향에 옛 집터엔 옥수수가 찼으리라
분수령 올라서서 다시금 생각하니
공수래 공수거는 날두고 일렀던가
십년간 피땀값이 허룩한 빈봇짐이라
　　　　　— 하심, 「고국몽(故國夢)」112)

1933년 『농민(農民)』이라는 잡지에 발표된 작품이다. 본명은 알 수가 없고, 생몰 연대를 알 수 없는 작가로 하심이라는 필명이 전한다. 전체 7연으로 된 이 작품은 새로운 곳을 개척하는 우리 민족의 의지와 낯선 생활 속에서 살아가는 비극적 체험이 잘 나타나 있다. 이 작품에 나타난 우리 민족의 삶은 처참하다. 어느 곳을 가든지 추수동장(秋收冬藏)하는 성실한 우리 민족이 낯선 이국 땅에서 소망과 희망을 안고 살았지만, 여전히 힘들고 어려운 생활이 지속되어서 결국 고향으로 돌아가려는 생각을 한다. 10년 동안 이국땅에서 피땀 흘려 일했지만, 남은 것은 공수래공수거일 뿐이다. 만주 지역에 이주하여 살았던 우리 민족의 처참한 생활상을 잘 표현하고 있다.

낯선 오랑캐의 땅에서 개조차 무섭다 치를 떠는 곳에서 그들은 외롭고 고독한 생활을 견디면서 생존의 현장을 지키고 있다. 만주벌이 넓어서 배부르게 살 수 있으리라는 기대를 갖고 왔지만, 그곳에는 고독하고 힘든 또 다른 생활이 기다리고 있었다. '생문방(生門方)'이라는 기대는 여지없이 무너지고 10년 동안 빈손으로 돌아가야 하는 슬픈 현실만 남아있다. 이와 같은 비극적인 삶의 방식은 우리 민족의 울분을 잘 표현하고 있지만, 이것이 개인의 울분과 한에 머물고 있다는 점에서 한계를 보인다. 이 작품은 신세 한탄에 머물고 말았다는 인상을 지울 수 없지만, 그 저변에는 처참한 시대 현실을 통해서 우리 민족의 비극을 표현하고자 했다는 점을 인정할 수 있다.

---

112) 독립군시가집편찬위원회 편, 『독립군시가집-배달의 맥박』, 송산출판사, 1986, 145쪽.

일제의 침략 정책에 맞서는 방법은 두 가지 대응 전략이 있다. 하나는 무장 투쟁을 통한 적극적인 저항 방식이었고, 다른 하나는 교육이나 계몽을 통한 소극적인 저항 방식이었다. 대의와 절개를 강조한 신채호(申采浩, 1880-1936)의 경우는 일제의 식민 지배를 거부하고 무정부주의 사회를 건설하려는 무장투쟁의 방식을 선택하였고,[113] 안창호(安昌浩, 1878-1938)의 경우는 '민족개조론(民族改造論)'을 내세운 교육과 계몽 방식을 택했다.[114] 여기에서는 안창호의 소극적 저항에 나타난 비극적 세계관을 살펴보기로 하자. 안창호의 「거국가」는 나라를 떠나는 망명 민족의 비극적 세계를 잘 보여주고 있다.

    간다간다 나는간다 너를두고 나는간다
    잠시뜻을 얻었노라 까불대는 이시운이
    나의등을 내밀어서 너를떠나 가게하니
    이로부터 여러해를 너를보지 못할지나
    그동안에 여러해를 너를위해 일할지니
    나간다고 서러마라 나의사랑 한반도야

    간다간다 나는간다 너를두고 나는간다
    저시운을 대적타가 열혈루를 뿌리고서
    네품속에 누워자는 내형제들 다깨워서
    한번기껏 해봤으면 속이시원 하겠다만
    나중일을 생각하여 분을참고 떠난다
    내가가면 영갈소냐 나의사랑 한반도야

    간다간다 나는간다 너를두고 나는간다
    지금너와 작별한후 태평양과 대서양을
    건널때도 있을꺼요 시베리아 만주들로
    다닐때도 있을지나 나의몸은 부평같이

---

113) 한시준, 「신채호의 재중독립운동」, 『한국사학사학보』 2001, 253쪽 참조.
114) 박명규, 「도산 안창호의 사회사상」, 『한국학보』 9권, 4호, 1983.

어느곳에 가있든지 너를생각 할터이니
너도나를 생각하라 나의사랑 한반도야

간다간다 나는간다 너를두고 나는간다
지금이별 할때에는 빈주먹을 들고가나
이후성공 할때에는 기를들고 올터이니
눈물흘린 이이별이 기쁜일이 되리로다
악풍폭우 심한이때 부디부디 잘있거라
훗날다시 만나보자 나의사랑 한반도야
— 안창호, 「거국가」115)

안창호는 신민회를 조직하여 활동하다가 안중근의 이등박문 암살 관련 혐의로 3개월 간 옥고를 치르고 난 뒤 국외 독립투쟁을 위해 망명길에 오른다. 이 작품은 국내의 독립활동이 제약을 당하자 해외로 망명하면서 그 설움과 울분을 표현한 것이다. 이 작품은 눈물을 흘리면서 조국을 떠나지만 훗날 나의 사랑 한반도에 다시 돌아올 것이라는 신념을 포현하고 있다. 그는 일제의 침략 정책에 대해 국민 계몽운동을 전개하다가 새로운 독립운동을 모색하기 위해 망명을 택한다. 그래서 그는 독립을 위해 열혈루(熱血漏)을 뿌리다가 다음에 다시 조국을 되찾을 것이라는 신념을 표명하고 있다. 이 시는 떠나가는 망명자의 설움이 잘 드러나 있다.

전체 4연이며, 각 연은 6행의 구조로 된 긴 시인데, 나라를 떠나 멀리가지만, 조국을 잊지 않으려는 의지를 분명히 밝히고 있다. 또한, 이 시는 한반도를 의인화하여 이별의 슬픔을 새로운 독립투쟁의 전환점으로 삼으려고 한다는 점에서 비유 기법이 돋보인다. 이 시에서 그는 다음의 일을 생각하면서 지금은 물러가지만 훗날 다시 독립을 쟁취할

---

115) 독립군가보존회 편,『독립군가곡집-광복의 메아리』, 독립군가보존회, 1982, 123쪽.

것이라는 의지를 표명한다. 그러나 달리 생각하면 이것은 일제의 탄압을 극복하지 못하고 물러가서 다음 기회를 노리겠다는 온건한 자세를 취하고 있다는 비판을 받을 수 있다.

이 작품은 폭풍우가 몰아치는 날을 피해 훗날을 기약하는 저항의 다짐을 드러내고 있으면서도 어떻게 싸울 것이며, 어떤 성공을 할 것인지 구체적으로 밝히고 있지 않다. 그리고 눈물의 이별을 딛고 일어서 기쁜 일을 맞이하려는 의지는 분명히 하고 있지만, 그 싸움의 구체성이 무엇인지는 알 수 없다. 이것은 망국의 설움이 개인의 차원에서 머물고 있다는 말이다. 나라를 잃은 백성의 설움과 투쟁은 개인의 싸움이 아니라, 구체적인 싸움이고 조직적인 싸움이다. 그런 점에서 안창호의 「거국가」는 일제에 저항하는 방법에 있어서 소극적인 저항 수준에 머무르고 있다는 한계점을 보이고 말았다.

    앞산에 솜안개 어리어있고
    압록강 물위에는 뱃노래로다
    용암포 자후창 떠나가는 저물길
    눈물에 어리우는 신의주부두

    똑딱선 뾰죽배 오고가는데
    돛내린 뱃간에는 갈매기울음
    진강산 바라보며 그리던 내고향
    설움에 짙어가던 신의주부두
             ― 유도순, 「국경의 부두」[116]

이 작품을 쓴 유도순(劉道順, 1904-1938)[117]은 아동문학가이다. 이

---

116) 독립군가보존회 편, 앞의 책, 194쪽.
117) 유도순은 평안북도 영변에서 태어난 시인으로 니혼대학(日本大學) 영문과를 졸업하였다. 1925년 시 「갈잎 밑에 숨은 노래」(『조선문단』, 1925. 1)로 추천을 받고 등단하여 방정환, 윤극영, 한정동과 함께 아동문학계의 동요 부분을

작품은 유도순 작사, 전기현 작곡, 고운봉 노래로 대중들에게 알려진 대중가요이다. 그가 남긴 시가 대중가요로 불려진 것은 이 작품 말고도 「조선타령」, 「압록강 뱃사공」, 「외로운 나그네」가 있다.118) 유도순은 1926년 시집 『혈흔(血痕)의 묵화(墨畵)』, 동요집 『목숨의 금싸락』, 소년소설 『아동심청전』을 상재(上梓)하기도 하였다. 그는 140편의 시와 수십 편의 수필과 평론을 남겼다. 1930년 이후에 다수의 가요시(歌謠詩)를 창작하기도 하였다.119) 최근에 그의 시에 대한 본격적인 연구가 이루어지고 있으며, 그의 문학적 입지도 충분히 고증되고 있다.120) 그는 아동문학가로서도 많은 활동을 하였다. 『어린이』지에 여러 편의 동시와 수필을 발표 하였다.121) 그의 시는 4·4조의 기본 음수를 유지하면서 3·4·5로 발전하는 유장한 리듬감을 살리고 있다. 북한에서 유행하는 노래 「피지 못한 꿈」은 유도순이 1935년에 발표하였는데, 여기에 곡을 붙인 것이다. 최근에 그는 「처녀총각」이라는 대중가요 작사가로 알려지기도 했다.122)

주도하였다. 1920년, 30년대에 주로 활약하였으며, 1940년경 작고한 시인으로 알려져 있다. 대중가요 노랫말과 동시, 수필 등을 발표하였다.
118) 윤영천, 『한국의 유민시』, 실천문학사, 1987.
119) 이동순, 『민족시의 정신사』, 창작과비평사, 1996, 382쪽 참조.
120) 조성국, 「유도순 시연구」, 『서강어문』 제7집, 서강어문학회, 1990, 253쪽.
서범석, 「유도순 시의 리듬」, 『국제어문』 22권, 국제어문학회, 2000, 149쪽.
박상무, 「유도순 시연구」, 대진대학교 교육대학원 석사학위논문, 1998.
121) 소파 방정환이 주도한 『어린이』지에 동요 「종이배」(1928. 7. 20), 「국화」(1930. 8), 「봄맞이」(1930), 「6월과 신록」(1931. 6), 동화 「눈사람의 일기」(1928. 1. 1), 산문 「산과 두던에 올라」(1928. 9. 20), 「조선의 동요자랑」(1929), 「설경점상」(1928. 12. 20), 「눈나라의 북극광」(1930. 12), 번역 작품으로 「목장의 아침」(1928) 등을 발표하였다.
122) 『오마이뉴스』(2003. 11. 14.) 그 내용은 다음과 같다. '꽃이거든 아름답게 / 향기 가득 피어라 / 송이송이는 연분홍빛 / 보라는 듯이 피련마는 / 아 네 온사인 불 밑이라 / 피지 못한 꽃 피지 못한 꽃 // 넋 잃은 듯 저녁 달빛 / 시냇가에 흐를 때 / 물소리 따라 옛 생각에 / 힘없는 노래 불러 봐도 / 아 설운 생각 북받치어 / 느끼어 운다 느끼어 운다 // 꿈이거든 깨지 마라 / 한

이 작품이 대중가요로 남아있는 것은 3절까지 있지만, 여기에서는 독립군가보존회에 실린 2절만 인용하였다. 이 시는 다소 스산한 분위기에 빠진 통속적인 면도 있지만, 유랑민의 슬픔과 고향에 대한 그리움을 대체로 잘 표현해내고 있다. 국경의 쓸쓸한 분위기와 신의주 앞의 용암포, 진강산, 부두를 바라보는 망국민의 비애가 아련하게 묘사되고 있다. 또한, 그리움과 서러움의 정서가 뱃노래와 갈매기의 울음에 빗대어져 있다. 이 시의 배경이 되는 국경의 부두인 신의주는 압록강의 하류에 자리 잡은 항구도시이다. 그곳에는 나라를 떠나는 유랑민이 모여드는 곳으로 신의주 부두의 쓸쓸한 광경 속에 망향의 그리움이 아로새겨진다.

이와 비슷한 내용의 작품으로 추양의 「두만강 뱃사공」이 있다. 이 시는 1932년 『조선일보』가 공모한 노랫말인데, 일제시대에서는 금지된 노래이다. 이 시는 두만강의 강물과 같이 흘러간 인생을 한탄하는 늙은 뱃사공의 애환을 통해서 우리 민족의 설움을 노래하고 있는데, 대중가요 「눈물 젖은 두만강」을 부른 김정구의 형 김용환이 작곡하였다. 그러나 아쉽게도 작사가 추양에 대해서는 알려진 자료가 없다. 또 다른 작품으로 김종한(金鍾漢, 1916-1945)[123)]의 「망향곡」이 있는데, 이 작품은 송화강 근처에서 살아가는 우리 민족의 애환과 설움을 잘 표현한 작품이다.

유랑민의 비극은 일제시대 우리 민족의 보편적 정서였고, 이 유랑민

때나마 즐길까 / 야속한 님의 말씀이나 / 그래도 좀 더 들을 것을 / 아 긴 한숨에 소스러져 / 사라지는 꿈 사라지는 꿈 //
123) 김종한은 함경북도 경성에서 출생하여 일본대학을 졸업하였다. 1937년 『조선일보』 신춘문예에 시 「낡은 우물이 있는 풍경」이 당선되어 등단하였다. 1940년 『문장』지에 가담하면서 친일문학자로 전향하였다. 민요풍의 서정시를 많이 발표한 시인이었다. 1940년 발표하는 「살구꽃처럼」에서 전쟁의 참혹상을 '살구꽃이 만발했소'라는 표현을 하면서 전쟁을 낙화로 미화시키고 있다.

의 삶은 독립군시가에서 하나의 주제로 묶을 수 있다.

거츨고 훗튼몸에 마음은 빗나려라
두견새 남산우에 그소래 처량한데
애닯은 빈터우에 덧없이 부는바람
외로운 나그내의 心腸을 잡어끄내네
외로운 나그네의 心腸을 잡아끄내네
해안의 흰갈매기 배쪼는 그심사에
봄비에 훗터지는 야화의 방황이라
한밤에 寺鐘소래 두문환 노야악마
류랑客의 우름만 잠든길에 흘러라
유랑客의 우름만 잠든길에 흘러라

봄비는 밤저자에 히미한 半月이요
끝없는 먼길에 갈길은 아득하다
○半에 떠도는 몸둘곳 어데드냐
북두성 스러질때 길막는 류랑客아
북두성 스러질때 길막는 류랑客아
―「流浪客의 우름」124)

외로운 부두 우에 해가 점을면
바람 찬 등대엔 조으는 불빛
은근이 속삭일 때 타는 이 가삼
때 아닌 서리 아래 넷날이 풀닌다

달빛 아래 숨쉬는 사랑의 부두
울고 간 아가씬들 얼마이리오
다만 홀노 이 부두에 지나간 세월
깨여진 키타의 줄을 골느랴
속세에 늙은 몸이 뉘찾아 왓나
아득한 바다 끝에 가마귀 우네

---

124) 이국영, 『망향성』, 61-62쪽.

사랑의 이 부두가 없어지도록
외로운 낚시때에 이 몸을 맥기리
　　　　　─「숨쉬는 부두」125)

　　필사본 『망향성』에 실린 작품 중에서 외로움과 그리움의 정서를 표현한 작품은 모두 17편이나 된다. 그 작품 중에서 유랑민의 비애를 비교적 잘 반영하고 있는 작품으로 「流浪客의 우름」과 「숨쉬는 부두」를 들 수 있다. 「流浪客의 우름」에서 화자는 쓸쓸한 남산의 빈터 위에서 외로운 나그네의 심장을 끄집어 낼 정도로 간장이 찢어지는 슬픔을 겪는다. 바닷가의 흰 갈매기가 봄비에 젖은 나그네의 심사를 달래는데, 한 밤에 울리는 절의 종소리는 화자의 가슴을 짓누른다. 이 시는 나라를 잃고 방황하는 식민지 백성의 슬픈 심정이 간절하게 묘사되어 있다.
　　「숨쉬는 부두」는 이국땅에서 느끼는 쓸쓸한 감회를 잘 표현하고 있는데, 이 작품에서 '바람찬 등대에 졸고 있는 불빛'은 화자의 심회를 담담하게 보여주는 소재이다. 객창 한등의 외로운 심정은 쓸쓸한 기타 소리에 실어 보내고, '부두'라는 쓸쓸한 공간적 배경은 끝없는 외로움과 그리움을 동반한다. 국경 지역에서 조국을 바라보는 화자의 외로운 심정은 낚싯대를 드리우면서 그리움으로 남는다. 이 시에는 일제시대 나라를 잃고 떠도는 우리 민족의 서러운 삶이 담담하게 배어 흐른다.
　　이처럼, 만주와 국외에 머무는 우리 민족의 서러운 삶에서 '밤 저자의 희미한 반월'처럼 처량하지만, 그것을 극복하려는 자기위안의 삶을 보여준다. 자기위안을 다룬 작품으로 이규송의 「방랑자의 노래」, 장관성의 「유랑의 노래」, 맹석조의 「여명의 애상」이 있으며, 만주 지역 독립군들에게 많이 불렀던 「여수(旅愁)」가 있다.

---

125) 이국영, 『망향성』, 25쪽.

世上일 뜻 없으니 믿을 곳 없어
마음속에 감춘 情을
그 누가 알이 그 누가 아리

잠들어 이 서름을 잊어나 볼가
떠나는 그를 잡고
울어나 볼가 울어나 볼가
외로운 이 한 밤을 홀로 새우니
하늘가 별빛 맞어
故鄕이 그리워 故鄕이 그리워
─「항구의 한 밤」126)

이 시는 상실한 것에 대한 한탄과 고독을 형상화하고 있는데, 그 주제는 고향에 대한 애틋한 그리움이다. 이 작품에는 삶의 의욕마저 상실한 채, 세상 일에 뜻을 잃고 살아가는 우리 민족의 서러운 삶이 투영되어 있다. 이 시의 화자는 마음 속에 감춘 정을 풀지 못해서 밤새워 뒤척이면서 고뇌의 밤을 보내기도 한다. 이국 땅에서 고향에 대한 그리움을 추스르지 못하여 외로움을 달래는 정이 절절하다. 하늘의 별빛마저도 자신의 신세처럼 처량하다. 그의 신세 한탄은 슬픔과 고독의 정서를 동반하고 있다. 이 시는 개인적 외로움을 담아내고 있으면서도 그 내용은 당대 우리 민족의 보편적인 현실을 반영하고 있다. 나라를 잃은 민족의 심정과 고향에 대한 애절한 그리움이 잘 표현된 작품이다.

한 통계에 따르면, 토지 조사 사업이 끝나는 해인 1918년에 한국 전체의 농토는 434만 정보였는데, 그 중에 자작농지는 49.6%였고, 소작지는 50.4%였다고 한다. 그런데 20년이 지난 1937년에는 농토가 16만 정보 늘어난 450만 정보였는데, 소작지는 57.5%를 차지하여 소작농지가 훨씬 늘어나고 있었다.127) 일본의 농촌 정책과 토지 조사 사업으로

---

126) 이국영, 『망향성』, 68쪽.
127) 이만갑, 「농촌에서 도회지로-도시와 농촌」, 『신사회 100년』, 한국현대사 8,

농촌은 붕괴되고 전통 사회가 해체되었다. 이와 함께 식량 증산과 공출(供出)의 독려, 각종 부역과 노력동원으로 국내의 농민들은 가혹한 수탈에 동원되었다.

이와 같은 국내의 여건으로 말미암아 인구의 해외이출(海外移出)은 급격히 증가하였다. 1940년대 전체 인구 2,626만 중에 국내 거주 인구는 2,354만 명이었고, 일본과 만주 지역에 거주한 인구수는 271만 명에 달하였다. 일제시대의 국내의 사정은 더욱 열악하였고, 고향을 떠나 실향의 아픔을 겪어야 했던 사람은 점차 늘어났다는 것을 반증한다. 이처럼, 나라를 빼앗긴 설움과 함께 삶의 터전마저 상실한 비극적 현실이 일제시대의 모습이었다.

따라서 상실한 고향에 대한 그리움과 그 원형 회복에 대한 소망은 일제시대 독립군시가의 보편적 정서로 나타났다고 할 수 있다. 독립군시가 중에서 고향의 그리움을 주제로 한 작품은 모두 19편이 있는데, 이들 작품의 주제는 잃어버린 고향에 대한 그리움, 부모님에 대한 그리움, 어린 시절에 대한 향수 등이었다. 고향을 떠나지 않더라도 일제의 핍박 속에 살았던 우리 민족은 현실의 고통을 잊고 싶은 소망을 담아내거나, 혹은 먼 이국의 하늘에서 두고 온 고향을 그리워하는 망향가를 통해서 애틋한 그리움을 표현하기도 하였다. 일제시대의 많은 시인들이 잃어버린 고향에 대한 그리움을 표현한 것도 나라를 빼앗겼다는 깊은 상실감에서 비롯하고 있다.

일제시대 고향에 대한 그리움은 단순한 망향이 정을 말하는 것이 아니라, 빼앗긴 나라를 되찾으려는 저항정신의 표현이었다고 할 수 있다. 그래서 고향 의식은 일제시대 우리 문학사에서 그 원형을 회복하려는 하나의 보상심리로 작용하였으며, 민족의 현실을 극복하려는 저항적 자세로 표출되기도 했다. 이를테면 백석의 「고향」, 이용악의 「하

신구문화사, 1971, 267쪽.

나씩의 별」, 박세영의 「향수」, 정지용의 「향수」, 이은상의 「가고파」에서 나타난 고향 의식은 민족의 원형을 회복하려는 강한 소망의 표현이었고, 일제에 대한 저항의 한 방편으로 나타난 문학경향이다. 이러한 실향민의 고뇌에 나타난 저항 자세는 독립군시가에서도 그대로 반영되어 있다. 그들의 고향의식은 깊은 상실감에서 출발하여 그리움과 원형회복의 공간으로 나아간다.

고향상실과 원형회복은 일제시대 독립군들에 나타난 공통된 세계관이었다. 고향을 두고 북쪽으로 떠난 유이민들의 삶은 처참하기 이를 데가 없었다. 중국 관헌의 압박, 만주 지역 중국 지주들의 가혹한 착취가 지속되었고, 경제적 측면에서도 강도, 마적 등의 폐해로 인해서 이들의 생활상은 비참하기만 하였다.[128]

합방과 혼란의 시기를 겪으면서 망명인과 유랑이민은 늘어났으며, 이들은 북방을 근거지로 독립운동을 하거나 생활의 터전을 잡아나갔다. 이렇게 만주에서 겪게 된 현실의 어려움은 고향에 대한 그리움으로 나타났다. 그들은 북국의 정서를 노래하기도 하고, 잃어버린 땅에 대한 그리움과 분노의 심정을 토로하기도 하였다. 척박한 현실을 살아가는 유랑민들의 가슴에는 두고 온 고향에 대한 그리움이 대다수의 민중들의 가슴에 자리잡고 있었다. 이와 같이 독립군시가 중에서 고향을 소재로 한 작품들은 그리움의 정서와 함께 민족의 울분이 표현되어 있었다.

상실한 고향은 회복해야 할 원형의 세계이다. 비록 지금은 핍박의 땅을 벗어나서 이국 땅에서 살고 있지만, 그들이 영원한 마음의 안식처로 삼고 있는 곳은 빼앗긴 나라, 빼앗긴 고향이다. 상실한 땅을 회복하려는 것은 국권의 회복 뿐만 아니라 일제에 저항하는 하나의 방편이었다. 상실한 고향 의식에 대한 애틋한 그리움을 잘 표현한 작품

---

[128] 윤영천, 「유이민의 비극적 삶을 직핍한 북방 시편들의 울림」, 『대산문화』, 2003년 가을호.

이면서도 가장 널리 알려진 것으로 이원수의 「고향의 봄」이 있다.

> 나의살던 고향은 꽃피는산골
> 복숭아꽃 살구꽃 아기진달래
> 울긋불긋 꽃대궐 차리인동리
> (후렴) 그속에서 놀던때가 그립습니다
>
> 꽃동리 새동리 나의옛고향
> 파란들 남쪽에서 바람이불면
> 냇가에 수양버들 춤추는동리
> ─ 이원수, 「고향의 봄」[129]

이 시는 독립군들뿐만 아니라, 일반 대중들에게 널리 알려진 노래이다. 이 작품이 독립군시가의 범주에 속할 수 있는가라는 것은 두 가지 점에서 문제가 제기된다. 우선, 작사가 이원수의 친일 행적이 문제가되고, 다음으로는 작곡가 홍난파의 친일 행적이 문제가 된다. 이 두 가지 문제를 분명히 하지 못하고, 이 작품을 독립군시가의 범주에 넣는다고 한다면, 친일 문학의 범주 논의에 대해서 심각한 파장을 불러일으킬 수도 있다.

작곡가 홍난파의 문제만 놓고 보더라도 이 작품은 독립군시가에서 논의할 작품이 아니라는 반론이 제기될 수 있다. 이 동요를 작곡한 홍난파는 '민족음악개량운동에서 친일음악운동으로' 변모해간 친일음악가이다.[130] 이 동요는 우리 민족의 슬픈 자화상을 자인하는 패배주의

---

129) 독립군가보존회 편, 앞의 책, 169쪽.
130) 반민족문제연구소 엮음, 『친일파 99인-홍난파 편』, 돌베개, 1993. 홍난파에 대한 연구는 김창욱, 「홍난파의 가계와 그 문화」(『음악과 민족』, 민족음악학회, 2002), 홍정수, 「나운영의 음악자료」(『음악과 민족』, 민족음악학회, 1999 제17호 196-220쪽)가 있고, 작품 「봉선화」에 대한 연구는 이계홍, 「울 밑에선 봉선화야」(우석, 1983), 박용구, 「울 밑에 선 봉선화-홍난파」(『한국의 인간상』, 신구문화사, 1966) 등이 있다.

정신을 심어주기 위한 것이라고 할 수도 있다.

그러나 애초 작곡의 목적이 친일적 의도에 있었다고 해도 작사자의 창작 배경과 그 향유자의 조건이 민족의 애환을 통한 극복에 있었다면, 독립군시가의 범주에서 논의될 수 있을 것이라고 본다. 이 작품의 발표 시기와 이원수의 초기 활동을 살펴보면 이 작품은 우리 민족의 삶의 애환을 통해서 현실을 극복하려는 민족주의 성격을 갖고 있다.

동시「고향의 봄」은 1926년『어린이』(4권 4호, 4월)에 입선 동요로 뽑힌 작품이다. 이 동요에 홍난파가 곡을 붙여 노래로 불려지면서 대중들에게 알려지기 시작했다. 그런데 이 동요가 노래로 알려지기 전에는 사정이 다르다. 발표 당시 이원수(李元壽, 1911-1981)는 약관 16세였는데, 이 동요를 발표하고 난 이듬해 이원수는 윤석중(尹石重)·신고송(申孤松)·서덕출(徐德出) 등과 함께 아동문학 동인회 '기쁨사'의 동인이 되었다.

동요「고향의 봄」은 처음에 동요「산토끼」를 작사 작곡한 이일래(李一來, 1903-1979)가 작곡하였다가 나중에 다시 홍난파가 곡을 붙였다. 이원수는 1940년 이후 국민총력운동 시기에 친일 작품을 발표하기도 하지만, 이 작품을 발표하던 당시에는 민족의식을 고취시키는 어린이 운동에 동참하였다.『어린이』는 방정환의 천도교 소년 운동에 관심을 가지면서 만든 어린이 전문 잡지였다. 그리고 이 잡지를 발행한 기관은 방정환이 주도한 천도교였으며, 여기서 발행한『어린이』는 소년들에게 민족의식 고취를 위한 대중운동의 일환으로 발행한 어린이 잡지였다.[131]

---

[131] 천도교에서 발간한 월간 잡지는『개벽(開闢)』이었는데, 이 잡지의 주필을 맡았던 김기전(金起田, 1894-1948)의 작품은 일경에게 삭제되기도 하였다. 김기전이 발표한「금싸락」과「옥가루」은 강한 풍자성을 가진 해학성이 돋보이는 작품이다. 그 전문은 다음과 같다. '북풍한설 까마귀 집 귀한 줄 깨닫고 가옥가옥(家屋家屋) 우누나! / 유소불거(有巢不居) 저 까치 집 잃음을 부끄러 가치가치(可恥可恥) 짓누나! / 명월추당(明月秋堂) 귀뚜리 집 잃을

이원수는 1926년 발표한 「고향의 봄」말고도 『어린이』지에 많은 동시를 발표한다. 그의 연보에 따르면, 이원수는 1923년(13세)부터 『어린이』와 『신소년』을 애독하였고, 1925년에는 마산에서 발족하는 신화소년회(新化少年會) 회원이 되기도 하였다.132) 1926년 『어린이』에 「고향의 봄」이 당선되었으며, 1927년 동시 「비누 풍선」, 「섣달 그믐밤」을 실었다. 1928년에는 『어린이』지의 집필 동인(執筆同人)으로 활동하고, 동시 「기차」, 동화 「어여쁜 금방울」을 발표하였다. 신화소년회는 마산소년회에 흡수되어 나중에 방정환이 주도한 조선소년연합회의 조직에 합류한다. 그는 1935년에는 반일(反日)문학 그룹 '독서회(讀書會)'사건으로 함안에서 피검되는데, 이 때 카프 중앙위원으로 있었던 점으로 미루어 보아 프로문학과 일정한 관련이 있었음을 알 수 있다.

그러나 최근 자료발굴에서 그는 1942년 8월 『半島の光』에 동시 「志願兵을 보내며」와 「落下傘」을 발표하고, 1943년 5월 『半島の光』에 농민시 「보리밧헤서-젊은 農夫의 노래」와 같은 해 1월과 11월호 『半島の光』에 서간문 형식의 「戰時下 農村兒童과 兒童文化」(1월)와 수필 「古都感懷-夫餘神宮御造營 奉仕作業에 다녀와서」(11월)을 발표하는 '부왜문인'이라는 주장이 제기되었다.133) 1942년 이후 발표하는 이원수의

까 젖어서 실실실실(失失失失) 웨놋다'(「금싸락」) 황혼남산(黃昏南山) 부흥이 사업부흥 하라고 부흥부흥(復興復興) 하누나! / 만산모야(晚山暮夜) 속 독새 사업독촉하여서 속속속속(速速速速) 웨이네! / 경칩 만난 개구리 사업저 다하겠다고 개개개개(皆皆皆皆) 우놋다!('옥가루」) (신일철, 「민중을 찾은 종교」, 『신사회 100년』, 한국현대사8, 신구문화사, 1971, 117쪽).

132) 방정환의 회고에 따르면, '이 소년들은 모두 『어린이』 독자인데 내가 마산 오는 것을 기회 삼아 순 『어린이』 독자만 40여 명이 모여서 소년회를 조직하고 이름을 신화소년회'라 하였다고 한다(방정환, 「나그네 잡기장」, 『어린이』, 1925년(3권 5호), 원종찬, 「이원수와 마산의 소년운동」(원종찬 평론집, 『아동문학과 비평정신』, 창작과비평사, 2001)).

133) 박태일, 「이원수의 부왜문학 연구」(『배달말』, 배달말학회, 2003, 6) 부왜문학의 용어에 대해서는 부적절하다고 본다. 부왜(附倭)는 왜놈에게 빌붙어 지낸다는 말이다. 그동안 친일이라는 말이 주는 모순이 있다면 모르겠지

작품들이 친일 흔적이 뚜렷하고, 노력동원과 성전(聖戰), 총후봉공을 완수하는 내용으로 이루어진 부분이 있음은 부인할 수 없는 사실이다. 그러나 그의 친일 논의는 친일의 본질은 멀리 두고 '물타기 식'으로 몰아간다는 점에서 재고의 여지가 있다 본다. 물론 이 문제는 논고를 달리하여 검토해보아야 할 일이다.

해방 후 그는 서울로 터전을 옮겨 조선프롤레타리아문학동맹(1945)과 조선문학가동맹(1946)에 참여한다. 이러한 노력에도 불구하고 그는 '방정환의 제자를 자임하면서도 동심천사주의를 넘어선 곳에, 그리고 프로아동문학의 현실주의를 중시하면서도 관념적 도식주의를 넘어선 곳에 자리 한다'134)는 비판을 면하지 못하고 있다. 그것은 이원수 문학의 한계점이기도 하지만, 그의 친일적 행적으로 말미암아 초기에 창작되었고, 독립군들 사이에 널리 불려졌던 「고향의 봄」마저도 친일문학이라는 올가미에서 벗어나지 못하고 있는 것이다.135)

만, 그렇지 않은데도 부왜라는 용어를 사용하는 것은 용어의 혼란을 가져올 수 있다. 또한 일본이라는 공식적인 국명을 두고 왜로(倭虜) 오랑캐라는 말을 사용할 필요도 없다고 본다. 논의는 다르지만 박태일은 김정한의 「인가지(隣家誌)」에서도 1943년 친일 성향의 잡지 『春秋』 9월호에 실은 단 한편의 작품으로 김정한을 친일작가로 몰아가고 있는데, 이것은 부분을 전체로 확대하는 오류를 범한 것이다.

134) 원종찬, 앞의 책, 337쪽 참조.
135) 이 노래를 작곡한 홍난파의 문제는 남아 있다. 홍난파의 친일 행적에 대해서는 이견이 없다. 홍난파는 1937년 수양동우회 사건이 일어나기 전까지 민족음악의 개량운동에 힘을 쏟았는데, 수양동우회 사건 이후 그는 친일음악 운동의 중심에 서게 된다. 이것은 우리 민족 음악의 비극이며, 일제강점기 우리 민족의 비극이기도 하다. 홍난파는 1937년 4월 총독부 학무국이 주도하고 일본과 조선의 문예가 30여 명이 결성한 친일 사회교화단체 '조선문예회'에 회원으로 가입하면서 본격적인 친일의 길로 들어서고, 1937년 9월 15일 조선총독부와 조선문예회가 주최가 된 '시국가요발표회'에서 최남선이 작사한 「정의의 개가(凱歌)」에다 곡을 붙인 친일가요를 발표하였다. 그 후 최남선 작사 「장성(長城)의 파수(把守)」와 일본인 彩本長夫의 「空軍の歌」라는 친일가요를 발표하였다. 1940년 9월 홍난파는 창씨개명한 이름 모리가와 준(森川 潤)을 사용하여 성도 이름도 모두 일본식으

일제시대 만주 지역에는 이원수의 「고향의 봄」과 같은 고향의식을 다룬 많은 작품이 남아있다. 이 작품들 중에서 아동 문학가들이 쓴 동시에서도 망국민의 비애를 다룬 작품이 많이 발견된다. 이들 중 대표적인 인물은 윤극영(尹克榮, 1903-1988)[136], 한정동(韓晶東, 1894-1976)[137], 방정환(方定煥, 1899-1931)[138] 등으로 이들은 동시를 통해서 망국민의 애환을 달랬다. 일제시대 창작동요는 1920년대 윤극영을 비롯하여 박태준, 정순철, 홍난파, 안기영 등이 개척하였는데, 이때의 창작 동요는

로 고쳤다. 1940년 국민총력조선연맹 문화위원을 지내고, 1941년 조선음악협회 평의원을 지낸다. 1941년 악화된 늑막염으로 경성요양원에서 회한의 삶을 마감하기까지 그는 순수음악의 허구성을 잘 보여준 음악가로 남아있다. 홍난파는 식민지 시대 우울한 우리 민족의 일그러진 자화상이다 (반민족문제연구소 엮음, 『친일파 99인-홍난파 편』, 돌베개, 1993).
136) 윤극영은 서울 종로구 소격동에서 태어났다. 경성고등보통학교를 거쳐 일본 도쿄음악학교에 입학하였다. 그곳에서 방정환을 만나 어린이를 위한 동요를 만들자는 제안을 받고 아동문학의 발전에 힘썼으며, 동요 문화를 정착시키는데 많은 노력을 기울였다. 1923년 방정환과 함께 색동회 창립동인으로 활약하였고, 1924년 동요 단체를 조직하여 어린이 문화운동과 동요창작에 힘썼다. 그러나 윤극영은 1940년 간도협화회 회장으로 친일 운동을 하였으며, 해방 직후에 간도에서 체포되어 사형선고를 받고 수감되었으나, 그의 제자인 동북 항일연군의 문일과 손병희 선생의 종가집 조카되는 이의 도움으로 탈출하여 서울에 돌아왔다(이재철, 「일제식민잔재 아동문학의 청산을 위한 각서」, 한국아동문학회, 『한국아동문학연구』 2권, 1992 참조).
137) 한정동은 1926년 평양고보를 졸업하였다. 1925년부터 작품 활동을 시작하였으며, 주로 동시를 많이 창작하였다. 1939년 진남중학교 교사로 있다가, 해방과 더불어 진남 영정초등학교를 설립하였다. 1950년 월남하여 1951년 부산의 『국제신문』 기자를 하였다. 1954-1961년까지 덕성여고 교사로 전직하면서 한때 한국아동문학회회장을 맡았다.
138) 방정환은 서울에서 출생하여 가난 때문에 선린상업학교를 중퇴하였다. 보성전문(普成專門)을 마친 후 동양(東洋)대학 철학과를 수학했다. 최초의 아동문화운동 단체인 색동회, 청년구락부, 소년운동협의회 등을 조직하였다. 한국 최초의 순수 아동잡지 『어린이』(1923-1934, 1948-1949)라는 잡지를 발간하면서 어린이들에게 민족의식을 고취시키고, 아동들의 인권운동에 힘썼다. 서른 세 살의 나이로 요절하고 말았지만, 방정환의 아동문학 운동은 일제강점기 우리 민족의 커다란 빛이었다.

주로 우리의 전통적 음악 감각을 통해서 어린이들에게 민족혼을 심어 주어야 한다는 사회적인 요구가 반영된 것이었다. 그 당시에 동요는 어린이의 노래로서뿐만 아니라 어른들의 마음 속 깊이 민족혼을 심어 주는 역할을 했다.139) 그 대표적인 작품으로 윤극영의 「반달」, 방정환의 「늙은 잠자리」, 한정동의 「따오기」를 들 수 있다.

> 푸른하늘 은하수 하얀쪽배엔
> 계수나무 한나무 토끼한마리
> 돛대도 아니달고 삿대도없이
> 가기도 잘도간다 서쪽나라로
>
> 은하수를 건너서 구름나라로
> 구름나라 지나선 어디로가나
> 멀리서 반짝반짝 비치이는건
> 샛별이 등대란다 길을찾아라
> ― 윤극영 「반달」140)

이 동요는 1924년 『어린이』지에 발표되었는데, 상징적인 내용과 시적 비유가 돋보이는 작품이다. 나라를 잃은 설움과 일제 압박의 와중에서도 꿋꿋하게 내일을 향한 길을 찾아가려는 우리 민족의 애환을 노래하고 있다. 『어린이』(1924. 11)에는 '신동요'라는 장르로 발표되었는데, 3·4·5의 음수율의 3음보격으로 전통적 율격에 유장한 가락을 담아냈다. 또한, 쉽게 읽혀지고 강한 상징성을 갖고 있어서 우리 민족의 애환을 적절히 표현해내고 있다. 이 작품도 윤극영의 친일 행적에 때문에 문제가 제기되기도 하지만, 동요 「반달」은 우리 민족의 새로운 지향점과 미래의 길을 제시한 작품으로 인정할 수 있으며, 독립군들 사이에 널리 불려지면서 민족의 애환을 달랜 작품이라 할 수 있다.

---

139) 이강숙·김춘미·민경찬, 앞의 책, 128쪽 참조.
140) 독립군가보존회 편, 앞의 책, 156쪽.

심명숙의 보고에 따르면, 『어린이』지에 실린 방정환의 작품은 모두 아홉 편 남짓되고, 그 중에서 번역 작품을 빼고 나면, 순수 창작 동시는 다섯 편에 불과하다[141]고 한다. 그 중에서 「늙은 잠자리」는 힘들게 살았던 당대 민족의 현실을 상징적으로 반영하고 있다.

잠잘 곳이 없어서
늙은 잠자리

바지랑대 갈퀴에
혼자 앉아서

추운 바람 슬퍼서
한숨 쉴 때에
감나무 마른 잎이
떨어집니다
— 방정환, 「늙은 잠자리」 부분[142]

짧고 간결한 형식으로 민족의 현실을 상징적으로 보여주고 있다. '늦가을'은 스산한 당대 현실을 말하고, '늙은 잠자리 한 마리'는 우리 민족의 모습을 상징한다. 이 늙은 잠자리가 편안히 쉴 수 있는 수숫대에 앉으려다 앉지 못하고 바지랑대 갈퀴에 힘없이 앉고 말았다. 추위가 몰리는 늦가을의 정취를 견디지 못하여 한 숨을 쉴 때에 마른 잎이 함께 떨어진다. 우리 민족의 현실은 늙은 잠자리만큼이나 처량한 신세였다. 안주할 현실이 없는 비극적 현실이 잘 나타나 있다.

한정동의 「따오기」도 독립군들 사이에 많이 불려진 노래이다. 한정동은 방정환과 함께 『어린이』지에 참가했으며, 『어린이』지에 많은 동시를 발표한다.[143] 그의 대표작 「따오기」는 유랑하는 민족의 비극적인

---

141) 심명숙, 「방정환 동요에 대해」, 『동화읽는어른』, 1998. 5.
142) 『어린이』, 2권 1호, 1924. 12.

삶의 양상이 처량하게 나타나 있다.

    보일듯이 보일듯이 보이지않는
    당옥당옥 당옥소리 처량한소리
    떠나가면 가는곳이 어디이더뇨?
    내어머님 가신나라 해돋는나라

    잡힐듯이 잡힐듯이 잡히지않는
    당옥당옥 당옥소리 구슬픈소리
    날아가면 가는곳이 어디이더뇨?
    내어머님 가신나라 달돋는나라
              ― 한정동, 「두루미」 부분[144]

『어린이』(1925. 5)지에 발표할 당시에는 「두루미」라는 제목으로 발표하였는데, 같은 해 같은 잡지의 8월 호에는 1절만 실려 있으면서 제목은 「따오기」로 나온다. 1925년에 발표하는 「따오기」는 윤극영이 작곡하여 일제강점기에 널리 애창되었는데, 내용이 간결하고, 애상적인 분위기로 낭만적인 경향을 보인다. 이 작품에는 일제강점기의 어두운

---

143) 필자가 조사한 바에 따르면, 『어린이』에 실린 한정동의 동시는 「두루미」(3권 5호, 1925. 5) 「고향 생각」(3권 10호, 1925. 10) 「바람」(4권 3호, 1926.3) 「할미꽃」(4권 4호, 1926. 4) 「제비」 「피리」(4권 5호, 1926. 5) 「수양버들」(4권 6호, 1926. 6) 「추석」(4권 9호, 1926. 10) 「가을꿈」(4권 11호, 1926. 12) 「토끼」(5권 1호, 1927. 1) 「설님! 설님!」(7권 1호, 1929. 1) 「이른 봄」(7권 2호, 1929. 2) 「봄놀이」(7권 4호, 1929. 5) 「굴레벗은 말」(8권 2호, 1930. 2) 「범나비」(8권 4호, 1930) 「여름밤! 여름밤!」(8권 6호, 1930. 7) 「햇살 지겟네」(8권 7호, 1930. 8) 「가을이 되면」(8권 9호, 1930. 11) 「기다림」(8권 9호, 1930. 11) 「제석」(9권 2호, 1931. 2) 「고향 그리워」(9권 5호, 1931. 6) 「별당가」(9권 7호, 1931. 8) 「꼬아리」(9권 8호, 1931. 9) 「의좋은 동무」(9권 11호, 1931. 12) 「밤」(12권 1호, 1934. 1) 「눈 온 아침」(12권 2호, 1934. 2) 등 26편이 있다.
144) 독립군가보존회 편, 앞의 책, 169쪽. 인용한 작품은 『어린이』에 실린 제목과 표기에 따른다.

현실 속에서 살아가는 우리 민족의 비극적 현실이 잘 나타나 있다.
 이러한 민족의 수난을 잘 표현한 작품이면서도 친일 노래의 한계점에 노정되어 있는 대표적인 작품으로「봉선화」가 있다. 실제로「봉선화」는 독립군들 사이에 널리 불려졌으며, 이 노래를 부르면서 나라를 잃은 민족의 설움을 달래기도 했다. 그러나 이 노래는 친일작곡가인 홍난파에 의해 왜곡된 독립군시가이다.

> 울밑에선 봉선화야 네모양이 처량하다
> 길고긴날 여름철에 아름답게 꽃필적에
> 어여쁘신 아가씨들 너를반겨 놀았도다
> 어언간에 여름가고 가을바람 솔솔불어
> 아름다운 꽃송이를 모질게도 침노하니
> 낙화로다 늙어졌다 네모양이 처량하다
> 폭풍한설 찬바람에 네형체가 없어져도
> 평화로운 꿈을꾸는 너의혼이 예있으니
> 화창스런 봄바람에 환생키를 바라노라
> ― 김형준,「봉선화」[145]

 이 노래는 김형준(金亨俊, 1885-?)이 작사하고, 홍난파(洪蘭坡, 1897-1941)가 작곡하였다. 도쿄 우에노 음악학교에 다니던 홍난파는 일단 학업을 중단하고 귀국하여 '경성악우회'라는 음악단체를 조직하여 음악 보급운동을 펼치고 있었다. 이 운동을 하면서 홍난파는 간혹 소설 창작에도 손을 대었는데, 1920년 4월에는 소설 창작집으로『처녀혼』이라는 단편집을 발간하게 되었다. 이 단편집의 서장에「애수」라는 제명의 악보를 실었는데,「애수」라는 악보에 김형준이 가사를 붙인 것이「봉선화」였다.
 작사가 김형준은 그의 집에 피어있는 봉선화를 보고 이 노랫말을

---

145) 독립군가보존회 편, 앞의 책, 166쪽.

썼다고 한다. 노랫말만 놓고 보더라도 이 작품은 4·4조의 4음보격으로 민요와 창가의 리듬으로 되어 있으며, 곡을 붙이지 않고 읽어도 리듬감이 살아난다. 이 노래는 전통적 율격을 그대로 반영하고 있다. 또한, 내용은 일제강점기 우리 민족의 설움을 잘 표현해내고 있다. 작사가 김형준은 김인식(金仁湜, 1885-1962)[146], 이상준(李尙俊, 1884-1939), 안기영(安基永, 1900-1985)으로 이어지는 민족찬송가 운동의 한 맥을 이어가는 성악가였다.[147] 그는 음악사에서 근대 성악운동에 매우 중요한 입지를 차지하는 음악가이다.

이와 같이 「봉선화」를 작사한 김형준은 민족음악의 선구자였고, 그가 작사한 「봉선화」는 우리 민족의 울분을 표출하는 대표적인 저항시가였다. 그러나 지금까지 「봉선화」는 작곡가 홍난파에 의해 친일음악으로 취급되면서 작사가의 존재는 묻히고 말았다. 실제로 일제시대 대표적 가곡으로 평가되었던 「봉선화」는 음악사에서 '우리나라 최초의 예술가곡'도 아니며, 홍난파는 우리 근대 음악사를 대표하는 작곡가도 아니다. 작곡가로는 홍난파 이전에 작곡 활동을 한 백우용, 이상준, 김세형이 있었다고 평가한다.[148] 더군다나 「봉선화」는 먼저 일반인들에게 널리 알려지다가 나중에 공식적인 자리에서 불려졌다. 가곡 「봉선화」를 맨 처음 공식적인 장소에서 불렀던 곳은 1942년 6월 11일 경성부민관이다. 이곳에서 일본국민음악 정신대(挺身隊)로 창단된 친일음악단체 '경성후생실내악단' 창단 연주회 겸 피로연 제2부에서 소프라노 김천애(金天愛, 1919-1995)가 불렀다. 김천애가 「봉선화」와 함께 부른 노래는 코세키 유우지(古關裕二) 작곡의 「愛國の花」였는데, 이 노래와 함께 「봉선화」는 영화 「愛國の花」의 배경음악으로 사용되면서

---

146) 박은경, 「한국 최초의 작곡가 김인식 연구」, 『음악과 민족』 19권, 민족음악회, 2000.
147) 노동은, 『한국근대음악사1』, 한길사, 1995, 713쪽 참조.
148) 노동은, 「우리 역사 쓰기, 참인가? 거짓인가?」, 『음악과 민족』 11호, 1995. 5.

전시 친일가요가 되는 운명을 걷고 말았다.

민족의 울분을 달래는 노래가 친일음악가에 의해 조장되고 포장되면서 비뚤어지고 뒤틀린 채 왜곡되어 왔다. 이 노래가 일제강점기 우리 민족의 설움을 표현한 대표작이기는 하지만, 이 노랫말에 곡을 붙인 홍난파와 이 노래를 부른 김천애의 친일행위로 말미암아 봉선화의 노랫말이 가진 본질이 일그러지고 말았다. 음악이 문학과 함께 존재하는 것은 가사와 노랫말이 함께 존재하기 때문인데 일제강점기의 과정을 겪으면서 우리 문학은 이처럼 일제에 의해 왜곡되고 뒤틀린 형태로 남게 된 것이다.

그러나 「봉선화」의 노랫말에 내재된 본질적 의도는 식민지 현실을 살아가는 민족의 현실을 반영하는데 있었다. 「봉선화」를 둘러싼 진실과 왜곡은 우리 근대사의 모순이며, 우리 민족의 비극이기도 하다. 이 왜곡에서 벗어나서 그 본질에 접근할 때, 우리 문학의 올바른 위상이 자리잡을 수 있을 것이라고 본다.

「고향의 봄」과 「봉선화」는 홍난파를 떠나서 일제강점기의 어두운 현실을 극복하는 하나의 반향으로서 혹은 빼앗긴 나라를 떠나야 했던 독립군들에게 고향에 대한 그리움을 애틋하게 전해주는 노래로 불려졌다. 「고향의 봄」과 「봉선화」는 상실의 시대를 살아가는 민중들에게 하나의 영원한 노스탤지어로 남아 있는 고향을 환기시키는 노래이다.[149]

독립군시가에는 민족의 비극적 인식을 불러일으키는 노래가 이 두 작품만 있지 않다는 점에서 일제강점기 독립군들 사이에서는 이들 노래에 대한 친일논의를 벗어난 자리에서 널리 불려졌다는 점을 알 수 있게 한다.

---

149) 송유철, 「고향을 그리는 영원한 노스탤지어」, 지방행정공제회, 『지방행정』 49권, 2000.

    진달래 붉게피는 내고향은
    진달래 붉게피는 내고향은
    집앞에 시냇물 흐르고
    뒷산에 뻐꾹새 지저귀리
    정든 내고향 그리워라
    부모님은 안녕하신지
    그언제쯤 만나뵈올까
          ― 문상명, 「꽃 피는 고향」 부분150)

  이 작품에서 '진달래'는 우리 민족의 울분과 한을 상징하는 꽃이다. 일제와 전쟁을 치르는 상황에서 진달래가 붉게 피어있는 고향의 정경은 따뜻한 위안으로 다가온다. 이 노래를 읊조리면서 잃어버린 조국을 다시 회복하려는 마음을 다지기도 하였고, 그 고향을 다시 찾을 날을 위해 싸우기도 하였다. 이 작품을 쓴 문상명(文相明, 1923-)은 광복군 활동을 했던 시인이다. 일제말기에 광복군에 소속되어 있었던 그는 실향의 아픔을 달래는 작품과 일제강점기의 참혹한 현실을 위안하는 작품을 발표하였다.151)

  시조형식으로 발표한 양상은의 「망향곡」, 권동주의 「고향생각」, 낙천자라는 필명으로 발표한 「고향」은 모두 실향의 아픔을 위로하는 공간으로 고향의 이미지를 사용하고 있다. 고향의 따뜻한 정서를 불러일으키면서 나라를 잃은 자신의 처지를 위로하였다.

---

150) 독립군가보존회 편, 앞의 책, 113쪽.
151) 그러나 이러한 서정시의 경향은 해방 후 한국전쟁에 참여하면서, 반공과 민족의식이 강하게 드러내는 경향으로 바뀌었다. 한국 전쟁에 참가한 전쟁의 참혹상을 고발한 시로 「백마고지」「내연(內燃)」「유실(遺失)된 시간과 지워진 언어」 등이 있는데, 이때의 시적 경향은 전쟁의 체험을 통한 인생의 저변에 솟구치는 생의 존엄성, 작열하는 의지, 전쟁의 참혹상을 고발하는 것이었다(김영삼, 『한국시사대사전』, 한국사전연구회, 1994, 602-603쪽 참조).

둥글고 고운달이 압록강에 비취이고
산들한 맑은바람이 가슴에 숨여드는
고향에 가을밤이 잊어지지 않습니다
　　　　　— 최인학, 「옛 고향을 추억하며」 부분152)

적막한 가을공산 야월삼경에
슬피우는 두견새야 네우지말아라
타관한등 잠못자는 이몸도있나니
너로위해 고향생각 더욱이간절타

조국을 찾으려는 일편단심은
비가오나 눈이오나 변함이 없어라
칼을 갈며 맹서하기 그몇번이드냐
바라오니 그날까지 기다려 주옵소서
　　　　　— 장진영 「망향가」 부분153)

　사시사철 고향을 잊지 못하는 망명자의 모습은 단순한 절망감과 좌절감의 허무의식에 빠져 있는 것이 아니라, 현실의 상황을 극복하려는 의지와 연결되어 있다는 점에서 건강한 저항의식을 찾을 수 있다. 고향의 봄, 여름, 가을을 잊을 수 없듯이, 적막한 가을 공산 야월 삼경에 두견새마저 슬피우는 밤, 고향에 대한 그리움은 애틋하지만, 조국을 찾으려는 일편단심은 변하지 않는다. 고향에 대한 사무친 그리움도 칼을 갈며 그날을 기다리는 맹세 속에 묻힌다. 그 마음이 고향을 생각하는 이유인 것이다. 이 작품을 쓴 최인학과 장진영은 광복군 활동을 한 무명용사이다. 그들의 가슴에는 고향에 대한 애틋한 그리움도 있지만, 마음 속으로 다짐하는 칼날도 품고 있었다. 이처럼, 독립군시가의 고향 의식은 서정의 내면에 감추어진 날선 현실 저항의 칼날을 갖고 있었다.

---

152) 독립군시가집 편찬위원회 편, 앞의 책, 150쪽.
153) 독립군가보존회 편, 앞의 책, 78쪽.

아름다운 삼천리 정든고향에
예로부터 내려온 선조의터를
속절없이 버리고 떠나왔으니
몽매에도 잊으랴 그리웁고나
일크스크 찬바람 살을에이고
바이칼 호수에 달이비칠때
묵묵히 앉아있는 나의심사를
날아가는 기러기야 너는알리라
부모님 생각과 나라생각에
더운눈물 베개를 적실뿐일세
와신상담 십여년 헤매이어도
아아나의 타는속 뉘라서알랴
— 이범석 「망향곡」 부분154)

전체 6도막으로 된 작품으로 후렴구는 두 소절로 되어 있다. 청산리 전투에 참가하고, 광복군 사령관을 지내기도 했던 이범석이 쓴 「망향곡」은 남아다운 기개와 울분이 고스란히 남아 있다. 백두산과 금강산, 태백산의 슬픔을 끼고, 나라를 떠나야 했던 우리 민족의 슬픈 운명을 꿈 속에서도 잊지 않겠다고 한다. 시베리아의 가을달과 만주 벌판의 황량함을 견디며, 이국 땅의 고독을 삼키면서 부모생각과 나라 생각에 더운 눈물을 베개에 적시며 울분에 치를 떤다. 그것은 고향에 대한 그리움을 통하여 현실 극복 의지를 다지고, 이러한 정신으로 독립전쟁에 참가하려는 의지를 보여주고 있다. 이와 같이 고향을 소재로 한 작품들은 탄식과 자탄과 허무에 빠져서 고향 상실을 노래한 것이 아니라, 현실을 극복하려는 다짐과 의지를 보여주고 있다. 독립군시가는 고향의 그리움을 나약한 좌절과 패배주의로 절망하는 것이 아니라, 호탕한 기개를 바탕으로 현실에 맞서고 있다는 점에서 긍정적으로 받아들일 수 있다.

---

154) 독립군가보존회 편, 앞의 책, 79쪽.

우리情 시러가는 楊子江이로구나
四川布 동조구리 姑娘의 노래
일홈만이 두집이요 물건너 우리살림
同胞의 피는꽃은 希望이로구나

안개낀 土橋에는 구진비만 나린다
고요히 들려오는 汽笛의 소래
어대서 들려오나 부두에서 부르나
故國을 生覺하니 어리석구나

土橋등불 아물아물 달빛은 어린다
고요이 들려오는 물방아소래
— 「청춘의 희망」155)

이 시는 이국 땅에서 부르는 망향의 노래이다. 삼베옷으로 만든 동저고리를 입고 쓸쓸한 망향의 노래를 부른다. 화자의 슬픈 감정이 주위의 분위기와 잘 어울리고 있다. 안개 낀 토교에는 궂은 비가 내리고, 고국을 생각하는 마음까지 어리석다고 한탄한다. 망국민의 슬픈 정회가 시 전체를 압도하고 있다. '청춘의 희망'이라는 제목과는 걸맞지 않게 이 시에는 희망보다는 절망이, 기쁨보다는 슬픔의 정서가 지배한다. 일제시대 망국민들의 공통된 정서는 외롭고 쓸쓸한 비애에 놓여 있었다.

그러나 이 작품은 비극적 세계를 바라보면서도 그 내면에는 끝없는 희망의 세계를 염원하고 있다. 민족의 현실은 나라를 빼앗긴 황혼처럼 어두운 길이지만, 그 척박한 현실 속에서도 미래에 대한 희망을 버리지 않는다. 동포들의 가슴에 피어나는 희망의 꽃을 염원한다. 비극적인 현실을 생각하면서 절망하는 어리석음에 빠지지 않고, 함께 '우리살림'을 꾸려나가려고 한다. 일제말기의 폭압적 현실 속에서도 희망의 꿈을 잃지 않는 건강한 민족의식은 독립군시가가 갖는 문학적 자장

---

155) 이국영, 『망향성』, 1쪽.

(磁場)이다. 그런 점에서 일제시대 친일의 길을 걸었던 많은 문학인들에 비하면, 이들의 건강한 의식은 민족문학의 토양을 기름지게 한다.

> 철모르고 연약한 어린이몸이
> 정깊은 고향을 등져버리고
> 급행열차 한구석에 몸을실은지
> 어언간 십여년이 지나갔구나
>
> 정거장에 기차는 떠나려할제
> 사랑하신 어머님은 눈물흘리며
> 네가이제 떠나가면 언제오려나
> 눈물섞인 그말씀을 못잊었겠구나
> 오동추야 저달은 반공에솟고
> 짝을잃은 외기러기 목사에 앉아
> 쓸쓸한 이국땅에 홀로세우며
> 어머님을 그려본지 몇번이더냐
>
> 이내 몸이 돌아갈날 언제이런가
> 이천만 우리동포 손목을 잡고
> 무궁화 삼천리 넓은강토에
> 태극기 휘날릴날 그때이로다
> ― 「이향가」156)

작가가 알려지지 않는 이 작품은 이국땅에서 고향의 어머니를 생각하면서 망향의 슬픔을 달래고 있다. 고향을 등지고 먼 이국 땅에서 비극적으로 살아가고 있는 우리 민족의 현실이지만, 우리 동포가 함께 손잡고 태극기 휘날릴 날이 있을 것이라는 희망을 보여준다. 시어의 조탁과 문학적 본질에서는 다소 미흡한 점이 있지만, 일제시대 우리 민족의 애환과 그 애환을 넘어서는 독립의 희망을 보여주는 데는 손색이 없다.

---

156) 독립군가보존회 편, 앞의 책, 71쪽.

이처럼, 고향을 떠나면서도 다시 찾을 것이라는 의식은 나라를 잃었지만, 그 나라를 다시 찾으려고 하는 국권회복 운동으로 나아갔다. 비록 현실적으로는 나라를 잃었지만, 잃어버린 나라를 반드시 되찾으려는 강한 신념을 보이고 있다. 일제의 정책에 순응한 순수문학과 계급혁명을 표현한 계급문학의 대립적 경향을 넘어서서 독립군시가는 당대 민족의 현실 문제를 보편적 정서로 끌어내고 있다.

독립군시가의 고향의식은 비극적 세계에 빠져서 문학의 방향성을 상실한 시대에 잃어버린 고향을 그리워하고 그 고향을 반드시 찾으려는 희망을 노래한다. 이들은 일제시대 저항시가의 새로운 국면을 보여준다. 독립군시가가 계몽적 목적으로 창작되었기 때문에 그 문학적 성과에 대해서는 비판을 받는다해도 당대 사회현실을 드러내는 현장문학으로서는 일정한 의의를 갖는다. 독립군시가는 일제시대 민족의 패배의식을 극복하고, 민족문학의 풍부한 공간을 확보한다.

이러한 고향 의식의 저변에는 자연에 대한 사랑과 노동의 즐거움이 깔려 있었다. 독립군시가 작품 중에서 이러한 유랑민의 비극을 극복하고 자연과 노동(농사)의 즐거움을 노래한 작품은 모두 6편이 있다. 이 중에서 「봄의 송가」와 「가을의 송가」는 자연의 축복을 노래한 작품으로 각각 3연으로 되어 있다.

> 봄이오면 밭을갈아 좋은씨를 뿌려놓고
> 여름되면 김을매어 곡식만은 북돋우네
> 힘을다해 농사지어 구슬땀을 흘려주니
> 가을철에 곡식익어 황금세계 이루었네
>
> 콩심은데 콩이나고 팥심은데 팥이나니
> 콩밭에서 콩을걷고 팥밭에서 팥을걷네
> 악행에는 악과맺고 선행에는 선과 맺어
> 한얼님이 주신상벌 화복으로 나타나네
> ─ 「가을의 송가」 부분[157)

> 봄이왔네 봄이왔네 겨울가고 봄이 왔네
> 천지간에 화기돋다 집집마다 기쁘구나
> (후렴) 바위밑에 눌린풀도 싹이터서 올라오네
> 한얼님이 주신생명 대자연의 힘이크다
> ―「봄의 송가」부분158)

 두 작품은 모두 1920년대 북만주 독립진영에서 불려진 노래이다. 한얼님은 나철(羅喆: 1863-1916)159)이 창시한 대종교에서 불려진 노래이다. 가을의 풍요로운 결실은 한얼(桓雄) 님의 축복이다.

 이 두 작품은 4·4조 4음보의 정형률을 갖고 있으며, 그 내용은 노동의 즐거움과 자연의 은혜에 감사하는 마음을 잘 나타내고 있다. 두 작품 모두 대종교에서 불렀던 노래이다.「가을의 송가」는 계절의 변화에 따른 노동의 즐거움과 봄, 여름, 가을로 이어지는 결실의 기쁨을 노래하고 있다. 대자연의 은혜에 감사하면서 노동의 즐거움을 일깨워 준다. 계몽적인 측면을 무시할 수 없다는 점에서 예술적 의미가 결여되어 있지만, 단조로운 구성에 밝은 리듬감은 일제시대의 비극적 현실을 극복하려는 밝고 건강한 노래라는 사실을 알게 한다.「봄의 송가」는 후렴구를 반복하고 있는데, 이 노래는 합가의 형식으로 불려졌다. 선·후창 방식의 민요, 창가의 계보를 이어가는 전통적 방식을 보여준다. 비극의 현실 속에서도 희망과 밝은 웃음을 잊지 않는 것은 우리

---

157) 독립군가보존회 편, 앞의 책, 161쪽.
158) 독립군가보존회 편, 앞의 책, 160쪽.
159) 나철은 호가 홍암(弘巖)으로 전라남도 보성군 벌교읍에서 출생하였다. 벼슬이 부정자(副正字)에 이르렀으나, 1905년 을사조약(乙巳條約)이 체결되자 의분을 참지 못하여 1907년 매국(賣國) 대신들의 암살을 기도하였다. 그러나 거사 직전에 탄로가 나 신안군의 지도(智島)에 유배되었다. 그 후 특사로 풀려나 1909년 음력 1월 15일 중광절(重光節)에 대종교를 창시하고 포교를 시작하였다. 음력 3월 15일을 단군승천기념절(檀君昇天紀念節)로 정하고 대제(大祭)를 지냈다. 저서에『삼일신고(三一神誥)』,『신단실기(神檀實記)』가 있다.

민족이 가진 민초(民草)의 속성을 말하는 것이다. 봄이 되면 어김없이 싹이 트는 풀처럼, 천지간에 화기가 돌고, 집집마다 기쁨이 넘치는 날이 올 것이라고 한다. 힘든 노동 속에서도 건강한 삶의 모습을 안고 살았던 우리 민족의 정서가 잘 반영되어 있다. 민요와 창가의 계승을 보이는 작품은 「농부가」에서도 잘 나타나 있다.

  하늘이 주신 우리대한 편편옥토가 이아닌가
  높은데 갈면 밭이되고 낮은데 갈면은 논이되네
  세계의 유명한 농산국이라
  (후렴) 얼럴럴 상사디야

  외국사람이 많이와서 토지를 사자고 할지라도
  백만금 주어도 팔지마라 한번팔면 외국땅 되네
  다시는 살수가 없으리로다

  먹고 남은것 팔아모아 논도사고 밭도사서
  백성들 풍족히 살고보면 우리나라는 부자되네
  세계의 일등국 되리로구나
       — 「농부가」 부분[160]

 전체 9연의 내용은 모두 계몽의식을 담고 있다. 이 작품은 민요의 리듬으로 경쾌하고 밝은 이미지를 사용하고 있다. 개화기 농민들에게 근농정신과 애국사상을 고취하며, 자급자족의 의욕을 북돋우는 민족계몽의 노래이다.
 1연은 농업국으로서의 자부심, 2연은 상부상조의 정신, 3연은 부모봉양과 경제부흥, 4연은 외국인 토지매매의 경계, 5연은 외세 침략의 대비, 6연은 세계를 보는 안목, 7연은 신학문의 중요성, 8연은 행복한 가정생활, 9연은 부강한 국가의 소망을 내용으로 하고 있다. 인용한

---

[160] 독립군가보존회 편, 앞의 책, 134쪽.

부분은 1, 4, 9연이다. 1연과 4연은 외국 자본이 들어와 토지매입이 이루어지고 있는 현실을 경계한 내용으로 현대의 상황과도 유사한 국가 경제의 위기의식을 고취시키고 있다. 9연에서 말하는 국가의 부강은 외세의 침략에 맞서는 하나의 방편으로 이해할 수 있다.

그러나 이 시는 단조롭고 문학적인 비유가 없으며, 교훈적인 내용을 담고 있어서 한계를 보이지만, 일제시대 우리 민족의 어두운 현실을 반영하는 데는 손색이 없는 작품이다. 자연의 아름다움과 노동의 즐거움은 외세의 침략으로 위기에 닥친 당대의 현실을 극복하는 하나의 대응전략으로 볼 수 있다.

독립군시가 중에서 「농부가」는 두 편이 있는데, 하나는 상해임시정부 국무총장을 지낸 노백린(盧伯麟, 1875-1925)[161]이 지은 것으로 봄을 맞이하여 밭을 일구는 즐거움을 노래하고 있다. 전체 6연으로 되어 있는 이 작품은 조상으로부터 물려받은 농사를 근면하게 지을 것을 계몽한 작품이다. 다른 「농부가」는 전체 9연으로 되어 있으며, 후렴구는 인용한 작품과 동일한 '얼럴럴 상사디야'를 삽입하고 있다. 이 노래는 선·후창 방식의 민요로 되어 있다. 그리고 그 내용은 협동, 반외세, 개화, 신학문, 경제 부흥을 도모하려는 계몽적 성격을 띠고 있다. 남궁억의 「일하러 가세」는 봄과 가을의 농사짓는 일의 즐거움을 노래하고 있다. 이 작품은 전절과 같은 내용과 구성을 반복하고 있으며 후렴도 동일하다.

---

[161] 노백린은 황해도 은율(殷栗)에서 출생하였으며, 일본으로 건너가 게이오의숙(慶應義塾)을 거쳐 육군사관학교를 졸업하였다. 그 후 귀국하여 육군 정령(正領)에 임명되어 한국무관학교의 교육국장·교장을 역임하였다. 1907년 안창호(安昌浩) 등과 신민회(新民會)에서 활약하다가 군대가 해산 당하자 고향으로 내려가 광산(鑛山)·피혁상(皮革商) 등을 경영하였다. 1914년 하와이로 건너가 박용만(朴容萬) 등과 국민군단(國民軍團)을 창설하여 군사훈련에 힘썼고, 3·1운동 후 상하이(上海)로 가서 대한민국임시정부의 군무총장(軍務總長)을 맡았다. 1920년 다시 미국으로 건너가 캘리포니아에서 비행사 양성에 진력하다가 블라디보스토크에 가서 항일운동에 종사한 후 다시 상하이로 건너가 병사하였다.

이처럼, 독립군시가 중에서 노동의 건강한 의식과 미래에 대한 희망을 노래한 작품이 많다. 독립군시가는 일제시대의 어두운 현실 속에서도 우리 민족의 강인한 정신을 견지하고 있다. 이것은 민족문학의 저변을 형성하는 하나의 맥락이라 할 수 있다. 그런 점에서 독립군시가는 현실의 비극적 세계를 벗어나 새로운 미래를 지향하는 긍정적인 성격을 보인다고 할 수 있다.

>고요한 새벽 울리는 종소래
>잠든 나의 단꿈을 깨치고
>어둠의 장막 걷임을 고한다
>새벽 종소리 淸妙히 울리네
>
>고요한 새벽 울리는 종소래
>새로운 깃뿜 누리에 전하고
>생명의 햇빛 퍼짐을 알왼다
>새벽 종소리 청묘(淸妙)히 울리네
>　　　　　　　—「새벽종」162)

>종달종달 종달이새 노래부르니
>냇가에서 실버들은 손길처맞네
>버들가지 곱게돌려 피리만들어
>힘을들여 기운차게 부러봅니다
>곱고맑은 피리소래 마디마디는
>이겨래에 내가슴을 울리게하리
>　　　　　　　—「버들피리」163)

이 두 작품은 미래에 대한 밝은 희망을 보여준다. 「새벽종」은 비극적 현실이 지나면 새로운 희망이 다가온다고 노래한다. 우리 민족의 미래는 잠든 꿈을 깨우는 새벽의 기운이 번져나가듯이 온 세상에 울

---

162) 이국영, 『망향성』, 8쪽.
163) 이국영, 『망향성』, 40쪽.

려 퍼질 것이다. '생명의 햇빛'은 억압에서 풀려나는 해방의 그날을 말한다. 맑고 오묘하게 울려 퍼지는 새벽 종소리 속에서 새로운 기쁨을 누리는 날이 올 것이다. 그 희망이 우리 민족의 미래인 것이다.

「버들피리」는 밝고 경쾌한 이미지를 사용하고 있다. 이 작품은 앞에서 보여준 작품들처럼, 어둡고 절망적인 상황이 없다. 우리 민족의 미래는 피리 소리가 퍼져가듯이 겨레의 가슴을 울릴 것이다. 버들피리는 봄의 이미지이다. 봄은 우리 민족의 밝은 미래이고, 이 미래를 지향하는 것이 독립군시가의 건강한 현실 인식이다. 독립군시가가 저항문학의 흐름에서 새롭게 인식되어야 하는 까닭은 여기에 있다. 어떠한 상황 속에서도 희망을 잃지 않는 굳건한 정신 자세가 일제의 억압 속에서도 끝까지 민족의 생존권을 지켜낼 수 있었던 힘이 되었다고 할 수 있다. 독립군시가는 현실을 비극적 세계로 인식하고, 그 비극적 상황을 극복하려는 현실극복 의지가 바탕을 이루고 있다. 그것은 미래에 대한 희망으로 구체화되고 있다.

2) 종교운동과 자주적 저항의식

독립군들은 서구 종교에 대응한 민족의 종교 운동에 참가한 사람들이 많았다. 대종교, 천도교와 같은 신흥 종교 지도자들이 만주로 옮겨오면서 이 지역에서 종교운동과 독립운동을 함께 펼쳐 나갔다. 이러한 종교운동은 구한말까지 그 연원이 올라간다.

철종의 뒤를 이은 고종이 12살의 어린 나이로 왕위에 오르자 대원군이 섭정(攝政)을 하게 되었다. 대원군은 국내외의 정세를 관망하면서, 외척(外戚)의 전횡을 막아내었으며, 전제 왕권을 강화시켜나갔다. 청나라가 아편전쟁(阿片戰爭) 후 서양세력에 침략당하는 참상을 잘 알고 있었던 대원군으로서는 서양인의 통상요구를 거절하고, 쇄국정책을 감행할 수밖에 없었다. 그것은 민족의 주체성과 자주권을 수호하는 국가 정책의 하나로 표방한 것이었다.

개항의 요구는 1831년 영국이 충청도 부근에 나타나 무역을 시도했던 사건으로부터 1865년에는 러시아가 함경도 부근에 나타나 통상을 요구하는 데까지 이른다. 이러한 개항 요구를 대원군은 병인양요(丙寅洋擾)와 신미양요(辛未洋擾)로 격퇴시키면서 더욱 쇄국정책을 강화시켜 나갔다. 대원군은 전국에 척화비(斥和碑)를 세우면서 척왜양이(斥倭攘夷)의 정책을 펼쳐나갔다. 그러나 이 쇄국정책은 1873년 대원군이 정계에서 물러나면서 국가의 대외정책은 새로운 국면을 맞게 되었다.

이러한 대원군의 쇄국정책을 전후하여 발생한 신흥종교가 동학이었다. 동학은 구한말뿐만 아니라, 일제시대의 민족운동에 있어서 중요한 전선을 형성하고 있다. 동학은 보국안민(輔國安民)이라는 종지(宗旨)를 내세우면서 호국신앙을 가진 민족주의 사상을 표방했다.[164] 동학의 민족주의 정신은 동학농민운동과 1919년 기미독립운동으로 이어지면서 일제시대 독립운동의 한 축을 이루었다. 동학농민운동은 동학의 2대 교주 최시형(崔時亨, 1827-1898)이 주도하였고, 1919년 기미독립운동은 3대 교주 손병희(孫秉熙, 1861-1922)가 주도한 민족운동이었다.

동학은 단순히 서학에 반대하는 신흥종교의 의미만 있는 것이 아니라, 새로운 민족주의 사상을 내세운 민족의 자주권과 민중의 새로운 삶을 지향하는 근대정신을 표방하고 있었다. 그것은 1894년 동학농민운동의 집강소 폐정개혁(弊政改革) 12개조에 잘 드러나 있다. 동학의 12개조는 근대의 개혁이라 할 수 있는 갑오경장(甲午更張)의 핵심내용이었다.

동학은 천도교로 개칭하면서 청년회와 소년회 운동, 농민운동 등을

---

[164] 동학(東學)은 1860년 4월 5일 경주에서 가까운 용담(龍潭)에서 최제우가 창도한 신흥종교였다. 최제우의 아명(兒名)은 복술(福述)이고, 한말의 유학자 최옥(崔鋈)과 떠돌이 행상하던 과부 한씨(韓氏) 사이에서 태어났다. 적서(嫡庶)의 신분으로 태어난 최제우는 민간 신앙을 바탕으로 동학을 창시했다(신일철, 「민중을 찾은 종교」, 『신사회 100년』 한국현대사 8, 신구문화사, 1971, 96쪽.

통하여 민족정신을 고취시켜 나갔다. 동학이 주창한 아래로부터의 개혁과 근대민주주의 정신은 일제시대 민족의 주체성을 지켜나가는 정신적 지주가 되었다. 동학의 민족주의 정신은 최제우의 한글가사체「용담유사(龍潭遺詞)」와 한문경전인「동경대전(東經大全)」에 잘 나타나 있다. 이러한 동학의 정신은 전통 유학사상에 그 뿌리를 두고 있다.165) 동학은 종교적 색채를 띠고 있었지만, 그 정신은 우리 민족의 주체성을 강조하고 있었다. 이들 동학의 정신을 담아낸 많은 작품들이 독립군시가로서 불려졌거나 민족의식을 고취시키는 목적으로 널리 전파되었다.

독립군시가 중에서 동학의 정신을 반영하고 있는 작품으로 김원용의「개벽행진곡」, 작가미상의「고치강의 노래」「동학행진곡」「동학혁명군추모가」「동학혁명기념가」「천도교청년당가」가 있다. 이들 작품들은 동학을 통해서 민족정기를 함양하거나 민족주체성을 갖기 위해 창작된 것들이다.

    보아라 창공에 휘날리는 궁을기
    창생아 이깃발에 우리뭉치면
    선천은 물러가고 후천개벽에
    동학의 오동학의 피가끓는다
    영광은 우리의것 학도수운도야(후렴)

    들어라 새세계를 깨우치는 종소리
    동덕아 이소리에 보조맞추면
    암흑은 물러가고 후천개벽에
    무궁한 오무궁한 먼동이튼다
           — 김원용,「개벽행진곡」166)

---

165) 윤사순,「동학의 유학적 성격」, 영남대민족문화연구소,『민족문화연구총서』
    19권, 1998.
166) 독립군가보존회 편, 앞의 책, 150쪽.

이 작품을 작사한 김원용(金元容, 1896-?)은 서울에서 출생하였다. 1917년 미국으로 망명하여 미국에서 독립운동에 가담하였다. 1936년 하와이 대한인국민회의 기관지인 『국민보』 주필로 임명되어 한인 교포들의 민족정신을 고취시켰다.[167] 이 시는 다분히 계몽적이고, 관념적인 내용이 담겨 있으면서, 동학의 후천개벽(後天開闢) 정신을 계승하려는 목적성을 갖고 있다. 동학의 개벽사상(開闢思想)은 암흑과 혼돈의 세계에서 천지가 처음 열린다는 뜻을 담고 있는데, 이것은 낡은 시대의 선천(先天)의 세계가 가고 후천(後天)의 새로운 세상이 열리는 것을 말한다. 이 후천 개벽의 사상은 단순히 미래에 대한 밝은 희망을 뜻하는 것이 아니라, 정신개벽, 민족개벽, 사회개벽을 통한 인간 중심의 문화개벽(文化開闢)을 지향하는 민족운동을 의미한다.

동학을 상징하는 궁을기(弓乙旗)는 민족 종교를 표방한다. 동학에서 말하는 궁을(弓乙)은 영부(靈符)를 말하는데, 궁은 선(仙)을 말하고, 을은 불(佛)을 일컫는 말인데, 이를 합쳐서 선불합덕(仙佛合德)이라고 부른다. 이것은 민족 종교를 바탕으로 새로운 미래를 지향한다는 말이다. 동학에서 궁을은 하늘과 땅이 열리고 닫히는 조화의 문이며, 음양이 출입하는 길이요, 만물이 생성하는 기틀이다. 동학에 입교하면 시천주(侍天主)의 주문을 외우고, 접신(接神), 거병(去病), 면화(免禍)의 혜택을 입는다고 하는데, 종이에 궁을자(弓乙字)를 써서 불에 태워 먹으면 불사약(不死藥)이라고 하는 민간신앙의 요소도 담고 있었다. 동학은 일종의 민간신앙의 요소와 교훈적인 내용을 강조하고 있어서 지엽성을 벗어나지 못하지만, 어둡고 혼란된 시대를 극복하고, 미래에 대한 희망을 보여준다는 점에서 긍정적으로 받아들일 수 있다. 동학의 정신은 절망의 시대를 살면서도 희망을 버리지 않는다는 데 있다.

---

[167] 『독립유공자 인물록 및 독립운동사 총람』, 도서출판 천도문, 2001, 인물검색.

평안도 태천땅 고치강에는
지나간 먼갑진년에요
수많은 동학군이 뛰어들어서
푸른물에 풍덩실 떠내려갔오

그들의 몸둥이는 없어졌지만
거룩한 영혼은 남아있어요
동학군 처죽이는 양반님네도
지금은 머리깎고 교인됐지요
　　　　　─「고치강의 노래」168)

　인용한 작품은 1904년 갑진 개혁운동 때 정부가 진보회를 탄압하면서 평안도의 고치강에 동학도들을 수장시킨 비극적인 사건을 노래한 작품이다. 동학 운동은 일본의 조선지배에 많은 부담을 주었고, 동학 교도들이 주축이 되어 실천했던 갑진(甲辰) 개혁운동은 민중이 주체가 되는 범민족적 저항운동이었다. 동학교도들에 대한 탄압은 일제의 조선 침략을 용이하게 하는 최후의 수단이었다. 일제와 일제에 의해 조종되는 관군들의 동학교도 탄압으로 희생된 사람을 추모한 「고치강의 노래」는 갑진 개혁운동의 거룩한 정신을 본받으려는 동학교도들의 정신을 보여주고 있다.
　이 작품과 관련한 갑진 개혁운동은 1904년 동학의 3세 교주 손병희가 주도한 근대적 개혁운동이었다. 1894년 동학농민운동이 실패로 끝난 그 해 겨울에 이르자 동학세력은 거의 해산되었고, 최시형이 순교한 뒤 3세 교주 손병희가 이어갔다. 손병희는 국내의 일을 이용구에게 맡기고 일본으로 건너가 국내의 정세를 관망했다. 1904년 노일전쟁이 일어나자, 손병희는 국내에 이용구를 보내어 대동회(大同會)를 조직하게 하였으나 곧 해체되고, 같은 해 9월에 중립회(中立會)로 개칭한 단

---

168) 독립군가보존회 편, 앞의 책, 151쪽.

체를 조직했다. 중립회는 다시 진보회(進步會)로 개칭하였는데, 진보회는 일본과 동맹, 공동 출병하여 전승국의 지위를 확보하고, 범국민적인 생활개혁 운동을 전개하기 위해 조직된 정당이었다.[169]

진보회가 제시한 국정개혁과 갑진 개혁운동은 사회 곳곳에서 많은 성과를 거두었다. 그러나 정부가 진보회의 혁신운동을 탄압하자, 이를 주시하던 일진회의 송병준은 진보회장 이용구를 권고하고 매수하면서 진보회를 일진회에 통합시킨다. 이때부터 동학도가 주도한 진보회는 아쉽게도 을사보호조약을 합리화하고, 합방에 주도적 역할을 하는 단체로 전락하고 말았다.

일제시대 동학운동의 개혁정신을 다루고 있는 작품으로 「동학행진곡」, 「동학혁명군추모가」, 「동학혁명기념가」 등이 있다. 이들 작품은 모두 동학의 정신을 되살려 보국안민(輔國安民), 광제창생(廣濟蒼生)을 실천하려는 의지를 보이고 있다.

>우리는 새세상 위하여 한울이 보낸용사다
>나가자 우리사명은 보국안민 광제창생
>선열이 흘린거룩한 그피를 우리는받자
>   ―「동학행진곡」 부분[170]

>보국안민 제폭구민 갑오동학혁명
>우러러 보이고 머리숙여지네
>   ―「동학혁명군추모가」 부분[171]

>무너져가는 이조말엽 가혹한 채찍에
>쓰러져가는 창생의 광명은동학
>동학은 힘차게 일어섰다 쌓이고 쌓였던

---

169) 신일철, 앞의 논문, 104쪽 참조.
170) 독립군가보존회 편, 앞의 책, 149쪽.
171) 독립군가보존회 편, 앞의 책, 81쪽.

분격은 마침내 터지고 말았다

화산과같이 타오르는 혁명의불꽃
동학깃발에 모여든 억울한창생
정의의 용천검 높이드니 후천개벽의
종소리 천지를 힘차게 울렸다
— 「동학혁명기념가」부분172)

이들 작품들은 모두 동학운동과 관련된 작품들이다. 동학의 개혁 정신은 일제시대 우리 민족의 가슴에 살아있는 혁명의 불꽃이었다. 그들이 흘린 정의의 피는 민족의 미래를 위한 새로운 의지로 불붙는다. 동학의 혁명정신을 본받아 후천개벽의 세계를 열망하고 있다. 이들의 염원은 전국적인 교세와 그들이 조직한 청년회와 소년회를 통해서 실천되었다. 동학교도들이 불렀던 「천도교청년당가」는 동학의 정신을 계승하고, 실천하려는 의지를 보여주고 있다.

대종교(大倧教)도 일제시대 민족 운동을 일으킨 종교였다. 동학의 최제우와 같은 시기에 김항(金恒, 1826-1898)은 남학(南學)을 일으켰고, 1909년 나철은 서울에서 단군교의 원리를 중심으로 하여 대종교(大倧教)를 창시했다. 나철은 을사오적을 암살하기 위해 모의를 꾸미기도 하였고, 1910년 국권이 침탈되자 만주로 망명하여 북만주 일대에 10여 개의 학교를 설립하여 교육 사업을 펼쳤다. 그 외에도 그는 대한자강회와 호남학회에서 활동하였으며, 국채보상운동에도 참여하여 주권수호에 앞장섰다. 1909년 민족주체성을 확립하기 위해 단군교를 창설하고, 1910년 8월 대종교로 교명을 바꾸고 국권회복 운동을 전개하였다. 1916년 황해도 구월산 삼성사(三聖祠)에서 일제의 폭정에 항거하는 유서를 남기고 자결하였다.173) 나철의 애국 충정은 대종교의

---

172) 독립군가보존회 편, 앞의 책, 80쪽.
173) 신인애, 「홍암 나철 대종사의 생애와 애국사상」, 『교보-대종교보』 제289호,

정신으로 남아서 일제시대 독립군의 정신에 이어졌다.

만주 일대에서 대종교 교도들은 대부분 독립운동에 참가하였으며, 그들은 대부분 일제의 가혹한 탄압을 받았다. 청산리 전투에 참가한 주력부대가 김좌진이 이끄는 북로군정서였는데, 이 부대도 역시 대종교인이 중심이 된 독립군단체였다.174) 대종교의 정신은 홍익인간의 이념이며, 국조 단군의 건국 정신을 통해서 민족정신을 회복하는 것이다. 대종교의 저항정신은 만주 일대의 독립군들에게 또 다른 정신적 지주가 되었다.175)

대종교는 단군 한배검의 우주 진리와 홍익인간의 이상실현을 목적으로 고토(故土) 삼만리에 배달국을 건설하여 세계를 지상천국으로 만들 목적으로 창교(創敎)한 종교이다. 이 종교는 전통 의식을 바탕으로 한 신교(新敎)이다.176) 처음에 대종교는 성(性), 명(命), 정(精)의 삼진귀일(三眞歸一)를 내세운 종교로 출발하였지만, 나중에는 종교적 색채보다 항일독립운동에 더 많은 공헌을 했다.

대종교는 순수한 민족종교로 전통적 민족정신에 뿌리를 두고 중광(重光)되었다.177) 교조 나철의 자결순국은 대종교의 민족정기 함양의 정신을 잘 말해주고 있다. 이와 같이 대종교는 1920년경 만주지역에서 독립운동의 전초기지를 구축하는데 중요한 역할을 하였다. 대종교

개천4457년, 19-26쪽.
이동언, 「홍암 나철의 생애와 구국운동」, 『대종교 중광 90주년 학술회의 자료집』, 단기4332년 3월 3일, 중앙일보 연수실
174) 실제로 참가한 부대는 대한독립군, 국민회군, 의군부, 한민회군, 광복군, 의민단, 신민단 등이었지만, 체계적인 훈련을 받고, 무기를 제대로 갖춘 부대는 김좌진이 이끄는 북로군정서와 홍범도의 대한독립군 정도였다(신용하, 『한국민족독립운동사연구』, 을유문화사, 1985, 415-421쪽 참조).
175) 김창순, 「항일독립운동에 있어서의 무장투쟁의 위치」, 『일제하 식민지시대의 민족운동』, 풀빛, 1981, 153쪽.
176) 이현익, 「대종교인과 독립운동연원」, 『교보-대종교보』 제288호, 개천4457년, 80쪽.
177) 이현희, 「대종교의 민족사적 위치」, 『종교신학연구』 2권, 1989, 50쪽.

의 독립군시가는 나철의 「중광가」를 비롯하여 많은 작품이 전하고 있는데, 이들 작품들은 민족의 완전한 독립을 희구하는 것이었다.

> 하늘에는 창조의힘 가득차고 태백산에 서운이
> 피어오르는 상원갑자 상달초 사흘이 좋은달
> 거룩하신 우리한배 한검님은 큰사랑과 큰은혜
> 베푸시려고 아름다운 배달나라 세우시었네
> ─「개천절노래」부분[178]

이 노랫말을 지은 사람은 나철이다. 이 노래를 제공한 사람은 이현익(李顯翼, 1896-1970)으로 대종교 전교를 지낸 독립군이다.[179] 개천가는 나철이 대종교를 열면서 개천절을 경축일로 제정하였으며, 그 식전 행사에서 불렀던 노래이다. 현재 전하는 개천가는 광복 전에 최남선 작사·작곡자 미상의 「개천가」가 있고, 정인보 작사·김성태 작곡의 「개천절 노래」, 중국 관내에서 불렀던 「개천절가」가 있다.[180] 인용한 개천절 노래는 「독립군시가집」에 나철이 지은 것으로 되어 있다.

상원갑자 상달 초사흘은 단군왕검이 나라를 세운 날이다. 이날부터 우리 민족을 위한 큰사랑과 은혜를 베풀어서 배달나라가 이어져 왔다

---

178) 독립군시가집 편찬위원회 편, 앞의 책, 287쪽.
179) 이현익은 함남 단천(端川) 사람으로 1914년 홍범도를 따라 무송현으로 건너갔다. 1920년 김호·김혁·윤세복·이원일·오제동과 함께 흥업단(興業團)을 조직하였다. 1922년에는 광정단(匡正團)에 가입하여 외교부장으로 활동하였으며, 1925년에는 김좌진·김혁·나중소 등이 중심이 되어 조직한 신민부(新民府)에 가입하여 활동하였다. 1934년에는 윤세복과 대종학원을 설치하고, 안희제·오제동과 함께 30여 곳에 대종교 시교당을 설치하였다. 1942년 11월 목단강성에서 검거되어 징역 7년형을 받고 옥고를 치렀다.
180) 이중연, 『신대한국 독립군의 백만용사야』, 도서출판 혜안, 1998, 344-345쪽. 현재 부르고 있는 「개천절 노래」는 정인보 작사, 김성태 작곡으로 광복 후 대한민국이 개천절을 국경일로 정하면서 불려진 노래이다(『교보-대종교보』 289호, 4457년 겨울호, 46쪽 참조).

는 것이다. 『삼국유사』의 단군왕검은 건국신화(建國神話)일뿐이지만, 단군왕검에 대한 믿음은 고대 우리 민족을 이끌었던 민간신앙으로서 지속되어 왔다. 그것은 숱한 외세의 침략 속에서도 우리 민족이 건재할 수 있었던 정신적 지주였다.

단군신화는 단순한 건국신화의 개념을 벗어난 민간 신앙의 형태로 민족의 정신세계를 지배해왔다. 나철이 제시한 대종교는 고대로부터 민족의 정신을 지배해온 단군왕검을 국조(國祖)로 모시고 우리 민족의 뿌리를 찾는 것이었다. 이런 관점에서 볼 때, 대종교는 출발에서부터 종교적 운동보다는 민족의 주체성 확립을 위한 독립운동에서 출발하고 있음을 알 수 있다.

> 모든환란 무릅쓰고 황무지를 개척하사
> 의식거처 편케하여 자손들을 기르셨네
> 영원무궁 잊지마세 대황조의 높은은덕
> 모든위험 물리치고 악한짐승 몰아내사
> 평화로운 터를닦고 자손들을 보호했네
> 공덕무량 기념하세 대황조의 크신공덕
>
> 형제들아 자매들아 대황조의 자손된자
> 거룩하신 높은성덕 천번죽고 만번죽어도
> 영세토록 변치마세 대황조께 향한충성
> ―「단군성덕가」 부분[181]

국난을 극복할 수 있는 정신적 지주로서 단군은 '대황조'로 민족의 정신을 지배하였고, 그것은 민족의 정신적 뿌리로 작용하였다. 이 작품은 「대한매일신보」(1909. 8. 6)에 실려 있으며, 그 내용으로 미루어 볼 때, 대종교는 종교적 신념보다는 일제에 저항하는 정신적 지주로서

---

181) 독립군가보존회 편, 앞의 책, 122쪽.

받아들였음을 알 수 있다. 단군의 찬양은 민족의 주체성을 살리는 것이고, 우리 민족의 유구한 역사의 전통성을 찾는 일이다. 또한, 이것은 일제시대의 어두운 현실을 극복하는 방편이기도 하고, 민족의 밝은 미래를 희구하는 일이기도 하다. 이 노래는 만주 지역에서 널리 불려졌는데, 필사본 『망향성』에는 4절까지 실려 있으며, 제목이 「대황조의 공덕」이다. 노랫말이 몇 군데 차이가 있는데, 그것은 구전 가요의 개작 과정에서 나타난 현상이라 할 수 있다.

대종교는 한울(桓因), 한얼(桓雄), 한검(혹은, 한배)(桓儉)의 삼신(三神)을 숭배하는 민족 종교이다.[182] 일제시대에는 빼앗긴 나라의 역사를 되찾으려는 독립운동과 함께 민족의 정신적 뿌리를 찾는 일이 가장 중요한 현실적 과제였다. 그런 점에서 단군에 대한 새로운 인식은 민족의 주체성을 확립하는 것이기도 하였다. 대종교는 홍익인간의 이념이야말로 우리 민족의 자존을 지키는 길임을 대종교의 교리를 통해서 보여주고 있다. 「단군성덕가」는 나라를 사랑하는 길은 이 땅에 나라를 세운 정신과 그 민족의 연면(連綿)한 정신적 전통 속에서 있음을 노래한 작품이다.

대종교가 일제시대의 혹독한 수난과 순교의 가시밭길을 걷다가 해방 후 그 교세를 회복할 수 있었던 것은 배달나라의 백성이라는 민족의식이 자리잡고 있었기 때문이다. 대종교의 독립군시가 중에는 단군의 성덕을 기리면서 민족의 정기를 회복하려는 찬송의 성격을 띤 작품도 있다. 그 중의 대표적 작품은 「성지태백산」이다.

    상원갑자 상달초사흘 태백산에 서기둘리니
    한검님이 인간위하여 이세상에 태어나셨다
    산마루는 눈이쌓이어 어느때나 깨끗하도다

---

[182] 우성조, 「대종교는 어떤 종교인가?」, 한민족문화학회, 『한민족문화연구』 3권, 1998, 271쪽.

저와같이 우리마음도 순결하게 가져봅시다
— 「성지태백산」 부분183)

　이 노래는 정열모(鄭烈模, 1895-1967)가 작사하고, 작곡가는 미상이다. 작사자 정열모는 충북 보은 생으로 한글학자로 알려져 있다. 그는 조선어강습원, 경성 제일고보 교원 양성소를 거쳐 일본 와세다 대학 일본어과를 졸업하여 1925년 경서 중동학교 교원을 거쳐서, 1931년에는 김천중학교 교장으로 근무하기도 하였다. 그가 김천중학교 교장재직 때 지은 교가가 남아있다. 그는 한글 운동에도 헌신적으로 참여하였고, 한글 운동을 통해서 학생들에게 민족의식을 고취시켰다. 그는 일제말기인 1942년 조선어학회 사건으로 검거되었고, 해방 후 국학전문학교 교장, 숙명여대 교수, 홍익대학 초대학장을 지내기도 했다. 1949년 한글학회 이사를 지내기도 했는데, 한국 동란 때 납북되었던 것으로 전해진다. 북한에 남아있는 자료에는 과학원 언어학연구실 교수(1958년)와 조국평화통일위원회 상무위원(1961년 5월)을 지낸 것으로 나와 있다.184) 정열모는 한글 사랑을 통해서 민족운동을 실천한 저항적인 지식인의 면모를 보여주었다.
　「성지태백산」은 순한글로 창작된 독립군시가이다. 우리 민족이 홍익인간의 이념처럼 깨끗한 삶을 살아가는 민족임을 강조한다. 이 작품을 통해서 그는 눈과 같이 깨끗한 마음으로 세상을 살아가려고 한다. 교육자로서 인재 양성에 뜻을 둔 그의 민족주의는 한글 사랑과 맑고

---

183) 독립군가보존회 편, 앞의 책, 124쪽.
184) 김제곤, 「정열모의 동시 '날대가리 무 첨지'」, 『국민일보』, 2004. 1. 15. 문화면. 여기에는 그의 간단한 행적과 함께 1938년 『조선아동문학집』에 발표된 동시를 소개하고 있는데, 해학성과 자연스러운 웃음을 유발하게 한다. 날대가리 무 첨지의 전문은 다음과 같다. '에이그 추워 벙거지 / 건너 대접 놋대접 / 오동동 추운 날 / 발가숭이 무 첨지 / 날대가리 춥구나 / 에이그 추워 벙거지 / 건너 대접 놋대접 / 오동동 추운 날 / 포로쪽쪽 무 첨지 / 알몸뚱이 춥구나'

투명한 순결주의를 표방한다.[185] 일제시대 저항운동의 한 방법으로 한글 운동은 민족의 주체성을 지키는 문제이기도 했다. 이처럼, 대종교는 무장 독립운동과 한글 운동을 통해서 독립운동을 전개해 나갔다. 일제시대 대종교 운동은 민족의 뿌리를 찾고, 주체적이고 자주적인 저항정신을 모색한 것이라 할 수 있다.

3) 역사적 영웅과 민족의식의 함양

독립군시가 중에서 일제시대의 어두운 현실을 극복하기 위한 또 다른 방안으로 영웅의 출현을 소망한 작품들이 다수 보인다. 시대가 혼란하고, 어려운 때일수록 민중들은 그 시대를 구할 인물을 염원한다. 영웅의 등장을 기대하는 것은 혼란된 시대상황을 반영하는 민중의 정서이기도 하다. 독립군시가에 나타난 영웅에 대한 작품은 근대적 각성을 요구하는 시대에 그 시대가 바라는 공통된 의식을 반영하고 있다. 이러한 영웅에 대한 희구는 병자호란의 치욕을 설욕하려는 민중의 정서가 『박씨부인전』의 박씨와 같은 여성 영웅을 창조해내고, 정조가 추진한 개혁의 정서가 박지원의 「허생전」에 나오는 '허생'과 같은 인물로 나타나는 것이다. 이처럼, 문학은 당대의 시대상을 반영하면서 그들의 보편적인 정서를 드러내고 있다.

일제시대는 나라를 빼앗긴 위기적 상황에 놓여 있었기 때문에 그 시대를 극복할 수 있는 영웅을 바라는 민중들은 그들의 소망을 문학

---

185) 정열모가 지은 교가를 살펴보면 한글사랑을 쉽게 알 수 있다. 참고로, 김천중학교 교가는 '삼한대처 김천고을 황악산밑에 / 우뚝솟아 크나큰집 우리의모교 / 우리들의 맘과몸이 배우는포부 / 큰이상에 새로운일 현실이주장'/(「김천중학교 교가」 중 1절)이고, 남성중학교 교가는 '삼남의 으뜸이라 만경벌여기 / 기름진 솜리따흔 마한의금마 / 으젓한 백제문화 동방에흘러 / 한별이 새로나니 빛발도클사'/(「남성중학교 교가」 중 1절)이다. 김천중학교 교가는 1932년 1월 8일에 만들었고, 남성중학교 교가는 1946년경에 만들었다.

으로 형상화하였다. 영웅들의 이야기를 반영한 시가문학은 국난 극복의 방편으로 인물을 확대 과장하거나, 비범한 인물을 내세워 그들의 욕망을 충족하려는 민중의 대리 욕망으로 나타났다. 영웅이야기는 주로 신화적 구조로 되어 있으며, 고난을 극복하고 민중의 영웅으로 성장하는 과정을 보여준다. 영웅이야기의 서사적 구성은 주인공의 욕망을 실현해 나가는 과정에서 현실을 극복하고 마침내 그 욕망을 실현하면서 행복을 추구하는 결말로 마무리된다.186)

일제시대 영웅이야기를 작품의 소재로 사용한 것은 현실을 극복하려는 민중들의 욕망이 반영된 저항방식의 하나이다. 독립군시가에 나오는 영웅들은 관념적 인물이 아닌 역사적 인물들이다. 이들 역사적 인물들은 어두운 현실을 극복하는 위안으로서 영웅의 면모를 보여준다. 역사의 위기를 극복하고, 민족의 긍지를 살리는 일은 나아가서 일제에 대한 저항정신의 우회적 표현 방식이었다. 영웅은 비범하거나 과장되기도 하지만, 그 과정을 통해서 민족의 우월성을 보여주기도 한다. 독립군시가 중에서 역사적 영웅으로 이순신, 정몽주, 박제상, 석우로(昔于老), 칠백의사, 곽재우, 최익현, 안중근, 을지문덕, 동명왕 등이 보인다. 이들 인물들을 통해서 일제에 저항하는 하나의 방편을 보였고, 민족의식을 고취시켰다.

  벽파정 푸른물 파도높고
  빠른바람 앞뒤로 이는데
  떳구나 떳구나 원수의배가
  우수영 목에서 수백척이
  우리청년 학도들아
  삼백년 옛날에 조상을 본받아
  용감코 보면 우리무엇 못하리(후렴)
  맘굳고 힘센 우리장사들

---

186) 민긍기, 「영웅소설 작품구조고」, 사림어문학회, 『사림어문연구』 1권, 1984.

거북배를 몰아 사면치니
　　깨진다 터진다 원수의배가
　　널쪽같이 둥둥 떠오누나
　　　　　　— 「거북선가」187)

　임진왜란 당시 일본을 물리친 이순신 장군의 기개를 본받아 일제를 몰아내려는 의지를 드러내고 있다. 1597년 명량대첩(鳴梁大捷) 때 왜군을 물리친 전투를 되살려 일본을 물리치려는 교훈적인 내용이다. 작사자는 미상인데 시적 비유와 함축이 없고 쉽게 읽힐 수 있다. 이순신 장군이 '벽파정'과 '우수영'에서 왜적 군함과 싸우는 장면을 간략하게 제시하면서 독립군들의 전투에서도 그 위업을 본받자고 한다. 조상들의 기상과 정신을 통해서 일본군과 용감하게 싸울 것을 다짐하고 있는 작품이다. 이 작품은 일제시대 일본군과의 싸움에서도 임진란 때처럼, 불굴의 정신으로 그들을 물리치려는 의지를 보여주고 있다.

　　용수산 지는해 말없이 넘어가고
　　선죽교 그아래 물소리 목멘데
　　더구나 만월대랴 슬피우는
　　저두견새 못들을 소릴세
　　　　　　— 이상춘, 「선죽교」부분188)

　이 작품은 주시경의 제자였던 한글학자 이상춘(李常春, ?-?)이 썼다. 인용한 부분은 선죽교에서 이방원의 부하 조영규(趙英珪) 등에게 피살된 고려 충신 정몽주(鄭夢周, 1337-1392)의 절개를 통해서 나라를 위해 목숨을 바친 독립군들의 쓸쓸한 정서와 정몽주의 죽음에 나타난 비극을 대비하고 있다. 저항적인 자세에서 물러선 채 과거를 회상하는

---

187) 독립군시가집 편찬위원회 편, 앞의 책, 388쪽.
188) 독립군가보존회 편, 앞의 책, 132쪽.

나약한 인상을 지울 수 없지만, 그 바탕에는 나라에 대한 절개를 지키려는 독립군들의 강한 의지가 흐르고 있다. 나라를 위해 피를 흘린 정몽주의 한은 독립군의 정신에 남아서 그 정신을 계승하고 있다.

　　계림의 견마가 될지라해도
　　일본의 칭신은 못하겠노라
　　일사를 결심한 박제상충성
　　우리들은 모범으로 삼아야겠다

　　일본의 황제를 상노(床奴)로삼고
　　일본의 황후를 하녀로삼아
　　부리고 만다던 석우로(昔于老)맹세
　　우리들은 모범으로 삼아야겠다

　　욕군보다 신사(臣死)라 한산적칠때에
　　적수공권 적병들을 오살해버린
　　조중봉 칠백의사 큰담략을
　　우리들은 모범으로 삼아야겠다

　　한산도의 영등포 거북선을타고
　　일본배를 모조리 무찔러버린
　　이순신 장군의 용맹한전략
　　우리들은 모범으로 삼아야겠다
　　홍의천강 대장군 좌충우돌로
　　쥐새끼 같은 왜적 도처에서친
　　곽재우의 씩씩한 그용맹함을
　　우리들은 모범으로 삼아야겠다

　　의병을 일으켜서 싸움하다가
　　대마도로 잡혀가도 일속(日粟)안먹고
　　마침내 순절한 최익현의 절개
　　우리들은 모범으로 삼아야겠다

노적 이등박문을 할빈서습격
육혈포 세 발로 쏘아죽이고
대한만세 부르짖은 안중근의기
우리들은 모범으로 삼아야겠다
　　　　　— 「영웅의 모범」[189]

쾌하다 장검을 비껴들었네
오늘날 우리손에 잡은칼은
요동만주에 크게 활동하던
동명왕의 그칼이 방불하구나
(후렴) 번쩍번쩍 번개같이 번쩍
　　　 번쩍번쩍 번개같이 번쩍
　　　 날랜칼이 우리손에 빛을내어
　　　 독립의 위력을 떨치는구나

한반도의 용감한 쾌남아를
그어느 누가 대적할소냐
청천강에 수병을 격파하던
을지공의 그칼이 오늘날다시

우리의 칼이한번 빛나는곳에
악마의 여러머리 추풍낙엽
한산도의 왜적을 격파하던
충무공의 그칼이 완연하구나
　　　　　— 안창호, 「장검가」[190]

「영웅의 모범」은 1915년 개성의 한영서원에서 구전하는 창가를 수집 발간한 것을 당시 경기도 경무부에서 적발하여 인멸시켰는데, 이 작품은 한영서원 발간의 창가집 중 46번째 것으로 경기도 경무부 보

---

189) 독립군가보존회 편, 앞의 책, 53쪽.
190) 독립군가보존회 편, 앞의 책, 40쪽.

고서에 일본어로 번역되어 있던 것을 우리말로 옮긴 것이다.

「영웅의 모범」[191]은 역사 속에 남아있는 민족 영웅들의 의기를 모범으로 삼아 일제에 대한 적개심을 고취했던 노래이다. 이 작품에는 신라의 충신 박제상(朴堤上, 363-419), 신라의 장군 석우로(昔于老, ?-249), 임진왜란 때 금산싸움에서 순국한 조헌(趙憲, 1544-1592)과 칠백의사, 임진왜란의 영웅 이순신(李舜臣, 1545-1598), 임진왜란 때 의병장 곽재우(郭再祐, 1552-1617), 구한말 의병장 최익현(崔益鉉, 1833-1906), 이등박문을 저격한 안중근(安重根, 1879-1910) 등 나라를 구한 인물들을 열거하면서 그들의 정신을 계승하고 있다.

이들은 모두 역사적으로 이민족과 맞서 싸운 인물들로 우리 민족의 자존심을 세운 인물들이다. 나라를 위해 목숨을 바친 영웅들의 의로운 행위를 모범으로 삼아서 일본을 물리칠 것을 종용하고 있다.

「장검가」는 안창호가 1899년 고향인 평안남도 강서군에 세운 우리나라 최초의 남녀공학 학교인 점진학교(漸進學校) 교가이다. 이 노래는 초기 의병운동 때부터 만주 독립군활동을 하던 시기까지 널리 불렸던 독립군시가이다. 이 노래는 동명왕의 기개와 을지문덕의 용맹, 이순신의 승리를 본받아 일본을 물리치자는 내용이다. 만주를 호령하던 동명왕의 기개로 독립의 위력을 떨치고, 청천강에서 수나라 군사를 물리친 을지문덕의 용감한 정신으로 싸우고, 이순신 장군이 싸운 그 칼을 이어받아 일제와 싸우자는 대한 남아의 기개를 잘 표현하고 있다.

독립군시가 중에서 나라의 수난을 극복하기 위해 맞서 싸운 역사적 인물을 소재로 한 것은 고대 영웅 서사시로부터 근대의 영웅 서사시로 이어지는 중간 역할을 한다. 시대적 조건이 여의치 못했기 때문에 호흡이 긴 장문의 영웅 서사시는 보이지 않지만, 짧은 영웅 이야기를 통해서 영웅 서사시의 문학적 전통을 계승하고 있는 것이다. 그리고 이들 항일 무장투쟁의 영웅시는 일제시대의 어두운 상황 속에서 민족

---

191) 독립군가보존회 편, 앞의 책, 53쪽.

의 주체성과 자주성을 함양하려는 저항문학의 하나였다.

4) 무장 독립군과 불굴의 의지

독립군시가는 대부분의 악곡이 일본 군가를 차용하여 만들었다. 일본군은 청·일 전쟁(1894-1895)과 러·일 전쟁(1904-1905)을 계기로 군대의 사기를 진작시킬 목적으로 많은 군가를 작곡했다. 일본을 다녀온 지식인들은 일본 국내의 군가와 노래의 경향을 자연스럽게 익히게 되었고, 이들은 국내에 돌아와서 일본풍의 노래와 문학을 창작하였다.

일본 제국주의는 그들이 일으킨 전쟁을 승리로 이끌기 위해 전황(戰況)을 묘사한 내용이나 사무라이 정신을 심어주기 위한 영웅 서사시를 만들었고, 이들 노래들은 대부분 전시 군가의 형태로 정착되었다. 이미 앞에서 살펴본 영웅들의 이야기는 일본군 군가로 불려진 영웅 서사시를 받아들인 것이라고 할 수 있다. 이처럼, 일본 군가는 국내의 독립군시가와 북한의 독립군시가, 만주의 항일군가 등에 많은 영향을 끼쳤다. 일본 군가가 국내의 독립군 군가에 그대로 사용되었다는 것은 근대 음악의 연구에서 이미 밝혀져 있다.

일제는 조직적이고 체계적으로 한반도를 침략했는데, 일본 군가의 보급도 이러한 침략 정책의 음모가 도사린 것이었다. 일본은 조선인들에게 청음교육과 그들의 전시 전략의 목적으로 군가를 보급시켰다. 남한의 독립군군가, 북한의 혁명가요, 만주 연변지역의 항일가요는 청·일 전쟁 때 파견된 일본 제1군 제4사단 군악대의 영향을 받았으며, 일본군가의 선율을 그대로 차용하고 있다는 한계점을 보이고 있다.[192]

그러나 우리 음악의 일본 군가 차용이라는 한계는 독립군시가에만 국한된 문제는 아니었다. 1900년 이후의 불려진 창가들은 일본에서

---

192) 이강숙·김춘미·민경찬, 앞의 책, 53쪽 참조.

들어온 쇼오카(唱歌)로 통일되기도 했다.193) 초기 창가를 작곡한 김인식(1885-1962)은 국내에 들어온 선교사로부터 음악을 배웠고, 그의 『보통창가집』은 일본의 요나누키(ㅋナ跋き) 음계의 영향을 받아 편집되었다.194) 1920년경 대중가요 파급에 영향을 준 윤심덕의「사의 찬미」도 러시아의 음악가 이바노비치의「다뉴브강의 잔물결」이라는 원곡에 노랫말을 붙인 것이다. 우리 음악의 악곡 차용은 근대 음악의 한 문제점이라 할 수 있다. 1920년 이후 체계적으로 음악을 배운 작곡가들의 등장으로 일본풍의 음악은 우리 음악으로 새롭게 자리잡을 수 있게 되었다.195) 일제시대 초기 군가를 작곡한 음악가는 한국군 군악 중대 대장보였던 백우용(白禹鏞, 1883-1930) 정도가 고작이었다.

그러나 음악의 선율이 일본의 영향에 있었다 해도 노랫말이 가진 본질적 속성이 '개념이나 감정 그리고 음향적 재료를 완성시키려는 태도를 외화시킨 하나의 틀'196)이라고 할 때, 가사를 바꿔 부른 방식은 한국의 음향적 재료로 재통합되고, 한국적 음향 재료가 중심이 되어서 만들어진 것이라 할 수 있다. 일본이 군가를 침략 목적으로 국내에 파급시켰다고 해도 대다수의 민중들은 그 노래를 우리 민족의 정서와 주제에 맞게 불렀다는 데서 알 수 있다. 이러한 점은 이미 의병시가에서 그 흔적을 찾을 수 있으며, 독립군시가에서는 같은 제목이라해도 가사가 다른 작품이 숱하게 많다는 점에서 그 '외화의 틀'을 찾을 수 있다. 가사를 바꾼 노랫말들은 대개 민족의 자주와 독립이라는 주제에 맞추어져 있었다.

---

193) 노동은, 앞의 책, 627쪽.
194) 이강숙·김춘미·민경찬, 앞의 책, 105-116쪽 참조.
195) 1920년대 우리 음악을 살린 대표적인 음악가로 안기영을 꼽을 수 있다. 안기영은 배재학당을 거쳐 독립군양성 기관인 신흥학교를 졸업하였다. 안기영의 음악은 단순하고 소박하고 민요적인 특색을 가지고 있었다. 대표작으로「그리운 강남」이 있다.
196) 노동은, 앞의 책, 688쪽 참조.

따라서 독립군시가는 일본 군가에서 그 악곡을 빌려왔지만, 노랫말의 내용과 주제는 일제에 대한 저항과 독립에 대한 강한 의지를 표현한 것들이다. 독립군시가는 일본 음악의 악곡을 수용하면서, 그 내용은 우리 민족의 당면 과제를 성취하려는 주제를 담아서 유포시켰던 것이다. 독립군시가의 '음향적 재료와 이념적 재료가 뭉쳐진 노랫말의 덩어리'가 지향하는 것은 항일 독립운동에 초점이 맞추어져 있었다.

독립군시가들 중에서 일본 군가의 영향을 받은 군가풍의 작품은 모두 50여 편이 있다. 그 내용은 독립군의 비장한 각오, 전쟁으로 목숨을 잃은 전우의 추모, 독립군들의 기개, 순결한 죽음의 각오 등으로 나눌 수 있다. 외적으로는 일제에 대한 강한 저항의식을 바탕으로 하고 있으며, 내적으로는 전쟁의 폭압성에 스스로 위축되지 않으려는 정신무장을 다지고 있다.

독립군시가는 독립군 활동을 하면서 겪었던 여러 가지 일을 노래한 것으로 전쟁을 치르기 위해 필요한 몇 가지 내용을 포함하고 있는데, 그것은 사기 진작, 불굴의 투쟁 정신, 강한 의지 등이었다. 독립군시가는 전쟁을 수행하면서 집단적 목적으로 가창(歌唱)되었기 때문에 죽음을 두려워하지 않는 용기와 불굴의 정신이 많이 나타나 있다. 집단성과 사기 진작이라는 두 가지 목적성을 갖고 있어서 이들 노래들은 쉽게 불려졌으며, 이 때문에 이들 독립군시가는 노랫말의 내용이 단순하면서도 단편적이다. '행진곡'의 악보에 노랫말을 담은 것은 전투에 출전하거나 적을 무찌르기 위한 목적으로 밝고 기운찬 모습을 담고 있었다. 그리고 이들 노랫말에는 '결전', '혈전', '돌진' 등의 시어를 많이 사용하여 일본군과의 전투에서 죽음을 불사하겠다는 의지를 표현하였다. 이들 독립군시가는 일제시대 어떤 문학적 대응물보다도 저항성이 강하고, 현장성을 풍부하게 드러내었다. 또한, 이들 독립군시가들은 우회적이거나 비유적인 내용은 없고, 직접적인 표현을 많이 사용하고 있다. 독립군들의 무력투쟁 방법은 일본 제국주의를 이 땅에서 완전히 몰아내는 것 뿐이고, 그 방법론은 무력투쟁을 통해서 독립을 쟁취하는 길이었다. 일본군과의 전투는 적을 죽이지 않으면 내가 죽게 되는 공방의 상황이 놓여 있는 것이다. 이것은 독립군시가가 리얼리즘 문학의 경향을 보이는 원인이 된다.

독립군시가는 독립군의 사기 진작과 전투에 승리하기 위한 목적성을 갖고서 창작되었다. 그렇기 때문에 독립군시가는 일제시대 저항시의 흐름에서 볼 때, 어떤 저항적 의지를 형상화한 문학 작품보다도 뛰어난 현장성과 저항적 양상을 보여주었다. 이러한 불굴의 정신은 나라를 잃어버린 민족으로 살아갈 수 없다는 의병의 저항정신을 계승한 것이며, 일본군의 신식 무기에 거의 맨주먹으로 맞섰던 의병들의 정신 기개를 그대로 이어받은 것이라 할 수 있다. 독립군시가의 기상과 용감한 정신은 의병들의 시가에서 그 연원을 찾을 수 있으며, 일제시대 저항 문학의 맥락에서 대표적 위상을 차지한다고 할 수 있다. 무장 투쟁을 강조한 독립군시가는 집단의 목적을 달성하려는 격렬한 구호와 함께 민중들의 현실 참여를 유도하는 두 가지의 주제를 보여준다.

 요동만주 넓은뜰을 쳐서파하고
 여진국을 토멸하고 개국하옵신
 동명왕과 이지란의 용진법대로
 우리들도 그와같이 원수쳐 보세
 (후렴) 나가세 전쟁장으로 나가세 전쟁장으로
  검수도산 무릅쓰고 나아갈 때에 독립군아
  용감력을 더욱분발해 삼천만번 죽더라도 나아갑시다

 창검빛은 번개같이 번쩍거리고
 대포알은 우레같이 통탕거릴제
 우리군대 사격돌격 앞만향하면
 원수머리 낙엽같이 떨어지리라

> 횡빈대판 무찌르고 동경드리쳐
> 동에갔다 서에번득 모두한칼로
> 국권을 회복하는 우리독립군
> 승전고와 만세소리 천지진동해
> ― 「용진가」부분197)

「용진가(勇進歌)」는 전쟁터에 나가서 용감하게 싸울 것을 독려한 작품이다. 역사적인 인물들인 동명왕, 이순신, 을지문덕, 이준, 안중근 등의 투쟁 정신을 이어 받아서 독립군들도 전쟁터로 나가서 용감하게 싸우자는 것이다. 표현의 특징으로 볼 때, 단정적인 어조를 사용하여 독립군의 의기와 기개를 강조하고 있다. 간단한 비유법과 단조로운 시어 배열로 누구나 쉽게 따라 부를 수 있게 했다.

이 작품은 노래로 불려지면서 독립군들 사이에 알려졌으며, 최근의 민중가요에서도 많이 불려지기도 했다. '동에갔다 서에번득'하는 독립군의 신출귀몰한 전략으로 독립군의 승리를 예단하고 있다. 「용진가」는 전쟁터로 나가는 진군가(進軍歌)의 형식으로 출전하는 병사들의 용감한 기개로 적을 섬멸할 것을 다짐한 노래이다. 독립군시가 중에서 행진곡풍으로 되어 있으면서 독립군들 사이에 비교적 많이 불려진 노래로 박영만의 「압록강 행진곡」, 이두산의 「광복군 행진곡」, 김좌진의 「승리행진곡」이 있다.

> 우리는 한국독립군 조국을 찾는 용사로다
> 나가나가 압록강 건너 백두산 넘어가자
> 우리는 한국광복군 악마의 원수 쳐물리자
> 진주 우리나라 지옥이 되어
> 모두 도탄에서 헤매고 있다
> 동포는 기다린다 어서가자 고향에
> 등잔밑에 우는 형제가 있다

---

197) 독립군가보존회 편, 앞의 책, 44쪽.

원수한테 밟힌 꽃포기 있다
동포는 기다린다
어서가자 조국에
우리는 한국광복군
조국을 찾는 용사로다
나가나가 압록강건너 백두산 넘어가자
— 박영만 「압록강 행진곡」198)

이 노래는 박영만이 작사하고 한형석이 작곡한 독립군시가이다. 「압록강행진곡」은 한국광복군의 기개와 독립에 대한 강한 의지를 잘 표현하고 있으며, 시적 비유와 비장함이 전편에 흐르고 있다. 압록강을 건너서 빼앗긴 조국을 되찾아야 한다는 당당한 저항시의 면모를 보여준다. '등잔밑에 우는 형제'와 '원수한테 밟힌 꽃포기'를 구하기 위해 압록강을 건너서 백두산을 넘어서 진주하려는 강한 기상이 엿보인다. 이 노래에는 독립군의 뜨거운 기개와 용기가 잘 나타나 있으며, 일본군과 맞서 싸우는 독립군들의 불굴의 투지가 흐르고 있다. 일제의 침략에 좌절하거나 절망한 비극적 세계를 벗어나 일본군과 당당하게 맞서 싸우는 강한 저항적 자세를 견지하고 있다는 점에서 독립군시가의 투쟁성을 잘 보여주는 작품이라 할 수 있다.

이 노래를 작사한 박영만(朴英晩, 1914-1981)은 평남 안주(安州)출신으로 광복군 제2지대에서 활동하였다. 한형석의 『광복군가집』에는 「압록강 행진곡」의 작사가가 다른 이름으로 나오는데,199) 독립군시가집에는 작사가가 박영만으로 되어있다. 박영만은 광복군 총사령부 부령(副領)으로 승진되어 선전과장으로 활동하였다.

이 노래를 작곡한 한형석(韓亨錫, 1910-1996)은 부산 출신으로 부친

---

198) 독립군가보존회 편, 앞의 책, 94쪽.
199) 원본이 낡아서 이름을 식별할 수 없는데, 두 자로 된 이름의 작사자만 판독이 가능하다(한형석, 『광복군군가-제1집』, 필사본, 광복군제2지대 발간).

한흥교(韓興敎)를 따라 중국에 가서 1928년 베이징 노하고급중학교를 졸업하고, 상해 신화예술대학교 예술교육과를 졸업하였다. 1934년 첫 군가 작품인 「혁명군가」를 작곡하였고, 1937년에는 가극 「리나」를 공연하였다.200) 1940년 광복군 창설 직후에 『광복군가집』201)을 광복군 제2지대에서 필사본으로 발간하였다. 작곡가 한형석은 전시예술조장으로 활동하면서 많은 독립군군가를 작곡하였다.

1937년 중·일 전쟁이 발발하자, 중국 각지에 흩어져 독립운동을 하던 애국단체들은 중경에 이전한 임시정부를 중심으로 모이기 시작했으며, 통일된 군사 활동과 외교활동을 필요로 하게 되었다. 이러한 필요성에 따라 1940년 9월 17일 중경에서 광복군이 조직되었다. 창군 당시의 광복군은 총사령 이청천(李靑天), 참모장 이범석, 총무처장 최용덕(崔用德), 참모처장 채형세(蔡衡世), 부관처장 황학수(黃學秀), 경리처장 겸 정훈처장 안훈(安勳, 본명 趙擎韓), 훈련처장 송호(宋虎, 본명 宋虎聲), 군무처장 유진동(劉振東)이었다. 부대 편성은 3·3제를 원칙으로 하여 소대, 중대, 대대, 연대, 여단, 사단의 6단으로 편성하여 3개 구대, 3개 분대를 두었다. 제1지대장에 참모 이준식(李俊植), 제2지대장에 참모 김학규(金學奎), 제3지대장에 공진원(公震遠) 제5지대장에 나월환(羅月煥)을 임명하였다.202) 광복군은 임시정부에서 제정한 군사법규에 따라 군대를 편성하였다.

김구는 광복군 선언문에서 광복군은 구한국군의 후신임을 시사하였고, 33년간에 걸친 의병과 독립군의 항일투쟁을 계승한 정통(正統) 무

---

200) 『부산일보』 2003. 8. 15.
201) 이 군가집에는 「국기가」「광복군가」「선봉대」「최후의 결전」「용진가」「신출발」「광복군아리랑」「광복군석탄가」「압록강 행진곡」「조국행진곡」「앞으로 행진곡」「여명의 노래」「우리나라 어머니」「흘러가는 저 구름」 등 14편이 실려 있다. 노랫말과 악곡이 필사본으로 전한다(한형석 씨 소장 필사본).
202) 박성수, 『독립운동사연구』, 창작과비평사, 1980. 제4장, 「광복군과 임시정부」 참조.

장독립단체임을 선언하였다. 광복군은 임시정부에서 조직한 군사조직으로 체계적인 군사훈련과 대외 선전활동을 꾀했으며, 대일 선전포고를 하였다. 독립군시가는 광복군 창설의 계기로 체계적인 선전활동의 목적으로 만든 군가였다. 광복군 정훈처 소속의 선전부에서는 전시문화공작대를 두고 이들 군가를 각 지대에 보급하였다.

독립군군가의 보급운동과 함께 독립군들은 체계적인 전시 훈련과 함께 군사 조직으로서 기능을 수행하였다. 이두산 작사의「광복군행진곡」은 전시 문화공작대에서 만든 독립군군가로 광복군들 사이에 알려진 작품이다. 이 노래의 내용은 젊은 가슴 붉은 피로 반만년 역사의 씩씩한 정기를 이어받아 독립국가를 건설하려는 굳센 의지를 담고 있다. 그리고, 이와 유사한 작품으로 청산리 전투를 승리로 이끈 김좌진이 작사한「승리 행진곡」이 있는데, 이 노래는 만주벌판을 호령하던 우리 민족의 기상과 독립군들의 장쾌한 기상이 잘 나타나 있다.

> 잘즈몬 익힌힘줄 벌떡거리고
> 절절끓는 젊은피는 넘치려누나
> 한밝뫼재(白頭山) 비낀달에 칼을뽑을제
> 바위라도 한번치면 부서지리라
>
> 하늘아래 모든데서 악을뿌리며
> 조수같이 밀려온들 그무엇이랴
> 싱긋웃고 무쇠팔뚝 번쩍일 때에
> 구름속의 선녀들도 손뼉치리라
> ― 김좌진「승리 행진곡」부분203)

북로군정서 사령관으로 독립군을 이끈 김좌진 장군의 의기와 사상이 잘 표현된 노래이다. 그 노랫말을 살펴보면, 전쟁을 수행하기 위한

---
203) 독립군가보존회 편, 앞의 책, 64쪽.

강한 정신무장과 구국의 의지가 호쾌한 기상과 함께 드러나 있다.204) 독립군의 정신은 칼을 들고 바위를 치면 그 바위가 부서질 정도의 강한 기상과 용기로 무장되어야 한다는 것이다. 이러한 강한 정신으로 항일 전선에 참가한 것이 독립군들이었다. 그런 점에서 이 노래는 일제시대 국내에 남겨진 저항문학에서는 찾아보기 힘든 강한 저항적 자세와 독립의 열망을 견지하고 있다. 이처럼, 강한 저항 의식과 불굴의 기상은 비록 군사력으로는 현격한 열세에 놓여 있음에도 불구하고, 일제와 맞서 용감하게 싸울 수 있는 정신적 바탕이 되었다. 이러한 정신적 자장은 독립군시가의 정신적 토대가 되었다.

독립군시가는 악보에 있어서 일본 군가에 영향을 받았다 해도 노랫말이 지닌 정신적 측면에서는 무엇보다도 강한 저항문학의 면모를 보여주었다. 일제시대 민족문학사에서 독립군시가가 차지하는 위상은 불의에 저항하는 리얼리즘 문학의 진정성에서 그 문학적 의미를 찾을 수 있다.

독립군시가는 무력투쟁을 독려하는 작품만 있는 것이 아니라, 저항정신을 민요의 율격에 담아낸 작품이 있는가 하면, 현실에 저항하는 겸허한 모습을 보여주는 작품도 있다. 그만큼 독립군시가는 일제시대의 암울한 현실을 다양한 방법으로 형상화하였다고 할 수 있다. 독립군시가 중에는 독립군들의 비장한 각오와 겸허한 인간성을 보이는 다음과 같은 작품도 있다.

  이내몸이 압록강을 건너올때에
  가슴에 뭉친뜻 굳고또굳어
  만주들에 북풍한설 몰아부쳐도
  타오르는 분한마음 꺼질바없고
  오로라의 얼음산의 등에묻혀도
  우리반항 우리싸움 막지를 못하리라

---

204) 이현희, 「김좌진의 항일 독립사상」, 『나라사랑』 41집, 1981, 48쪽.

> 피에주린 왜놈들은 뒤를따르고
> 괘씸할사 마적떼는 앞길막누나
> 황야에는 해가지고 날이저문데
> 아픈다리 주린창자 쉴곳을찾고
> 저녁이슬 흩어져 앞길적시니
> 쫓기는 우리의 신세가 처량하구나
> ―「고난의 노래」205)

 이 노래는 쓸쓸한 이국땅에서 고독과 싸우기도 하고, 전투 직전의 긴장된 상황을 겪으면서 비극적인 삶을 극복하기도 한다. 1920년 봉오동과 청산리 전투를 승리로 이끈 독립군은 이듬해 일본군의 대공세로 전세는 역전되어 쫓기는 처지가 되었다. 이런 상황에서 일본군은 독립군을 소탕하기 위해서 만주 일대의 마적단을 매수하여 독립군에 대한 토벌 작전을 펼치게 된다. 일본은 중국과 러시아에 외교적 압력을 행사하고, 국제적으로 궁지에 몰린 독립군은 민간인으로 위장하거나 지하공작대를 조직하여 일본군과 투쟁하게 되었다. 이 노래는 청산리 전투 이후 벌어진 일본군과의 교전으로 피해를 입은 독립군들이 일본군과 마적단들에게 쫓기면서 불렀던 노래이다.

 만주의 '북풍한설' 속에서도, 혹은 '오로라의 얼음산'에서도 일제에 대한 항거의 고삐를 늦추기 않으려고 했던 독립군들의 굳건한 기상을 엿볼 수 있다. 그러나 독립군의 현실은 일본군과 마적 떼의 합동작전으로 설 곳을 잃어버린 채, 소련과 만주의 국경지역과 중국의 관내로 피할 수밖에 없었다. 이와 같은 급박한 상황에 몰리면서 독립군들은 내외적으로 시련과 고난을 겪어야 했다. 그들은 '아픈다리 주린창자 쉴곳을 찾고' 있었지만, 넓은 만주 벌판에 해는 지고 날은 저물었지만 피할 곳이 없는 처지에 놓이게 되었다. 이처럼, 청산리 전투 이후의 독립군들의 삶은 처참하고 비극적인 상황으로 내몰리고 있었다. 그러

---

205) 독립군가보존회 편, 앞의 책, 74쪽.

나 이 과정 속에서도 나라 사랑의 정신은 끊이지 않았다.

> 하늘은 미워한다 배달민족의
> 자유를 억탈하는 왜적적들을
> 삼천리 강산에 열혈이끓어
> 분연히 일어나는 우리독립군
> 맹세코 싸우고 또싸우리니
> 성결한 전사를 하게하소서
> 백두산의 찬바람은 불어거칠고
> 압록강 얼음위에 은월이밝아
> 고국에 전해오는 피비린냄새
> 분하고 원통하다 우리동족들
> — 이범석, 「기전사가(祈戰死歌)」 부분206)

이와 같이 독립군들은 비극적인 상황에 처해 있으면서 '성결한 전사'를 하려는 굳건한 기상을 보인다. 「기전사가」는 전투의 비극적인 체험 속에서도 분연히 떨쳐 일어나야 한다는 의지를 보여주고 있다. 이 노래는 청산리 전투 직전에 만들어져 독립군들에게 불려졌다고 하는데, 그 노랫말 속에는 전투에 임하는 독립군들의 비장한 각오와 죽음을 불사한 결사항전의 자세가 잘 나타나 있다. 피비린내 나는 전쟁의 상황 속에서 나라를 빼앗긴 민족의 비애가 경건한 어조 속에 흐르고 있으며, 일본군과 결전을 앞둔 독립군들의 면모가 선연하게 떠오른다.

이 노래를 지은 이범석은 서울에서 태어나 1915년 여운형과 함께 만주로 망명하여 항주 군관학교를 나와 신흥무관학교에서 독립군을 양성하였다. 1920년 북로군정서의 연성대장(研成隊長)이 되어 청산리 전투에 참가하였는데, 1940년에는 광복군 창설 당시 참모장을 지냈고, 일제말기에는 광복군 제2지대장으로 전투에 참가했다.

---

206) 독립군가보존회 편, 앞의 책, 66쪽.

이범석의 노래와 같이 비장한 각오를 드러내는 작품들은 주로 독립군들의 정서를 반영하고 있다. 이 작품들은 이국 땅에서 나라를 잃은 슬픔을 시화하고 있다.

> 양자강 깊은물에 낚시드리고
> 독립의 시절낚던 애국지사들
> 한숨과 피눈물로 물들인타향
> 아침꽃 저녁달이 몇번이더냐
> 가슴에 맺힌한을 풀길이없어
> 산설고 물선땅에 수십년세월
> 목숨이 시들어서 진토가된들
> 배달민족 품은뜻을 버릴까보냐
>
> 의분과 인내속에 강은더흘러
> 내일의 기쁜날을 맞이하려는
> 자유와 독립의 힘찬종소리
> 무궁화 삼천리에 울려퍼지리
> ―「애국지사의 노래」[207]

「애국지사의 노래」는 1920년대 상해의 애국지사들과 만주독립지사들이 주로 불렀던 노래이다. 독립군들의 외로움과 쓸쓸한 이국적 정서가 아른하게 떠오르게 한다. 나라를 잃고 처량한 신세로 이국땅을 떠돌아야만 했던 독립군들은 그들의 처지를 한탄하는데 머무는 것이 아니라, 언젠가는 자유와 독립의 날이 올 것이라고 다짐하고 있다. 그들은 의분을 감추고, 현실을 견디어 내면서 내일을 기약하고 있었다. 이러한 독립군들의 정신은 언젠가는 무궁화 삼천리가 올 것이라는 희망을 내포하고 있었다.

이 노래는 전체적으로 쓸쓸하고 비장하지만, 그 바탕에는 독립을 향

---

[207] 독립군가보존회 편, 앞의 책, 61쪽.

한 의지와 기개가 숨어있다. 비록 단조로운 율격과 직설적인 표현으로 말미암아 시적 비유를 떨어뜨리고 있지만, 누구나 쉽게 부를 수 있는 율격을 택하면서 민중들과 함께 하는 세상을 희구하고 있다. 이 노래처럼 독립군들은 척박한 만주 땅에서 그들의 의분을 감추고 독립을 위한 굳센 의지로 살았던 것이다. 독립군시가는 이러한 정신을 형상화한 문학이다.

그들은 당대의 현실을 버티어내는 데만 있었던 것이 아니라, 미래의 이 땅의 주인들에게도 언젠가는 밝은 날이 올 것이라고 희망한다. 다음 작품은 그 희망의 전언을 잘 보여주고 있다.

> 어머니여 아버지는 어데 가셨오
> 이렇게 오래도록 안 오시나요
> 학교에서 오는 길에 설어웠다오
> 아버지가 보고 싶어 울었답니다
> 아버지는 저 먼 곳에 가셨느니라
> 거기 가서 우리 동포 가르치신다
> 머지 않아 기를 메고 돌아오리니
> 그때까지 공부 잘하고 기다리거라
> ― 「아버지를 찾아서」부분208)

> 우리는 신대한국 애기 혁명군
> 先烈들의 남긴 事業 완성하랴고
> 밤이면 革命哲學 낮이면 술과
> 우리는 韓國의 아기 혁명군
>
> 폭포소래 들려오는 土橋 新韓村
> 八十名의 굿세인 韓國男兒가
> 大陸의 벌판에서 소리치면서
> 푸르른 하늘에 태극기 펄펄

---

208) 독립군가보존회 편, 앞의 책, 85쪽.

革命에 뿌린 씨가 싹이 나거든
三千里 江山에다 다시 심어서
그 꽃이 피여서 무궁화 될 때
三千萬 大韓아 萬歲부르자
　　　　— 「애기 혁명군」[209]

「아버지를 찾아서」는 독립군으로 떠난 아버지를 찾아 떠나는 소년의 노래이다. 이 작품은 남북 만주 먼 길이라 해도 아버지를 찾아 떠날 것이라는 다짐을 보여주고 있다. 세대를 넘어서 독립과 민족의 소망을 꿈꾸고 있는 것이다. 이 노래의 1연은 소년이 어머니께 하는 말이고, 2연은 어머니가 아들에게 하는 말이다. 친근한 대화체로 쓰여진 이 작품은 아버지 없는 서러움을 견디면서 끝까지 아버지의 정신을 본받으려는 소년 독립군의 기상을 노래하고 있다. 소년들의 독립운동 참가는 일찍이 박용만의 소년병 학교에서 그 뿌리를 두고 있지만, 독립군 단체는 소년군을 조직적으로 양성하면서 끝까지 군사적 행동을 준비하고 있었다. 「아버지를 찾아서」는 독립군으로 떠난 아버지를 본받으려는 소년의 신념이 잘 표현되었다.

다음 작품인 「애기 혁명군」은 소년들의 기상을 노래한 작품이다. 토교(土橋, 블라디보스토크)의 신한촌은 구한말부터 일제시대까지 독립군들이 투쟁한 곳이었다. 피에르바야레츠카라는 동네에 형성됐던 신한촌은 이동휘, 홍범도 등 독립 운동가들이 거처하면서 독립운동의 거점으로 이용하였다. 신한촌에서 훈련을 받고 있는 80명의 한국 남아의 기상을 보면서 삼천리강산에 혁명이 불길이 번져 오를 날을 기다린다. 2연 2행에 '밤이면 革命哲學 낮이면 술과'라는 부분에서 '술'이라는 말은 '전술(戰術)'을 뜻한다. 낮과 밤을 통하여 끝까지 투쟁하려는 독립정신을 보여준다. 그 내용에서 무술을 익히는 장면이 연상되고, 밤

---

[209] 이국영, 앞의 책, 17-18쪽.

낮으로 연마하는 소년 독립군의 훈련장면을 엿볼 수 있다. 나라를 잃은 상황에서도 먼 이국땅에서 군사훈련을 받으면서 조국의 미래에 대한 간절한 희망을 꿈꾸고 있었다.

시대의 어려움을 극복하려는 민중들은 독립운동에 가담하였고, 일제에 직접적으로, 혹은 간접적으로 저항하였다. 이러한 민중들의 저항을 형상화한 독립군시가는 일제시대 민족문학의 한 계보를 보여주고 있다.

> 가슴쥐고 나무밑에 쓰러진다 독립군
> 가슴에서 쏟는피는 푸른풀위 질퍽해
>
> 산에나는 까마귀야 시체보고 우지마라
> 몸은비록 죽었으나 독립정신 살아있다
> 만리창천 외로운몸 부모형제 다버리고
> 홀로섰는 나무밑에 힘도없이 쓰러졌네
> 나의사랑 대한독립 피를많이 먹으려나
> 피를많이 먹겠거든 나의피도 먹어다오
> ─「독립군 추도가」210)

「독립군추도가」는 독립군들의 처절한 죽음을 지켜보면서 결연한 투쟁의지를 북돋우는 작품이다. 1920년대 만주일대에서 일본군과 혈전을 치르다가 순국한 독립군을 추도한 노래이다. 이 노래에는 남한의 독립군시가자료집에도 전하고, 북한의 혁명가요집에도 비슷한 제목으로 전하고 있다. 부분적인 어휘만 다를 뿐 전체의 내용은 같다. 남한의 자료에는 '독립'으로 북한에서는 '혁명'으로 표기되어 있을 뿐이다.

이 노래는 죽은 시체일지라도 정신은 살아있다는 결연한 항거의 자세가 잘 나타나 있다. 전우의 죽음을 바라보는 비극적 상황 속에서도 독립 전쟁에 참여하려는 비장한 각오가 처연할 정도로 형상화되어 있

---

210) 독립군가보존회 편, 앞의 책, 84쪽.

다. 이 노래에서 피로써 투쟁하는 독립군의 정신을 엿볼 수 있다. 민요에 노랫말을 바꿔 부른 작품에서도 독립군들은 그들의 삶의 애환을 표현하고 있다. 이러한 작품으로 「신방아타령」「신아리랑」「광복군석탄가」「광복군아리랑」「광복군늴리리야」 등을 들 수 있다. 이들 노래는 모두 민요가락에 노랫말을 바꾸어서 부른 작품들이다.

전쟁의 참혹상을 비껴가기 위한 독립군들의 애환은 때로는 빼앗긴 조국에 대한 애절한 호소를 통해서 자신의 신세를 한탄하고 있다. 이처럼, 현실을 받아들이면서도 어쩌지 못하는 답답한 심정은 당대 의식을 지배하는 상실감의 표현이었다. 그 상실감 속에서도 끊임없이 그들은 '광야'에 대한 꿈을 버리지 않았다. 다음 시를 읽어보면, 독립군들의 척박한 삶 속에는 늘 희망의 '꽃'과 '끝없는 광야'가 자리하고 있었음을 알 수 있다.

> 사랑의 故國길 떠나선
> 流浪民 자취 엄숙한 곳은
> 하날에 해도질곳 모르난
> 멀고도 넓은 광야이로다
> 구름속 北方돌던 기럭도
> 피토하고 떠러젓건만
> 표박한 流浪民 발자최는
> 광야의 꽃을 찾아 江언덕까지
> 아득한 광야 끗없는 광야
> 바람도 方向 몰라 나라가는곳
> 천년이 하늘품은 自然도
> 늙은길 몰라 방황하도다
> 나그내의 끌르 눈물마킬때
> 혈조만 깊이 흘러나리고
> 애끌는 가신님을 부를제
> 曠野여 어이하여 말이 없는가
> ― 「曠野」 부분211)

전체 3연 중에서 1연과 3연만 인용하였다. 1연에서 넓고 넓은 광야에서 꽃을 찾아 떠도는 화자의 심정을 표현한다. 여기서 '꽃'은 조국의 독립과 새로운 세계에 대한 희망이라 할 수 있다. 3연에서는 아득한 광야, 끝없는 광야에서 방황하는 화자의 모습이 천연스럽게 하늘 품은 자연과 대비되면서 화자의 슬픔을 가중시킨다. 자연과 인간의 대비는 결국 빼앗긴 조국에 대한 그리움으로 나타나면서 가신 님(빼앗긴 조국)의 한을 피눈물로 흘러내리게 한다. 마침내 화자는 광야에서 빼앗긴 조국에 대한 그리움에 북받쳐 말없는 광야를 향해 목놓아 한탄한다.

이 시는 부박(浮薄)하는 유랑민의 모습과 끝없는 광야에서 방황하는 나그네의 설움을 담담한 어조로 표현하고 있다. 구름 속에서 피 토하고 떨어지는 기러기를 통해서 독립군들의 비극적 삶이 조망되고, 변화하지 않는 자연과 변화하는 인간 세상을 대조하면서 서러운 삶을 투영한다. 화자의 심정은 '혈조만 깊이 흘러내리고', 가신 님을 찾아 부르지만, 끝내 대답이 없는 답답한 심정을 노래하고 있다. 이 시에서 '광야'의 열린 공간이 화자의 심정에는 닫힌 공간으로 자리잡고 있다. 빼앗긴 들판에서 봄을 기다리는 것처럼, 애절한 마음으로 살아가고 있는 것이 독립군들의 처지였는지 모른다. 이 시는 정처없이 떠도는 독립군들의 심정과 그 광야에서 잃어버린 조국을 다시 찾아야 한다는 애절한 마음이 잘 나타나 있다. 기법과 표현의 면에 있어서 문학성이 뛰어난 작품이다.

독립군시가가 지닌 저항문학의 요소는 불굴의 의지와 기개, 전투에 임하는 정신무장으로 무력투쟁의 방편으로 삼았으며, 겸허한 인간주의를 통해서 전우애와 항일의식을 고취시켰다. 독립군시가는 의병시가에서 보인 소극적인 저항정신이 일본군과의 투쟁이라는 적극적인 저항문학으로 바뀌면서 다양한 내용을 담아내고 있다. 일제시대의 역

---

211) 이국영, 앞의 책, 61쪽.

사적 질곡 속에서 숱한 문학인이 변절과 친일의 길로 들어설 때에도 무장 독립군들의 불굴의 의지는 대다수 민중들에게 항일의식을 고취시키고, 독립에 대한 희망을 버리지 않았다는 데서 민족문학의 정신사적 맥락을 견고하게 지켜냈다고 할 수 있다. 독립군시가는 비록 악곡은 일본 군가의 영향을 받고 있지만, 노랫말을 바꾸어 부르면서 오히려 우리 민족의 불굴의 투쟁정신을 다잡아 갔던 것이다. 독립군시가는 친일문학에 연연하고, 국민문학으로 전락한 일제시대의 문학적 상황을 극복하는 단서가 되고 있으며, 저항문학의 큰 맥락에서 민족문학의 한 궤적을 이루고 있다고 할 수 있다.

5) 현실에 대한 다양한 시적 대응

독립군시가는 다양한 방법으로 민족의 울분을 표현하거나 민족의 당면문제를 풀어나갔다. 나라를 잃어버린 비극적 상황을 풀어나가는 문학의 대응은 다양한 정서로 나타났다. 나라 사랑은 여인에 비유되기도 하고, 민족의 밝은 미래를 그려내기도 하였다. 그리고 권고와 계몽, 현실고발, 추모, 정신무장 등 다양한 방법으로 일제에 대한 저항의 자세를 견지하고 있었다. 독립군시가의 다양성은 일제에 대한 저항의 자세가 다양해졌다는 말과도 같다. 이처럼, 일제시대를 관류하면서 독립군시가는 다양한 방법으로 일제에 맞서 나갔던 것이다. 독립군시가의 정신적 강인함은 국토의 전체를 유린당하고도 다시 나라를 되찾을 수 있는 민족의 저력을 보여주기에 충분한 것이었다. 독립군시가는 비극적인 상황에 저항하는 다양한 시적 대응을 통하여 민족의 당면문제에 맞서고 있다.

나라를 잃고 서러운 민족의 정서를 표현한 작품들은 저항의 형태로 볼 때는 소극적인 방법이라 할 수 있다. 이러한 소극적인 태도는 계몽주의에 그 뿌리를 두고 있는데, 이것은 애국심을 고취시키고, 국가의 위기의식을 계도하는 것으로 나라를 빼앗긴 민족의 소극적인 저항의 방식이었다. 이 저항의 방식은 민족과 나라를 상징하는 사물을 통해서 조국에 대한 그리움을 표현하였다. 나라를 잃은 백성의 서러움을 표현하면서 그들은 조국의 아름다운 산천이나 나라를 상징하는 사물을 소재로 끌어들이면서 잃어버린 조국을 되찾으려고 하였다. 이와 같이 독립군시가에 반영된 상실한 존재에 대한 그리움과 소망은 일제에 대한 저항의 한 방식이라 볼 수 있다.

① 한글 사랑을 통한 나라 사랑의 길

이를 표현한 작품들은 제목이 상징하는 의미에서 저항의 방식을 충분히 짐작할 수 있으며, 무궁화, 배달민족, 강남, 열세 집, 파랑새 등과 같은 시어를 사용하여 나라 잃은 민족의 울분을 상징적으로 형상화하였다. 이러한 소재들은 모두 우회적인 저항을 표현하고 있지만, 그 배경에는 나라 잃은 백성의 슬픔이 깔려 있었다.

> 보던책 덮어두고 님이그려 또웁니다
> 멀리간 님이시늘 생각조차 마오려도
> 갓맺힌 한이솟쳐서 이리 설워합니다
> 고대턴 님의글월 눈물흔적 새롭고야
> 오실까 믿었더니 내홀로 속았음을
> 나날이 기다리는 맘에는 눈물배여 듭니다
> ― 이규영, 「기다림」부분212)

시조 「기다림」은 언제 쓴 것인지 창작시기는 정확히 알 수 없지만, 작가의 생애와 작품의 내용으로 미루어 볼 때, 1910년부터 1920년 사이에 쓴 작품으로 볼 수 있다. 여기서 '기다리던 님'은 일제에 빼앗긴

---

212) 독립군시가집 편찬위원회 편, 앞의 책, 72쪽.

조국을 상징한다. '보던 책'을 슬쩍 밀쳐내 놓고 나라 잃은 백성의 서글픈 처지를 생각하면서 솟구치는 한을 억누르지 못하는 심정이 애절하게 나타나 있다. 이 시는 당대 지식인의 고뇌가 잘 드러나 있으며, 소극적인 저항의 형태이긴 하지만, 잃어버린 조국에 대한 애절한 감정이 절절하다. 요절한 한글학자 이규영을 추모하는 글을 읽으면 그의 문학이 갖는 저항적 자세를 짐작할 수 있을 것이다.

슬프다. 스승님 어대 가서 계십니까. 묻엄 우에 심은 나무 아람들이 돼슬망정 배달겨레 한뭉치 넋이야 사라지섯으리까. 크나큰 가옷 섬(한반도)에 우리말 우리글로 사모치게 가르치사 스승님의 목소리 시하쪽 마노(南北)에 퍼저잇습니다.213)

이광종이 쓴 추도문을 살펴볼 때, 그는 한글 학자로서 민족의식을 가르친 스승이었음을 알 수 있다. 이 추도문에서 나라의 독립을 위해 우리 민족의 정서를 반영하는 한글의 중요성을 역설한 민족의 스승을 만날 수 있을 것이다. 인용한 「기다림」은 황현의 절명시(絶命詩) 만큼이나 비통한 상황을 묘사하고 있다. 이처럼, 독립군시가는 의병시가에 나타난 비분강개의 정신이 잘 드러나 있다.

이 시조를 쓴 이규영(李奎榮, 1890-1920)은 한글학자이며, 필명은 검돌이다. 경기도 수원에서 태어나 보성중학교를 거쳐 1911년 오성학교를 졸업하였다. 1913년 조선광문회에서 조선어자전 편찬에 종사하였고, 필사본 『한글적새(6권)』 『말듬』, 비망록으로 『온갖 것』(1912-1913)이 전한다. 한글학자 주시경 밑에서 수학하였으며, 서른 한 살의 나이로 요절하였다. 1933년 『중앙교우회보』 창립 25주년 기념호에는 그의 죽음을 애도한 추도문과 약력, 사진이 남아 있다.214) 그는 짧은

---

213) 김민수, 「이규영 필사본 - '말듬'」(『한국학보』 7권, 1981). 여기에 이광종이 스승 이규영의 죽음을 추도한 추도사가 있는데, 인용한 부분은 추도사의 일부분이다.

생애 동안 한글 연구에 심혈을 기울었으며, 함흥, 안동 등지에서 조선어와 조선사를 가르쳤다. 그가 남긴 시조 한 편에는 나라 사랑의 정신이 절절하게 나타나 있다.

이규영의 한글 운동과 유사한 작품들은 독립군시가의 중요한 소재가 되었다. 그것은 독립군시가가 우리의 역사에 대한 자부심, 우리나라의 아름다운 풍경에 대한 묘사와 같은 맥락에서 민족의식을 강조하기 위한 목적으로 창작되었기 때문이다. 특히, 한글 운동은 우리 문화의 우수성을 상징하는 것으로 민족 문화를 계몽하기 위한 목적으로 불려졌다. 이러한 한글 사랑을 노래한 독립군시가로는「우리말과 글」이라는 작품이 있는데, 이 작품은 악보와 함께 전한다.

놉히소슨 쟝백산하 고흔련연계
녯적우리 신성한씨 처음생겻네
특별한땅 특별한씨 우리민족이
서로쓸 말낫네
(후렴) 넓히넓히 우리말 넓히 멀리멀리 우리글멀리
　　　우리말과 우리글은 긔묘하여서 세게웃듬일세

총명하고 리상많은 설총선생이
말에맞는 우리글을 지여냇도다
아름답고 보배롭다 우리민족의
특성을 그렷네
국민에게 조국정신 배양하기는
국문발달 식킬것이 필요하도다
간편하고 알기쉬운 우리국문은
못쓸 말이업네

엇던나라 민족들을 삷혀보건대

---

214) 김민수, 「이규영의 문법연구」(『한국학보』 6권, 1980). 김민수, 「이규영 필사본 - '말듬'」(『한국학보』 7권, 1981)

> 말과글이 구역따라 각각다르되
> 우리말과 우리글은 한결갓해서
> 널니 통용하네
>   — 「우리말과 글」215)

우리 민족의 생성과 한글의 우수성을 말하면서 민족의 자부심을 밝히고 있는 작품이다. 우수한 민족의 특성을 살리고, 국민정신을 배양하는 한글의 중요성을 계몽하고 있다. 이 시에서는 지역에 따라 말이 다르지만, 한글의 우수성은 세상이 인정하는 것이라고 한다. 그런 점에서 한글 운동은 우리 민족을 지켜내는 일이고, 한글은 우리 문화에 대한 자부심을 상징하는 것이다. 독립군시가 중에서 한글 사랑을 소재로 한 작품은 민족의 결속을 다지는 계기를 마련하기 위한 방편으로 불려졌다.

② 현실 인식과 미래에 대한 희망

독립군시가에서 한글 사랑은 민족의 자부심과 민족의 미래에 대한 희망을 갖게 한다. 일제시대라는 억눌린 민족의 현실이지만, 한글 사랑을 통해서 우리 문화에 대한 자부심과 민족의 긍지를 심어주었다. 그러면서도 독립군시가는 민족의 미래에 대한 희망을 놓치지 않았다. 그것은 현실을 긍정적으로 인식하려는 자세에서 비롯한다. 다음 작품은 우리 민족의 미래에 대한 희망을 잘 형상화한 작품이다.

> 정이월 다가고 삼월이라네
> 강남갔던 제비가 돌아오면은
> 이땅에도 또다시 봄이온다네
> (후렴) 아리랑 아리랑 아라리요

---
215) 이국영, 앞의 책, 93쪽.

아리랑 강남을 어서나가세

강남이 어딘지 뉘가알리요
떠나가신 그님이 돌아올때면
이땅에도 또다시 봄이온다네
— 「그리운 강남」216)

이 작품은 김석송이 작사하고, 안기영이 작곡하였다. 제목이 「아리랑 강남」으로 남아있는 것도 있다. 북한에서는 남녀노소가 즐겨 부르는 가곡이다. 「그리운 강남」은 전체 9연으로 되어 있다. 평이한 내용에 단순한 리듬을 살려서 우리 민족의 소망을 담아내고 있다. 쉬운 시어 구사와 직관에 의존한 시어를 사용하고 있어서 대중성을 획득한다. 1920년대 발표한 이 작품이 노래로 만들어지자 레코드취입까지 하면서 대중가요로 불려졌다. 노랫말의 내용은 우울과 희망이 서로 교차하면서 우리 민족의 밝은 미래상을 제시하고 있는데, 봄이 주는 생명력과 제비의 날렵함이 민족정신을 북돋우고 있다. 나라를 잃은 백성이 지향하는 곳은 평화의 세계이고, 독립의 영광을 찾는 길이다. 그곳은 '강남'이라는 희망의 공간이다. 이 작품은 봄이 오면 어김없이 돌아오는 제비를 보고, 우리 민족도 희망을 갖고 살자고 한다.

김석송(金石松, 1900-?)은 본명이 김형원(金炯元)으로 충남 논산군 강경 출생이다. 보성고등보통학교를 중퇴하고 1920년 『조선문단』으로 데뷔하였으며, 1923년에는 프로문학 단체의 전신인 파스큐라에 가담하기도 하였다. 이 무렵 「불순의 피」와 같은 저항적인 시를 발표하였다. 해방 후인 이승만 정권 때는 공보처장을 지냈으며, 한국전쟁 때 납북된 것으로 알려져 있다. 그의 대표작으로는 「아, 지금은 새벽 4시」 「내가 조물주라면」 「생장의 균등」 「벌거숭이의 노래」 「불순의 피」 등

---

216) 독립군가보존회 편, 앞의 책, 187쪽.

이 있다.[217] 기존 연구에 따르면, 김석송은 민중적 현실 지향의 시인이라 부르기도 하지만,[218] 그의 행적에 따를 때, 민족문학사에서 그의 문학적 입지는 재고의 여지가 있다고 본다.

작곡가 안기영(安基永, 1900-1980)은 민족 찬송가 운동을 이어간 음악가였다. 그는 충청남도 청양읍에서 태어나 영명학교와 배재학당을 나와 연희전문학교를 나왔다. 1919년 3·1운동에 참여하고, 그해 5월 독립운동에 뜻을 두고 독립군 비밀 군관학교인 신흥학교와 광주의 예비 군관학교를 마쳤다. 28년부터 32년까지 이화여자전문대학 성악과 교수로 있으면서 향토가극을 만들어 무대에 올리기도 했으며, 1928년에 작곡한「그리운 강남」은 안기영의 처녀작이다.[219] 안기영은 1989년에 해금되면서 남한에 알려진 작곡가이다. 그는 한국 최초의 작곡집을 상재하였으며, 홍난파가 서양 리듬을 수용하였다면 그는 한국의 가락을 서양 악보에 담은 민족 음악가였다.

일제시대 우리 민족에게 주어진 가장 중요한 문제의식은 빼앗긴 나라를 되찾는 일이었다. 대다수의 민중들이 지향한 것은 미래에 대한 희망을 버리지 않는 것이었고, 이별의 상황에 놓여있다고 하더라도 그 시련을 극복하고 빼앗긴 나라를 되찾는 일이었다. 독립군시가에 나타난 주제의식 중에서 가장 많이 나오는 것은 나라 사랑의 마음을 고취시키는 계몽적인 작품들이다. 이들 작품들의 소재가 나라를 상징하는 '님', '무궁화', '진달래' 등의 소재가 많은 것도 이 때문이다. 이들 작

---

217) 지금까지 김석송에 대한 본격적인 연구는 다음과 같은 논문이 있다.
  주근옥,『석송 김형원 연구』, 월인, 2001.
  송영목,『석송 김형원 연구』,『한국학논집』14권, 계명대한국학연구소, 1987.
  김은철,「김석송의 시와 시론 연구」,『배달말』제20호, 배달말학회, 1995.
  정헌,「석송(石松) 김형원과 휘트먼 시의 이념」, 한국비교문학회,『비교문학』23권, 1999.
218) 김은철,「김석송의 시와 시론 연구」,『배달말』제20호, 배달말학회, 1996. 12.
219) 이강숙·김춘미·민경찬, 앞의 책, 142-143쪽 참조.

품들은 민족의 밝은 미래에 대한 희망을 보여준다.

> 비바람 세차고 눈보라 쌓여도
> 님향한 굳은마음 변할길 없어라
>
> 어두운 밤길에 준령을 넘으며
> 님찾아 가는 이길은 멀기만 하여라
> 험난한 세파에 괴로움 많아도
> 님맞을 그날위하여 끝까지 가리라
> ― 오광심, 「님 찾아가는 길」220)

윤희순의 의병시가에서 보인 강인한 여성의 이미지가 이 시에 나타나 있다. 의병가사에서 이어져 온 여성들의 정신자세가 독립군시가에도 이어지고 있는 것이다. 이 작품은 여성 독립투사의 건강한 투쟁의식을 표출하면서 만주의 광활한 대지를 누비며 독립군 활동을 했던 여성 독립투사들의 정신적 기개를 잘 보여주고 있다. 의병시가에 보인 선비정신은 일제시대의 독립군시가에 긍정적으로 계승되었던 것이다. 이 작품에서도 미래에 대한 희망이 잘 나타나 있다.

이 작품을 쓴 오광심(吳光心, 1910-1976)은 평안북도 선천군에서 태어나 1930년 조선혁명당에 입당하여 독립군으로 활동하였다. 그녀는 광복군 제3지대장을 지낸 김학규의 부인이다. 1935년 민족혁명당의 부녀부 차장을 지냈고, 1940년 광복군에 입당하여 광복군 제3지대에서 초모공작 활동에 참가하기도 하였다.

일제와의 전쟁 상황에 놓여 있던 독립군들은 항상 긴장된 정신 무장을 하고 있었다. 그들은 미래에 대한 긍정적인 희망을 갖고 있으면서도 스스로 정신 무장을 하였고, 동지들끼리 의기투합하는 집단적 정신 자세를 보여주었다. 이들 작품들은 단순하면서도 쉬운 시어를 사용

---

220) 독립군가보존회 편, 앞의 책, 88쪽.

하여 강한 이미지를 남기고 있다.

> 떠나올때 말없이 떠나왔지만
> 타는마음 끓는피 참을길없어
> 유랑의길 탈출길 지나고넘어
> 조국찾는 혁명길 찾아왔으니
> 보내다오 이내맘 저구름아
> 보내다오 이내맘 저구름아
> ― 신덕영,「흘러가는 저 구름」부분221)

이 작품은 한형석의 『광복군시가집』에 필사본으로 전하고 있는데, 슬픈 민족의 정서를 반영하고 있으면서도 혁명의 정신을 고취시키고 있다. 유랑의 길을 걸으면서도 잃어버린 것들에 대한 울분과 분노가 드러나 있다. 조국을 찾아 떠나는 유랑의 길 속에서 자신의 마음을 담아서 구름에 실어 보내는 서글픈 심정을 형상화하였다. 그러나 그것은 절망이 아니라, 가슴 속에 뜨거운 혁명의 정신을 갖고 있는 적극적인 투쟁 방법이었다. 이 작품은 만주에서 유랑하면서 독립군 활동을 했던 일을 회상하면서 혁명의 길에 서있던 강한 기개를 보여준다.

신덕영(申德永, 1918-?)은 경기도 양평에서 태어나 광복군 제2지대에서 활동하였다. 조국행진곡을 작사하기도 하였으며, 광복군의 사기를 진작시키는 노랫말을 지었다. 1945년 한미합작훈련인 OSS훈련 정보파괴반에서 훈련교육을 받고, 국내정진군 제1지구 황해도반에 편성되어 대기하던 중 광복을 맞이하였다.

③ 계몽과 권고, 독립에 대한 소망

개화기에 주로 불려진 작품들은 계몽과 권고를 주제로 한 작품들이

---

221) 독립군가보존회 편, 앞의 책, 110쪽.

많다. 학문을 권장하든지, 혹은 나라를 빼앗긴 치욕적인 일을 회상하기도 한다. 이러한 작품들로는 국산품을 애용하자는 운동과 독립에 대한 강한 소망을 표현한 작품들이 많다. 개화기에 주로 불려진 이 노래들은 만주의 독립군들에게 이어지면서 그들의 울분을 달래는 노래로 많이 불려졌다. 이들 작품들로는 구한말의 한국 군가와 태극기를 찬양한 노래들의 연장선상에 있는 것으로 모두 독립에 대한 소망을 주제로 하고 있다.

금수강산 내동포여 술을입에 대지마라
건강지력 손상하니 천치될까 늘두렵다

패가망신 될독주는 빗도내서 마시면서
자녀교육 위하여는 일전한푼 안쓰려네

전국술값 다합하여 곳곳마다 학교세워
자녀수양 늘시키면 동서문명 잘빛내리

천부주신 네재능과 부모님께 받은귀체
술의독기 받지말고 국가위해 일할지니
— 「금주가」222)

그리웁고 보고십허 무서움도 모르고
캄캄한 밤길을 단지 혼자서

보고십허 왓더니 외나오지를 안나
내가 부르는 소리를 이저바리엿나

당신에 부르는소리 잊이는 안엇지만
나오랴 나올수없는 롱속에 든새

---

222) 독립군가보존회 편, 앞의 책, 159쪽.

롱안에 든 새라도 지혜있는 새이면
사람의 눈을 속이여 만나려온다
사람에 눈을 속이면 세상사람들은
수상한 처녀라고 손수락질해요
사람들의 눈같은 것 무섭지는 안치만
나오랴 나올수없는 장안에 든새
　　　　　　　— 「籠 속에 든새」223)

「금주가」는 술을 끊어서 국가의 부흥을 꾀하자는 계몽적인 시이다. 이 작품은 1920년대 신생활 운동의 일환으로 물산 장려운동과 함께 전국적으로 전개된 금주운동을 장려하면서 불렀던 노래이다. 내용이 지닌 목적성으로 말미암아 그 문학적 성과는 다소 떨어지고 있지만, 독립에 대한 소망이 모든 국민들에게 전해지기를 희망한다는 점에서 민족의식을 잘 보여준 작품이다. 그리고 이 작품은 개화기의 창가 형식을 계승하고 있으며, 대중들에게 쉽게 불려질 수 있도록 창작되었다는 점에서 대중문학의 한 경향을 보여준다. 이 작품은 일제시대에도 부단하게 국민들의 정신을 개조하고, 민족의 앞날을 위해 결집된 정신을 보여주고 있다.

「籠 속에 든새」는 재미있는 풍자 기법이 돋보이는 작품인데, '농 속에 든 새'를 '처녀'에 비유하면서 갇힌 신세로 살아가는 우리 민족의 시대 현실을 풍자하고 있다. 이 시에서 '밤길', '롱(籠)', '장' 등은 모두 갇힌 시대 현실을 풍자하는 시어이다. 일제시대의 현실은 새가 '롱 속'에 갇힌 것과 같은 답답한 현실이었다. 그 어둡고 답답한 현실이라고 해도 지혜가 있으면 사람들의 눈을 속여 만나러 올 수 있을 것이지만, 순박한 우리 민족은 세상 사람을 속이지 못하여 갇힌 신세로 살아가고 있다. 일제시대의 폭압적 시대 현실을 적절하게 비유하면서도 재미있는 풍자를 하고 있다. 이 작품은 교훈성과 계몽성을 바탕으로 하

---

223) 이국영, 앞의 책, 36-37쪽.

면서도 문학성이 뛰어나다.

일제시대 창작된 계몽적인 내용의 작품들은 모두 이와 유사한 주제의식을 갖고 있다. 이들 작품은 '애국'과 국가의 상징물인 '태극기'를 지나치게 강조하면서 쇼비니즘을 자극한 것도 있지만, 이것은 민족의 생존과 당대의 시대가 만들어낸 하나의 현실 대응이었다는 점에서 그 한계성을 넘어서 문학적 성과를 평가해야 할 것이다. 이들 계몽적인 내용의 작품 중에서도 상당한 수준의 시적 형상화를 보여주는 작품도 있다.

> 청산속에 묻힌옥도 갈아야만 광채나네
> 낙낙장송 큰나무도 깎아야만 동량되네
>
> 공부하는 청년들아 너의직분 잊지마라
> 새벽달은 넘어가고 동천조일 비쳐온다
> 농상공업 왕성하면 국태민안 이아닌가
> 가급인족 하고보면 국가부영 이아닌가
>
> 유신문화 벽두초에 선도자의 책임중코
> 사회진보 깃대앞에 개량자된 임무로다
> ―「학도가」224)

이 작품은 배우고 익혀서 일제를 몰아내자는 계몽적인 목적성을 갖고 있었지만, 그 이면에는 다른 목적성을 갖고 있기도 했다.「학도가」는 학생들이 열심히 배워서 국가의 동량이 되자는 내용으로 되어 있으며, 나라가 위기에 처한 시대에 선구적인 입장에 서서 국가의 운명을 이끌어 가자고 권고하고 있다. 이처럼, 개화기의 혼란된 상황 속에서 신학문은 국가를 위기에서 구할 수 있는 중요한 현실문제였다. 어

---

224) 독립군가보존회 편, 앞의 책, 130쪽.

떤 점에서는 이 시대에 지식을 넓혀서 국가 발전에 기여하자는 것은 당연한 논리인지 모른다.

이 작품에서 문제가 되는 2연의 '동천조일(東天朝日)'은 단순한 계몽적 성격의 이면에 일본의 빛이 밝아온다는 뜻을 포함하고 있다. 새벽달인 조선은 넘어가고 일본의 아침이 밝아온다는 찬양을 숨기고 있다. 이 때문에 유신문화가 내포하는 뜻도 일본의 명치유신의 정신을 본받아 사회진보를 하자고 해석할 수도 있다.

이 작품과 동일하게 고운봉이 불렀던 학도가의 1절은 '소년(少年)은 이로(易老)에 학난성(學難成)하니 / 일촌 광음(一村光陰)도 불가경(不可輕)일세'라는 부분이 들어있고, 참조한 작품의 2연까지 불렀다. 1절은 주자(朱子)의 「우성(遇成)」이라는 시에 나오는 '少年易老學難成하니, 一村光陰不可輕'에서 따온 것이다.225) 「학도가」는 노랫말이 다른 작품으로 여러 종류가 구전되고 있으며,226) 운동가 유형으로 지어진 것도 있다.227)

그러나 「학도가」는 독립투쟁을 위한 국민교육의 중요성을 계몽하는 것이다. 교육은 개화기 국가의 위기 속에서 청년들이 국가 발전을 꾀할 수 있는 가장 유일한 길이다. 학문에 진력하고, 각자의 맡은 일에 매진하여 국가의 부흥을 도모하고 있다. 개화기 「학도가」의 문학적 위상에 대해서는 논고를 달리하여 살펴야 하겠지만, 「학도가」의 본질을 보지 못하고, 친일 작품으로 몰아가는 것은 옳은 일이 아니라고 본다.

독립군들은 광복군을 조직하면서 보다 체계적인 독립군 활동을 전개하였는데, 독립군 단체들은 그들의 집단을 꾸려나가는 구심점이 필요했고, 그런 목적으로 만들어진 교가와 독립군가들이 많이 만들어졌

---

225) 박찬호, 『한국가요사(1895-1945)』, 현암사, 1992.
226) 김학길, 『계몽기시가집』(한국문화사, 1990)에는 학도가, 권학가 등의 제목으로 약 7편이 실려 있다. 29쪽-30쪽, 286쪽, 290쪽, 295쪽.
227) 학도야 학도야 뎌기 청산 바라보게 / 고목은 썩어지고 영목은 소생하네 // 동반우 대한의 우리 청년 학도들아 / 놀기를 됴와말고 고학교로 나가보세 // (김영준, 『한국가요사이야기』, 아름출판사, 1994, 342쪽)

다. 각종 독립군 단체들은 교가와 단가 등을 만들어 그들의 사기를 진작시키고, 아울러 일제에 대한 저항과 투쟁 의지를 다졌다. 이들 독립군시가들은 짧고 단순한 리듬에 격렬한 어구를 사용하고 있었다. 행진곡풍으로 명랑하고 쾌활한 정서를 담아내고 있기 때문에 일제시대의 절망적인 시들과는 분명히 다른 정서를 표출하고 있었다. 그런 점에서 독립군시가는 문학적인 부분에 있어서는 사기진작이라는 목적성을 갖고 있지만, 독립을 위한 강한 민중의 의식과 일제에 대한 저항문학의 관점에서 매우 중요한 문학적 대응을 보여주고 있다.

> 총어깨 메고 피 가슴에띈다
> 우리는 큰뜻품은 한국의 혁명청년들
> 민족의 자유를 쟁취하려고
> 원수의 왜놈때려 부쉬려
> 희생적 결심을 굳게먹은
> 한국광복군 제2지대 앞으로 끝까지 전진
> 조국독립을 위하여 우리 민족의 해방을 위해
> ― 이해평, 「광복군 제2지대가」228)

조국의 독립을 위해 끝까지 앞으로 나가 싸우려는 용감한 기개가 잘 드러나 있다. 과격하고 격렬한 문구로 독립을 향한 의지를 표현하고 있지만, 그 내면에는 독립군 청년의 기개와 정신이 무엇보다 강하게 나타난다. 조국의 광복을 위해 일본군과 싸울 철저한 정신무장이 돋보이는 작품이다. 일제시대 말의 절망적 상황 속에서도 불굴의 정신을 보이고 있다는 것은 독립군들의 저항정신의 바탕에는 한말 의병들의 선비정신이 이어지고 있다는 것을 보여주고 있다.

이 노랫말을 지은 이해평은 본명이 이재현(李在賢, 1917-1997)으로 경기도 시흥에서 출생하여 1919년 3·1운동 후 가족과 함께 중국으로

---
228) 독립군가보존회 편, 앞의 책, 97쪽.

망명하였다. 1935년 상해 임시정부 특별훈련소에서 정치훈련을 받고, 다음해부터 지하공작대원으로 활동하였다. 1938년에는 홍콩에 파견되어 상해지구공작대를 지원하였고, 1939년 한국청년전지공작대(韓國靑年戰地工作隊)를 조직하여 선전조장으로 활동하였다. 그는 1940년 광군이 창설되자 광복군 제5지대의 간부로 임명되어 장병들을 훈련시키기도 하였다. 광복군 제2지대는 이범석 장군이 지대장으로 있었고, 본부를 섬서성 서안에 두고 중, 영, 미 연합군과 합동작전과 지하 공작을 전개하면서 본토 상륙작전을 위한 OSS 특수훈련을 실시한 정예부대였다.

④ 추모의 정과 민족정신의 계승

독립군시가 중에는 나라를 위해 몸 바친 사람들을 위한 추모의 시가 있다. 이들이 추모의 대상으로 삼고 있는 사람은 대개 독립전쟁을 치르는 동안에 죽은 전우이거나, 일제의 만행에 목숨을 잃은 사람들이다. 일제는 독립군에게 패하면 여지없이 민간인을 습격했고, 그 보복조치로 갖은 만행을 저질렀다. 그렇게 죽어간 우리 민족은 그 수를 헤아릴 수 없을 정도로 많았다. 만주 지역에 독립군들이 숫자가 늘어날 수밖에 없었던 것은 일제의 만행을 피하여 살아날 수 있는 길은 독립군 진영에서 일본군과 싸우는 것뿐이었다. 이처럼, 일제시대 동안 끝없는 독립투쟁을 가능하게 한 것은 우리 민족의 끝없는 저항과 서로를 격려하고 추모하는 따뜻한 민족정신이 있었기 때문일 것이다.

독립전쟁에서 죽은 사람은 특정 개인이라기보다는 오히려 이름 없이 죽어간 사람들이 많았다. 이들 무명 독립군들은 일제시대 독립전쟁의 주체였고, 민족의 역사를 이끌었던 주체였다.

저녁노을 서산에 쓰러지고
고요한 침묵이 나라를 물들여 오더라
이슬한 달빛이 홀로선 내품에 안길때
네나를 주었던 옛사랑 몹시도
그리워라 몹시도 그리워라
어머니 아버지는 왜 아니오셔요
아가야 우리수동아 너아버지는
전선에로 왜놈들과 싸우러나갔다

전선으로 떠나가신 너아버지는
총에맞고 불에 타신중
너아버지도 다함께 희생했다

세살때에 우리엄마 전선을나가
한번가신 우리엄마 왜 아니오셔요
봄이면 기러기떼도 돌아오건만
한번가신 우리엄마 왜 아니오셔요

불쌍한 이내신세 가련도하여
꿈에나 한번와서 안아주세요
　　　　　—「전우를 그리며」부분[229]

작자 미상의 이 작품은 만주 일대에 구전되는 노래이다. 신세 한탄을 하는 가련한 처지를 나타내고 있지만, 그 내용은 전선에서 일본군과 싸우다가 총에 맞아 불에 타 죽은 아버지와 세 살 때 전선에 나가 행방을 모르는 어머니를 그리워하고 있다. 아버지를 추모하면서 독립의 정신을 이어가겠다는 의지가 비방하게 나타나 있다. 이 노래를 부르면서 독립전선에 참가하는 당위성을 갖게 하였고, 일본에 대한 저항정신을 고취시켰다. 이 노래에서 언급한 것처럼, 한 가족의 비극은 대

---

[229] 강용권,『죽은 자의 숨결 산 자의 발길』, 도서출판 장산, 1996, 140-141쪽.

다수의 민중들이 공유하는 슬픔이기도 하였다.

> 언제나 우리동지 돌아오려나
> 애가달아 기다린지 해가넘건만
> 찬바람 눈보라 휘날리는들
> 눈물겨운 백골만 널려있고나
>
> 서산에 지는해야 머물러다오
> 우리동지 돌아올길 아득해진다
> 돌아보니 동지는 간곳이없고
> 원수들의 발굽만 더욱요란타
>
> 아생각 더욱깊다 나의동지야
> 네간곳이 어드메냐 나도가리라
> 보고싶은 네얼굴 살아못보니
> 넋이라도 네품에 안기려한다
> ― 김학규, 「전우추모가」[230]

독립군들의 전투가 치열해지고, 일본의 공세가 심해지면서 독립군들은 만주와 러시아 등지로 쫓기는 신세가 되었다. 이 노래는 1930년대 남만주 양세봉 장군 휘하의 독립군이 엄동설한의 만주들에서 왜군과 싸우다가 퇴각할 때에 부상한 전우를 구하지 못하고 마침내 전사한 동지의 영령을 추모하기 위해 불렀던 노래이다.[231] 독립군들은 열악한 조건 속에서도 조국의 독립만을 위해 싸워오면서 죽음의 전쟁터에서도 서로를 위로하는 따뜻한 동지애가 있었다. 이 노래는 서산에

---

[230] 독립군가보존회 편, 앞의 책, 88쪽.
[231] 부산에 남아있는 몇 안되는 독립군 생존자인 조동린 옹은 이 노래를 부르면서 독립의 열망과 일제에 대한 저항의식을 가다듬었다고 한다(1999년. 8월 8일 방문). 조동린 옹은 1924년 생으로 만주 요녕성 동성중학교를 졸업하고 1940년경 광복군 제3지대에서 활동하였다. 그는 1931년 만주사변 이후 일본군이 우리 민족을 학살한 분노를 평생동안 잊지 못하고 있다.

지는 해를 붙들고 아직 돌아오지 않은 동지를 기다리는 절박한 심정이 애잔하게 나타나 있다. 죽어서라도 '네 품에 안길 것'을 바라는 마음이 절절하게 흐른다. 이러한 동지애는 일제에 대한 저항정신을 고취시켰고, 독립을 향한 민중들의 열망을 한층 고조시켰다.

⑤ 일제의 만행 고발과 민요를 통한 현실 극복

저항의 형태는 전쟁터의 비극적인 묘사에만 머무는 것이 아니라, 일본 제국주의의 학살과 만행을 고발하는 형태로 나타나기로 하였다. 의병들의 비분강개의 목소리를 그대로 담고 있는 「복수가」와 일제시대 감옥의 참상을 그대로 고발한 「평양감옥가」는 일제의 만행을 통하여 그들에게 저항하는 정신자세를 가다듬고 있다. 일제말기에는 꽃다운 나이의 여자들은 정신대로 끌려가고, 젊은 학생들은 학병으로 징병을 당하고, 농촌의 청년들은 강제징용 당했다. 근로보국대라는 명목으로 노동력을 착취하고, 공출제도를 도입하여 식량을 약탈했다. 조선 민중의 근본 뿌리가 흔들릴 정도의 곤혹을 치르는 과정에서도 저항의지는 꺾이지 않았다. 일제말기 민중의 저항 형태는 의혈단과 지하공작 등으로 저항의 양상을 바꾸었지만, 저항의 맥락은 부단하게 이어졌다.

온세상이 다못해도 왜놈만이 하는그짓
남의나라 빼앗고도 민족마저 죽이는짓
없는트집 씌워놓고 악형으로 죽이는짓

온세상이 다못해도 왜놈만이 하는그짓
단근질에 주리틀고 달아매어 죽이는짓
물안주고 밥굶기어 애를태워 죽이는짓

죄없는 성한몸을 네손으로 죽여놓고
엄살로 잘죽는놈 또죽어라 때리는짓

악마도 하늘무서워 감불생심 이리라

악마도 아닌놈이 악마보다 더한왜놈
악마도 못할짓을 네가내게 행한대로
천추에 잊지않고서 고대로만 하리라
왜놈이 좋다하되 왜놈이니 왜놈좋지
왜놈이 아닌놈이 왜놈되려면 왜놈되랴
열네번 죽어보아도 조선놈을 어이하리
— 선우훈, 「왜놈만이 하는 그 짓」 부분232)

이 작품은 어린 나이에 체험한 일제의 만행을 생생하게 고발하고 있다. 온 세상이 다 못해도 일본만 할 수 있는 일, 악마보다 더하고, 천추(千秋)에 잊을 수 없는 악행을 저지른 것이 일본군이었다. 이들에 대한 고발과 복수심은 독립군시가의 정신적 뿌리를 이루고 있다. 1930년 이후 국내의 수많은 지식인이 변절의 길을 택하였지만, 대다수의 민중들은 '열네번 죽어보아도' 굴하지 않는 정신을 갖고 있었다. 만주의 독립군들이 무장 저항정신의 표본을 보였다면, 국내의 민중들은 어떠한 압제에도 굴하지 않는 강한 저항의지를 보여주고 있다. 일제는 육체적인 압박뿐만 아니라, 지원병, 정신대, 공출제도를 통하여 민중을 수탈하였다. 그러한 상황에서도 민중들은 현실을 고발하는 불굴의 정신을 갖고 있었다. 독립군시가는 어떠한 현실적 어려움 속에서도 이를 극복하는 저항정신을 갖고 있었다.

선우훈(鮮于燻, 1892-1961)은 평안북도 정주에서 태어났다. 그는 1911년 평안북도 신성(信聖)학교 재학 중 일제가 신민회(新民會) 회원을 탄압하기 위하여 조작한 105인 사건에 연루되어 일경에 체포되기도 했다. 1912년 9월 28일 경성지방법원에 무죄 석방될 때까지 악랄한 고문을 받으며 옥고를 치렀다. 1915년 중국 상해로 건너가 금릉대학(金陵大

---

232) 독립군시가집 편찬위원회 편, 앞의 책, 128쪽.

學)에 입학하여 독립전쟁에 참가했다. 1921년 11월에는 상해에서 개최한 대한적십자사 총회에서 안창호(安昌浩)를 회장으로 추대하였으며, 양헌·한진교(韓鎭敎)·이유필(李裕弼)·김구(金九)와 함께 상의원에 선출되어 독립운동에 참가하였다. 한 때, 그의 친형인 임시정부 교통차장 선우혁(鮮于赫)의 밀명으로 독립군 자금을 조달하기 위하여 국내에 파견되었다. 1933년 이후에는 정주에서 화신백화점을 경영하기도 하고, 동일일보 지국장으로 있으면서 군자금 조달 및 민족사상 고취에 전념하였다. 1945년 북한에서 조선민주당 평북도당을 창당하는데 주도적 역할을 하기도 했다. 그는 14살의 나이에 일경에 붙잡혀 모진 고문을 받았다. 그 후 중국에 가서 독립군 활동을 하였다. 인용한 작품은 고문을 받던 당시를 회상하면서 불굴의 의지를 다진 작품이다.

민요는 폭넓은 대중성을 확보하는 문학 장르인데, 독립군시가는 이들 민요를 개사하면서 독립군들의 정신을 표출하기도 했다. 이들 노래 중에서 일제말기에 독립군들 사이에서 널리 불려진 「화물차 가는 소리」는 우리 민족의 애환을 민요의 형식으로 표현하고 있는 대표작이다.

>   신고산이 우루루 화물차 가는소리에
>   지원병보낸 어머니 가슴만 쥐여뜯고요
>   양곡배급 적어서 콩깨묵 먹고서 사누나
>   신고산이 우루루 화물차 가는소리에
>   정신대보낸 아버지 딸이 가엾어 울고요
>   풀만씹는 어미소 배가 고파서 우누나
>   신고산이 우루루 화물차 가는소리에
>   금붙이 쇠붙이 밥그릇마저 모조리 긁어갔고요
>   이름석자 잃고서 족보만 들고우누나
>   ―「화물차가는 소리」[233]

---

[233] 독립군가보존회 편, 앞의 책, 197쪽.

이 작품에는 1940년대 우리 민족의 수탈과 압박의 상황이 그대로 나타나 있으며, 일제의 온갖 압박 속에서도 굴하지 않는 정신을 보여주고 있다. 아들을 지원병으로 보내는 어머니의 심정, 딸을 정신대로 보내야 했던 아버지의 울분, 온갖 물건들을 모두 빼앗긴 허탈감 등이 적나라하게 묘사되어 있다. 이 노래처럼, 일제시대의 열악한 현실 속에서도 조선의 민중들은 민요를 통한 저항 정신을 표현하였으며, 이로써 현실을 극복하려는 강한 의지를 보여주었다. 일제시대의 저항정신은 의병 운동에서 보여준 우리 민족의 끈질긴 민족성을 말해주는 것이며, 이들 정신은 일제시대 저항문학의 한 맥락을 형성하였다. 민요를 개사한 노래는 정치와 결탁한 권력의 저항이 아니라, 불의에 항거하고 무력에 저항하는 하나의 방편이었으며, 비폭력 무저항의 모범을 보여준 저항 문학이라 할 수 있다. 이와 같이 독립군시가에서 민요를 개사한 작품은 스스로를 위로하고 극렬한 현실 속에서도 희망을 버리지 않는 저항정신을 대중들에게 전파했으며, 이들 노래는 일제시대 우리 민족문학의 큰 맥락이었다.

    옛날에 어떤 곳 복동이는
    아희들이 작란하는 거북을 보고
    불상하게 生覺하여 싸가지고
    깊고깊은 바다속에 노와주었네

    어떤날 크다만 거북이나와
    여보여보 복동나리니
    용궁이라 하는데 좋은곳이니
    그곳에로 나를따라 구경갑세다

    복동이는 거북이 등에 올라타고
    물결위와 바다속가지
    잉어되미 고등어 준치방어

떼를지여 노는것을 헷처나가네

　　삶여보니 놀랄만한 작은문이며
　　산어기둥과 진주집옹
　　수정과 유리로 장식을하고
　　방에도 번쩍이는 요궁이로다

　　용궁 용왕님이게 달려서
　　복동이는 삼년동안을
　　요궁에서 걱정없이 지나는中에
　　저의집 부모生覺 간절하엿네

　　문밧게 나와 보니 집도없고
　　이상스런 보배상자
　　열고보니 그속에서 연기가나와
　　머리가 새하얏게 늙으니 되엿네
　　　　　　　― 「복동이」234)

　시 「복동이」는 특이하면서도 재미있는 이야기를 엮은 작품이다. 복동이가 거북이를 살려주었는데, 어느 날, 거북이가 와서 복동이를 데리고 가서 삼 년 동안 용궁에 살다가 나온다는 이야기이다. 설화에서 모티브를 빌려온 이야기이면서 새로운 세계에 대한 희망을 잘 보여주는 작품이다. 복동이가 들어가는 용궁은 일제의 억압으로부터 벗어나는 공간이다. 이 공간에서 삼 년 동안 살다가 나와 보니 머리가 새하얗게 되어서 늙은이가 되었다. 구전된 설화를 소재로 하고 있지만, 용궁은 당대의 현실을 피해서 살아가고 싶은 새로운 희망의 공간임을 상징하고 있음을 알 수 있다. 일제의 폭압상황 속에서도 새로운 세계에 대한 희망은 잃지 않고 있다.
　이 작품은 설화에서 소재를 끌어들이는 방법도 재미있지만, 그 소재

---

234) 이국영, 앞의 책, 53-54쪽.

를 꾸며내는 방법도 기발하다. 이러한 작품을 통해서 우리는 독립군시가가 다양한 소재와 방법을 모색하면서 우리 문학의 기층을 넓혀가고 있음을 알 수 있다.

독립군들의 저항은 시간과 공간을 초월한 곳에서도 끊임없이 지속될 것이라는 의지와 함께 언젠가는 세상이 그렇게 바뀌어지기를 소망하고 있었다.

독립군시가는 절망과 좌절의 시대 상황 속에서도 애국심을 잃지 않고 살아가는 민족정신의 본질을 잘 보여준다. 그것은 다양한 소재와 주제의식을 통해서도 충분히 알 수 있다. 이처럼, 독립군시가는 일제에 대한 민족의 한을 정화시켜주고 일제에 대한 적개심을 공고히 하면서 민족의 정서를 포괄적으로 드러내고 있다. 독립군시가는 다양한 주제의식과 전달 방법으로 일제시대 민족문학의 저류를 형성하였다. 그것은 독립군시가가 일제시대의 어두운 상황 속에서도 희망을 버리지 않은 불굴의 정신이 흐르고 있었기 때문이다. 독립군시가는 의병항쟁과 만주의 독립군 활동, 1940년대의 광복군으로 이어지면서 민족문학을 계승하고 있었다.

5. 북한의 독립군시가와 그 특징

북한에 남아있는 독립군시가는 혁명가요로 불려지고 있으며, 그 내용은 제국주의에 대한 투쟁과 그들의 이념을 선전하기 위한 목적으로 채록되었다. 남한의 독립군시가와 마찬가지로 일본 군가의 영향을 받았다. 사회주의 이념과 혁명을 주제로 한 작품이 많기 때문에 생경한 시어들이 두드러진다. 북한의 독립군시가는 연변 지역에 남아있는 항일가요와 유사한 내용들이 많은데, 이것은 북한에서 독립군시가를 김일성의 항일 운동을 선전하는 목적으로 채록되었기 때문이다.

북한의 독립군시가는 1950년대부터 시작된 김일성 우상화 정책과 밀접한 관련이 있으며, 북한 주민들에게 사회주의 이념을 고취시키기 위해서 노랫말을 바꾼 작품이 많다. 따라서 북한의 독립군시가는 내용에서부터 분명한 목적의식을 갖고 채록되면서 그 노랫말이 바뀌었을 가능성이 있다. 북한의 독립군시가는 일본 제국주의를 타도 대상으로 삼으면서도 노동자 농민의 혁명을 선동하거나 그 정신을 고양시키는 내용으로 되어있다.

북한의 인민군들이 부르는 혁명가요는 사회주의 독립군 단체의 독립군시가에 그 뿌리를 두고 있는데, 독립군진영 중에서도 동북항일연합군의 군가에 그 정신적 뿌리가 닿아 있다. 북한의 인민군이 창설되는 동기는 조선혁명군에서 출발하고 있으며, 그것은 사회주의 노선을 대표하는 독립군단체인 조선혁명군 총사령관 양세봉의 죽음으로 사회주의 독립군 단체들이 발전적 해체를 하면서 조직된 동북연합군에서 비롯하고 있다. 이 동북항일연군이 해방 후 북한 인민군의 모태가 되었다.

독립군 내부의 이념대립이 첨예하게 일어나고, 독립군단체는 중국 공산당과 합작하여 전쟁에 참가하거나, 연합군과 연계하면서 독립전쟁에 참가하였다. 동북항일연합군은 중국 공산당의 인민군에 소속된 부대였고, 임시정부로부터 그 정체성을 인정받지 못했다. 이 문제로 갈등을 겪었던 독립군 단체들은 상해임시정부 산하의 광복군 창설로 새로운 통합 움직임을 보였다.

1941년 9월 대한민국 임시정부 산하의 한국광복군이 창설되면서 대한민국의 군인으로 전쟁에 참가할 수 있었다. 광복군 창설로 군가의 보급도 활성화되었지만, 독립군 단체의 분열과 통합의 과정을 겪으면서 군가의 개사 작업도 이루어졌다. 광복군의 창설로 일정한 통합을 이루었지만, 해방 후 분단은 통합 이전의 상황으로 되돌아가고 말았다. 이러한 독립군의 분열 때문에 북한의 독립군시가는 정책과 이념을 위한 선전 선동을 위한 목적으로 많은 개사과정을 겪게 되었다.

북한에서 말하는 독립군시가는 그 범위가 매우 넓다. 북한에서는 일제와 맞서 싸운 모든 문학을 혁명 가요의 범주에서 다루고 있는데, 그 대표적 작품으로 조기천235)의 「백두산」(노동신문사, 1948)을 들 수 있다. 이 작품은 김일성의 항일무장투쟁을 미화한 것으로 북한 정권의 일인 독재 정치와 그 우상화 정책을 직접적으로 찬양하고 있다.

　서사시 「백두산」에 등장하는 철호와 석준, 꽃분은 빨치산 활동을 하는 동지로 일제와의 전쟁을 통하여 진한 동지애를 느낀다. 이 과정에서 일본과 결전을 앞둔 전쟁의 긴박한 상황과 현장성이 치열하게 묘사되고 있다. 이 작품의 배경이 되는 보천보 전투는 동북항일연군 가운데 김일성이 이끄는 일부 병력이 1937년 6월 4일 함북 갑산군 혜산진 보천보 일대를 잠시 점령한 사건이었다. 그런데 이 보천보 전투는 실제 북한의 김일성과는 다른 인물일 가능성도 배제할 수 없는데도 불구하고,236) 1948년 김일성 정권이 들어서면서 이 보천보 전투를 김

---

235) 조기천은 1913년 함북 회령에서 태어났다. 어렸을 때 고향을 떠나 시베리아로 이주하였다. 그는 소련 국비 유학생으로 선발되어 사범전문학교와 고리끼 사범대학 러시아문학과를 졸업하였다. 서정시 「두만강」(1946), 서사시 「백두산」(1947) 등을 발표하였고, 6·25때 종군하여 「조선은 싸운다」, 「불타는 거리에서」 등을 발표하였다. 그러나 아쉽게도 종군 도중 미군기의 폭격으로 사망한 것으로 알려져 있다. 그가 발표한 시집과 작품들을 보면 김일성이 주도한 것으로 알려져 있는 보천보 전투를 다룬 서사시 「백두산」(노동신문사, 1948), 조·소 친선사상을 테마로 한 서정서사시 「우리의 길」(국립출판사, 1949), 남한 민중들의 영웅적 투쟁을 그렸다는 연시 「항쟁의 려수」(문화전선사, 1950), 2개년 인민경제계획을 초과 달성한 흥남 공장 노동자들의 투쟁을 다룬 장편 서사시 「생의 노래」(1950), 단시집 『조선은 싸운다』(문화전선사, 1951) 등이 있다. 이 중에서도 「백두산」은 북한 서사시의 모범작으로 조기천 사후에도 여러 잡지에 연재된 바 있으며, 긴 분량인데도 불구하고 북한 주민들이 암송할 정도로 애송되는 시라고 한다. 그밖의 작품으로는 서정시 「보톡에서」(1947), 「그네」(1947), 「흰 바위에 앉아서」(1947), 「불타는 거리에서」(1950), 「죽음을 원쑤에게」(1950), 「조선의 어머니」(1951), 「나의 고지」(1951), 미완성 유고 서사시 「비행기 사냥군조」 등이 있다.
236) 조영진 외, 『항일 무장 독립투쟁사 2』, 도서출판 일월, 2000, 549쪽.

일성 우상화의 방편으로 끌어들이고 있다. 창작배경으로 미루어 볼 때, 북한에서 김일성의 입지를 위한 정책적인 의미가 강했음을 알 수 있다.

여기에 등장하는 빨치산 대장은 '장백을 쥐락펴락하는, / 태산을 주름잡아 한손에 넣고 / 동서에 번쩍! / 천리허의 대령도 단숨에 넘나드니 / 축지법을 쓴다'는 영웅적 인물이다.237) 이 작품은 빨치산 대장을 미화하고, 현실과는 거리가 있는 인물을 내세워 민중들을 선동하고 있다. 이 작품에 등장하는 인물의 영웅담을 북한 주민들에게 암송하게 하면서 북한을 대표하는 서사시로 추켜세우고 있다. 그러나 이 작품은 민중들의 저항을 주도하는 빨치산 대장의 비현실적인 영웅담이 시적 진실의 문제점으로 노정(露呈)되고 있으며, 일제시대 이후에 쓴 허구적 서사시라는 점에서 북한 혁명가요의 한계점을 여실히 보여주고 있다. 조기천의 서사시 「백두산」은 북한에서 독립군시가로 다루고 있는 혁명가요의 허구성과 한계점을 잘 보여주고 있다.

북한의 독립군시가는 중국 조선족의 항일가요와 비슷한 내용이 많지만, 남한의 독립군시가와는 많은 부분 다르다. 여기에서 살펴볼 북한의 독립군시가는 김일성, 김형직 외『혁명가요집』(노동당출판사, 1959)에 실린 작품 77편 중의 일부이다. 중국 조선족의 혁명 가요는 중공연변주위선전부에서 편찬한『혁명의 노래』(연변인민출판사, 1958)가 있는데, 이 두 자료를 비교 분석해보면, 북한의 독립군시가와 남한의 독립군시가는 두 작품을 서로 개사하면서 양식의 명칭만 달리하고 있음을 알 수 있다. 또한 남한, 북한, 만주 지역에 남아있는 독립군시가는 악곡에 있어서 '일본의 군가(軍歌)와 창가 심지어 민요에 있어서도 상당수의 일본 노래가 남아'238)있다는 한계점을 인정할 수밖에 없다.

---

237) 조기천,「백두산」,『실천문학』12호, 1988, 겨울호, 12쪽.
238) 민경찬,「북한의 혁명가요와 일본의 노래」, 제2회 국제음악학술심포지엄 : 한국음악학발표논문요지, 1998, 125쪽.

그런 점에서 북한의 독립군시가는 해방 후 친일 잔재의 청산을 내세운 북한의 통일 정책에 대해서 상당 부분 이율배반적 태도를 보이고 있다. 물론 이것은 남한의 독립군시가도 예외일 수 없는데,[239] 그렇다고 남·북한이 모두 일본 군가의 영향을 받고 있다고 해서 독립군시가가 민족문학에서 제외되어야 한다는 진술은 타당하지 않다. 이에 대한 논의는 논고를 달리하여 살펴보아야 하겠지만, 노랫말이 지닌 문학적 의미를 중심으로 볼 때, 민족의식을 고취시키는 뚜렷한 목적성을 갖고 있었다고 할 수 있다.

남한의 독립군시가가 다양한 주제와 저항 방법을 취하고 있다면, 북한의 독립군시가는 혁명과 투쟁이라는 두 가지 측면을 강조하고 있다. 남한의 독립군시가가 주제의 다양성으로 말미암아 소극적인 저항이 나타나고 있다는 점을 무시할 수 없지만, 북한의 독립군시가는 혁명과 투쟁의 논리로 일관하고 있다는 점에서 구체적 저항의 양상을 보인다고 할 수 있다. 북한의 독립군시가와 남한의 독립군시가를 비교 분석하면 북한의 독립군시가가 지닌 문학의 위상을 보다 구체적으로 이해할 수 있을 것이다.

  사천이백 오십이년 삼월 일일은
  이내몸이 압록강을 건넌 날일세
  년년이∨ 이날은∨ 돌아 오리니

---

[239] 박재권의 연구에 따르면, 일본군가와 한국 군가의 유사점으로 인물에 대한 표현과 국가 관련 표현에서 나타난다고 한다. 구체적인 인물 표현에 있어서는 양국 군가에서 건국 신화의 주인공(일본 : 전무 천황, 한국 : 단군)을 내세우고 있다. 국가 관련 표현에 있어서는 국가에 대한 애국심, 충성심을 고취하기 위하여 구 일본 군가에서는 '천황'이나 '신(神)'과 관련된 용어가 다수를 차지하는 반면에 한국 군가에서는 강산의 아름다움이나, 선조들의 업적과 관련된 표현이 많다. 이것은 일본 군가와 한국 군가는 상호 영향관계에 놓여 있다는 말로 설명할 수 있다(박재권, 「구 일본 및 한국 군가의 인물, 국가 관련 표현 비교분석」, 『일어일문학연구』 39권, 2001 참조).

내목적을 이루기전 못 잊으리라

압록강의 푸른물아 조국 산천아
고향땅에 돌아갈날 과연 언젤가
죽어도∨ 잊지못할 소원이 있어
내나라를 찾고서야 돌아가리라
　　　　　　― 「압록강의 노래」240)

사천이백 오십이년 삼월 일일은
이내몸이 압록강을 건넌 날일세
연년이∨ 이날은∨ 돌아오리니
내목적을 이루기전 못잊으리라

삼천리∨ 강산은∨ 나의 집이며
부모형제 처자들과 이별을 하고
한줄기∨ 눈물로써 압록강 건너
그리운∨ 부모국을 하직하였네

나라잃고 떠나온∨ 외로운 이몸
간곳마다 고생이며 학대로구나
동포들아 묻노니∨ 내죄 뿐이랴
너희죄도 있으리니 같이 싸우자
　　　　　　― 「3·1 운동가」241)

　이 두 작품은 1절의 내용이 같고 2절부터 다르다. 두 작품 중에서 어느 것이 원본인지 알 수 없지만, 그 내용을 미루어 볼 때, 「압록강의 노래」가 원본일 가능성이 높다. 왜냐하면 이 노래가 3·1절을 기념하는 자리에 불려졌고, 압록강을 건넌 날이 삼월일일이라고 해서 제목을

---

240) 김일성, 김형직 외 『혁명가요집』, 노동당출판사, 1959, 49쪽. 북한의 혁명가요는 이 책을 텍스트로 하여 책이름과 인용 쪽수만 밝히기로 한다.
241) 독립군가보존회 편, 앞의 책, 56쪽.

「3·1 운동가」라고 했을 것이다. 그렇다면 제목과 내용에 있어서 일관성을 갖고 있는 것이 북한의 「압록강 노래」가 원본이라 할 수 있다. 이처럼, 남한과 북한의 독립군시가는 그 원본의 확정부터 상당한 어려움이 따른다. 이것을 염두에 둔다면, 일제시대 독립군 진영의 분단은 노랫말에서 변화를 겪게 되는 원인이 되었다고 할 수 있다.

그러나 「압록강의 노래」와는 달리 북한의 독립군시가는 남한의 독립군시가와 동일한 작품이 상당수 있으면서도 김일성 우상화 정책에 따라서 많은 부분 윤색되어 있다.

> 무쇠골격 돌근육 소년 남아야
> 애국의 정신으로 분발하여라
> 다달았네 다달았네 우리 나라에
> 소년의 활동시대 다달았네
> (후렴) 원수치는 훈련하여 후일 전공 세우세
> 　　　 절세 영웅 대사업이 우리 목적 아닌가
>
> 애국자의 더운 피 가슴에 끓고
> 열사들의 팔다리는 민활하도다
> 원수의 총칼이 앞을 막아도
> 우리는 조금도 두려움 없네
> 　　　　　　　―「소년애국가」242)
>
> 무쇠팔뚝 돌주먹 소년남아야
> 애국의 정신을 분발하여라
> (후렴) 다달았네 다달았네 우리나라에
> 　　　 소년의 활동시대 다달았네
> 　　　 만인대적 연습하여 후일전공 세우세
> 　　　 절세영웅 대사업이 우리목적 아닌가
> 충열사의 끓는피 순환잘되고

---

242) 『혁명가요집』, 74쪽.

쾌남아의 팔다리 민활하도다

일편단심 씩씩한 소년남아야
조국의 정신을 잊지말아라

벽력(霹靂)과 부월(斧鉞)이 당전(當前)하여도
우리는 조금도 두렵지 않네
— 안창호, 「소년행진가」243)

이 두 작품도 역시 내용이 유사하다. 북한의 독립군시가에는 「소년애국가」라는 제목으로, 2연 6행으로 구성되어 있으며, 남한의 독립군시가에는 안창호 작사 「소년행진가」이라는 제목으로 4연 6행으로 구성되어 있다. 1연만 동일하고 나머지 부분은 다르다. 북한의 「소년애국가」는 김일성이 초기혁명 활동시기 청소년 학생들 사이에서 많이 불렀던 노래로서 아동 독립군시가로 불려지고 있으며, 전투적 행진곡 양식에 속하는 작품으로 분류하고 있다.244)

남한의 독립군시가로 남아 있는 안창호의 「소년행진가」는 만주로 망명길에 오르면서 학생들에게 지어준 노래로 전한다. 이 두 작품 중에서 어느 것이 원전일 가능성이 있는지에 대해서는 더 연구해야할 문제이지만, 북한의 「소년애국가」는 안창호의 노선에 대해 비판적 입장이라는 점을 염두에 둘 때, 가사가 바뀌었을 가능성이 높다.

북한의 독립군시가를 연구함에 있어서 원본의 확정 문제는 만주 지역의 독립군시가가 계속 발굴되고 있기 때문에 그 작품들과 비교 분석을 해보아야 할 것이다. 이 논문의 범위를 현재 남아있는 자료 중의

---

243) 독립군가보존회 편, 『독립군가곡집-광복의 메아리』, 교학사, 1982, 37쪽. 1900년대 학생들과 의병들이 부른 노래. 그 후 만주 독립진영에서 '무쇠팔뚝 돌주먹'을 '무쇠골격 돌근육'으로, '쾌남아의 팔다리'를 '독립군의 팔다리'로 고쳐 불렀음(37쪽 인용).
244) 『혁명가요집』, 75쪽.

일부에서 발췌한 작품으로 한정하였기 때문에 북한과 만주, 남한의 자료를 비교 분석하는 작업은 추후의 과제로 미루기로 한다.

북한의 독립군시가는 모두 77편이 전하고 있는데, 그 주제는 김일성의 항일 무장투쟁을 미화하고, 독립군들의 혁혁한 전투를 찬양하고 있다. 그리고 내용에 있어서 혁명성을 고양하고, 무산대중을 항일전선에 참가하도록 선동하고 있다. 그런 점에서 북한의 독립군시가에는 마르크스가 주장하는 문학예술의 관점[245])이 반영되어 있는데, 그것은 '문학이 계급이념의 도구 역할을 해야 한다'는 사회주의 문학예술론에 입각한 창작방법이라 할 수 있다. 이러한 반영론적 입장에서 북한의 독립군시가는 노동자, 아동, 부녀자, 청년 계급이 주체가 되는 작품을 채록했다고 볼 수 있다. 이것은 독립군들이 사회주의 혁명의 주체들이었고, 이들의 계급의식을 반영하는 것이 독립군시가라고 보았기 때문이다.

    착취받고 압박받는 무산 대중아
    혁명의∨ 결전에∨ 달려 나오라
    다달았네 다달았네 온∨ 천지에
    무산혁명 시기가∨ 다∨ 달았네
    여지없이 부셔내자 부르조아 사회를
    낱낱이∨ 박멸하자 제국주의 아성을
    노동자는 망치를∨ 둘러∨ 매고
    농민은∨ 괭이와∨ 호미를 메고
    부르조아 박멸하는 최후 결전에
    한마음∨ 한뜻으로 달려 나오라
    여지없이 부셔내자 부르조아 사회를
    낱낱이∨ 박멸하자 제국주의 아성을
        ―「결사전가」 부분[246])

---

245) K. 마르크스, F. 엥겔스 지음, 김대웅 옮김, 『문학예술론』, 한울, 1988, 28쪽.
246) 『혁명가요집』, 60쪽.

펄펄끓는 붉은피를 가슴에 품고
악전고투 이겨나갈 전사들 이여
제국주의 개들과∨ 강도놈들을
세상에서 그림자도 없애버리자
(후렴) 나가자∨ 싸우자∨ 노력 대중아
　　　모두다∨ 전선에∨ 나가 싸우자

우리들의 붉은깃발 나부끼는 곳
놈들의∨ 아성은∨ 무너 지노나
우렁차게 외치는∨ 고함 소리에
일제놈들 넋을잃고 쓰러 지노나

삼천리∨ 붉은기가 펄펄 날리고
해방의∨ 종소리가 울려퍼지니
승리의∨ 대포소리 쾅쾅나면서
압제받던 조선민족 만세 부른다
　　　　　　―「끓는 피」전문247)

　이 두 작품에서 볼 때, 북한의 독립군시가는 어떤 주제의식을 갖고 있는지 알 수 있을 것이다. 북한의 독립군시가는 사회주의 혁명의 달성을 위한 목적성을 갖고 있기 때문에 주제에 있어서도 사회 혁명과 인민의 선동을 드러내고 있다. 제국주의 일본을 몰아내고, 사회주의 혁명을 위한 처절하면서도 격렬한 투쟁의 모습이 그대로 나타나 있다. 그것은 '착취', '부셔내자', '박멸하자', '개', '강도놈'과 같은 극단적인 시어에서도 찾을 수 있다. 이와 같이 직설적이고 극단적인 표현은 북한의 독립군시가에 나타난 일반적인 경향이었다.
　북한의 독립군시가가 일본 군가의 선율을 그대로 이용하고 있으면서 그 내용은 사회주의의 경직된 사상을 반영한다는 점에서 북한의

---

247)『혁명가요집』, 183쪽.

독립군시가는 논의를 달리하여 연구해야 할 것이라고 생각한다. 여기에서는 독립군시가의 전체적 의미에 있어서 북한에 남아있는 독립군시가의 의미를 간단하게 점검하고, 그 문학적 가능성을 점검해보았다.

북한의 독립군시가는 일제를 몰아내고 사회주의 혁명을 쟁취하는데 그 목적을 두고 있다. 그 채록의 경위가 1950년대 이후에 이루어졌다고 하지만, 그 원형은 조선족의 항일가요와 그 내용이 유사하다. 그것은 조선족의 항일가요가 북한의 혁명가요와 유사한 독립군 단체에 그 뿌리를 두고 있기 때문이라 할 수 있다. 북한의 독립군시가는 일본 군가에서 악보를 빌려왔지만, 개사 방식을 통해서 그 문학적 성과를 증폭시켰다고 할 수 있다.

6. 독립군시가의 양식적 특징

1) 독립군시가에 반영된 율격 양식

율격(律格)[248]이란, 본질적으로 언어 현상과 결부되어 있으며, 사회 관습과 주기적 반복구조 등의 복합적 요인에 의해서 발생한다. 그런

---

[248] 율격(律格, meter)은 율문의 일반적 규칙을 지칭하는 것이고, 율동(律動, rhythm)은 일반적 규칙의 구체적인 실현을 의미한다. 그리고 일반적으로 운율(韻律)은 율격과 율동 개념을 포괄한다. 엄격한 의미에서 시가문학의 음악적 요소는 율격론, 율동론, 운율론 등으로 세분된다(성기옥, 『한국시가 율격의 이론』, 새문사, 1999년판, 55쪽-57쪽 참조). 일반적으로 운율(韻律)이라고 하는 말은, 운과 율을 포괄하는 개념이다. 운(韻, rhyme)은 선율적인 작용에 의해 규정함으로써 그 정서적 음조를 나타내는 것이고, 율(律, rhythm)은 시간적으로 지속되고 유지된 창조적 활동을 율동적인 작용에 의하여 규정함으로써 시간성을 나타내는 것이다(김정숙, 「韓國詩歌의 律的研究」, 『국어국문학』 25호, 1962 참조). 여기서는 시가문학의 형식론적 입장에서 그 특징을 밝히려는 것이므로, 율격이란 용어를 사용하기로 한다.

점에서 율격은 그 민족의 정서적 측면과 긴밀한 연관 관계를 갖고 있다. 문학에서 율격에 대한 분석은 한국 문학의 전통적 상관성을 규명하는 작업이 될 수 있다. 특히, 개화기 이후 지속적으로 논의되어온 7·5조 율격 문제는 우리 문학의 전통적 상관성을 밝히는 중요한 문학 과제이기도 했다. 이미 7·5조 율격은 일본의 영향으로 이루어진 율격 자질이 있으며, 우리 문학의 전통성과는 무관하다는 사실은 여러 곳에서 지적되어 왔다.249) 따라서 개화기 시가 이후 일제시대의 전 시기에 걸쳐서 창작되었던 독립군시가는 한국 문학의 율격 전통을 어떻게 수용하고 있는가를 살필 수 있는 기록물이며, 독립군시가의 문학사적 위상을 밝히는 데 매우 중요한 형식적 근거가 된다.

한국 시가율격이 음수율의 개념에서 음보율의 개념으로 바뀐 데는 여러 가지 요인들이 있지만, 가장 중요한 것은 우리말의 언어적 특질과 시가의 운율(韻律) 개념을 서구 시가의 경우와 비교 연구하려는 태도에서 비롯되었다.250) 그러나 율격과 관련한 언어의 구성방식을 살펴보면 문제는 달라진다. 실제로 언어 자질은 논리적이지만, 음보 자질은 호흡 단위를 염두에 둔 것이기 때문에 심리적 요인이 더 많이 작용

---

249) 김대행, 「民謠調 再考-七五調와의 관계에 대한 검토」, 『한국시가구조연구』, 삼영사, 1976.
성기옥, 「층량 3보격(7·5조)과 전통성의 문제」, 『한국시가 율격의 이론』, 새문사, 1999.
조동일, 「현대시에 나타난 전통적 율격의 계승」, 『한국민요의 전통과 시가율격』, 지식산업사, 1996.
250) 음수율을 비판하고 음보율의 방법론적 모색과 관련한 논문으로 다음과 같은 것이 있다.
정병욱, 「고시가운율론서설」, 『최현배선생환갑기념논문집』, 최현배선생환갑기념논문집간행회, 1954.
이능우, 「우리 律文의 形式 헤아림(to measure)에 있어 그 字數考的 方法에 대하여」, 『국어국문학』 17호, 1957. 9.
김정숙, 「韓國詩歌의 律的硏究」, 『국어국문학』 17호, 1962. 5.
조동일, 「율격의 규칙과 변화」, 『敍事民謠硏究』, 계명대출판부, 1970.
성기옥, 「韓國詩歌의 律格體系硏究」, 『국문학연구』 48, 서울대, 1980.

할 수 있다. 음보가 논리적 동인(動因)에 따른 율격의 토막으로 이루어진 심리적 동인이 지배적이기 때문에 음보의 단위를 정확히 구분해내는 작업은 매우 힘든 일이다. 한국 시가에서 음보율을 적용할 경우 두 가지의 심리적 동인을 염두에 두고 고찰해야 하는데, 그 중의 하나는 시간적 통합이고, 다른 하나는 등가적 범주화이다.

시간적 통합(temporal integration)이란, 한꺼번에 지각할 수 없는 시간적 연속체를 시간적으로 통합된 무리들의 순환형태로 지각하려는 경향을 말하며, 등가적 범주화(equivalence categorization)란, 음절의 연속체를 단위화하려는 경향을 말한다.251) 우리말의 언어 자질과 음보율의 특징을 살필 때, 그 음보격은 일정한 방식으로 실현됨을 알 수 있다. 이러한 실현 방식의 유형화는 한국 시가의 율격을 체계적으로 정리한 성기옥의 분류에 따를 때, 그 양식은 <표 3>과 같이 나타난다.

<표 3> 한국시가의 율격양식

보격	음격	2음격	3음격	4음격	5음격	비 고
동량 보격	2음보격	O	O	O	O	
	3음보격		O	O	O	
	4음보격		O	O	O	
	5음보격			O		
층량 보격	2보격				O	4·5음2보격
	3보격				O	4·4·5음3보격

여기서 동량보격이란 크기가 같은 음보들의 결합으로 이루어진 보격, 즉 질적으로 동일한 율격단위가 반복되어 행을 형성하는 동질적 반복구조를 가진 율격을 말하고, 층량보격이란, 크기가 다른 음보들의 결합으로 이루어진 보격, 즉 질적인 특성이 다른 율격단위가 서로 결

---

251) 성기옥, 『한국시가 율격의 이론』, 새문사, 1999, 75-76쪽 참조.

합하여 행을 형성하는 율격양식을 말한다.252) 사실 2음보와 4음보를 율격의 차원에서 찾는다는 것은 불가능에 가까운 것이다.253) 그리고 5음보격은 기본보격 두 개가 결합하여 나타나는 파생보격이기 때문에 그다지 많은 분포를 보이지 않는다. 한국시가의 율격양식은 독립군시가의 율격 양식에서도 동시에 적용될 수 있다.

한국시가의 전통적 율격 3음보격과 4음보격이 기본형태라 할 수 있다.254) 한국시가의 음보는 대체로 논리적 휴지(論理的 休止, logical pause)와 문법적 구절(文法的 句節, grammatical phrase)로 나누어 볼 수 있는데,255) 그 기준이 어떻든 간에 음보의 단위가 어절 즉, 문법적 구절 단위로 되어 있다는데 대해서는 이견이 없을 것이다.256) 독립군

---

252) 예를 들면 동량 3음보격은 '먼-훗날 당신이 차즈시면 (4·4·4) / 그때에-내말이-「니젓노라」(4·4·4)'이고, 층량 3음보격은 '내마음속 우리님의 고운눈썹을(4·4·5) 즈문밤의 꿈으로∨ 맑게씻어서(4·4·5)'이다.
253) 2음보격과 4음보격에 구별은 성기옥, 『한국시가 율격의 이론』, 새문사, 1999, 205쪽에 비교적 자세히 분석하고 있다. 조동일은 2음보격을 4음보격의 반행으로 처리하여 시조를 2음보, 혹은 4음보로 동시에 볼 수 있다고 한다(조동일, 「시조의 율격과 변형규칙」, 『한국민요의 전통과 시가 율격』, 219쪽 참조).
254) 음보는 영시에서 풋(foot)의 개념이다. 둘 이상의 음절이 결합해서 규칙적으로 되풀이되는 리듬의 최고 단위이다. 영시는 강약의 기준이지만, 우리나라의 시가는 문법적 근거가 중시된다. 음보격은 영시에서 미터(metre)에 해당한다. 음보격은 시의 한 행을 구성하는 음보의 수와 그것을 규정하는 율격 의미이다. 일반적으로 영시는 10음보격까지 있으나, 5음보격까지를 시행의 통일을 주는 안정권이라 보고, 우리시는 4음보격이 가장 안정권이고, 더 길어지면 음보분열에 의해 변형의 원리가 작용한다고 본다(이동순, 앞의 책, 창작과비평사, 1996, 271면 참조). 또한, 우리 시의 율격은 단순율격(simple meter)이고, 4음절이 중위수이고 최빈수이며, 3음보격과 4음보격이 전통적 율격의 기본형태이다(조동일, 「현대시에 나타난 전통적 율격의 계승」, 『한국민요의 전통과 시가 율격』, 지식산업사, 1996, 290쪽 참조).
255) 고시가 음보 구분은 문법적 구절과 논리적 휴지를 전제로 한 연역적 방법과 시작품 낭독의 기계적 결과로 나타나는 귀납적 방법이 있다(정병욱, 『한국고전시가론』, 신구문화사, 1977).
256) 이에 대한 본보기는 김윤식, 김현 공저, 『한국문학사』, 민음사, 1984, 145쪽에

시가는 대체로 음악으로 불려졌기 때문에 문법적 구절로서 외형적 음보 구분을 쉽게 할 수 있다. 또한, 음절수가 3단위에서 4단위로 연속되면서 3, 4음보격을 일정하게 유지하고 있으며, 다소 변형된 율격이 보이기도 한다. 이와 같이 독립군시가는 시가 율격의 측면에서 3음보와 4음보의 대립과 교체가 지속적으로 이어지고 있으며, 이것은 주로 3음보격과 4음보격의 대립과 교체로 이해할 수 있을 것이다.[257] 그러나 3, 4음보격이 대립, 교체되었다고 하더라도, 우리의 전통시가 율격은 4음보가 시가 문학의 중심 율격이었던 것은 분명하다.

이러한 관점에서 현대시의 율격이 개화기 시가의 4음보격이 지니는 교술성과 그 전통을 극복하려는 반작용만으로 파악하려는 데에는 동의할 수가 없다. 왜냐하면 율격은 민족의 정서적 자질과 공유하며, 언어적 속성을 반영하고 있기 때문이다. 고대가요에서 근대시가 문학으로 이어지면서 우리 민족의 정서와 언어적 속성은 3음보격과 4음보격 중에서 4음보격이 정신사의 주체적 위치에 있었다고 할 수 있다.[258] 우리 문학에서 율격 논의는 민족의 주체성을 확립하는 중요한 수단이 된다. 그런 점에서 독립군시가의 율격이 3음보격 보다 4음보격이 많은 것은 민족의 정서와 언어적 속성을 지배적으로 반영하고 있다는 것을 말하는 것이다. 독립군시가는 우리 시가 문학의 율격적 전통을 이어가고 있으며, 4음보격이 주체를 이루면서 의병가사 4음보격의 전통을 긍정적으로 계승하고 있음을 알 수 있다. 우리의 전통적 시가 율격 양식이 3음보와 4음보의 대립과 교체 양식을 보이고 있다면, 4음보는 민요의 2음보가 중첩되어 이어진 전통적 양식이라는 가능성이 있는데, 독립군시가 율격은 이러한 전통적 율격 양식을 반영하고 있다.

애국계몽기의 의병가사가 4음수 4음보의 율격을 가진 교술적 성격

서 김소월의 「진달래꽃」과 「산유화」는 '리듬을 자수율로 생각하지 않고 호흡기관과 밀접한 관련을 가진 것으로 파악한 것을 드러낸다'고 한 데 있다.
257) 조동일, 『한국 시가의 전통과 율격』, 한길사, 1982.
258) 이동순, 앞의 책, 269면 참조.

을 가지고 있었는데, 독립군시가는 이 4음수 4음보의 율격을 견지하면
서 약간의 변형 율격을 보이고 있다. 의병가사의 율격이 4음수 4음보
의 전형성을 보이고 있다면, 독립군시가는 4음보의 가락을 유지하면
서, 3음보의 율격을 자연스럽게 수용하고 있음을 확인할 수 있다. 독
립군시가의 율격을 분석해보면, 7·5조의 3음보 율격이 전체 작품의
절반을 차지하고 있으며, 나머지는 4음보의 율격을 유지하고 있다. 시
조와 가사 양식이 주로 4음보의 율격을 가진 장중한 선비 정신을 계
승하고 있다면, 향가와 고려 속요 등의 양식이 3음보의 율격을 가진
서민 정신을 계승하고 있다. 독립군시가에서 3음보와 4음보의 율격이
동시에 공존하고 있다는 것은 전통적인 민족 정서를 이어받은 것이라
고 할 수 있으며, 그 바탕에는 양반문학의 시가율격과 서민들의 시가
율격을 동시에 수용하고 있음을 알 수 있다.

  무악재 찬바람 인왕산 넘고서
  영은문 헐리고 독립문 세웠네

  독립문 넓은뜰 만세성 드높다
  태극기 휘날린 독립문 이로다
      — 「독립문」[259]

  어제는 이나그네 실어보내고
  오늘은 저나그네 실어보내고
  일년이년 오년십년 사십여년을
  두만강 푸른물에 실어보냈다
     — 추양, 「두만강 뱃사공」 부분[260]

「독립문」은 독립문 정초식(定礎式) 때 불렀던 노래이다.[261] 시기적으

---

[259] 독립군가보존회 편, 앞의 책, 127쪽.
[260] 독립군가보존회 편, 앞의 책, 179쪽.
[261] 독립문은 1896년(건양1) 독립협회(獨立協會)가 한국의 영구독립을 선언하

로 볼 때, 「독립문」이 「두만강 뱃사공」보다 앞선 시기에 발표되었고, 3음수 4음보의 율격을 잘 유지하고 있다. 「독립문」은 민중들의 계몽적 성격을 많이 가지고 있으며, 창가의 4음보격 정형성을 계승하고 있다.

생몰 연대 미상의 추양이 쓴 「두만강 뱃사공」은 1930년대 강물과 같이 늙어 간 뱃사공의 애환을 읊은 노래로서 일제시대에는 금지되었던 노래이다. 이 노래는 김정구의 형 김용환이 작곡한 것으로 1932년 『조선일보』의 노랫말 공모전에 입상한 작품이다. 이 작품의 율격은 3, 4음수의 교체를 보이며, 3음보격의 정형성을 보인다.

이 두 작품에 알 수 있듯이, 독립군시가는 전통 율격을 그대로 유지하면서 변화와 교체의 양식을 보이고 있다. 독립군시가는 크게 나누어 3음보와 4음보의 민요조 율격 전통을 그대로 계승하고 있는데, 이것은 민요의 율격에 노랫말을 붙인 개사곡도 모두 4음보의 율격 양식으로 나타난다. 이러한 민요의 개사곡은 개화기에 발표된 창가의 율격 양식과 동일한 맥락에서 이해할 수 있으며, 4·4조 4음보격의 정형성을 계승하고 있다고 할 수 있다.

    태극조판 하신후에 해우동방 생겼으라
    단군성조 창업하사 열성지덕 누리셨네
    군인들아 군인들아 배달나라 군인들아
    잊지마세 잊지마세 충군애국 잊지마세

    나라에는 충성하고 부모께∨ 효도하여
    아름다운 내조국을 길이지켜 보전하세
          — 「한국군가」[262]

기 위하여 청(淸)나라 사신을 영접하던 영은문(迎恩門) 자리에 전국민을 상대로 모금운동을 하여 세웠다. 창건 당시의 면적 2,800m²였으며, 총공사비는 당시 화폐로 3,825원이 소요되었다. 완공일은 1897년 11월 20일이다.
262) 독립군시가집 편찬위원회 편, 앞의 책, 292쪽.

압록강 지는해를 바라본이 몇이신고
누리에 한많으니 낙조도 유심하거늘
까마귀 날으는뜻은 물을데도 없어라

강사에 배두어척 뉘를저리 기다리나
건넛벌 황사천리 울며간이 그지없다
이백성 편이쉴데는 어데런고 모를래
— 장응두, 「압록강을 건너면서」 부분263)

　창가로 불려진 「한국군가」는 신식군대가 창설되고 군악대가 생기면서 사기를 진작시키기 위한 목적으로 불렀다. 청일 전쟁이 일어나고 군대의 근대적 개편이 이루어졌다. 1901년 2월에는 시위연대 군악대장으로 프란츠 에케르가 초청되어 근대적 군악이 만들어지기 시작했다. 「한국군가」는 창가의 4·4조 4음보격을 유지하고 있는데, 이 4음수 4음보격은 비교적 긴 내용의 작품에 적합한 율격적 특징으로 호흡이 길기 때문에 생각과 사상이 무겁고 서술적인 경향을 보인다.264) 군인으로 지켜야할 충군 애국의 정신을 바탕으로 조국의 발전을 위해 노력하자고 한다. 율격 양식에서 볼 때, 이 작품은 개화가사의 교술적 내용과 4음보격의 전통적 율격 양식을 계승하고 있음을 알 수 있다.
　시조인 「압록강을 건너면서」는 4음보격으로 된 전통적 율격 양식으로 되어 있다. 나라를 떠나는 화자의 비장한 심정을 잘 표현한 이 작품은 의병가사가 창작된 비극적인 상황에서 목숨을 초개같이 버렸던 선비정신을 이어가고 있다. 또한, 율격 양식에서 시조의 4음보 율격을 유지하고 있어서 비교적 안정된 리듬감을 준다. 이러한 율격적 특징은 민중적 정서를 드러내는데 효과적이다.
　4음보격의 율격적 분절의 크기는 앞의 반 행과 뒤의 반 행 사이에

---

263) 독립군시가집 편찬위원회 편, 앞의 책, 146쪽.
264) 성기옥, 앞의 책, 209쪽 인용.

중간 분절을 가지고 있으며, 민요의 2음보격을 계승한 형식이라 할 수 있는데, 이 4음보격은 주로 시조와 민요 등에 많이 나타난다.[265] 4음보의 안정된 율격은 우리 시가 문학에 나타나는 하나의 율격적 전통이며, 독립군시가는 이러한 4음보의 전통 율격을 계승하고 있다. 통계적으로 볼 때, 독립군시가 중에서 4음보 율격을 갖고 있는 작품이 약 83편이 있다. 이것은 독립군시가가 전통적 율격 양식을 계승하고 있다는 사실을 반증하는 것이다. 이러한 율격 양식의 전통은 독립군시가의 주제가 교훈적인 내용을 갖고 있으며, 여러 사람들에게 불려질 목적성을 갖고 있었기 때문에 전통적 양식을 수용한 4음보의 율격을 많이 사용하였다고 추측할 수 있다.

그러나 독립군시가의 율격 논의에 있어서 문제가 되는 것은 3음보의 변형 율격인 7·5조의 층량 음보격이다. 3음보와 4음보가 혼합되어 있거나 3음수, 4음수를 이루면서 3음보격을 유지하고 있는 작품은 약 109편이 있다. 이러한 7·5조의 민요조 율격이 일본의 창가에서 영향을 입은 외래요소라고 하는 주장은 오랫동안 한국문학의 율격 양식에 하나의 걸림돌이 되어 왔다. 그러나 층량 3음보격인 7·5조의 율격은 1900년대에 이미 한국문학의 율격양식으로 폭넓게 자리잡고 있었다. 독립군시가는 7·5조의 율격이 많이 나타나고 있는데, 이것은 우리 시가 문학의 전통적 율격 양식의 하나라 할 수 있다.

        암흑중에 빠진역사 다시·빛내고
        꺼지려는 나의겨레 살리려·하여
        살이뛰고 피가끓는 열렬한·청년
                    ―「독립군가1」부분[266]

---

265) 김흥규, 『한국문학의 이해』, 민음사, 1986, 155쪽 참조.
266) 독립군시가집 편찬위원회 편, 앞의 책, 277쪽.

이곳은 우리나라 아니・것만은
무엇을 바라고∨ 여기・왔는가
자손의 거름될∨ 우리・독립군
설땅은 없지만은 희망은・있네
　　　　　　― 「거름인 독립군」 부분267)

왔도다 왔도다∨ 때는・왔도다
광복군아 나아가∨ 싸울・때 왔다
삼천만 동포야∨ 일어・나거라
죽었던 송장도∨ 일어・나거라

나가세 나가세∨ 전쟁・장으로
국가와 민족을∨ 찾기・위하여
생사를 무릅쓰고 나아갈・때에
원자탄 백만군∨ 무섭지・않다
　　　　　　― 「광복군맹진곡」268)

　　인용한 작품들은 층량 3보격의 여러 가지 유형 중의 하나이다. 이 층량 3보격의 작품은 3・4・5음절형이 반복되는 3음보격 율격 양식을 보인다. 한국문학의 율격양식으로 볼 때, 7・5조, 8・5조, 6・5조라고 하는 율격 형태들은 층량 3보격의 하위유형이라 할 수 있다. 그리고 그 유형은 ㈎ 자유형 ㈏ 4・4・5음절형 ㈐ 3・4・5음절형 ㈑ 4・3・5음절형 ㈒ 3・3・5음절형으로 나눌 수 있다.269) 이러한 관점에서 볼 때, 7・5조는 층량 3보격의 한 유형이라 할 수 있다. 따라서 7・5조

---

267) 여기에 사용하는 기호는 성기옥의 율격 구성 자질 기호를 사용하기로 한다. ―는 장음(長音)부호, ∨는 정지(停止)부호이다. 율격의 구성자질에는 필수자질로 음절이 있고, 수의적 자질로서 장음과 정음이 있다. 장음은 음절의 음길이가 실제로 발성된 + 장음이고, 정음(停音)은 음절의 음길이가 묵음형태를 취하는 - 장음을 말한다(성기옥, 앞의 책, 84-99쪽 참조).
268) 인터넷 사이트 세계군악연구원(www.iamm.or.kr).
269) 성기옥, 앞의 책, 263쪽.

율격의 발생이 신체시로부터 시작하는 일본 율격의 유입이라는 견해는 타당하지 않다.

한국문학사에서 이미 '1890년대 기독교 번역 찬송가집에는 정연한 층량 3보격 형식이 존재하였고, 막연히 없는 것으로 믿어온 우리 전통시가에서도 층량 3보격은 고려 시대의 속요에서부터 19세기 사설시조 판소리에 이르기까지 지속적으로 실현되어 왔다'270)고 할 수 있다. 따라서 7·5조의 율격은 전통의 율격에서 자생적으로 형성된 것이며, 독립군시가는 이 시가 율격의 전통을 계승하고 있다고 할 수 있다.

3, 4, 5음으로 반복되는 층량 3보격은 독립군시가의 율격에서 그 전통의 맥락을 이어가면서 민중들의 정서를 반영하는 율격 체계로 자리 잡았다. 또한, 이것은 독립군시가의 바탕을 이루는 율격 체계가 되었다. 시문학에서 7·5조의 형식을 민요 율격으로 보기도 하는데,271) 이것은 논의 자체에 문제점을 내포하고 있다고 할 수 있다. 따라서 율격 체제를 논의할 때는 어디까지나 자수에 기준한 논의가 되어서는 안되고, 음보의 개념을 기준으로 하여 전통적 형식을 찾아내는 것이 바람직하다고 생각한다.

실제로 1940년 이후 광복군이 결성되고, 광복군 산하의 문화공작대에서 불려진 작품을 보면 전통적 층량 3보격 율격 양식이 굳어지고 있다는 것을 확인할 수 있다. 한국광복군 제2지대의 선전위원회에서 활동한 한형석(韓亨錫, 1910-1996)272)의 『광복군가집』에 나오는 15편의

---

270) 성기옥, 앞의 책, 288쪽.
271) 이에 대한 분석은, 김대행, 「민요조 재고-7·5조와의 관련에 대한 검토」, 국어국문학회 편, 『현대시연구』, 정음사, 1981, 188쪽 참조.
272) 한형석은 1910년 2월21일 부산의 동래에서 한흥교와 이인옥의 둘째 아들로 출생하였다. 1915년 부친을 찾아 중국에 간 뒤로 그곳에서 베이징 노하고급 중학교를 졸업하고, 상해 신화예술대학교 예술교육과 졸업하였다. 중국 사회주의 영향을 많이 받은 항일 민족음악가로 1934년 첫 작품 신혁명군가를 작곡하여 중국의 항일음악에 중요한 입지를 마련하였다. 1940년 『광복군군가집』을 출판하였다(『부산일보』 2003. 8. 15). 한유한에 대한 연구는 양무춘,

작품을 살펴보아도 율격의 정형성(定型性)이 그대로 군가 악보에 영향을 주고 있음을 알 수 있다. 한형석의 『광복군가집』에 실린 작품들은 모두 15편이 있는데, 이들 작품은 이범석 작사, 한유한 작곡, 「국기가」, 이두산 작사, 한유한 작곡, 「광복군가(일명, 광복군행진곡)」, 이해평 작사, 한유한 작곡, 「광복군제2지대가」 이두산 작사, 작곡 미상, 「선봉대」, 작사, 작곡 미상, 「최후의 결전」, 동북독립군 노래, 「용진가」, 신덕영 작사, 한유한 작곡, 「신출발」, 김학규 작사, 한국민요, 「광복군아리랑」, 김학규 작사, 한국민요, 「광복군석탄가」, 박영만 작사, 한유한 작곡, 「압록강행진곡」, 신덕영 작사, 한유한 작곡, 「조국행진곡」, 김이한 작사, 신하균 작곡, 「앞으로 행진곡」, 이해평 작사, 한유한 작곡, 「여명의 노래」, 신덕영 작사, 한유한 작곡, 「우리나라 어머니」, 신덕영 작사, 한유한 작곡, 「흘러가는 저 구름」 등이다.

　이 작품 중에서 한유한이 작곡한 것은 모두 9편이고, 민요에서 곡을 따서 가사를 바꾸어 부른 것은 모두 2편이며, 신하균이 작곡한 작품이 1편 있다. 이들 작품의 율격 양식은 대부분 충량 3음보격으로 되어 있으며, 노랫말의 율격을 그대로 살리면서 악보를 넣었다. 독립군시가집에 실린 노랫말과 필사본의 악곡을 대비해보면 율격을 염두에 두었다는 사실을 알 수 있을 것이다.

　(1) 우리국기 높∨이∨ 날리는 곳에
　　　삼천만의 정∨성∨ 쇠같이 뭉쳐
　　　맹세하네 굳∨게∨ 태극기 앞에
　　　빛내리라 길∨게∨ 배달의 역사
　　　　　　　　─ 이범석, 「국기가」273)

　　「항일시기 작곡가 한유한에 대한 기초조사보고서」(『한국음악사학보』 20권, 1998)과 김덕균, 「한국의 걸출한 항일음악가 한형석(한유한)」(『음악과 민족』 17권, 1999)이 있다.
273) 독립군가보존회 편, 앞의 책, 36쪽.

⑵ 3 2 1 3 | 5 - 4 - | 1 1 7 6 | 5 -- 0 |
　우리國旗 높 히　　날이는곳 에
　6 6 4 6 | 5 - 3 - | 4 3 5 1 | 2 -- 0 |
　三千萬의 精　誠　　쇠같이뭉 처
　2 2 2 3 | 4 - 6 - | 1 1 6 1 | 2 -- 0 |
　盟誓하네 굳　게　　太極旗앞 에
　3 3 2 1 | 1 - 6 - | 4 6 3 2 | 1 -- 0 |
　빛내랴고 길　게　　倍達의歷 史
　　　　― 이범석 작사, 한유한 작곡 「국기가」274)

　⑴은 이범석의 「국기가」이고, ⑵는 이 노랫말에 악보를 붙여놓은 것이다. 마디를 끊어놓은 것은 음보격 단위로 되어 있다는 것을 뜻한다. 노랫말의 율격 체계를 염두에 두고 마디를 끊어서 표기한 것이다. 여기서 마디를 끊어놓은 부분은 7·5조의 율격과 동일하게 되어 있음을 알 수 있다. 악보로 되어 있는 것은 네 마디로 끊어지고 있는데, 이것은 노래로 불려질 때는 네 마디로 불려졌다는 것을 말하며, 노랫말의 율격 체계는 3음보격으로 실현되고, 악보는 4마디를 기본으로 한다는 것을 의미한다. 이처럼, 노랫말의 율격과 악보로 실현된 율격 양식이 다르다는 것은 「국기가」의 율격 자질이 3음보격과 4음보격의 실현이 가능하다는 것을 말한다.

　노랫말의 형식으로는 3음보격을 유지하고 있지만, 음악으로 불려질 때는 네 마디의 음보(音譜)로 되어 있다는 것이다. 악보에서는 4음보의 율격이 실현되고 있으며, 노랫말의 세 번째 음보의 중간을 나누면 4음보격이 실현된다. 이에 대해서는 민족음악에서 보다 자세한 논의

---

274) 이 자료는 필사본 『광복군가집-제1집』으로 한국광복군 제2지대에서 발간한 자료이다. 한형석씨가 소장하고 있는 악곡으로 광복군가집으로는 최초의 것이라 할 수 있다. |는 마디를 말하고 숫자는 악보의 음계를 말한다. 한유한은 한형석이 상해신화학교 재학시절부터 쓴 이름이고 한형석은 본명이다(김덕균, 앞의 논문 참조).

가 있어야 할 것이지만, 독립군시가의 원형이 3음보의 율격으로 되어 있으며, 악보로 실현되는 음보는 4음보의 율격 양식을 보이고 있다. 독립군시가의 율격 방식이 3음보의 율격 양식과 4음보의 율격 양식을 보인다는 것은 독립군시가가 전통의 율격 양식인 3음보와 4음보를 동시에 수용하려는 태도에서 비롯하고 있기 때문이라고 할 수 있다.

2) 율격 체계의 동질성

이러한 율격의 체계는 북한에 남아있는 독립군시가를 검토해보아도 동일한 특징으로 나타난다. 그것은 남북한의 언어적 자질이 같은 율격 양식을 보이기 때문이다. 율격은 언어의 발화와 직접 연관성을 갖는 것으로 우리말 기호를 사용하는 모든 시가 문학에 공통으로 적용될 수 있다. 그런 점에서 남한과 북한, 연변지역의 독립군시가는 모두 동일한 율격 양식을 보인다고 할 수 있다.

북한의 독립군시가가 이념을 담아내기 위한 도구로 이용 되었든지, 일제의 저항을 위한 목적으로 창작되었든지 그 주제의식은 민중들의 투쟁의지와 민족의 정서를 표출하고 있으며, 이를 반영하는 율격 양식은 동일한 맥락에 놓여 있다고 할 수 있다. 그런 점에서 이념과 체제가 다르다고 해서 그 문학의 뿌리가 다르다고 속단할 수 없듯이, 남한과 북한의 독립군시가는 서로의 이념과 체제에 따라서 가사가 윤색되었을지라도 그 율격 양식은 동질성을 갖고 있다고 할 수 있다.

남한의 독립군시가는 동량 4음보격과 층량 3음보격이 많았고, 일부 변형된 율격 양식을 보였는데, 이와 마찬가지로 북한의 독립군시가도 남한의 독립군시가와 같이 정형화된 율격 양식으로 나타났다. 북한의 독립군시가 77편을 율격에 따라 분류해보면, 모두 동량 4음보격과 층량 3음보격으로 실현되고 있다. 그것은 북한의 독립군시가들이 대부분 이념과 체제의 유지를 위한 목적으로 창작되었기 때문일 것이라고 본다.

남한의 독립군시가가 음수율에 있어서 율격의 자유로움이 있었다고 한다면, 북한의 독립군시가는 음수율과 음보율에 있어서 정형화된 율격 체계로 나타난다. 따라서 율격의 문제에만 국한시켜 본다면, 북한의 독립군시가는 전통적인 율격 양식을 긍정적으로 계승하고 있다고 할 수 있다. 율격은 언어의 관습에서 이루어지는 사회의 축적적 승인이라 할 수 있는데,[275] 북한의 독립군시가는 음운의 자질에서 있어서 남한의 독립군시가와 동일한 입장에서 사회적 승인을 획득하고 셈이라 할 수 있다.

북한의 독립군시가 77편을 나누어 보면, 층량 3음보격을 가진 작품은 모두 63편으로 대부분의 작품이 이 음보격을 유지하고 있다. 나머지 14편은 동량 4음보격을 유지하고 있는데, 이것은 북한의 독립군시가가 일본의 군가 악곡을 그대로 수용한 것이 대부분임에도 불구하고 율격의 양식에 있어서는 전통의 율격 체제를 고수하고 있다고 할 수 있다. 이와 같이 독립군시가는 음악적 자질보다도 언어적 자질에서 그 전통을 충실히 계승하고 있다고 할 수 있다.

신식 군대가 창설되고 신식 무기로 전투를 하면서 군가도 양악의 영향을 크게 입었으며, 급진적으로 밀어닥친 외국 음악을 수용하는 과정에서 전통의 음계가 사라지고, 서구 음계가 빠르게 보편화되었다. 독립군은 일본군과의 전투에서 일본군들이 부르는 노래를 자연스럽게 익혔을 것이다. 그러나 악곡의 문제를 떠나서 노랫말만 놓고 본다면, 그 율격 양식은 모두 우리 시가 문학의 전통을 계승하고 있음을 알 수 있다. 북한의 독립군시가는 우리 시가 문학의 보편적 율격 양식에서 이해할 수 있으며, 정책적 입장에서 노랫말이 윤색되었다고 해도 일제에 저항하는 주제의식에 있어서는 동일하다고 할 수 있다. 북한의 독립군시가는 층량 3음보격으로 된 작품은 모두 63편이 있다.

---

[275] 성기옥, 앞의 책, 14쪽.

선들바람 불어오는 가을만 되면
피땀흘려 지어놓은 모든 농작물
지주와∨ 자본가에게 다 빼앗기니
혁명의길 찾기가∨ 피가 뜁니다

혁명위해 무장들고 모두 일어나
번개같이 달려가는 유격대 앞에
개떼처럼 쓸어드는 일제놈들은
봄눈이∨ 녹아나듯 쓰러집니다
— 「농민혁명가」부분276)

굳게뭉친 노동자의 붉은 목소리
온세상∨ 방방곡곡 울려퍼질 때
경관놈들 그들을∨ 쏘아댔지만
거리위의 붉은피는 우리의 교훈
기한에서 헤매이는 무산자들을
자본가는 마음대로 부려먹잔다
우리들의 목숨이∨ 끊어지기 전
그누가∨ 제놈들의 종이 될소냐
— 「무산혁명가」부분277)

이처럼, 북한의 독립군시가는 4·4·5의 층량 3음보격으로 된 작품이 대부분을 차지하고 있다. 음수율과 음보율의 파격도 거의 일어나지 않으면서 정형화된 율격 양식을 보이고 있는데, 이것은 북한의 폐쇄적 체제와 관련이 있다고 본다. 전통적 음보율의 관점에서 볼 때, 3음보격은 선율적(旋律的) 표현성이 강한 서정민요에 많이 사용하고 있다는 점에서 불안정한 속성을 반영하는 음보이기도 하다. 그런 점에서 북한의 독립군시가에 나타난 3음보격은 북한의 사회주의 혁명노선과

---

276) 『혁명가요집』, 164쪽
277) 『혁명가요집』, 133쪽.

인민의 선동을 고양하는 정책적 성격이 강하다는 알 수 있게 한다.

> 어데까지 왔∨니∨ 마을까지 왔∨다∨
> 어데까지 가려니∨ 학교까지 간∨다∨
> 무엇하러 가려니∨ 공부하러 간∨다∨
> 누구하고 가려니∨ 우리모두 간∨다∨
> ―「어데까지 왔니」부분278)

> 우리가슴 붙는불로 낡은사회 태우고∨
> 팔다리에 흘린피로 새역사를 써놓자∨
> ―「혁명군이 되었다」부분279)

「어데까지 왔니」는 남한에서 동요로 주로 불렸던 노래이다. 서로 짝을 이루며 부르는 이 노래는 2음보의 짝을 이루고 있으며 2음보의 중첩으로 된 4음보격이 하나의 음보 단위로 실현되는 노동요이다. 이 노래는 민요의 율격을 그대로 사용하면서 노랫말만 바꾸어 놓았다. 노랫말 바꿔 부르기(개사 형식)는 악곡이 일본에서 수용된 것이기 때문에 일본의 요소라고 주장하는 견해도 있지만,280) 우리의 전체 민중들이 역사상 처음으로 '노래'를 '운동'으로 인식하고 실천하였다281)고 보기도 한다.

「혁명군이 되었다」는 창가의 / 4 4 4 4 / 4음보의 정형 율격을 갖추고 있다. 이것은 애국 계몽기의 의병가사와 창가로부터 이어지는 동량 4음격의 전통 율격체계를 이어가고 있는 것이다. 동량 4음보격은 안정

---

278) 『혁명가요집』, 73쪽.
279) 『혁명가요집』, 103쪽.
280) 민경찬에 따르면, 일본의 군가가 북한의 혁명가요에 영향을 미치고 악곡을 그대로 사용하였기 때문에 혁명가요의 대부분은 일본 군가에 해당한다고 본다(민경찬, 앞의 논문 참조).
281) 노동은, 앞의 책, 638쪽.

된 율동체계를 갖고 있으면서 내용도 비교적 안정되어 있다. 과격하거나 격렬한 내용보다는 안정되고 차분한 어조로 일관하고 있다. 4음보격은 추모의 내용, 아동을 위한 노래, 이별 등의 무거운 주제를 다루고 있는데, 혁명의 분위기와는 사뭇 다른 인상을 준다. 선전 선동을 위한 노래는 3음보격으로 빠르지만, 다른 노래들은 느리고 편안한 4음보격의 율격 양식으로 실현된다. 이것은 한국 문학에서 보이는 4음보격의 율격 특성을 그대로 반영하고 있는 것이다.

국권이 침탈당하고 국운이 급박하게 진행되면서 체계적인 음악이 보급되기가 힘들었던 시기에 비록 악보는 일본의 영향에 있었다고 해도 그 노랫말에 있어서는 전통적 율격 양식을 계승하고 있었다. 이것은 독립군시가의 주제와 율격 양식에 있어서 우리 시가 문학의 전통을 주체적으로 수용한 측면이라고 할 수 있다. 그런 점에서 독립군시가의 율격 양식은 문학의 전통을 계승하는 하나의 방식이라고 할 수 있다. 국권회복의 투쟁방식으로 나타난 독립군시가의 율격 양식은 창가와 민요 개작운동으로 이어졌고, 그것은 민족의 정서를 반영하는 하나의 문학운동으로 재현되었다.

이와 같이 독립군시가는 전통의 율격을 수용하고 있으며, 3음보와 4음보격의 다양한 변화를 보이고 있다. 노랫말만 놓고 보더라도 층량 3음보와 동량 4음보의 율격 양식을 보이고 있다. 이것은 개화가사와 창가, 의병가사에 이어지는 율격의 전통성을 말하는 것이며, 일제시대 민족문학의 형식적 계승을 보이고 있다고 할 수 있다. 4음보의 율격은 가사문학의 정형성과 창가의 전형적 율격 형식을 그대로 이어받고 있으며, 층량 3음보는 민요, 고려가요, 사설시조, 판소리에 이어지는 전통을 계승하고 있다고 할 수 있다.

독립군시가는 애국계몽기 창가의 4음보 형식과 서사가사 등의 전통적 율격을 계승하고 있는데, 이것은 전통문학의 4음보격 전통을 이어받고 있다는 것을 말한다. 따라서 독립군시가는 율격의 측면에서 민족의 주체성을 확보하고 있다고 할 수 있다. 이것은 현대문학으로 이어지는 우리 문학의 전통적 율격 양식의 계승이라 할 수 있다. 그외에도 독립군시가에는 3, 4음보, 2, 5음보, 2, 4음보, 5음보, 3, 4, 5음보, 2, 3음보의 혼합 등의 형태로 다양하게 변형된 율격으로 나타난다. 이것은 독립군시가가 현대시로의 다양한 율격 양식의 변형을 시도하고 있음을 말하는 것이다. 독립군시가는 3음보격과 4음보격의 율격이 일정하게 교체되면서 4음보격의 민족시가 전통을 계승하고 있음을 알 수 있다.

북한의 독립군시가는 민중들의 정서를 반영하는 율격 양식을 보인다. 이것은 북한의 독립군시가에 나타나는 율격 양식에서도 충분히 짐작할 수 있다. 북한의 독립군시가는 층량 3음보격이 많고, 동량 4음보격은 상대적으로 적은 편인데, 이것은 서민계층의 율격을 반영한 것이라고 할 수 있다. 북한의 독립군시가가 내용에 있어서 혁명과 투쟁의식을 반영하고 있다고 하더라도 율격 양식은 한국문학의 관습적 언어자질을 갖고 있다. 이것은 독립군시가는 이념의 문제를 초월하여 민족시가로서 큰 범주의 전통성을 갖고 있다는 것을 말한다. 따라서 독립군시가의 연구는 민족문학의 정체성을 확보하는 방편이 될 수 있을 것이다. 독립군시가는 악보에 있어서 한계점이 있지만, 주제의식과 율격 양식에 있어서 주체성을 확보하면서 일제강점기의 현실적 상황에 맞선 민족문학이라고 할 수 있다.

제4장 결 론

　독립군시가는 민족문학의 전통을 계승하고 있으며, 일제시대 민족문학의 위상을 밝히는 중요한 문학적 성과물이다. 독립군시가에 직접적 영향을 주는 의병시가는 한시와 가사문학의 형식으로 한말 지식인의 마지막 저항정신을 표현하였다. 국가의 운명이 위기에 처하자 목숨을 버리면서 그들의 정신을 지켰고, 한편에서는 그들의 뜻을 펼치기 위해 의병을 일으키기도 했다. 의병들의 문학은 민족의 자존을 지키는 저항정신에서 출발하고 있다.
　그런 점에서 일제시대 독립군시가는 의병들의 문학과 정신을 계승하고 있으며, 문학의 주제와 형식의 측면에서 다양성을 꾀하고 있다고 할 수 있다. 독립군시가는 일제시대의 암담한 현실 속에서 그 현실을 타개하고 민중 속에서 저항정신의 본질을 찾았고, 민족의 자주와 독립을 위한 끝없는 저항태도를 견지하였다. 나라를 빼앗긴 일제시대의 상황에서 나라의 주권과 독립국가를 되찾는 일은 민족의 최대과제였다. 이러한 시대적 소명 의식을 잘 반영한 독립군시가는 일제시대 많은 지식인들이 친일의 길에 들어설 때, 민중들의 곁에서 그들의 삶의 모습을 다양하게 표현하였다. 비록 내용이 세련되지 못하고 투박하지만, 그 속에서는 민족의 앞날을 걱정하고, 일제와 맞서 싸우는 독립군들의 시련과 고통을 고스란히 담아내고 있다.

이러한 점을 염두에 둘 때, 독립군시가가 기록으로 남겨지거나 정제된 문학의 형식을 보여주지 못한다고 해서 우리 문학사에서 배제해서는 안될 것이다. 실제로 많은 독립군시가가 구전의 방식으로 우리 민족의 애환을 담아내고 있으며, 기록문학의 범주에서 어느 정도 한계성이 노정되어 있다고 해도 그 노랫말 속에는 민족의 정서와 울분을 다양하게 반영하고 있다. 문학이 당대 현실을 바탕으로 하고 있으며, 그 현실을 드러내는 방식이 당대의 문제에 맞서고 있다면, 그것은 민족문학으로서 충분한 가치를 갖고 있다고 할 수 있다. 이러한 맥락에서 의병시가와 독립군시가는 민족의 문제를 가장 폭넓게 다룬 민족 문학의 보고(寶庫)라 할 수 있는 것이다. 독립군시가는 일제시대 민족의 삶의 양태를 다양하게 보여주면서 민족시가의 새로운 가능성을 보여준 시가문학이다.

이 책의 중심과제는 현재까지 조사된 자료를 바탕으로 독립군시가의 문학적 의미와 문학사적 위상을 밝히는 것이었다. 그 예비 작업으로 의병시가의 특징과 그 문학적 대응을 고찰하였다. 또한, 의병시가와 영향관계에 있는 독립군시가를 주제 유형별로 나누고, 이를 통해서 일제시대 우리 민족의 삶의 양태를 알아보았다. 의병시가가 국내의 의병운동에서 자연발생적으로 창작된 문학 형태라고 한다면, 독립군시가는 국외로 망명한 지식인들과 독립군 활동을 한 단체와 개인에 의해 창작된 문학이다. 그런 점에서 독립군시가는 의병시가의 문학적 성과를 확장하고, 다양한 형식과 그 정신적 성과를 증폭시킨 문학이라 할 수 있다.

독립군시가의 다양한 주제와 정신적 의미를 분류하고 분석해본 결과 중요한 문학적 의미를 도출할 수 있었다. 그것은 독립군시가가 민족문학으로서의 새로운 가능성을 보여주었다는 것이고, 일제시대 문학의 다양성과 당대 삶의 양태를 폭넓게 보여주었다는 것이다. 이 연구의 결과로 일제시대 독립군시가가 갖는 문학적 의미를 몇 가지 도출할 수 있었다.

첫째, 독립군시가는 의병시가와 주제와 정신의 측면에서 연속선상에 놓여 있으며, 의병운동에서 보여준 민족문학의 성격을 그대로 계승하고 있다. 의병시가 중에서 한시는 주로 유학자들의 올곧은 선비 정신을 형상화하였으며, 자주권 수호를 위한 실천적 저항의지를 보여주었다. 또한, 의병가사는 민족의 당면한 현실 문제를 각성하고, 여성들의 현실 참여를 촉구하였고, 의병들의 비분강개의 정신을 보여주었다. 더 많은 대중들의 현실참여로 문학은 다양한 방법으로 나타났으며, 그것은 새로운 형식의 개사방식을 통하여 시대를 풍자하였다. 그런 점에서 의병시가는 민족의 위기의식을 계몽하고, 외세를 몰아내려는 민족주의 경향을 견지했다.

독립군시가는 작가계층을 다양화하면서 민족정서를 폭넓게 반영하였다. 그만큼 독립군시가는 문학의 담당층이 전문작가에 의해 이루어지지 않았고, 내용과 형식에 있어서 다양한 방법으로 나타났다는 것이다. 이처럼, 독립군시가는 문학의 대중화를 꾀하면서 당대의 현실 문제를 반영하였다. 그런 점에서 독립군시가는 의병시가의 문학적 특징을 계승하고 있으며, 그들의 문학 양식을 다양화하면서 일제시대 민족문학의 위상을 분명히 보여주었다.

둘째, 독립군시가는 일제시대 민족의 삶의 양태를 다양하게 보여주었다. 독립군시가를 주제 유형에 따라 분류하고, 그 내용의 특징을 살펴보면 당대의 현실을 다양하게 내면화시키고 있음을 알 수 있다. 이를테면, 당대 현실을 비극적 세계로 인식하면서 이를 극복하는 방편으로 위안의 문학적 경향을 보이기도 하였으며, 유랑민의 비애, 고향에 대한 그리움, 망국민의 슬픔, 자연과 노동의 즐거움을 주제로 하면서 척박한 민족의 현실을 극복하려고도 하였다. 또한, 종교운동을 통한 자주적 저항의식을 보여주기도 하였다. 동학운동과 대종교 운동을 통하여 민족의 주체성과 민족 정기를 함양하려고 하였다. 국가의 위기를 구해줄 역사적 영웅의 출현을 소망하면서, 민족의식을 고취시키기도 하였다. 그런가 하면, 독립군시가 중에서 무장독립군의 투쟁을 다룬 작품들도 있었다. 이들 작품은 일제와 맞서 싸우는 불굴의 저항정신을 보여주었으며, 독립군들의 치열한 전쟁 상황 속에서 구국의 의지를 표현하기도 하였다. 이들 무장독립군들의 투쟁은 독립군시가 중에서 가장 현장성이 뛰어난 작품들이다. 그 외에도 독립군시가는 현실에 대한 다양한 시적 대응을 꾀하고 있다. 조국에 대한 사랑, 우리 민족의 밝은 미래상, 독립군들의 의기투합, 계몽과 권고, 독립군의 추모, 불합리한 현실의 고발 등을 주제로 하면서 다양한 문학적 성과를 보여주고 있다.

셋째, 북한의 독립군시가는 그 내용이 혁명성과 선동성을 조장하고 있지만, 그 내면에는 민족문학의 전통을 계승하고 있음을 알 수 있었다. 북한의 독립군시가는 그 주제의식에서 제국주의와 계급주의 타도를 목적으로 내세웠지만, 그것은 이념과 체제의 차이일 뿐이다. 북한에서 문학의 본질이 이념의 실천에 있었기 때문에 남한의 독립군시가와는 채록의 목적에서부터 많은 차이가 있었다. 북한의 독립군시가는 김일성 우상화와 사회주의 이념을 실천하는 이념의 도구역할을 했다. 이처럼 북한의 독립군시가는 문학의 향유 계층과 목적성에 있어서 남한의 독립군시가와 많은 차이가 있지만, 북한의 독립군시가는 저항문학의 맥락에서 민족문학의 경향을 뚜렷하게 보여주고 있다. 비록 일본 군가에서 악보를 빌려오면서 노랫말을 개사하는 방식을 택했지만, 그 내용은 일제를 타도하고 민족의 독립을 되찾는데 있었다. 이것은 문학의 본질적 측면에서 당대 민족의 정서를 반영하는 것이라 할 수 있다.

넷째, 독립군시가는 형식의 문제에 있어서 전통 시가문학의 맥락을 이어가고 있다. 율격문제에 국한하여 살펴보았지만, 의병가사의 율격은 전통시가 문학의 4음보를 일정하게 지키고 있으며, 이것은 우리 시가문학의 주체성을 계승하는 것이라 할 수 있다. 독립군시가는 3음보와 4음보를 동시에 보이면서 율격의 전통을 다양하게 변형하고 있다. 율격 양식에 있어서는 남한과 북한이 같은 전통적 맥락을 갖고 있었다. 이것은 언어적 자질에서 공통성을 갖고 있다는 말로 이해할 수 있다. 따라서 독립군시가는 내용에 있어서 일제에 저항한 주체적 민족주의 경향을 보이고 있으며, 형식에 있어서 시가문학의 전통적 율격을 계승하고 있다고 할 수 있다. 이 논문에서 살펴본 독립군시가의 특징과 주제의식의 측면에서 보더라도 독립군시가는 우리 문학사에서 그 위상을 분명히 하고 있음을 알 수 있다.

그러나 독립군시가 연구에서 남은 과제는 자료의 원전 확보와 비교문학적 연구이다. 그 첫 번째 작업으로 중국 군가와 일본 군가의 비교 연구를 통해서 독립군시가의 정체성을 밝히는 작업이 필요하다. 이와 함께 독립군시가의 원전 확보를 위한 비교 대조하는 작업이 있어야 한다. 주로 기억에 의존한 구비문학의 자료를 기록문학으로 옮기면서 노랫말의 내용이 달라진 것을 찾아서 원전을 확보해야 한다. 이 작업을 통해서 독립군시가의 문학적 위상을 분명히 해야 할 것이다. 일제시대 독립군시가는 원본 확정, 만주, 북한, 남한의 전체 작품에 대한 각각의 분석, 작가의 문제 등 밝혀야 할 문제가 산적해 있다. 이 문제는 자료의 발굴과 분석을 통하여 새롭게 밝혀져야 할 과제로 남겨둔다.

덧붙혀 독립군시가는 구전되었던 노랫말을 기록한 문학이기 때문에 그 노랫말의 정착 과정에 대한 연구와 자료 분석이 있어야 한다. 조선족의 항일가요와 북한의 혁명가요, 남한의 독립군시가를 비교 분석하고, 일본 창가에서 변화한 군가의 형태도 하나의 연구과제로 남아 있다. 지금까지 밝혀진 독립군시가 자료만 해도 400여 편이 넘고, 북한과 연변지역의 항일가요까지 합치면, 그 숫자는 헤아릴 수 없을 정도로 많다. 현재 발굴한 자료뿐만 아니라 앞으로 밝혀질 자료까지 합쳐서 자료를 분류하고, 분석하여 유형화시키는 연구 작업이 있어야 한다. 이 연구는 앞으로 연구해야할 과제로 남겨두고자 한다.

참고자료

<기본자료>

국가보훈처, 『최신창가집』, 국가보훈처, 1996.
김대락, 『분통가(憤痛歌)』, 『한국학보』 15, 일지사, 1979.
김일성, 김형직 외, 『혁명가요집』, 노동당출판사, 1959.
김희산, 김한산 주편, 『가곡선집』, 대동인쇄국, 1920.
독립군가보존회, 『독립군 가곡집-광복의 메아리』, 서울:독립군가보존회, 1982.
독립군시가집편찬위원회 편, 『독립군시가집-배달의 맥박』, 송산출판사, 1986.
신태식, 『신의관 창의가』, 한국독립운동사연구소, 『한말의병자료집』, 고려서적, 1989.
유홍석, 『외당선생삼세록』, 강원일보사, 1983.
윤희순, 『의병가사집』, 필사본, 독립기념관소장자료.
이국영, 『망향성』, 필사본, 연대미상.
중공연변주위선전부 편, 『혁명의 노래』, 연변인민출판사, 1958.

편자미상, 『혁명가요집』, 문예출판사, 1987.
필사본, 『항일투쟁시기 노래집』, 연변사회과학계, 1957.
한국광복군제2지대선전위원회, 『광복군가집』(제1집), 1940.
황선열 편, 『님찾아가는길-독립군시가집』, 한국문화사, 2001.

<참고서적>

A. 하우저, 『문학과 예술의 사회사1-4』, 창작과비평사, 1990.
H. R 야우스, 『도전으로서의 문학사』, 문학과지성사, 1986.
H. 마르쿠제, 『미학의 차원』, 청하, 1987.
Joseph T Shipley, 『Dictionary of World Literary』, Boston, 1970.
M레이더/B제섭, 『예술과 인간가치』, 이론과 실천, 1988.
Northrop Frey, 『Anatomy of Criticism』, Princetuniver press, 1973.
Roger Fowler, 『Morden Critical Terms』, Kegan Paul, 1987.
_____, 「독립운동사 자료집」 1・2・3 『의병자료집』, 독립운동사편찬위원회, 1971.
_____, 『朝鮮の保護と合併』, 조선총독부, 1917.
_____, 『조선족연구논총』 3, 연변대학출판사, 1991.
_____, 『중국조선민족발자취총서 1 - 개척』, 민족출판사, 1999.
_____, 『한국독립운동사 ⅠⅡ』, 국사편찬위원회, 1965, 1966.
강동진, 『일제의 한국침략정책사』, 한길사, 1987.
강만길, 『일제시대 빈민생활사 연구』, 창작과 비평사, 1987.
_____, 『한국근/현대사』, 창작과비평사, 1984.
고승제, 『한국이민사연구』, 장문각, 1973.
국회도서관, 『한국신문 잡지 총목록』, 국회도서관 사서국, 1966.
권 철, 『광복전 중국 조선민족문학연구』, 한국문화사, 1999.

김　현,『장르의 이론』, 문학과지성사, 1987.
김대행,『한국시가구조연구』, 삼영사, 1976.
김명철,『개화기 시가의 장르연구』, 학문사, 1987.
김문기,『서민가사연구』, 형성출판사, 1983.
김병선,『개화기 시가의 연구』, 삼문사, 1985.
김석영,『조국광복의 대인』, 진명문화사, 1995
김윤식, 김현 공저,『한국문학사』, 민음사, 1984.
김준오,『한국현대장르비평론』, 문학과지성사, 1991.
대동문화연구원 편,『한국인의 생활의식과 민중예술』, 성균관대출판부, 1984.
민병수 외,『개화기의 우국문학』, 신구문화사, 1974.
민용호,『관동창의록』, 국사편찬위원회, 1984.
박용구,『명곡과 명인들』, 세광음악출판사, 1989.
박용옥,『한국근대여성운동사연구』, 한국정신문화연구원, 1984.
박종원/최탁호/류만 저,『조선문학사』, 열사람, 1988.
사회과학연구원 주체문학 연구소 편『문학예술사전』상(1988), 중(1991), 하(1993).
서울대인문과학연구소 편,『국어국문학사전』, 신구문화사, 1992.
성경린 공편,『조선의 민요』, 국제음악문화사, 1949.
성기옥,『한국시가의 율격연구』, 새문사, 1986.
신복룡,『한말 개화사상 연구』, 평민서당, 1987.
신용하,『한국민족독립운동사연구』, 을유문화사, 1985.
신주백 편,『민족해방운동론연구』, 새길신서, 1989.
아놀드 하우즈 저, 최성만 공역,『예술의 사회학』, 한길사, 1983.
윤병석,『이상설전-해아특사 이상설의 독립운동론』, 일조각, 1984.
음악연구회,『음악학 1』, 민음사, 1988.
이광린,『한국개화사상연구』, 일조각, 1981.

이동순,『민족시의 정신사』, 창작과비평사, 1996.
이상준,『최신창가집』, 박문서관, 1918.
이우성/강만길,『한국의 역사인식(상·하)』, 창작과비평사, 1979.
이중연,『신대한국 독립군의 백만용사야-일제강점기 겨레의 노래사』, 혜안, 1998.
이창배,『가요집성』, 홍인문화사, 1976.
이현희,『석오 이동녕 평전』, 동방도서, 1992.
_____,『한국개화백년사』, 을유문화사, 1976.
임동권,『한국민요연구』, 이우출판사, 1980.
전석담 공저,『조선에서 자본주의적 관계의 발생』, 사회과학출판사, 1970.
정한용 엮음,『민족문학주체논쟁』, 청하, 1989.
조남현,『개화가사』, 형설출판사, 1978.
조동일,『한국문학통사 5』, 지식산업사, 1989.
_____,『한국시가의 전통과 율격』, 한길사, 1982.
중국조선족교육사 집필소조 편,『중국조선족교육사』, 동북조선민족교육출판사, 1991.
편집부,『한국현대문학 자료총서』, 거름, 1987.
한국고전음반연구회 공편,『유성기음반가사집 1, 2』, 민속원, 1990.
한국근현대사연구회 엮음,『한국독립운동사강의』, 한울, 1998.
한국문화방송 편,『가요반세기』, 성음사, 1972.
한국방송공사,『한국민요대전』, 문화방송공사 CD
한국사회사연구회,『한국의 사회신분과 사회계층』, 문학과지성사, 1986.
한국정신문화연구원,『한국지식인의 의식과 사회적 기능』, 정문연, 1987.
한완상,『민중과 사회』, 종로서적출판부, 1980.
현규환,『한국유이민사 상·하』, 어문각, 1967.

<참고논문>

강은해, 「일제강점기 망명지 문학과 지하문학」, 『서강어문』 3, 서강어문연구회, 1981.

구양근, 「독립군의 항일노래모음 『최신창가집』」, 『민족문제연구』 8권, 1995.

김덕균, 「한국의 걸출한 항일음악가 한형석」, 『음악과민족』 17, 1999.

김의환, 「조선군대해산과 반일의병투쟁」, 향토서울, 1966.

_____, 「한말 의병운동의 분석」, 『조일문화』 1-2, 1962.

김정아, 「서전서숙에 관한 연구」, 『성신사학』 10, 성신여대사학회, 1992.

김주인, 「한말 의병가사 연구」, 한국교원대석사학위논문, 1999.

김준오, 「개화기 시가 장르비평의 연구」, 『국어국문학』 22호, 부산대국어국문학과, 1984.

김창남, 「유행가의 성립과정과 그 문화적 성격」, 『노래』 1, 실천문학사, 1984.

김춘선, 「'북간도' 지역 한인사회의 형성 연구」, 국민대학교대학원사학과박사학위논문, 1998.

_____, 「발로 쓴 청산리 전쟁의 역사적 진실」, 『역사비평』 52, 2000

김홍수, 「중국 연변조선족의 근대민족교육에 관한 연구」, 『국사관론총』 64, 1995.

나운영, 「한국 양악의 뒤안길」, 『음악교육』, 1991.

민경찬, 「북한의 혁명가요와 일본의 노래」, 제2회 국제음악학술심포지엄, 1998.

민긍기, 「영웅소설 작품구조고」, 사림어문학회 『사림어문연구』 1, 1984.

박 환, 「북로군정서의 성립과 활동」, 『국사관논총』 11, 1990.

_____, 「북간도 대한국민회의 성립과 활동」, 『윤병석교수화갑기념논총』, 지식산업사, 1990.

박성수,「항일의 전선」,『민족의 저항』, 한국현대사3, 신구문화사, 1972
박영석,「일본제국주의하 재만한인의 법적 지위에 관한 제문제」, 한국민족운동사연구회,『한국민족운동사연구』 11, 1995.
_____,「일제하 재만한인의 법적지위」,『윤병석교수 화갑기념논총』, 지식산업사, 1990.
_____,「한인소년병학교 연구」,『한국독립운동사연구』, 한국독립운동사연구소, 1987.
박은경,「이상준의『최신창가집』연구」,『한국음악학회논문집-음악연구』 15, 1997.
_____,「이상준의『풍금독습중등창가집』연구」,『음악과 민족』 12권, 1996.
박재권,「구 일본 및 한국 군가의 인물, 국가 관련 표현 비교 분석」, 한국일어일문학회,『일어일문학연구』 39권, 2001.
박종원/최탁호/류만 저,『조선문학사』, 열사람, 1988.
박창욱,「국민회를 논함」,『국사관논총』 15, 1990.
성대경,「한말의 군대해산과 그 봉기」, 성대사림 1, 1965.
송민호,「일제하의 한국 저항문학」,『일제하 문학운동사』, 민중서관, 1970.
신범순,「애국계몽기 시사평론기자의 형성과 정치적 위기의식의 문학화」, 국어국문학회,『국어국문학』 97, 1987.
신석호,「한말의 의병」,『한국사상』 6, 1963.
_____,「한말의병운동의 개황」,『사총』 1, 고려대학교사학회, 1955.
신용하,「계명의숙의 노래」,『한국학보』 6, 일지사, 1977.
_____,「전국 '13도창의대진소'의 연합의병운동」, 한국독립운동사연구소,『한국독립운동사연구』, 1987.
양무춘 지음, 오금덕 옮김,「항일시기 작곡가 한유한에 대한 기초 조사 보고서」,『한국음악사학보』 20권, 1998.
예창해,「개화기 시가와 율격의식」,『관악어문연구』 9, 서울대국어국문학과, 1984.

유탁일, 「개항지에 물결친 개화의식」, 『문학사상』 64, 문학사상사, 1978.
이노형, 「잡가의 유형과 그 담당층에 대한 연구」, 서울대학교석사학위논문, 1987.
_____, 「한국근대 대중가요의 역사적 전개 과정 연구」, 서울대대학원박사학위논문, 1992.
이우성/강만길, 『한국의 역사인식(상·하)』, 창작과비평사, 1979.
이현희, 「서전서숙의 창립운영과 석오의 위상」, 『성신사학』 7, 성신여대사학회, 1989.
_____, 「한말의병항일운동관고」, 고려대 『문리대학보』 4, 1959.
장세윤, 「만주지역 독립운동 연구의 회고와 전망」, 『한국사연구의 회고와 전망 Ⅳ』, 『한국사론』 26, 1996.
정원옥, 「대한광복군총영의 조직과 독립전투」, 『윤병석교수화갑기념논총』, 지식산업사, 1990.
_____, 「한국독립군의 조직과 독립전투」, 『사학연구』 43, 한국사학회, 1992.
조남현, 「사회등가사와 풍자방법」, 『국어국문학』 72, 73 합병호, 국어국문학회, 1976.
차준회, 「한말군제개편에 대하여-군대해산에 이르는 과정」, 『역사학보』 22, 1964.
채영국, 「3·1운동 이후 서간도지역 독립군단 연구」, 『윤병석교수화갑기념논총』, 지식산업사, 1990.
최상수, 「잡가의 장르 성향과 그 수용 양상」, 성균관대학교석사학위논문, 1984.
호리우찌케이조우 외 공저, 민경찬 옮김, 「일본의 창가」, 『한국음악사학』 16권, 1996.
황문평, 「민중의 애환으로 엮은 초창기의 대중가요」, 『음악동아』, 1985. 2.
황유복, 「중국조선족이민사의 연구」, 『조선학』, 중앙민족학원조선학연구소, 1993.

〈부록 1〉

독립군시가 50선

1. 남한의 독립군시가
(35편)

고난의 노래 …………………………………… 277
광복군 돌진가 ………………………………… 278
광복군 맹진곡 ………………………………… 279
광복군 아리랑 ………………………………… 280
광복군 제1지대가 …………………………… 281
광복군 제2지대가 …………………………… 282
광복군 제3지대가 …………………………… 283
광복군 지하공작대가 ………………………… 284
광복군 항일전투가 …………………………… 285
광복군 행진곡 ………………………………… 286
광야를 달리는 독립군 ……………………… 287
국경의 부두 …………………………………… 288
국민군가 ………………………………………… 289
기전사가(祈戰死歌) ………………………… 290
님 찾아 가는 길 ……………………………… 291
독립군가 ………………………………………… 292
독립군 추도가 ………………………………… 293
따오기 …………………………………………… 294
반달 ……………………………………………… 295
병식행보가(兵式行步歌) …………………… 296
사공의 노래 …………………………………… 297
선봉대가 ………………………………………… 298

소년병학교 군가 ·················· 299
승리 행진곡 ····················· 300
아리랑 강남 ····················· 301
아버지를 찾아서 ·················· 302
압록강 행진곡 ···················· 303
용진가 ·························· 304
원수를 다 베이리 ················· 305
전우추모가 ······················ 306
최후의 결전 ····················· 307
특전용사의 노래 ·················· 308
혈성대가(血誠隊歌) ··············· 309
형제별 ·························· 310
흘러가는 저 구름 ················· 311

2. 북한의 혁명가요
(15편)

나가자 싸우자 ················· 315
내 조국을 한 품에 안으리 ········· 316
모두 다 나서자 ················ 317
모두 다 반일전으로 ············· 318
민족해방가 1 ·················· 319
반일가 ······················ 321
반일투쟁가 ··················· 323
병사의 무예 ··················· 324
빨치산 추도가 ················· 326
어데까지 왔니 ················· 327
적기가 ······················ 328
추도가 3 ····················· 329
통일전선가 ··················· 331
해방가 ······················ 333
혁명의 길 ···················· 334

I
남한의 독립군시가

고난의 노래

이내몸이 압록강을 건너올때에
가슴에 뭉친뜻 굳고또굳어
만주들에 북풍한설 몰아부쳐도
타오르는 분한마음 꺼질바없고
오로라의 얼음산의 등에묻혀도
우리반항 우리싸움 막지를 못하리라

피에주린 왜놈들은 뒤를따르고
괘씸할사 마적떼는 앞길막누나
황야에는 해가지고 날이저문데
아픈다리 주린창자 쉴곳을찾고
저녁이슬 흩어져 앞길적시니
쫓기는 우리의 신세가 처량하구나

광복군 돌진가

싸우자 철벽같은 광복군아
대한 남아가 태극기 밑에
피흘리고 싸울날 돌아왔도다
태극기 휘날린다 삼천리강산
대한 우리나라 만세 곡곡에

싸우자 철벽같은 광복군아
대한 남아가 무궁화 되어
아름답게 만발할날 돌아왔도다
무궁화 만발했네 삼천리강산
대한 우리나라 만세 곡곡에

싸우자 피흘려라 광복군아
아름답고 향기속에 빛날날왔다
일편단심 전세계에 알릴날왔다
우리로 지키란다 삼천리강산
대한 우리나라 자주독립국

광복군 맹진곡

왔도다 왔도다 때는왔도다
광복군아 나아가 싸울때왔다
삼천만 동포야 일어나거라
죽었던 송장도 일어나거라

나가세 나가세 전쟁장으로
국가와 민족을 찾기위하여
생사를 무릅쓰고 나아갈때에
원자탄 백만군 무섭지않다

어쨌든 우리는 죽은몸이다
조국을 위하여 바친이몸은
기뻐서 춤추며 맞서싸우니
삼천만 동포여 안심하소서

광복군 아리랑

- 김학규

(후렴) 아리아리랑 스리스리랑 아라리요
　　　광복군 아리랑을 불러나보세

우리네 부모가 날찾으시거든
광복군 갔다고 말전해주소

광풍이 불어요 광풍이 불어요
삼천만 가슴에 광풍이 불어요

바다에 두둥실 떠오는배는
광복군 싣고서 오시는배래요

아리랑 고개서 북소리 둥둥나더니
한양성 복판에 태극기 펄펄날리네

광복군 제1지대가

동지들아 굳게굳게 단결해 생사를 같이하자
여하한 박해와 압박에도 끝까지 굴함없이
(후렴) 우리들은 피끓는 젊은이 광복군 제1지대

닥쳐오는 결전은 우리의 필승을 보여주자
압박없는 자유와 독립을 과감히 쟁취하자

광복군 제2지대가

- 이해평

총어깨 메고피 가슴에뛴다
우리는 큰뜻품은 한국의 혁명 청년들
민족의 자유를 쟁취하려고
원수의 왜놈 때려 부쉬려
희생적 결심을 굳게먹은
한국광복군 제2지대 앞으로 끝까지 전진
조국독립을 위하여 우리 민족의 해방을 위해

광복군 제3지대가

- 장호강

조국의 영예를 어깨에매고
태극기 밑에서 뭉쳐진우리
독립의 만세를 높이부르며
(후렴) 나가자 광복군 제3지대
　　　첩첩한 산악이 앞을가리고
　　　망망한 대양이 길을막아도
　　　무엇에 굴할소냐 주저할소냐

굳세게 싸우자 피를흘리며
총칼이 부러져도 열과힘으로
원수의 무리를 소멸시키려

뛰는피 끓는정열 모두바쳐서
철천지 원수를 때려부수고
삼천리 내강산 도루찾으려

광복군 지하공작대가

- 장호강

조국광복 쟁취하려 목숨을걸고
원수들의 경계망도 아랑곳없이
대담무쌍 적진깊이 뚫고들어가
애국동지 초모하는 지하공작대

북경천진 개봉귀덕 호현록읍과
제남청도 서주방부 남경상해에
화북화중 화남땅의 어느곳이든
동분서주 활동하는 지하공작대

진포선과 경한선을 종으로잡고
역수황하 양자강을 횡으로삼아
종횡무진 수만리길 중국대륙을
주름잡듯 날고뛰는 지하공작대

중국말과 일본말을 구사하면서
가지각색 복장으로 변장을하고
원수들의 총앞에도 웃음띄우며
신출귀몰 광복군의 지하공작대

광복군 항일전투가

동반도의 금수강산 삼천리땅은
반만년의 긴역사를 자랑하였고
그품에서 자라나는 모든영웅은
누구든지 우리위해 피를흘렸다
본받어라 선열들의 자유의독립을
쟁취하기 위하여 싸워죽었다

삼십여년 흑암속에 노예생활은
자나깨나 망국한을 잊을수없다
천고의한 우리원수 그누구인가
삼도왜놈 제국주의 조작아닌가
때가왔다 우리들의 복수할시기가
너와나의 피로써 광복에바치자

광복군의 용사들아 일어나거라
총칼배낭 둘러메고 앞을향할때
번개눈을 부릅뜨고 고함지를때
살기돋는 두주먹은 발발떠노라
싸우자 침략자 우리강토서
몰아낼 때까지 죽도록싸우자

퉁탕소리 나는곳은 죽음뿐이요
검광 번쩍 날린곳은 피바다이다
광복군의 깃발은 도처에날고
자유독립 만세소리 천지동한다
뚜드려라 부셔라 모조리잡아서
현해속에 쓸어넣고 말아버리자

광복군 행진곡

- 이두산

삼천만 대중 부르는 소리에
젊은가슴 붉은피는 펄펄뛰고
반만년 역사 씩씩한 정기에
광복군의 깃발높이 휘날린다
칼짚고 일어서니 원수 치떨고
피뿌려 물든골 영생탑 세워지네
광복군의 정신쇠같이 굳세고
광복군의 사명감 무겁고 크도다
굳게뭉쳐 원수 때려라 부셔라
한맘한뜻 용감히 앞서서가세
독립독립 조국 광복 민주국가 세워보자

광야를 달리는 독립군

- 지청천

광야를 헤치며 달리는 사나이
오늘은 북간도 내일은 몽고땅
흐르고 또흘러 부평초 같은몸
고향땅 떠난지 그몇해이런가
석양하늘 등에지고 달려가는 독립군아
남아인생 가는길은 미련이 없어라

백마를 타고서 달리는 사나이
흑룡강 찬바람 가슴에 안고서
여기가 싸움터 웃음띤 그얼굴
날리는 수염에 고드름 달렸네
북풍한설 헤쳐가며 달려가는 독립군아
풍찬노숙 고생길도 후회가 없어라

국경의 부두

- 유도순

앞산에 솜안개 어리어 있고
압록강 물위에는 뱃노래로다
용암포 자후창 떠나가는 저 물길
눈물에 어리우는 신의주 부두

똑딱선 뾰죽배 오고가는데
돛내린 뱃간에는 갈매기울음
진강산 바라보며 그리던내고향
설움에 짙어가던 신의주부두

국민군가

- 박용만

오우리 국민군 소년자제 건강한 용사들
다나와 한목소리로 국민군가 부르세
(후렴) 부르세 국민군가 지르세 우리 목소리
　　　잠든자 깨고 죽은자 일도록
　　　우리 국민군가 높이 부르세

산넘어 물건너 백만적병 한칼에 베일제
승전고 크게 울려라 국민군가 부르세

흑룡강 맑은물 남북만주 높은산 넓은들
우리말 안장 벗겨라 국민군가 부르세

기전사가(祈戰死歌)

- 이범석

하늘은 미워한다 배달민족의
자유를 억탈(抑奪)하는 왜적 적들을
삼천리 강산에 열혈(熱血)이 끓어
분연히 일어나는 우리 독립군
(후렴) 맹세코 싸우고 또 싸우리니
　　　성결한 전사를 하게 하소서

백두산의 찬바람은 불어 거칠고
압록강 얼음위에 은월(銀月)이 밝아
고국에 전해오는 피비린 냄새
분하고 원통하다 우리 동족들

물어보자 동포들아 내죄 뿐이냐
네죄도 있을지니 함께 나가자
하나님 저희들은 굽히지 않고
천만대 후손의 자유를 위해

겁많고 창자섞은 어리석은 놈
자유를 찾겠다는 표적만으로
죽기는 싫어해도 행복만 위해
우리가 죽거든 뒤나 이어라

하나님 저이들을 이후에라도
몇만대 자손들의 행복을 위해
맹세코 이한목숨 바치겠으니
성결한 전사를 하게 하소서

님 찾아가는 길

- 오광심

비바람 세차고 눈보라 쌓여도
님향한 굳은마음 변할길 없어라

어두운 밤길에 준령을 넘으며
님 찾아가는 이길은 멀기만 하여라

험난한 세파에 괴로움 많아도
님맞을 그날위하여 끝까지 가리라

독립군가

신대한국 독립군의 백만용사야
조국의 부르심을 네가 아느냐
삼천리 삼천만의 우리 동포를
건질이 너와 나로다
(후렴) 나가나가 싸우려나가
　　　　나가나가 싸우려나가
　　　　독립군의 자유종이 울릴 때까지
　　　　싸우려 나아가세

원수들이 강하다고 겁을 낼건가
우리들이 약하다고 낙심할건가
정의의 날센칼이 비끼는 곳에
이길이 너와 나로다

너살거든 독립군의 용사가 되고
나죽으면 독립군의 혼령이 됨이
동지야 너와나의 소원 아니냐
빛낼이 너와 나로다

압록강과 두만강을 뛰어 건너라
악독한 원수무리 쓸어 몰아라
잃었던 조국강산 회복하는날
만세를 불러보세

독립군 추도가

가슴쥐고 나무밑에 쓰러진다 독립군
가슴에서 쏟는피는 푸른풀위 질퍽해

산에나는 까마귀야 시체보고 우지마라
몸은비록 죽었으나 독립정신 살아있다

만리창천 외로운몸 부모형제 다버리고
홀로섰는 나무밑에 힘도없이 쓰러졌네

나의사랑 대한독립 피를많이 먹으려나
피를많이 먹겠거든 나의피도 먹어다오

따오기

- 한정동

보일듯이 보일듯이 보이지않는
따옥따옥 따옥소리 처량한소리
떠나가면 가는곳이 어디메이뇨
내어머니 가신나라 해돋는나라

잡힐듯이 잡힐듯이 잡히지않는
따옥따옥 따옥소리 처량한소리
떠나가면 가는곳이 어디메이뇨
내아버지 가신나라 달돋는나라

반달

- 윤극영

푸른하늘 은하수 하얀쪽배엔
계수나무 한나무 토끼한마리
돛대도 아니달고 삿대도없이
가기도 잘도간다 서쪽나라로

은하수를 건너서 구름나라로
구름나라 지나선 어디로가나
멀리서 반짝반짝 비치이는건
샛별이 등대란다 길을찾아라

병식행보가(兵式行步歌)

- 안창호

장하도다 우리학교 병식행보가
나폴레옹 군대보다 질것없겠네
알프스산 넘어뛰어 사막을건너
구주천지 정복하던 그정신으로

맨발로 뛰어가는 경보의걸음
사막을 걸어가는 낙타의인내
씩씩한 우리들의 병식행보가
현해탄 뛰어넘는 발걸음일세

사공의 노래

- 함호영

두둥실 두리둥실 배떠나간다
물맑은 봄바다에 배떠나간다
이배는 달맞으려 강남가는배
어기야 디여라차 노를저어라

순풍에 돛달고서 어서떠나가자
서산에 해지면은 달떠온단다
두둥실 두리둥실 배떠나가네
물맑은 봄바다에 배떠나간다

선봉대가

- 이두산

백두산이 높이솟아 길이지키고
동해물과 황해수 둘러있는곳
생존자유 얻기위한 삼천만
장하고도 씩씩한피 뛰고있도다
한깃발 아래 힘있게뭉쳐
용감히 나가 악마같은 우리원수 쳐물리치자
우리들은 삼천만의 대중앞에서
힘차게 걷고있는 선봉대다

소년병학교 군가

- 박용만

이몸 조선국민이여
오늘 비로소 군대에 바쳐
군장 입고 담총하니
사나이 놀음 처음일세
(후렴) 종군악 종군악 청년군가 높이하라
　　　사천년 영광 회복하고 이천만 동포 안녕토록
　　　종군악 종군악 이군가로 우리평생

군인은 원래 나라의 번병(蕃屛)
존망과 안위를 담당한자
장수가 되나 군사가 되나
나의 직분 나 다할 것

나팔소리 들릴때마다
곤한잠을 쉬이깨어
예령동령 부를때마다
정신차려 활동하라

우리조련 이같이함은
황천이 응당 아시리라
독립기 들고 북치는소리
대장부 사업 이뿐일세

승리 행진곡

- 김좌진

압록두만 흥안령(興安嶺)에 발해의 달에
길이길이 밟았던 그때그리워
거센바람 높은소리 큰발자취로
거침없이 위아래로 달려가누나
(후렴) 나가라 싸워라 대승리 월계관
　　　내게로 오도록 나가 싸워라

잘즈몬 익힌힘줄 벌떡거리고
절절끓는 젊은피는 넘치려누나
한밝뫼재(白頭山) 비낀달에 칼을뽑을제
바위라도 한번치면 부서지리라

하늘아래 모든데서 악을뿌리며
조수같이 밀려온들 그무엇이랴
싱긋웃고 무쇠팔뚝 번쩍일때에
구름속의 선녀들도 손뼉치리라

아리랑 강남

정이월 다가고 삼월이라네
강남갔던 제비가 돌아오면은
이땅에도 또다시 봄이온다네
(후렴) 아리랑 아리랑 아라리요
　　　 아리랑 강남을 어서나가세

강남이 어딘지 뉘가알리요
떠나가신 그님이 돌아올때면
이땅에도 또다시 봄이온다네

아버지를 찾아서

어머니여 아버지는 어데가셨오
이렇게 오래도록 안오시나요
학교에서 오는길에 설어웠다오
아버지가 보고싶어 울었답니다

아버지는 저먼곳에 가셨느니라
거기가서 우리동포 가르치신다
머지않아 기를메고 돌아오리니
그때까지 공부잘하고 기다리거라

아버지를 찾아나는 떠나갈테요
강을건너 산을넘어 어느곳이던
남북만주 넓은들에 찾지못하면
만리장성 넘어라도 찾아갈테요

거기서도 아버지를 찾지못하면
동에서 서에서 남과북으로
절절 끓는 열대에도 아니계시면
얼음깔린 북극인들 왜못가리까

압록강 행진곡

- 박영만

우리는 한국 독립군 조국을 찾는 용사로다
나가나가 압록강 건너 백두산 넘어가자
우리는 한국 광복군 악마의 원수 쳐물리자
진주 우리나라 지옥이 되어
모두 도탄에서 헤매고 있다
동포는 기다린다 어서가자 고향에
등잔밑에 우는 형제가 있다
원수한테 밟힌 꽃포기 있다
동포는 기다린다
어서가자 조국에
우리는 한국광복군
조국을 찾는 용사로다
나가나가 압록강 건너 백두산 넘어가자

용진가

요동만주 넓은뜰을 쳐서파하고
여진국을 토멸하고 개국하옵신
동명왕과 이지란의 용진법대로
우리들도 그와같이 원수쳐보세
(후렴) 나가세 전쟁장으로 나가세 전쟁장으로
　　　　검수도산 무릅쓰고 나아갈때에 독립군아
　　　　용감력을 더욱 분발해 삼천만번 죽더라도 나아갑시다

한산도의 왜적을 쳐서파하고
청천강수 수병백만 몰살하옵신
이순신과 을지공의 용진법대로
우리들도 그와같이 원수쳐보세

배를갈라 만국회에 피를뿌리고
육혈포로 만군중에 원수쏴죽인
이준공과 안중근의 용진법대로
우리들도 그와같이 원수쳐보세

창검빛은 번개같이 번쩍거리고
대포알은 우레같이 통탕거릴제
우리군대 사격돌격 앞만향하면
원수머리 낙엽같이 떨어지리라

횡빈대판 무찌르고 동경드리쳐
동에갔다 서에번득 모두한칼로
국권을 회복하는 우리독립군
승전고와 만세소리 천지진동해

원수를 다 베이리

- 안중근

만났도다 만났도다 원수너를 만났도다
너를한번 만나려고 노청양지(露淸兩地) 지날때에
앉은때나 섰을때나 살피소서 살피소서
구주여주 살피소서 너의짝패 몇만이냐
오늘부터 시작하여 몇해이든 작정하고
대한칼로 다베이리

전우추모가

- 김학규

언제나 우리동지 돌아오려나
애가달아 기다린지 해가넘건만
찬바람 눈보라 휘날리는들
눈물겨운 백골만 널려있고나

서산에 지는해야 머무러다오
우리동지 돌아올길 아득해진다
돌아보니 동지는간 곳이없고
원수들의 발굽만 더욱요란타

아생각 더욱깊다 나의동지야
네간곳이 어드메냐 나도가리라
보고싶은 네얼굴 살아못보니
넋이라도 네품에 안기려한다

최후의 결전

- 윤세위

최후의 결전을 맞으려가자
생사적 운명의 판갈이로
나가자 나가자 굳게뭉치어
원수를 소탕하러 나가자
(후렴) 총칼을 메고 혈전의길로
　　　 다앞으로 동지들아
　　　 독립의 깃발은 우리 앞에 날린다
　　　 다앞으로 동지들아

무거운 쇠줄을 풀어헤치고
뼈속에 사무친 분을풀라
삼천만 동포여 모두뭉치자
승리는 우리를 재촉한다

특전용사의 노래

- 이신성

비가오나 눈이오거나 거센바람 휘몰아쳐도
바위같이 굳은의지는 우리들의 기상이로다

어서가자 특전용사야 조국강산 다시찾으려
정의로운 총칼을들고 앞을향해 나아가리라

대포소리 땅을울리고 원수무리 쏟아져와도
걸음마다 피를흘린들 최후까지 싸워이기리

산을넘고 바다를건너 조국땅을 밟는그날에
원수들을 쫓아버리고 태극깃발 높이날리리

혈성대가(血誠隊歌)

- 안창호

신대한의 애국청년 끓는피가 뜨거워
일심으로 분발하여 혈성대를 조직코
조상나라 붙들기로 굳게맹약 하였네

두려마라 부모국아 원수비록 강하되
담력있고 용맹있는 혈성대의 청년들
부모국을 지키려고 굳게파수 섰고나

혈성대의 애국정신 뇌수속에 박혔네
산은능히 뽑더라도 우리정신 못뽑아
장할지라 굳세고나 우리청년 혈성대

대포소리 부딪치며 칼이앞을 막으되
적진향한 혈성대는 승승장구 돌격해
통쾌하다 높은함성 혈성대의 승전가

형제별

- 방정환

날저무는 하늘에 별이삼형제
반짝반짝 정답게 지내이더니

웬일인지 별하나 보이지않고
남은별이 둘이서 눈물흘린다

흘러가는 저 구름

- 신덕영

(반복) 저산너머 저멀리 흘러가는 저구름
　　　우리나라 찾아서 가는것이 아닌가

떠나올때 말없이 떠나왔지만
타는마음 끓는피 참을길없어
유랑의길 탈출길 지나고넘어
조국찾는 혁명길 찾아왔으니
보내다오 이내맘 저구름아
보내다오 이내맘 저구름아

떠나올때 울면서 떠나왔지만
내리는비 찬바람 어둠속에도
위험한길 싸움길 드나들면서
혁명가의 나갈길 걷고있으니
전해다오 이내맘 저구름아
전해다오 이내맘 저구름아

돌아갈까 바라지 아니하면서
이내몸은 이국의 흙이되어도
정신살아 우리땅 화초가됨을
기뻐하며 평안히 살아가기를
바란다고 알려라 저구름아
바란다고 알려라 저구름아

Ⅱ
북한의 항일가요

나가자 싸우자

동아패권 잡으려고 갖은흉계로
조선을 강점한 원수왜적들
살륙전을 끊임없이 감행하면서
향방없이 날뛰며 서둘러댄다
(후렴) 나가자 싸우자 마지막 승리는
　　　 우리것이 되도록 나가 싸우자

뼈와살을 긁어먹는 압박밑에서
망국노예 설은생활 어찌견딜까
일어나라 사랑하는 조선동포야
생사의 판가리싸움 눈앞에있다

반일민족 통일전선 튼튼히맺고
노동자와 농민들과 각계각층이
민족해방 부르면서 일어났으니
네놈들은 씨도없이 멸망하리라

용감하게 총을들고 나선동무들
우리들은 혁명전의 선봉대로다
강도무리 쳐부시고 나라를찾아
부강한 우리조국 꾸려나가자

내 조국을 한 품에 안으리

내조국아 잘있거라 나는떠난다
내가간들 조국산천 어찌잊으랴
내한목숨 바치여서 성공한후에
압록강 푸른물을 다시건느리

내조국아 잘있느냐 다시묻노라
일제놈의 짓밟힘도 한때일이라
장엄하다 금수강산 어찌변하랴
뭇잊을 내조국을 한품에 안으리

모두 다 나서자

압박받는 민중들아 기억하느냐
영용한 유격전이 시작된후에
날마다 벌어지는 결사적싸움
강도일제 타도하는 통쾌한싸움

민중들아 각성하라 강도일제는
육해공군 파견하여 혁명진압에
별의별 음모책동 학살다하여
언론출판 집회결사 자유탄압해

일제놈의 야만통치 반대하여
병사들과 자위병들 병변하여라
원수들의 폭압에 굴하지말고
인민혁명 반일전에 달려나오라

악독한 일본놈의 음모책동은
아편과 종교도박 선전을하여
민중의 반일열을 마취하노나
하루속히 깨뜨리자 놈들의통치

노동자와 농민들을 마구끌어다
군용철도 길닦기에 미쳐날뛰며
반일혁명 진압과 전쟁준비에
정신없이 날뛰면서 발악하노나

착취와 억압받는 무산대중아
하루속히 단결하여 파업을하자
임금인상 대우개선 시간단축에
모두다 나서자 유격전으로

나라삼킨 일제놈의 주구된놈들
민생단과 파쟁분자 개떼놈들의
한인잔치 집단부락 음모정책을
대중에게 폭로하여 반대케하자

반일전에 뭉쳐나선 무산대중을
살인방화 약탈로 전업을삼는
놈들의 통치를 전복하고서
인민의 혁명정부 건립을하자

모두 다 반일전으로

장하고도 장하다 넓은산야에
혁명은 갈수록 높아만가고
모진싸움 곳곳마다 시작되여서
반일전에 죽은자는 일제놈이다

간곳마다 쓰러지는 제국주의는
허둥지둥 몰키여 게걸음치며
인민탄압 학살에 날뛴다해도
일어나는 혁명기세 막지못한다

혁명앞엔 제국주의 보잘것없다
가소롭다 간악한 일제놈들아
세계혁명 고조를 네가아느냐
일제놈아 하루바삐 항복하여라

조중민족 연합으로 총검을잡고
붉은기를 높이들고 전진할때에
독사같은 일제놈은 정신잃고서
두어깨를 쳐뜨리고 막쓰러진다

민족해방가 1

조중양국 민중아 압박받는 민족아
민족해방을 위하여 모두다 뭉쳐싸우자

살인강도 일제는 조선과 만주를 먹었다
민족해방을 위하여 모두다 뭉쳐싸우자

일제놈들은 총칼로 조중민족 해치니
민족해방을 위하여 모두다 뭉쳐싸우자

매국역적 무리들은 나라와 민족팔았다
민족해방을 위하여 모두다 뭉쳐싸우자

간악한 개떼무리 나라와 민족망치니
민족해방을 위하여 모두다 뭉쳐싸우자

망국노예 면하며 자유권리 찾으려
민족해방을 위하여 모두다 뭉쳐싸우자

전민족이 일어나 해방전선에 나가자
민족해방을 위하여 모두다 뭉쳐싸우자

민족해방 반일전을 전세계가 돕는다
민족해방을 위하여 모두다 뭉쳐싸우자

조중민족 연합으로 반일전을 강화하자
민족해방을 위하여 모두다 뭉쳐싸우자
민족해방 깃발을 높이 날리며 나가자
민족해방을 위하여 모두다 뭉쳐싸우자

반일가

압박받는 인민들아 무장하여라
모순많은 제국주의 강도놈들은
일차대전 피비린내 가시기도전
이차대전 개시하고 살육을한다

일제는 조선과 만주 점령코
간곳마다 방화학살 예사로하고
연이어 반혁명을 감행하면서
중국본토 삼키려고 발광을한다

간악한 군벌관료 주구놈들과
개량주의 파쟁주의 개떼놈들은
일본제국 강도에게 서로굴복해
농촌토벌 민중학살 맘대로한다

압박받는 인민들아 기억하느냐
짐승같은 일본놈의 지휘 밑에서
기만적인 한인자치 부르짖는건
더러운 반혁명적 배족행위다

압박받는 인민들아 무장하여라
조중인민 연합전선 공고히하고
민족의 통일전선 굳게지어서
민족해방 반일전선 깃발높이들자

일제놈을 모조리 때려부시고
놈들의 파쇼제도 전복하고서
일제의 주구놈들 민생단들과
개량주의 개떼놈들 때려부시자

인민혁명 정부는 우리의정권
우리의 손으로 세워나가자
온세계 벗들과 단결하여서
최후승리 기쁜노래 함께부르자

반일투쟁가

넓은벌판 거친들에 불이붙는다
일제의 밑뿌리에 불이붙는다
그속에서 타오르는 붉은화염은
반일혁명 대중의 함성이란다
(후렴) 나가자 반일의 병사와 인민들
　　　모두다 전선에 나가싸우자

대포와 비행기 기관총들도
굳세인 단결앞에 부서져가고
일제놈의 이중삼중 요새성벽에
우리들의 투쟁앞에 무너지노나

전사들이 흘리는 신성한 피는
민중의 각성을 불러일으켜
용감하게 싸우는 고함소리에
우리들의 더운피를 더끓게한다

동무들아 어서빨리 일어나거라
일어나 총을들고 칼을잡아라
잃었던 우리자유 우리권리를
우리들의 손으로 기어이찾자

병사의 무예

일어나라 압박받는 조선민족아
빼앗긴 집과밭을 도로찾으려
망국노예 쇠사슬을 끊어버리고
용감하게 반일전에 뛰여나오라

우리들은 혁명노선 높이받들고
강철같은 반일전선 튼튼히맺어
일제놈의 악독한 탄압정책과
매국역적 개떼들을 때려부시자

썩어가는 제국주의 최후의발악
여지없는 착취압박 강도약탈에
피흘리며 신음하는 조선민족아
총과칼을 틀어쥐고 나가싸우자

원수들의 잔인한 최후발악은
전민족의 반일열을 날로높이고
사정없이 감행하는 학살정책은
우리들의 끓는피를 더끓게한다

가혹한 노동에 피가말라도
헐벗음과 굶주림을 면치못하고
내집잃고 곁방살이 면치못해도
일제놈의 탄압에 겁내지말라

조선민족 튼튼히 단합을하고
일어나는 민족해방 반일전쟁에
악악하며 돌격하는 씩씩한투사
곳곳에서 우렁찬 승리의고함

나날이 높아가는 반일의전쟁
멀지않은 앞날에 승리탑쌓고
우리들의 자유행복 누리게하는
인민정권 위하여 나가싸우자

빨치산 추도가

가슴쥐고 나무밑에 쓰러졌다 혁명군
가슴에서 흐르는피 푸른들을 적신다

머나멀리 고향산천에 부모형제 다버리고
홀로선 나무밑에 한을품고 쓰러졌다

산에나는 까마귀야 시체보고 울지말아
몸은비록 죽었으나 혁명정신 살아있다

어데까지 왔니

어데까지 왔니 마을까지 왔다
어데까지 가려니 학교까지 간다
무엇하러 가려니 공부하러 간다
누구하고 가려니 우리모두 간다

어데까지 왔니 개울까지 왔다
어데까지 가려니 뒷산까지 간다
무엇하러 가려니 훈련하려 간다
누구하고 가려니 우리모두 간다

어데까지 왔니 숲속까지 왔다
어데까지 가려니 고개너머 간다
무엇하러 가려니 왜놈치러 간다
누구하고 가려니 우리모두 간다

적기가

민중의기 붉은기는
전사의 시체를싼다
시체가 식어굳기전에
혈조는 깃발을 물들인다
(후렴) 높이 들어라 붉은 깃발을
　　　그밑에서 굳게 맹세해
　　　비겁한 자야 갈라면가라
　　　우리들은 붉은기를 지키리라

원수와의 혈전에서
붉은기를 버린놈이 누구냐
돈과직위에 꼬임을 받은
더럽고도 비겁한 그놈들이다

붉은기를 높이들고
우리는 나갈길 맹세해
오너라 감옥아 단두대야
이것이 고별의 노래란다

추도가 3

목이말라 물찾으려 헤매이다가
악독한 원수에게 붙잡히여서
혹독한 고문을 이겨내다가
억울하게 이내몸은 죽게되었다

일제놈들 곳곳마다 만든감옥은
두말없이 우리들의 도살대로다
사지가 산산이 찢긴다한들
가슴속에 지닌비밀 누설할소냐

원수의 칼날에 찔리운투사
온몸을 붉은피로 물들이었다
원수에게 체포된 투사의몸은
대중앞에 붉은피를 뿌리여준다

더운피로 물들인 붉은깃발아
이내몸의 붉은피로 더욱붉어라
원수놈이 제아무리 칼부림해도
혁명앞에 다진맹세 변함있으랴

사랑하는 동무들아 잊지 말아라
죽어가는 이내몸을 떨쳐메고서
파옥하고 떨쳐나와 투쟁하여라
같이싸운 이내몸의 원수갚아라

고문이 끝난뒤에 사형장으로
머리높이 쳐들고서 걸어나간다

단두대에 올라선 불굴의투사
얼굴에 회색띠고 부르짖는다

동지들아 몸바쳐 투쟁하여라
일제원수 학살을 없애버리자
원수의 총소리 한번나더니
주먹쥐고 외치는 그의목소리

이내몸은 영원히 떠나가지만
동지들아 낙심말고 투쟁하여라
번번이 외치는 그의구호는
우리들의 혁명열을 끓게만한다

이내몸은 원한품고 사라지지만
강철같은 공산주의 무너질소냐
말끝에 총소리가 다시나더니
또한번 손내밀고 쓰러지노나

수많은 동지들은 그모습보고
원한의 눈물을 흘린다마는
동지들아 시체보고 울지말아라
대를이어 복수할자 아직도많다

피끓는 군중들아 각성하여라
피압박 대중들아 궐기하여라
우리들을 학살하는 낡은사회를
짓부시고 평등사회 건설해가자

통일전선가

착취받고 억압받는 조선 민족아
항일의 전선에 달려나오라
다달았네 다달았네 우리나라에
조국의 광복시기 다달았네
(후렴) 풍운같이 일어나자 모든일터에서
　　　 달려가자 통일전선 한마당에로

병사는 칼빼들라 선봉전에서
노소도 소원대로 총동원하라
원수들을 쳐없애는 최후결전에
한마음 한소리로 모여들어라

소화궁전 황금탑에 폭탄던지고
군벌재벌 소굴에 불을지르자
조선동포 학살하는 강도놈들을
단두대에 목을잘라 복수를하자

개선문에 자유종을 높이울리고
삼천리에 붉은기를 펄펄날릴제
수십년을 짓밟히던 삼천리강산
우리조선 낙원으로 어서만들자

해방가

이천만 동포야 일어나거라
일어나서 총을메고 칼을잡아라
잃었던 우리자유 우리권리를
원수의 손에서 기어이찾자
(후렴) 자유롭고 평등한 새사회 위하여
　　　 민족해방 투쟁에 몸바쳐 싸우자

자유와 권리를 모두 빼앗긴
조선의 동포야 일어나거라
남녀의 노소를 막론하고서
민족해방 반일전에 뛰쳐나오라

끓는피로 낡은사회 씻어버리고
조선의 강토를 붉게하여라
해방의 자유종을 울릴때까지
일제놈과 주구놈들 때려부시자

혁명의 길

흐르는 냇물은 굽이쳐 내리고
혁명의 길에는 곡절도 많고나
굶주려 죽은자 총칼에 상한자
묻노라 동무여 그얼마 이던가
(후렴) 때리여라 부시여라 제국주의 그놈들을
　　　무찌르고 건설하자 조선인민의 새정부를

울창한 산림과 눈덮인 벌판은
우리의 피땀에 젖어있는데
풀깔고 눈깔고 앉아서 잘때에
동지들 생각에 가슴은 불탄다

나날이 들리는 일제의 총소리
우리의 앞길을 재촉해 주나니
띠졸라 꼭매고 행진해 나갈때
끓는피 가슴에 넘쳐서 흐른다

자유를 위하는 우리동무들
걸어온 걸음이 많다고 말아라
승리와 실패를 거울삼아서
최후의 돌격에 꼭같이 내닫자

<부록 2>

이국영 편 망향성

1. 망향편

豊年歌 ··· 347
青春의 希望 ································ 348
종로 네거리 ································· 349
당옥이 노래 ································· 350
他鄕살이 ····································· 351
가츄사 리별가 ······························ 352
그리운 강남 ································· 353
望鄕歌 ··· 354
荒城의 跡 ···································· 356
세 동무 ······································· 357
봄의 혼 ······································· 358
月桓의 故鄕 ································ 359
새벽종 ··· 360
가을밤 ··· 361
韓國의 어머니 ······························ 362
다시 산 태극기 ···························· 363
광복군 아리랑 ······························ 364
青年行進曲 ································· 365
? ··· 366
봄날 ·· 367
落花岩 ··· 368
落花三千 간곳이 어데냐 ·············· 369
한국의 누님 ································· 370

꽃이 핍니다	371
第二支隊歌	372
女軍人	373
江湖의 ○○	374
니나	375
北嶽山	376
제목없음	377
할 일	378
애기 革命軍	379
土橋의 밤	380
木浦의 서름	381
船夫曲	382
꾀꼬리	383
달밤	384
한국	385
韓國男兒	386
異域情調曲	387
異域의 하날	388
暗路의 노래	389
船歌	390
故鄕 離別曲	391
嘆息하는 밤	392
사랑의 설음	393

숨쉬는 부두 ·················· 394
月仙의 曲 ·················· 395
順風에 돗을 달고 ·················· 396
손수건 ·················· 397
눈물 저진 술잔 ·················· 398
살어지는 정염 ·················· 399
死의 讚美 ·················· 400
別後 ·················· 401
너의 힘 ·················· 402
그리운 님이시여 ·················· 403
不如歸 ·················· 404
籠 속에 든 새 ·················· 405
When you and I were young ·················· 406
사랑하는 옛 집 ·················· 407
장미화 ·················· 408
農村의 봄 ·················· 409
버들피리 ·················· 410
눈사람 ·················· 411
三一節歌 ·················· 412
獨立軍歌 ·················· 413
大韓魂 ·················· 414
제목없음 ·················· 415
제목없음 ·················· 416
제목없음 ·················· 417

2. 애국편

고향생각 ················· 421
離別歌 ··················· 422
歎息하는 밤 ············· 423
孤島의 情談 ············· 424
追憶의 꿈 ················ 425
친구 ······················ 426
國境의 밤 ················ 427
順風에 돗달고 ·········· 428
나물캐는 處女 ·········· 429
떠나는 님 ················ 430
流浪의 노래 ············· 431
슾은밤 ···················· 432
장미꽃 ···················· 433
어린 날의 追憶 ········· 434
無窮花 ···················· 435
꽃을 잡고 ················ 436
韓國봄 ···················· 437
나가나가 ················· 438
인형가 ···················· 439
韓國 ······················ 440
복동이 ···················· 441
그리운 고향 ············· 443
自然美 ···················· 444

錦繡江山 ……………………………………… 445
봄노래 ………………………………………… 446
놀자 동모야 ………………………………… 447
放學 …………………………………………… 448
비둘기 ………………………………………… 449
모란봉가 ……………………………………… 450
라라라 ………………………………………… 451
푸른 하날 …………………………………… 452
종로네거리 …………………………………… 453
곻은 강산 …………………………………… 454
나의 故鄕 …………………………………… 455
새나라 ………………………………………… 456
봄이와 ………………………………………… 457
산고개 ………………………………………… 458
산들바람 ……………………………………… 459
따릉강 ………………………………………… 460
曠野 …………………………………………… 461
流浪客의 우름 ……………………………… 462
센타루시야 …………………………………… 463
感秋歌 ………………………………………… 464
本鄕歌 ………………………………………… 465
살어지는 情炎 ……………………………… 466
留學歌 ………………………………………… 467

눈물진 두만강	468
朝鮮海峽	469
제목없음	470
제목없음	471
우리 애기각씨	472
追憶의 꿈	473
港口의 한 밤	474
무궁화 내 倍達	475
앞뫼의 츰갓치	476
槿花世界	477
나라 보전	478
내 나라 사랑	479
옥야 삼천리	480
긴날이 맛도록	481
맛나생각	482
혈셩대	483
내나라 보전	484
너도 애국 나도 애국	485
못노하	486
단군긔렴	487
대황조공덕	488
개천절가	489
御天節歌	490

국긔 ·· 491
다시 산 태극긔 ······························· 492
大韓魂 ··· 493
나라의 한 아바지들 ······················· 494
우리 력사 ·· 495
우리 녯 력사 ·································· 496
우리 말과 글 ·································· 497
우리 나라 자랑 ······························ 498
나의 한반도 ···································· 499
꽃동산 반도 ···································· 500
조선반도 ·· 501
나의 사랑 한반도 ·························· 502
모 잇즐 한반도 ······························ 503
槿花樂園 ·· 504
自由國 ·· 505
우리의 自由 ···································· 506
自由聲 ·· 507
사랑하는 自由 ································ 508
青年의 義務 ···································· 509
青年의 뜻 ·· 510
님생각 ·· 511

I

망향편

豊年歌

풍년이 왓네 풍년이 왓네
明年春三月에 花田노리를 가잔다
좋다 지화 얼시구나 좋구좋다
明年九十月에 단楓노리를 가잔다

來年에도 풍년 後年에도 풍년
年年이 도라오는 풍년이란다
좋다 지화 얼시구나 좋구 좋다
노젓까리 처다보고 풍년가를 부른다

靑春의 希望

우리 情 시러가는 楊子江이로구나
四川布 동조구리 姑娘의 노래
일홈만이 두집이요 물건너 우리살림
同胞의 피는꽃은 希望이로구나

안개낀 土橋에는 구진비만 나린다
고요히 들려오는 汽笛의 소래
어대서 들려오나 부두에서 부르나
故國을 生覺하니 어리석구나

土橋등불 아물아물 달빛은 어린다
고요히 들려오는 물방아소래

종로 네거리

리화는 둘이둥둥 하날에 날고
닭소리 개명산쳔에 끊어젓고나
봄이되면 거리거리에 꽃이피더니
쓸쓸타 五百年후에 종로네거리

당옥이 노래

보일듯이 보일듯이 보이지안는
당옥당옥 당옥소리 쳐량한소리
나라가면 가는곳이 그어데메냐
네어머니 가신나라 해돗는나라

잡힐듯이 잡힐듯이 잡히지안는
당옥당옥 당옥소리 쳐량한소리
나라가면 가는곳이 그어데메냐
네어머니 가신나라 달돗는나라

고흔듯이 약한듯이 또연한듯이
달나라로 해나라로 또별나라로
훨훨훨훨 나는곳이 그어드메냐
네어머니 가신나라 별돗는나라

他鄉살이

他鄉살이 몇몇 해드냐
손꼽아 세여보니
고향떠나 十여年에 靑春만 늙어

他鄉이라 情이들면
내 故鄉되는 것은
와도고만 가도고만
언제나 他鄉

고향앞에 버드나무
올봄도 푸르련만
버들가지 꺽거불든
그때도 옛날

浮萍같은 내신세가
혼자도 기막여서
창을 열고 바라보니
하늘만 저쪽

가츄사 리별가

가추샤 애처롭다 리별하기 스러워
그님아 맑은 눈물 풀기전에
神明께 祈願을 (라라) 드리워볼가

가추샤 애처롭다 리별하기 스러워
오날밤 밤새도록 싸이는 눈이
우리님을 가실길을 (라라) 덮어주겟다

가추샤 애처롭다 리별하기 스러워
日後에 우리 다시 맛날 그때까지는
그 모양 변치말고 (라라) 기다려다고

가추샤 애처롭다 리별하기 스러워
애끌른 리별눈물 비가 될 때에
바람은 덜에 불고 (라라) 날은 저무네

그리운 강남

정이월 다가고 三月이라네
江南갔던 제비가 도라오면은
이땅에도 또다시 봄이온다네
(후렴) 아리랑 아리랑 아라리오
아리랑 江南을 어서가세

집집에 옹달샘 저절로솟고
가시보시 맛잡아 즐거사트니
천년이 하로라 평화하다네

하날이 푸르면 나가일하고
별 아래 모이면 노래부르니
이나라 일홈이 江南이라네

望鄕歌

東天에 달이도다 창에빛이니
어언간에 깊이든잠 놀라깻고나
四面으로 仔細히 두루삷이니
꿈에보든 故鄕山川 간곳이 없고나

별안간에 변한마음 솟아나드니
父母얼굴 눈앞에 암암하고나
다시잠을 이루라고 무한힘쓰나
은연中에 父母 生覺 간절하고나

우리 父母 리별하고 얼골못보니
쇠약한 이내마음 문어지누나
이내가슴 이갖이 막막하거든
사랑하는 나의父母 엇더하시랴

半공중에 높이뜬 밝은저달은
우리집 동산에서 비칫스리라
슯이울고 날아가는 저기럭이야
우리집에 나의회포 전해주러마

고향 산천을 떠나 수천리 밧께
山다르고 물선 타향에 客을 접하니
섭섭한맘 향하는곳 고향뿐이요
다만 生覺나느니 정든친구라

苦生心懷를 지나 千里를밟고
은연중에 기럭으로 밤을샛스니
故國父母 生覺은 더욱간절코
도라갈 기회는 막막하고나

秋天明月은 半空에 솟아서
滿世界를 明朗히 비최엿는데
月色을 희롱하는 저기럭이여
이내맘 이갖이 비창하도다

本鄕에 계신우리 정든친구를
밝은달 가을밤에 더욱간절타
높고밝은 구름편에 그리운강
思鄕曲 一篇으로 내情表하노라

荒城의 跡

황성옛터에 밤이되니 월색만 고요해
폐허에 서른 회포를 말하여 주노라
아-외로운 저 나그내 홀로 잠못 이루어
구슲은 버래 소래에 말없이 눈물저요

성은 험우러저 빈터인데 방초만 푸르러
세上에 허무한 것을 말하여주노라
아-가엽다 이내몸은 그무엇찾으러
덧없는 꿈의 거리를 헤매어 왓노라

나는 가리라 끗이없이 이발길닷는곳
산을넘고 물을건너 정처가 없이도
아-한많은 이심사를 가슴속에 품고서
이몸은 흘러서 가노니 옛터야 잘잇거라

세 동무

지나간 그녯날에 푸른잔디에
꿈을꾸든 그시절이 언제이든가

저녁하날에 해는지고 날은저무러
나그네의 갈길이 아득하네요

장미같은 네마음에 가시가돗처
이다지도 어린너는 시들어젓네

사랑과 굳은맹세 살아진자최
다시두번 피지못할 고흔네모양

즐거웁던 그노래도 서른눈물로
저바다의 물결에 띄여버리고

녯날의 푸른잔디 다시그리워
황혼의 길이나마 도라가오리

봄의 혼

- 獨孤 璇 詞

푸른옛 산에나고 종달새 높이떳다
고흔옷을 들쳐입고 꽃세계로 향하자
시내가 버들가지 푸른실 꺽어들고
아즈랑이 봄의혼을 가슴에 안으라

봉접의 혼을따라 고흔꽃 또피나니
나의마음 뜰우에도 봄바람아 불어라
높이뜬 종달새 즐거운 네노래
높이뜬 종달새 즐거운 네노래 나의 노래라

月桓의 故鄕

높은하늘 가운데 뚜렷하게 솟는달
저달은 우리 고향에 환하게 빛이겟네
달아 소식을 전해주게 내소식 전하라
우리집에 비췰 때 나의안부 전해주렴아
달아래 나를 그리는 부모님 내내 눈에 어린다

새벽종

고요한 새벽 울리는 종소래
잠든 나의 단꿈을 깨치고
어둠의 장막 걷임을 고한다
새벽 종소래 淸妙히 울리네

고요한 새벽 울리는 종소래
새로운 깃쁨 누리에 전하고
생명의 해빛 퍼짐을 알왼다
새벽 종소래 淸妙히 울리네

가을밤

- 李錫奎 歌

가을밤 맑은날 밝은 달아래
혼자 흉흉한 파도가 이러날 때에

韓國의 어머니

나라에 빛이자고 키운 아들을
빛나는 싸홈터로 배웅을 할 제
눈물을 흘릴소냐 웃는 얼골로
긔빨을 흔들엇다 새벽 정거장

사나이 목숨이 꽃이라면은
저 山川 초목아래 피를 흘니고
勇敢히 떨어지는 붉은 무궁화
이것이 韓國 男兒 本分일꺼다

사라서 도라오난 네 얼골보다
죽어서 도라오난 너를 반기며
크고 큰 너의 이에 충의 충誠을
韓國의 어머니는 반기여준다

다시 산 태극기

저 삼각산 마루에 새벽빛 비췰 제
그 그립든 太極旗 네 보앗나 보다
보앗나 보앗나 죽은 줄 아랏던
우리 귀한 태극긔 오날 다시 봣네

自由의 봄바람에 태극긔 날리네
同胞들아 이러나 만세를 불러라
불러라 불으자 다시 산 대한국
태극긔를 위하여 만세 만세 만세

광복군 아리랑

우리 부모가 날 찾으시거든
광복군 갓다고 말 전해주소
(후렴) 아리아리랑 아리아리랑 아라리오
광복군 아리랑 불러보세

광풍이 분다네 광풍이 부러요
삼천만 가슴에 광풍이 불어요

바다에 두둥실 떠오는 배는
광복군 실고서 오시든 배라요

둥실렁 고개서 북소래 둥둥 나더니
한양성 복판에 태극긔 펄펄 날려요

靑年行進曲

백두산 높이솟아 길이직히고
東海물과 황해수 둘러잇는곳
生存 自由 얻기爲한 三千萬
壯하고도 씩씩한뫼 뛰고잇도다
한긔빨 아래 힘있게 뭉처 勇敢이 나가
악마같은 우리원수 처물리치자
우리들은 삼천만의 대중 앞에서
힘차게 것고있는 先鋒이다

?

백두산 벋어나려 半島三千里
무궁화 이 江山에 歷史半萬年
代代로 이어사는 우리 三千萬
장하도다 그의 일홈 韓國이로세

보아라 이 江山에 꽃이 피더니
億萬年 사러나온 韓國의 子孫

봄날

오너라 동모야 江山에 다시 떼들어 꽃이 비고
새우는 봄을 노래하자 江山에 동모들아
모도다 모여라 춤을추자 봄노래 부르자

落花岩

사자수 나리는 물에 夕陽에 빗길제
버들꽃 날리는데 落花岩이란다
모르는 아해들은 피리만 불건만
맘잇는 나그네의 창자를 끊노나
落花岩 落花岩 웨 말이 없느냐

七百年 나려오던 夫餘城 옛터에
봄맞는 푸른물결 옛갗이 푸릿네
구중에 빛난궁궐 잇든터 어데며
만성의 귀한 몸 가신곳 몰라라
落花岩 落花岩 웨말이 없느냐

깊은밤 물길 속에 곡소래 나더니
꽃같은 궁녀들이 어데로 갓느냐
님주신 비단치마 가슴에 품고서
泗沘水 깊은물에 던젓단 말이냐
落花岩 落花岩 웨말이 없는냐

落花三千 간곳이 어데냐

牛月城너머 泗沘水보니
흘르는 물결속에 落花岩은 감도네
옛꿈은 바람 속에 살랑거리고
고란사 저문날에 물새만 운다
무러보자 무러보아 삼천궁녀 간곳이 어데냐
무러보자 落花三千 간곳이 어데냐

百花 앞 亭에 두견새 울고
떠나간 옛사랑에 천년꿈이 새롭다
조훈寺 옛터전에 저녁 연기는
무심한 江바람에 퍼저오른다

靑馬山 우에 햇발이 솟아
扶蘇山 南쪽에는 터를 닥는 징소래
옛 성터 새뜰 앞에 꽃이 피거든
山有花 노래하며 香을 사르자

한국의 누님

방가로 열 두 골목 함박눈 부서 오는 밤
부스등장 창머리에 그리운 우리 누님
치마 우에 소매잡고 소매잡고
同生아 눈길 천리 비바람 천리에
同生아 成功하여라

포수동 가방소래 털로 짠 장갑 한 双을
한구단풍 추야삼경 밤새신 누님 선물
치마 우리 소매잡고 소매잡고
同生아 陸路千里 물결千里에
同生아 成功하여라

꽃이 핍니다

꽃이 핍니다 열 아홉 살 가슴에 꽃이 핍니다
수집고 부끄러운 한송이 꽃을
그대에게 들입니다 받어주서요

새가움니다 열아홉살 꿈구에 새가움니다
수집고 안탁가운 하마리 새를
當身에게 드립니다 바더주서요

第二支隊歌

銃억게 메고피 가슴에뛴다
우리는 큰뜻情을 한국에 혁명 靑年들
民族의 自由를 爭取하라고
원수들을 때려 부쉬자
犧牲的 決心을 굳게 뭉처
韓國光復軍 勇敢한 戰士
앞으로 끝까지 前進 앞으로 끝까지 前進
祖國獨立을 爲하여 우리 民族 解放을 爲해

女軍人

軍隊에 入隊를 하러 가서
나도 가겟서요 싸우러
女子도 가는 것이 좋다마는
戰車隊서 밪지를 안는대요

여자아 밪지를 안는다면
나도 꺼먼머리 까까버리고
軍隊에 칼을 차고 軍인이 되여
싸우러 가겟서요 어대까지

江湖의 ○○

春山에 만화가 방창할 때에
이삼인 동모를 짝해
죽장을 집고서 산에오르니
백화만발하여 붉엇다
蒼松은 울울타 푸르러잇어
丈夫의 氣象을 돕고
록수 흘러 앞길을 인도하누나
산천경개 무궁하도다
쳔리탄정 맑고 창송이 울울타
무궁하다 이내몸 人生
흥미는 天上仙人이라도 못하리라

니나

니나 니나 나의 사랑하는 니나
니나 니나 네얼골 곱드라
빵긋 웃는 너의 얼골에는 둥근 달이 소사나네
니나 니나 나의 사랑하는 니나
니나 니나 네 얼골 곱드라

니나 니나 나의 사랑하는 니나
니나 니나 네얼골 곱드라
빵긋 웃는 너의 얼골에는 장미꽃이 피여나네
니나 니나 나의 사랑하는 니나
니나 니나 네얼골 곱드라

北嶽山

북북 북악산 북악山에 기슭은
다다달밤이라 모도나가 춤을추자
오날은 나의生日 하하 좋다좋다
(후렴) 품바품바 품바바 품바품바 품바바
　　　 춤을추자 춤을추자 학두람이 부러웃게
　　　 둥실이 둥실이 춤을추자 춤을추자

북북북악산 북악산에 철쭉꽃
다다달밤이라 활작피엿다
이애들아 춤을추자 둥실이 둥실이 둥둥

제목없음

붉은피로 물드리자 금수江山 三千里
우리들 大韓男兒 光復軍일세
사나이면 산아답게 싸워서 죽어라
우리들은 大韓民國 光復軍일세

목숨앗겨 두려울 우리들은 안이다
한번나서 한번죽는 묘한 리치니
산아답게 싸워서 無궁화로 지자
우리들은 大韓民國 光復軍일세

할 일

살과같이 빠른光음 기다리지 않는다
아츰저녁 하로이틀 번개갖이 다르네
이팔청춘 넉넉다고 밋지말지라
때를잊지 말고서 나의할일을

애기 革命軍

우리는 신대한국 애기혁명군
先烈들의 남긴事業 完成하랴고
밤이면 革命哲學 낮이면술과
우리는 韓國의 아기혁명군

폭포소래 들려오는 土橋新韓村
八十名의 굳세인 韓國男兒가
大陸의 벌판에서 소리치면서
푸르는 하날에 태극기펄펄

革命에 뿌린씨가 싹이나거든
三千里 江山에다 다시심어서
그꽃이 피여서 무궁화될때
三千萬 大○아 萬歲부르자

土橋의 밤

안개낀 깊은밤에 폭포는 운다
가슴이 울렁울렁 피는 끌른다
世世年年 春夏秋冬 世世年年 春夏秋冬
속절없이 흘러가는 나그네 신세

칼짚고 이러서니 원수치떨고
故國을 도라가는 나그네心장
故鄕땅에 살러가자 故鄕땅에 살러가자
사나이로 태어나서 싸우러 가자

先烈의 魂을안고 가버린세월
他國에 유浪하는 白骨이란다
슥슥없이 거러가자 슥슥없이 거러가자
先烈들의 뒤를따라 싸우러가자

木浦의 서름

사공의 뱃노래 감을거리며
三鶴島 파도깊이 숨어드는데
埠頭에 새악씨 아롱저진 옷자락
리별의 눈물이냐 木浦의 서름

三百年 願한품을 露積峰밑에
님자최 완연하다 애닯은 정조
儒達山 바람은 榮山江을 안으니
님그려 우는마음 木浦의 노래

깊은밤 조각달은 흘러가는데
엇젯다 옛상처가 새로워진다
못오실 님이라면 내마음이라도 보낼 것을
港口에 맺는절개 木浦의 사랑

船夫曲

어기여차 어기여차 배끌기가 나는좃타
어기여차 어기여차 배끌기가 나는좃타
으스름한 달밤에 갈대욱은 江邊에
닷줄을 메 自然에 싸여 배끌기가 나는좃타
어기여차 어기여차 배끌기가 나는좃타
어기여차 어기여차 어기여차 어기여차

꾀꼬리

꾀꾀꼴 꾀꼬리 노랑꾀꼬리
버드나무 그늘에 가만이안저
오고가는 사람들을 기웃거리며
아름다운 노랑새야 울고가거라

달밤

달밝은 江邊에 人跡은고요
희미한 어선에 燈불만반짝
달이밝에 비최잇는 江물우에는
銀물결 金물결 날뛰며놀고
이따금 이따금 들리는어적
호적소래야- 처량하고나

한국

東天에 일월홍일 蒼空에 明月
바다에 어별이여 들에 양떼들
태극긔는 청풍에 펄펄 날린다
아 빛나거라 잘사러라 우리의 韓國

韓國男兒

굳게 뭉처나가자 倍達民族 健兒야
우리들은 勇敢하게 光復軍으로
銃을 매고 칼을 차고 떠나가자 힘차게
大韓民國 建設로 싸호러 가자

異域情調曲

지터간 가을밤도 꿈속에 흘으며
구슯흔 버레소래 가삼만 애끗네
異域에 낫선 길에 피곤한 내身勢
故鄕은 그리워도 千里길 아득해

뫼우엔 十九夜月 말없이 누엇고
지새는 밤하날에 별띄도 잠자고
이슬찬 잔듸우에 돌벼깨 벼고서
훗터진 녯 生覺에 잠들지 못하네

춤추든 고기떼도 잠자는 밤시내
흘으는 물결우에 달빛도 꺼지면
탓없이 녯 追憶이 가삼에 서리며
꿈속에 꿈같이도 生覺만 아득해

구슯흔 異域에 밤 눈물로 새면서
來日은 고닯흔 몸 어대서 쉬이랴
덧없이 훗트러진 녯꿈을 더듬어
끗없는 旅路에서 울어나 볼가

異域의 하날

사하라사막 넓은 벌판에 해는 지려고
석양 붉은빛 永遠의 나라 찾아가는 그때
椰子樹 푸른 그늘에도 어둠은 오는데
라일강 흘러가는 물에 녯 記憶이 새로워라

興亡과 盛衰 끝이 없고나 燦爛하던 녯날
자최 없이도 살어젓으니 찾을 길어데냐
으스름한 숲사이에로 土人의 슲흔노래
저 멀니 흰구름 하날엔 별만 외로히 반짝여

별빛만 반짝 녯모양인데 歷史만 흘너서
끊임 없이도 흘으고 흘너서 三年이로세
슲흐고나 가을밤에 三更 凄凉한 비소래에
애닲도다 눈물이 흘으네 아 스핑스의 우는혼

暗路의 노래

숲사이로 시내물 흘으는데 한가한 물네방아
아름다운 大自然 속에 이몸은 자랏다
(후렴) 내사랑아 어린몸을 이어린나를
보드러운 그대의 품에 껴안어주서요

은은한 달아래 散步할제 땃뜻한 그의 손길
앵도같은 그의 입살은 내눈에 그렷네

삼오야 두렷한 저달아래 雙雙히 노는 물새
아릿다운 그노래 속에 내마음은 傷해요

세상을 떠나는 그날까지 조곰도 變치않고
어린몸을 당신에게다 밫이려합니다

船歌

흰돛을 단배手巾 두르며 바다저편 내저어갈때
萬頃蒼波가 앞흘 가리면 어이하려나 내사랑아
바다우에 우리사이 굳은사랑 막으리요
아 順風을 만나 平安히 가기 뜨거운 祝福 내 하리라

寂寂한 달 밤 客窓을 열고 故鄕 하날을 처다볼 때
한줄기 눈물 옷깃 적시면 어이하려나 내 사랑아
외기러기 발에다가 내 手巾을 동여매여
아 順風을 만나 平安히 가기 뜨거운 축복 내 하리라

日落西山에 해 떠러지고 東嶺우에 달솟을제
大門 밖에서 기침 소래나면 어이하려나 내사랑아
버선발노 뛰어나가 와락달려 그대목을
아 얼서안고 그리던 정을밤이 깊도록 내하리라

故鄕 離別曲

내故鄕 떠나는배 눈물비에 저저서
바람에 부는물결 헷치며 간다
(후렴) 만경파돗 離別을 설어하는 노래에
浦口에 갈매기도 슯히우노나

駛工은 떠나랴고 닷줄을 풀것만
내 故鄕 生覺 줄은 풀니지 않네

嘆息하는 밤

어느누가 우는지 울녀주는지
흐득이는 져곡됴 처량함니다

街路樹를 적시며 비는나리고
明朗하온 저달빛 愛妻러운밤

거리우에 헤매는 서러운 身勢라
마암속에 눈물을 어이하릿가

사랑의 설음

장미화가 곱다기에 꺽거서 보닛가
꽃송이 송이마다 가시가 있어요

사랑이 좋다기에 사랑을 햇더니
그사랑 속에는 눈물이 있어요

악마같은 이사람아 네 이귀한몸을
더러운 금전에다 네 몸을 팔엇나

바람에 불니여서 이곳에 왓더냐
물결에 밀니여서 이곳에 왓더냐

한 많은 이世上에 나혼자 외로워
근심이 없는나라로 나혼자 가겟다

숨쉬는 부두

외로운 부두우에 해가점을면
바람찬 등대엔 조으는불빛
은근이 속삭일때 타는이가삼
때아닌 서리아래 녯날이 풀닌다

달빛아래 숨쉬는 사랑의 두
울고간 아가씬들 얼마이리오
다만홀노 이부두에 지나간세월
깨여진 키타의 줄을골느랴

속세에 늙은몸이 뉘찾아왓나
아득한 바다끝에 가마귀우네
사랑에 이부두가 없어지도록
외로운 낙시때에 이몸을 맥기리

月仙의 曲

옵바의 얼골은 시드러지고
나의 살속에는 불이 붓는다
원수에 돈 삼백에 이몸이 팔녀
사랑하는 옵바여 나를 살려주

맑은하날 밝은달을 처다보아도
슯히우는 기럭이떼 설음뿐이라
캄캄한 마굴속에 슯히우는몸
사랑하는 옵바여 나를 살녀주

울지마라 月仙아 봄이간다고
느진가을 누른국화 피어오고요
엄동설한 찬바람이 불지라도
매화꽃이 피는줄을 너도알니라

땅우에 질경초도 自由가 있고
하날에 한개별도 自由있것만
불상하고 가련하다 우리女子는
엊이하여 안방속에 시드러지나

順風에 돗을 달고

順風에 돗을달고 배머리를 돌녀서
외로히 저어가니 외로히
외로히 저어가니 이밤처량해

흘너서 몇날몇해 몇굽비를 돌아도
흘으는 물결우에 흘으는
흘으는 물결우에 떠빛임니다

지난해 원망하면 몸을 태운녯사랑
이내몸 갈곧없는 이내몸
이내몸 갈곧없는 身勢람니다

손수건

전일네가 나의게 보낸 손수건
붉은 丹楓 노은 채가 내 맘에 안든다
웨 붉은 丹楓닙히 마음에 안드나
丹楓닢히 떠러지면 가을이 도라와

전일네가 나의게 보낸 손수건
솔닢사귀 노은 채가 내마음에 드럿다
웨 솔닢사귀 문 채 마음에 드럿나
솔닢사귀 떠러지면 둘 함께 떠러저

져산넘어 울고있는 누른 꾀꼬리
매화나무 가지에서 졸고 있고나
落花紛紛한 꿈을 깨고나서는
너글너글너글너글 울고 잊이요

울지마라 울지마라 이약한 사람아
우리오날 할수없이 이별은 하야도
두터운 너와나의 정액임으로
부드치는 이물결도 또다시 함한다

눈물 저진 술잔

눈물저진 술잔속에 네얼골이 어리여서
마실 때마다 묵은 설음과 한숨만 서리여진다

너때문에 얻은 煩惱 무슨수로 이저지랴
덧없는 이몸헛튼 心思를 盞속에 묻어나 버릴가

끌튼 心臟 식어지면 미련쫓아 끊어질걸
술은 취해도 타는 심장에 고동만 더욱 요란해

어지러운 서울장안 밤거리는 화려해도
몸둘 곧없는 내신세를 너만은 삷혀주느냐

살어지는 情炎

蟋蟀의 울음이 하도 凄凉해
답답이 들던 잠도 소스랏처 깨이네
님 生覺하는 마암 사랑도 꿈이엿나
살어지니 덧없어

서리바람 지는 꽃 하도 哀悽러
곱곱이 맺힌 설음 구비구비 흐르네
지난 꽃 남은 한 靑春도 꿈이엿나
살어지니 덧없어

가을밤 저 달이 하도 쓸쓸해
갓득이 산란한 마암 가락가락 흔들여
지득이 散亂 새볏빛 꿈길도 덧없어요
살어지니 그만이

死의 讚美

- 尹心德

曠漠한 廣野를 달니는 人生아
너의 가는 곧 그 어데이냐
쓸쓸한 世上 險惡한 苦海에
너는 무엇을 찾으랴 가느냐
(후렴) 눈물노된 이 세상에 나죽으면 그만이다
　　　 幸福찾는 人生들아 너 찾는것 설음이다

웃는 꽃과 우는 저새가
그 運命이 또한 갓도다
生에 熱中한 可憐한 人生아
너는 칼날 우에 춤추는 者이다

虛榮山 빠저서 날뛰는 人生아
너 속혓음을 네가 아느냐
根本 世上은 너에게 虛無니
너 죽은 뒤에 世上은 없도다

잘 살고 못 삶은 刹那의 것이니
흉흉한 暗礁가 갓가워왓다
이래도 人生 저래도 한 세상
돈도 명예도 내 님도 실타

살사록 괴롭고 갈사록 험하니
한갓 바람은 平和의 죽엄
내가 世上에 이 몸을 감출 때
괴롬도 쓰림도 사라저바린다

別後

어느날 벗님이 밟고 간 자욱
못뵈올 벗님이 밟고 간 자욱
혹시나 벗님은 이 발자욱을
다시 밟으며 도라오려나

님이야 이길로 올니 없것만
님이야 정녕코 돌아온단들
바람이 물결이 모래를 싯처
넷날에 자욱을 어이 찾으리

너의 힘

萬頃蒼波 푸른 물결 險할지라도
배 駛工아 쥐인 키를 놋치지마라

일단 精神 거기다가 굳게 먹으면
제 아모리 날카라운 물결이라도

많은 사람 실은 배를 부수치고서
네 몸까지 한 입으로 삼키랴 하나

勇猛스리 活動하는 너의 技能에
나종에는 몹슬 물도 너의 압헤서

두손 두발 읍하고서 항복하리라
勇猛스런 너의 힘이 偉大하도다

그리운 님이시여

그리운 님이시여 날버린 님이여
寂寞한 가을날이 지나가고요
꽃피고 노래하는 봄이 왔어요

그리운 님이시여 날버린 님이여
봄이라 도라오면 안올리 없다고
나를 끼여안고 맹서한 님이 뉘서요

그리운 님이시여 날버린 님이여
가을에 하날같은 허튼 사랑이
男子의 예사라고 누가 말해요

不如歸

綠陰은 靑靑하고 精潔한 끝에
月色은 皎皎하고 달은 밝은데
多情한 우리 님과 다마 둘이서서
萬端私情 다못하고 눈물 흘닐 때

그때에 우리님은 나의 두손을
꼭붓잡고 슱히울며 고개숙이며
速히 돌아오십시요 速히 돌아오십시요
두번세번 당부하던 그 목소리는

○○까지 귀에쟁쟁 남어있것만
○○먼저 내가 돌아간 그때에는
○○는 임이 나의 집을 떠나간 후로
○○째에 내가 돌아간 그때에는

○사는 이 세상을 리별하엿네
아 불상하다 랑자의 靑春
나의밋던 百年期約 엊이하야 이리되엿나
외로운 이내몸 다려가시오

籠 속에 든 새

그리웁고 보고십허 무서음도 모르고
캄캄한 밤길을 단지 혼자서

보고싶허 왓더니 왜 나오지를 안나
내가 부르는 소리를 이저바리엿나

당신에 부르는 소리 잊이는 안엇지만
나오랴 나올 수 없는 롱속에 든새

롱안에 든 새라도 지혜있는 새이면
사람에 눈을 속이여 만나려 온다

사람의 눈을 속이면 세상사람들은
수상한 쳐녀라고 손수락질해요

사람들의 눈같은것 무섭지는 안치만
나오랴 나올 수 없는 장안에 든새

When you and I were young

옛날에 금잔듸 동산에 매기갗이 안저서 놀던 곳
물레방아 소래 들린다 매기야 하 희미한 옛生覺
동산 수풀은 없서지고 장미화가 피여 만발하엿네
물레방아소래 끊엇다 매기 내 사랑하는 매기야
(후렴) 지금 우리는 늙어지고 매기 머리는 백발이 되엿네
옛날의 노래를 부르자 매기 내 사랑하는 매기야

북망산 수풀은 고요타 매기 영웅호걸이 놀든 곳
흰비석 둘러서 직힌다 매기야 하 우리가 놀든 곳
공은 새들은 집을 짓고 기쁜노래 지저귀며 부른다
우리도 노래를 부르자 매기 내 사랑하는 매기야

사랑하는 옛 집

지난해에 내 故鄕을 단여와 보니
지난꽃과 새의 노래 부는 그 바람
집 앞으로 흘러가는 맑은 시내물
變함없고 옛날 生覺 암암하여도
나의살든 낡은 집에는 人跡조차 끊어젓것만

옛날일을 말하는 곳 부는 바람아
흘러가는 시내물도 옛 경상인가
아츰저녁 손목잡고 즐겁게 놀던
사랑하는 나의 친구 반겨맞는다
기쁘도다 내고향이여 쓸쓸하다 나의 집이여

장미화

- Ch. Grund 作曲

깊은 데 숨은 장미화야 잘 있드냐
너를 반기는 봉접이로구나
네가 화려한 동산에 自由로 피엿슬 때
아 네 향기로운 품속에 품기려 하엿더니
흉악한 비에 침로를 당해엿네
내 사랑 내 사랑 아

그러나 또한 自然이라 그 운명은
가리운 구름 모도 다 헤치고서
그대 반기는 모양이 내 눈에 암암하다
아 이 꽃 본 벌 벌 본 꽃에 그 서로 반김은
춘정에 취한 광풍이로구나

맘속에 항상 못잊겠다 고흔 꽃아
우리의 봄도 편시춘이라
봄이 다가고 북편에 찬바람 오기 전에
아 락원에서 서로 맛나 그리든 정 풀고
반가운 노래 부르기 원하네

農村의 봄

- 金泰午 謠曲

아이들은 떼를지어 바구니들고
나물캐러 논둑밭둑 타고댄기네
공중에서 종달이새 노래부르니
달래캐든 우리누나 처다보겟지

바구니에 가진나물 캐여가지고
버들피리 불며불며 도라오니까
어머님은 애기업고 바라보시고
바둑이는 꼬리치고 마중오겟지

버들피리

종달종달 종달이새 노래부르니
냇가에서 실버들은 손길처맞네
버들가지 곱게돌려 피리만드러
힘을들여 기운차게 부러봄니다
곱고맑은 피리소래 마디마디는
이겨래에 가슴을 울리게하리

눈사람

내가 만든 눈사람 웃읍고나야
몸집은 뚱뚱보요 키는 난쟁이
새카만 좌우눈을 부릅뜨고서
여들팔자 수염 비치인꼴이

내가 만든 눈사람 우습고나야
동산에 아츰해님 소사오를 때
동생의 손목잡고 학교갈때면
우리보고 생긋이 절하는꼴이

三一節歌

참깃부고나 三月하루
獨立의 빛이 버첫고나
금수강산이 새로웟고
三千萬 國民이 깃버한다
萬歲 萬歲 萬歲 萬歲
우리 民國 우리 同胞 萬歲
만만세 만세 만세 만세

잊지마러라 三月하루
半島에 少年 少女들아
子子孫孫이 傳해가며
千만대 가도록 잊지마라

十年間 받은 원수치욕
이날에 씨서 버렷고나
三月 하루를 기억하고
우리의 원수를 잊지마라

獨立軍歌

신대한국 독립군의 백만용사야
조국의 부르심을 네가 아느냐
삼천리 삼천만 우리 동포들
건지리 너와 나로다
(후렴) 나가나가 싸호려 나가
　　　 나가나가 싸호려 나가
　　　 독립군의 自由종이 울릴 때가지
　　　 싸호려 나가자

원수들이 강하다고 겁을낼것가
우리들이 약하다고 락심할것가
정의의 날랜칼이 빛기는곳에
익일이 너와 나로다

네살거든 獨立軍의 勇士가 되고
네죽거든 獨立軍의 령혼이 됨이
靑年아 너와나의 소원아니냐
싸호려나가세

압록江과 두만江을 뛰여건너라
수천년 원수무리 쓰려나려라
일헛던 고국산천 광복하는날
만세를 불러보세

大韓魂

화려한 江山 우리 대한은
삼천리 범위 적지 안토다
백두산으로 한라산까지
自然한 경개 그려냇도다
(후렴) 사천년 조국 대한 江土를
　　　내 길을 내가 보호하겟다
　　　선조가 임의 여게 뭋엇고
　　　우리도 대한 혼이 되리니

언어와 의복같은 동족이
한마음 한뜻 든든하고나
원수가 비록 산하같으되
자유의 정신 꺽지 못하네

귀하고 빛난 우리 태극긔
우리의 혼을 모다 드리네
강강한 맘과 굿은 단체로
동族을 서로 도와주리라

제목없음

늘어진 버들가지 실실이
늘어진 한가지는 물우애 잠기여
흘으는 맑은 물에 흔드적 흔드적
씨기어서 가노라 봄날의 시내

버드나무 가지에 한가이 안즌
저기 저 牧童은 피리만 분다
흐르는 맑은 물에 그윽히 그윽히
물과 같이 흐르는 봄날의 노래

제목없음

봄비가 내린다 호박잎 너울너울
보슬보슬 은실같이 버들가지 한들한들
옷깃에 젖는 비 마음속에 나리는 비
봉선화 양귀비 웃음 앞잡이 봄비오네

제목없음

네 아름다운 모습과 音聲
또 너의 곱고도 굳은 마음
나의 맘속에서 떠나지 않아
내가 어이 널 잊으랴
어느 放學 때 追憶이 새로워
離別을 하며 서로 못잊어
이것은 네가 심은 복숭아
또 저것은 내가 심은 버들
푸른 버들과 붉은 복숭아
나 혼자 냇가에 散步할 때면
버들과 桃花를 보며
손꼬바 세여 손꼬바 세여
너 도라 올 때를 두려운 것은
두려운 것은 두려운 것은
네가 날 잊을까보다
네 맘의 일은 네 맘 가운데
네 맘의 일은 네가 알이라
그러나 너는 내 맘에 와 있어
내가 어이 널 잊으랴
내가 어이 내가 어이
내가 어이 널 잊으랴

II
애국편

고향생각

사랑하는 나의 고향을 한 번 떠나온 후에
날이가고 달이 갈사록 내맘속에 사무쳐
자나깨나 너의 생각 니즐수가 업고나
(후렴) 나언제나 사랑하는 내고향 다시갈가
　　　　아 내고향 그립다

가을밤에 나러오는 저 기럭이떼들아
내고향에 게신 父母님 다 평안하시더냐
괴론때나 즐건때나 고향생각쑨이라

離別歌

쌍고동 우러우러 連絡船은 떠난다
잘 갔오 잘 있오 눈물 저전 손수건
진정코 그대만은 진정코 그대만은
사랑하는 까달게 한숨을 쉬면서 떠나감니다

파도는 출렁출렁 連絡船은 떠난다
정든 님 꼐안고 목을노아 움니다
오로지 당신만을 오로지 당신만을
사랑하는 까달게 눈물을 흘리면서 떠나감니다

歎息하는 밤

어느누가 우는지 울려주는지
흐득이는 져 曲調 凄凉함니다

街路樹를 적시면 비는 나리고
明朗하온 저 달볏 애凄로운 밤

거리우에 헤매는 서른신세라
가슴속에 눈물을 어리하릿가

孤島의 情談

七夕날 떠나던배 소식업더니
바다가 저쪽에서 떠나오는배
뱃사공 노래소래 갓가옵것만
한번간 그옛님은 소식없고나

어린맘 머리푸러 맹세하던일
시악씨 가슴속에 매치엿건만
잔잔한 파도소리 님의노랜가
잠드는 바다의밤 쓸쓸도하다

追憶의 꿈

애닲은 生각따라 잠도가고요
서러운 눈물속에 밤만깊으니
그대가 남긴情이 이것이라면
아 차라리 그옛날에 이저버릴걸

못믿을 그의말이 날속여놋코
덧없이 떠나간 무情한 그이를
잊도록 잊으랴고 애를쓰것만
아 못잊는 이맘을 어이하리요

친구

오 내사랑 그리운 벗이여 벗이여
봄이 벌서 다가고 여름이와
피엿든 꽃들은 봄바람이 갖어가
오 이세상 이같이 젖이럽다

오 내사랑 그리운 벗이여 벗이여
너를 찾든 이내몸이 방황한다
그리운 나의뜻 헛되이 우노나
나는 本鄕으로

國境의 밤

떠나온 지 몇몇 해이더냐 그리운 고향
바라보고 또 바라보와도 멀고 아득합니다
어느 때나 저 하늘 끚 바라보며는
바람부는 찬기운애 밤만 더욱 깊어가

밤은 깊고 고요하온 이 때 나만 이러나
그리울손 저 하늘 끚만 바라보고 잇고나
원하노니 그곳 게신 나의 친구여
눈물얽힌 이 벌판에 오지마러 주서요

順風에 돗달고

순풍에 돗달고 배머리를 돌려서
외로이 저어가니 외로이 외로이 저어가니
이밤 처량해

지난해 원망하면 몸을 태운 옛사람
흘르는 물결우에 흐르는 흐르는 물결우에
떠비췹니다

흘러서 몇날 몇밤 몇구비를 도라도
이내몸 갈곳없는 이내몸 이내몸 갈곳없는
신세랍니다

나물캐는 處女

풀은 잔디 푸로러 봄바람은 불고
아지랑이 잔잔이 께인 엇던날
나물캐는 처녀는 언덕으로 단이며
꽁은 나물 찾나니 어엽부다 그 손목
소멕이든 목동이 손목잡엇네
(후렴) 새빩애진 얼골로 뿌르치며가니
　　　그의 굳은 마음 變함 없다네
　　　어여쁘다 그 처녀

들과 언덕 지나서 시내가에 가니
꼬리치는 금붕어 뛰고 있엇다
버들가지 떠러저 봄바람에 날리니
바구니에 담는다 어여쁘다 그 손목

떠나는 님

汽車는 떠나간다 보슬비를 헷치며
정든땅 뒤에두고 떠나는 님이여

님이여 술을들어 앞은 마음을 달래자
空手來 空手去가 人生이 안인가

간다고 아주가면 아주가면 이즐소냐
밤마다 꿈결속에 울면서 지나요

流浪의 노래

여름저녁 시원한 바다를 찾어
일엽편주 동실 띠여라 달맞이 가자
저달맞어 내가슴에 이 서름풀까
아 나의 사랑하는 고향 그립기도 해

어기여차 노저어라 노래부르며
넓은바다 푸른물에 정처없이도
흐르는 저 달빛따라 이 몸도 함께
아 나의 배끌이는 곳 내 고향일세

무심하다 나그내 외로운 꿈은
객창한등 서런회포를 더해주노나
쇠잔한 전등불 위에 쓸쓸한 이 밤
아 나의 一生 고향이 그립기도 해

슲은밤

梧桐나무 비바람에 늎뜨는이밤
그리웁던 녯동모가 모엿음니다
이비가 개이고 날이 밝으면
녯동모는 훗터져서 떠나갑니다

그날밤에 귀뜨람이 우는 소리가
마디마디 비에저저 눈물남니다
문풍지 비바람에 스치는이밤
그리웁던 옛동모가 모엿슴니다

장미꽃

사랑스러운 장미꽃은 절기찾아 만발햇네
곻은 얼골 다시들고 만발햇네
고흔얼골 다시들고 방싯방싯 웃고서
방싯방싯 춤을추네

붉읏붉읏 곻은꽃 저의 빗을 자랑하여
날러드는 봉접들은 단꿈꾸네
봉접들은 빗과 향기 탐내네
이리저리 단꿈꾸며 나러드네

어린 날의 追憶

무정한 세월 살갗이 흘러지나고
어릴 때 情든 동무도 다가고 없도다
내게 남어있는 것은 그 무엇이런가
찾을 수 없는 어린 날의 애닯은 추억

앞山에 피는 저꽃은 변함이 없거늘
내맘속에 피는 꽃은 시들고 마럿네
내게 남어잇는 것은 그 무엇이런가
어린날을 추억하는 힘없는 눈물뿐

힘없고 피마른 힌손 가슴에 대고
희미한 마음 눈동자 굴리여 살피니
내 눈에 아직 피췰것 그 무엇이런가
어린 날에 보든 光景 어리울 뿐일세

無窮花

무궁화 삼천리는 우리강산
신성한 삼천만은 우리民族
三千里 三千萬은 우리한국
萬歲萬歲 永遠無窮
성자신손 三千萬 화려강산 三千里
이안에서 우리가 기쁜노래 부르자
억만세 만만세 우리 삼천만 동포
만세만세 만만세 三千里에 無窮花東山

신聖하신 단군님 ××年前에
태백산에 나리사 우리집을 지섯네
육대주 오대양에 제일 좋은 東半島
십수억 인종 中에 신성한 우리 三千萬

白頭山 높은峰이 없어지고
大洞江 깊은물이 말으도록
三千里 三千萬은 우리 한국
萬歲萬歲 永遠무궁
아름다운 江山에 아름다운 집을짓고
활발하고 즐겁게 뛰여라 우리 三千萬

꽃을 잡고

하늘하늘 봄바람에 꽃이피며
다시 못잊을 지난 그 옛날

지난歲月 구름이라 잊지건만
잊을길 없는 서른 이내맘

꽃을따며 노는것이 어제련만
그님은 가고 나만 외로히

생각사록 맘이서러 안울랴
안울수 없는 이내맘

韓國봄

연못가에 새로핀 버들닢을 따서요
우표 한 장 붙어서 江南을 보내면
昨年에 간 제비가 푸른편지 보고요
韓國봄이 그리워 다시찾아 옵니다

나가나가

나가나가 우리동모들 살면죽고 죽으면 사네
대장용맹 본을받아 일어나서
세고 씩씩한 네 물에 군사야
지치자 지치자 장부의 식임
즐거웁게 쫏차 옛집헐고 곁에죽인
우리 원수 저 놈들

인형가

새파란 눈갖인 곻은 인형은
미국에서 자라난 세루로이요
大韓나라 항구에 나렸을때에
외로운 눈물이 핑도랏고나
어린나는 대한말을 아지못하니
길을일코 못찿으면 어찌하리요
대한에 情다움에 동모들이여
사랑하며 친절하게 도와주서요
사랑하며 정다웁게 노라주서요

韓國

동천에 —

복동이

옛날에 어떤곳 복동이는
아희들이 작란하는 거북을보고
불상하게 生覺하여 싸가지고
깊고깊은 바다속에 놓아주었네

어떤날 크다만 거북이나와
여보여보 복동나리니
용궁이라 하는데 좋은곳이니
그곳에로 나를따라 구경갑세다

복동이는 거북이 등에 올라타고
물결위와 바다속가지
잉어되미 고등어 준치방어
떼를지어 노는것을 헷쳐나가네

삷여보니 놀랄만한 작은문이며
산어기둥과 진주집웅
수정과 유리로 장식을하고
방에도 번쩍이는 요궁이로다

용궁 용왕님이게 달려서
복동이는 삼년동안을
요궁에서 걱정없이 지나는中에
저의집 부모生覺 간절하엿네

문밧게 나와 보니 집도 없고
이상스런 보배상자
열고보니 그속에서 연기가 나와
머리가 새하얏케 늙으니 되엿네

그리운 고향

푸른산 저넘에로 멀니보이는
새파란 고향하날 그리운 하날
언제나 고향집이 그리울 제면
저산너머 하날멀리 바라봄니다

반공에 높이나는 저기럭이는
그리운 고향하날 찾어가노나
외로이 고향그려 내의회포를
저기럭아 고향집에 전해나주렴

自然美

中天에 높이떠서 우는저새와
절벽에서 내리는 장쾌한폭포
천연에 음악을 노래하는듯
끊이지 안는 저 바다 파도치는 소래

시내가에 늘어진 푸른버들과
천공에 빛나는 밝은저별은
천연의 경개를 그려내인 듯
造物主의 조화가 이것이 아닌가

錦繡江山

금수의 江山에서 우리자라고
무궁화 화원에서 꽃피려하는
배달에 어린동모 노래부르자
세상에 두려운게 무엇이냐

봄노래

치운겨울 다가고 봄이왔다
아해들아 오너라 노래하자
제비는 삼월삼진 강남에서
바다넘고 江건너 나러온다
따따따따 이것은 봄의나라
사시장춘 꽃피는 봄의나라

놀자 동모야

놀자 동모야 서로 사랑하며 서로 도와주자
우리의 일홈은 한국아동이로다

놀자 동모야 서로 사랑하며 서로 도와주자
오날은 우리들의 즐거운날이다

放學

공부다 파하고 집에 도라가오니
선생님 선생님 安寧이 긔십시오

비둘기

다섯마리 비둘기 마루우에서
한마리는 날고 네마리는 남네
꾸꾸꾸 꾸꾸꾸 우는소리
꾸꾸꾸 꾸꾸꾸 들리는도다

네 마리 비둘기 마루우에서
한마리는 날고 세마리는 남네
꾸꾸꾸 꾸꾸꾸 우는 소래
꾸꾸꾸 꾸꾸꾸 들리는도다

모란봉가

금수산에 몽킨연기 모란봉이 되엿고나
활발한 기상이 生起난 듯
제일江山 平壤城은 一等○園이 안인가
快活한 흥치가 生기난듯
금수산에 모란봉아 내사랑아
반공중에 우뚝솟아 이는 모란봉아
네가 내사랑이라 모란봉아

라라라

나귀우는 소리 듯기좋코나
까치 안이가면 나러가겟네
라라라라라라 라라라라
라라라라 라라라라라

푸른 하날

푸른하날 은하수 하얀쪽배에
괴수나무 한나무 톡기한마리
돗대도 안이달고 삿대도없이
가기도 잘도간다 西쪽나라로

은河水를 건너서 구름나라로
구름나라 지나서 어데로가나
멀리서 반짝반짝 비처잇는곳
새별이 등대란다 길을차저라

종로네거리

리화는 둘이둥둥 하날에날고
닭소리 개명산쳔에 끊어젓고나
봄이되면 거리거리에 꽃이피더니
쓸쓸타 五百年後에 종로네거리

아버지 어머니 이리오서요 보서요
내가 놀러와 여기서 노래하지요 노래해

이리와 보서요 둥근달이 솟앗소
둥글고 둥글어 공과갗이 둥글어
깊은물 높은산 어데든지 비최며
앞뜰과 뒤산에 명랑하게 비쵯소

곻은 강산

삼천리 곻은 江山 노래부르세
어느곳 가서든지 노래부르세
높은산 맑은물이라 내역사니
꿈에도 잊지말고 노래부르세

나의 故鄉

나의살든 고향은 꽃피는山谷
복송아꽃 살구꽃 아기진달래
울긋불긋 고때월 자리인동네
그속에서 살든때가 그립습니다

새나라

어허야 더허야 어허허리
어기옃아 배떠난다
옛나라야 잘잇거라 나는가네 새나라로

어허야 더허야 어허허리
어기여차 잘잇거라
만경창파 말리길에 나는가네 새나라로

어허야 더허야 어허허리
어기여차 배 떠나간다
인제가면 언제오나 나는가네 새나라로

어허야 더허야 어허허리
어기여차 돗을단다
잘잇거라 잘잇거라 나는가네 새나라로

봄이와

봄이왓네 봄이와 수처녀의 가슴에도
나물캐러 간다고 아장아장 걸어가네
산들산들 부는바람 아리랑타령이 절로난다
아아아아 아아아아 아아아

산고개

싸락눈 오는밤에 나와맞나려
고개고개 뛰넘어 그대가왓소
자든닭 꼬꼬울제 나는그대를
산고개 바라주며 잘가라햇소
눈오는 밤이되면 그대의일이
아니나 닛치우고 다시금새로워

산들바람

산들바람이 산들분다
달밝은 가을밤에 산들바람분다
아 꽃이 지면 이마음을 어이해

산들바람이 산들분다
달밝은 가을밤에 산들바람분다
아 나비가면 이 맘을 어이해

따름강

아지랑이는 달빛을 가리고
桃花江邊에 나뵈기여잇다
흘으난 물결 꽃바다이르고
지저귀는 새 여기가 따름강
(후렴) 어기여차 배를저어 달그림자 깨치이며
　　　 은파연월 일엽편주 어화둥실 떠나간다

피리소래는 바람결 이르고
바람이 부니 물결이 날린다
이배가는 곳 그어데매냐
은하수까지 내저어 가리라

曠野

사랑의 故國길 떠나선
流浪民 자최 엄숙한 곳은
하날에 해돋을곳 모르난
멀고도 넓은 광야이로다
구름속 北方돌든 기럭도
피토하고 떠러젓건만
표박한 流浪民 발자최는
광야의 꼿을찾어 江언덕까지

長恨夢으로 순礼 드리난
微風에 풀들은 속살거리고
東便에 구름 西便에 노을
다광야 우에서 모여들고
발없는 밤에 반짝이는 별
잠잠한 광야우에 흘러나린다

아득한 광야 끗없는 광야
바람도 方向몰라 나라가는곳
천년이 하늘품은 自然도
늙은길 몰라 방황하도다
나그네의 끌르 눈물 막킬때
혈조만 깊이 흘러나리고
애끌른 가신 님을 부를제
광야여 어찌하여 말이 없는가

流浪客의 우름

거츨고 훗튼몸에 마음은 빗나려라
두견새 남산우에 그소래 처량한듸
애닯은 빈터우에 덧없이 부는바람
외로운 나그네의 心腸을 잡어끄내네
외로운 나그네의 心腸을 잡아끄내네

해안의 흰갈매기 배쪼는 그심사에
봄비에 훗터지는 야화의 방황이라
한밤에 寺鐘소래 두문환 노야악마
류랑客의 우름만 잠든길에 흘러라
류랑客의 우름만 잠든길에 흘러라

봄비는 밤저자에 희미한 半月이요
끚없는 먼길에 갈길은 아득하다
但半에 떠도는 몸둘곳 어데드냐
北斗星 쓰러질때 길막는 유랑客아
北斗星 쓰러질때 길막는 유랑객아

센타루시야

창공에 빗난별 물우에 어리여
바람은 고요히 부러오누나
나의배는 살갗이 바다를 지난다
센타루시야 센타루시야

아름다운 東山 幸福에 나풀리
선천과 草木들 기다리누나
정깊은 나라에 행복아 기러라
센타루시야 센타루시야

感秋歌

어언간 삼추는 지나가고 가을바람 서늘한대
단풍닢은 떠러저서 뜰앞을 쓸도다

문전의 楊柳는 빛을일코 누른국화 피엿스니
이세월이 덧없서서 호걸이 늙는다

청산에 만수는 꿈을꾸고 추풍낙엽 되일망정
록엽없다 하지마라 송죽이 푸르다

반도를 단장한 이江山아 별일도 많도다
몇가을을 지낸나냐 사千餘年 歲月갓네

本鄕歌

日落西山에 黃昏되고 바다저편 언덕 캄캄할 제
먼데서 오는 바람소래 本鄕 消息일세
(후렴) 뭇별이 고요한 저건너
　　　사랑의 빗이 充滿한곳 喜樂이 充滿한 반도강산
　　　永永 내집일세

정다운 빛에 목소리는 내귀에 항상 쟁쟁하고
슯으고 외로운 이나그내 本향 찾아가네

黃昏이 점점 갓가올때 저건너 소식 더반갑다
먼데서 반짝할 때마다 本鄕 찾아가네

살어지는 情炎

실솔의 우름이 하도 처량해
답답이 들린잠도 소스라처 깨이니
×生각하는 마음 사랑도 꿈이엿다
사러지니 덧없어

서리바람 저믄꽃 하도 애처려
곱곱이 맺인서름 구비구비 흐르네
지난꽃 남은한 청춘도 꿈이엿나
살어지니 덧없어

가을밤에 저달이 하도 처량해
갓득이 산란한 마음 가락가락 흔들려
지는달 새볏빗 꿈길도 덧없서요
사러지니 그만이

留學歌

모자를 흔들면서 사랑하는 여러분
오래동안 많은 사랑을요 받앗음니다

이몸은 모쓰커로 留學하러 가오니
이뒤에 피는 꽃을요 꺽지나 마서요

꺽지도 안으리라 꺽지도 마서요
아무쪼록 ××대학을요 맞이고 오서요

기차는 떠나간다 ×××를 향하여
山모통이 거문연기가요 내속이 상해요

그러나 할수없다 明年이때 돌아오면
사랑하는 나의 love 얼서나 相逢하리라

눈물진 두만강

두만江 푸른물에 노젓는 배사공
흘러간 그옛날에 옛님을 실고
떠나든 그배는 어데로 갔오
(후렴) 그리운 옛님이여 그리운 옛님이여
　　　언제나 오려는가

눈물도 달밤이면 목메여 우는대
님잇는 이사랑도 한숨을 쉬니
추억에 목메인날 애닯은 하소

님가신 江언덕에 단풍에 물들고
눈물진 두만江에 밤새가 울면
떠나는 그님이 보고싶고나

朝鮮海峽

푸른파도 흰파도 하염없는 저바다
故향을 生각하면 어리석고나
그날에 그싸홈에 모다빛인 이내몸
妻子를 生覺하면 어리석고나

푸른구름 흰구름 하염없는 저하날
故향을 가르치면 물새가 운다
안해여 굿세이게 아름답게 되여라
봄날은 풍우우에 오는것갓다

제목없음

江물은 출렁출렁 달빗을 실엇고나
내고향 山幕아래 산재비 집을질제
이아들의 그미환향 기다리는 父母님
이소식 일자上書 아들처럼 반기소서

양류는 술렁술렁 꽃닢을 실엇고나
내고향 떠나온지 몇번채 봄이련고
無心으로 보냇나 有心으로 보냇나
사나이 맹세만은 鉄石에다 빗겻노라

제목없음

담배대 털더니 땅속에 가고
아가는 힘있게 자라나나니
딴딴딴 딴딴딴 딴딴딴딴딴
이땅의 아가는 배달의 아가들

靑山과 綠水야 변함이 없이
아가는 힘있게 자라나나니
딴딴딴 딴딴딴 딴딴딴딴딴
韓國을 지고갈 배달의 아가들

우리 애기각씨

우리애기 각씨 어여쁜 각씨
할머니가 쥐면 늙어진다고
못만지게 하지요

우리애기 각씨 어여쁜 각씨
언니가 쥐면 고와진다고
조와하지요

병에핀 진달래 한가지 꺽거
양산씨우고 어머니 앞에
나들이 가지요

追憶의 꿈

옛님을 生覺사록 원망만이 더하고
추억은 길고길어 잊을수가 없네
애닲은 이가슴에 맺인 서름을
한평生 물리여준 그옛날이라

믿으면 믿을사록 속아사는 이세상
그누구를 마음깊이 그리어하나
맛나면 웃늘얼골 情다온 말도
떠나면 꿈과같이 잊어버릴걸

물속에 잠긴달은 잡을듯이 못잡고
맘속에 감춘情은 알듯이 몰라
피는꽃 어린몸이 傷處를 당하니
울면서 잊으랴는 그 옛날이라

港口의 한 밤

世上일 뜻없으니 믿을곳없어
마음속에 감춘情을
그누가 알이 그 누가 아리

잠들어 이서름을 잊어나 볼가
떠나는 그를잡고
울어나 볼가 울어나 볼가

외로운 이한밤을 홀로 새우니
하늘가 별빛맞어
故鄕이 그리워 고향이 그리워

무궁화 내 倍達

- 동해물과 曲

화려강산 동반도는 우리 본국이요
품질좋은 단군자손 우리 國民일세
(후렴) 무궁화 내배달 화려강산
　　　우리나라 우리들이 다시 건성하세

애국하는 의긔열성 백두산과 갓고
츙군하는 일편단심 동해갓치 깁다

한배자녀 오직한맘 나라사랑하세
사농공상 상하없이 직분을다하세

우리나라 우리민족 황쳔이도으사
만민동락 영원토록 자유독립하세

앞뫼의 츩갓치

- 동해물과 曲

둘즘잘의 한배아들 우리 겨레이오
반잘해의 오랜나라 우리 박달털세
(후렴) 앞뫼의 츩갓치 우리겨레
　　　 이 땅우에 엉키여서 골잘해 퍼지세

우리겨레 맑은마음 늘흰뫼와 갓고
우리겨레 깊흔사랑 시바다가 얇다

하나님이 도와주샤 임검의 터에서
우리겨레 제풀대로 날뛰게 하소서

槿花世界

우리나라 신대한국 만세무강 하옵소서
백두산이 외외하고 한강수는 양양한데
단군성자 삼천만중 그와갓치 희고맑다

대쥬재께 비나이다 근화세게 우리나라
千萬世에 무궁복을 그와갓치 나리소서
거룩하고 거룩하다 우리나라 거룩하다

나라 보전

- 獨立軍歌 曲

단군께서 건국하신 우리 대한국
산은놉고 물은맑은 명승지로세
말도갓고 의복갓흔 우리동족이
한마음 한뜻일세
(후렴) 만세만세 이천만동포 만세만세 삼천리 강토
　　　우리나라 우리들의 우리 힘으로 영원히 보전하세

하나님이 주신우리 살찐토디와
생명재산 우리것을 보전합시다
보국으로 맹약하고 합심다하니
독립이 완년토다

우승열패하는 오늘 이십세게에
잠시라도 방심말고 전진합시다
애국셩과 단결력을 날로 배양해
국사를 도와보세

내 나라 사랑

대한민국 동포들아 정신들 차려라
몸과맘을 모도바쳐 몸과맘을 모도바쳐
내나라 사랑해 내나라 사랑해

한조상에 갓흔자손 애정이 만코나
동포정세 생각하니 동포정세 생각하니
내나라 사랑해 내나라 사랑해

사망할데 님한자야 어이하잔말가
힘과맘을 모도드려 힘과맘을 모도드려
내나라 사랑해 내나라 사랑해

국권회복 인민안락 어이하면할가
쯧과맘을 모도다해 쯧과맘을 모도다해
내나라 사랑해 내나라 사랑해

옥야 삼천리

- 찬송가 147 曲

륙대부주 광활한대 아세아 동반도
백두산 일지맥이 동으로 흘너서
화려강산 되엿으니 옥야아 삼천리
금은동철 싸여잇고 살님도 조코나

단군께서 창업하고 례의로 가르처
효자츙신 영웅들이 수없이 생겨고
문명하게 지내더니 우리대에 와서
자유국권 어데가고 망국인 되엿나

십륙억 만인중에 슯은것 만흐나
나라업는 우리동포 데일 슯으도다
애국하다 죽은사람 제직분 다하니
녜로붙어 츙신열사 우리도 본밧세

금수동물 버러지도 제집이 잇거든
집과땅이 업는우리 쌔와살이 부서저도
겁없이 나아가 삼도왜적 물니치고
승전고 올리세

긴날이 맛도록

긴날이 맛도록 생각하고 깁흔밤 들도록 생각함은
우리나라로다 우리나라로다 길이생각 길이생각

내먹고 마시며 의탁하여 늘뛰고 놀면서 생장한곳
우리나라로다 내일생 사랑해 길이사랑 길이사랑

나의 부모형제 갓치살고 선조들의 해골 뭇친데는
우리나라로다 항상잇지못해 닛지못해 닛지못해

태산이 변하고 바다되고 바다가 변하고 들이된들
나라사랑하는 이마음 변할소냐 길히불변 길이불변

내나라를 내가 사랑하지 뉘가 내나라를 사랑할고
내몸이 죽어도 내나라 보전해 길이보전 길이보전

우리민족 날로 번영하고 우리나라 독립 공고하야
우리나라 영광항상 빗나겟네 길이영광 길이영광

맛나생각

- 安昌浩 作

사랑하는 우리 쳥년들 오늘날 서로 맛나보니
반가운 뜻이 만흔 中에 나라생각 더욱 만코나
언제나 언제나 독립연에 다시 맛날가
언제나 언제나 독립연에 다시 맛날가

靑年들아 참분하고나 저원수가 참분하고나
져원수를 몰아내고서 국권회복 소원이로다
언제나 언제나 개선가를 높이 부를가
언제나 언제나 개선가를 높이 부를가

靑年들아 참괴롭고나 남의속박 참괴롭고나
이속박 버서바리고 自由世上 소원이로세
언제나 언제나 自由鐘을 크게 울릴가
언제나 언제나 自由鐘을 크게 울닐까

靑年들이 조상나라를 망케함도 내채김이요
흥케함도 내직분이라 락심말고 奮發합세다
소원을 소원을 셩취할날 멀지 안토다
소원을 소원을 셩취할날 멀지 안토다

혈성대

신대한에 애국청년 끓는피가 뜨거워
일심으로 분발하여 혈성대를 조직코
조상나라 붓들기를 굿게 맹약하엿네

두려마라 부모국아 원수들이 막으되
담력잇고 용맹잇는 혈성대의 청년들
부모국을 직히랴고 굿게 파수섯고나

혈성대에 조국정신 쌔에깁히 잠기여
산은능히 뽑더래도 그정신은 못뽀바
장할세라 장할세라 혈성대에 그정신

혈성대의 츙의절게 굿세고 굿세다
쇠는능히 굽여도 그절개는 못굽여
장할세라 장할세라 그절개에 그절개

번개갗이 활동하고 벽력갓치 맹렬한
혈성대의 장한긔개 뉘가능히 막을가
장할세라 장할세라 혈성대의 그긔개

대포소리 부드치며 칼이 앞을 막으되
모험하는 혈성대는 돌격셩만 부르네
장할세라 장할세라 혈성대의 맹진력

혈성대의 흘린피가 하수갓치 흘러서
나라영광 나타내고 나라위엄 떨치네
혈성대를 혈성대를 항상노래 하리라

내나라 보전

- 안창호 작

갖이놉고 귀즁한말 애국하라 한말일세
땀흘니고 피흘니어 내나라를 보전하세

셩품조코 기질조흔 단군자손 즁다하다
총명하고 준수하니 문명국민이 아닌가

산고수려 우리강토 모든물산 풍족하고
반도강산 죠흔위치 슈륙통상 편리하다

신셩하다 우리민족 애국심을 분발하면
쳥구산하 우리나라 부강하기 어렵잔타

너도애국 나도애국

하늘땅이 개벽한후 동방반도 대한
황천이 풍부햇스니 우리것 아닌가
내가아니 직히면 뉘가능히 직힐가
정신차려 눈을쓰라 지금이 어느때냐

華麗江山 그가운데 사는이 누군가
한옷입고 한말하는 우리 동족일세
나라일을 위하여 서로도와 힘쓰라
이큰집을 保護할이 우리들이 아닌가

國權回復 할이들은 우리들 뿐이니
남녀노소 누구던지 직분을 다하여
괴로우나 험하거나 나라위해 일하세
너도애국 나도애국 이것 제 직분일세

못노하

아세아 동편에 돌출한 반도
단군이 품부한 복地로구나
에라 노아라 못 놋켓구나
삼천리 강산을 못 놋켓구나

品質도 剛하고 義氣도 만흔
檀君의 혈속이 우리로구나
에라 노아라 못 노켓구나
삼천만 同胞를 못 노켓고나

하나님께옵서 우리내실 제
自由와 獨立을 안 주셨나요
에라 노아라 못 노켓구나
大韓의 國權을 못 노켓고나

삼척에 장검을 빗기들고셔
져 원수 머리를 버히잣구나
에라 노아라 못 노켓구나
저 원수 목아지 못 노켓구나

단군긔렴

굿은마음 한글갓흔 각방사람이
우리셩조 크신빗에 모혀드려서
아모거나 갓치하자 맹세하던날
깃붐으로 노래하여 송祝합세다

끈침업는 어진바람 새해에 불고
녹지안은 은혜이슬 팔역에 밧아
영원히 큰참 복락이 보편하던날
깃붐으로 소래해여 송축합세다

힘끗셩끗 정의위해 활동하여서
괴로움에 쌔져잇는 만방사람을
건져내여 함께살기 경륜하던날
깃붐으로 노래하여 송축합세다

대주재에 앞에나와 공손히 꿀어
어린아희 마음으로 정성드려서
쳐음으로 하늘길을 개척하던날
깃붐으로 노래하며 송축합세다

대황조공덕

우리시조 단군께서 태백산에 강림하사
나라집을 창립하여 자손에게 주시엿네
거륵하고 거륵하다 대황족의 놉흔성적 거륵하다
거륵하고 거륵하다 대황조의 놉흔성적 거륵하다

모든곤란 무릅쓰고 황무지를 개척하샤
오곡백화 번생식혀 우리자손들을 길으셧네
잇지말세 잇지말세 대황조의 놉흔은덕 잇지말세

모든위험 무릅쓰고 만흔즘생 모라내샤
해와득을 멀니하여 우리자손들을 보호햇네
변치말세 변치말세 대황조를 향한충성 변치말세

착한도를 세우시고 어진정사 베푸시와
청구산하 빗내시고 천자만손 화락하게햇네
닛지말세 닛지말세 대황조의 어진덕화 잇지말세

개천절가

즐겁도다 상원갑자 십월삼일에
태백산우 단목아래 셔긔둘니니
거록하고 인자하신 우리한배님
천부삼인 가지시고 강림하셧네

하나님의 크신사命 바드신한배
혼구에서 방황하는 우리자손을
넓히건저 살니랴고 나리시던날
깃붐으로 노래하여 송축합세다

위험하고 곤란함을 무릅쓰고
악한즘생 물니치고 개척하신후
이족들을 어루만저 덕화베프샤
우리자손 太平으로 살게하셧네

御天節歌

봄바람이 곱게부는 삼월보름은
덕이놉흔 우리셩조 단군께옵셔
지금부터 사쳔이백 오십-년젼
나라위해 올으시던 어쳔절이라
샹제에 크신사명 바드신한배
어둠에 쌔저잇는 억만무리를
넓히건져 살리랴고 올으시던날
깃붐으로 노래하고 마지할게다

의지업는 우리자손 살게하려고
악한즘생 몹쓴종족 몰아내시고
금젼옥토 조흔강토 차지하심은
우리덜에 잇지못할 깁흐신은덕

억만무리 우리자손 건지시랴고
대종교의 넓문을 창립하시고
하나님의 크신복을 젼해주심은
우리들의 닛지못할 넓으신신화

국긔

아세아동 대한국은 하늘이 살피신 내나라
태극조판 하옵실때 우리나라 창립코
어천만세 무궁토록 무극으로 견고해
문명천지 백일하에 영원토록 빗나네

상하천재 문명기호 우리의 국긔에 빗나네
우리국긔 나는곳에 자유자강 확실코
츙효졀의 겸젼하여 보국안민 지극해
삼쳔리는 광명하고 삼쳔만은 새롭다

건곤감리 태극긔는 우리의 졍신을 들이고
맑은마음 강한긔운 태극갓치 놉히셔
금수강산 명승지에 빈틈업시 날니세
쳔만세 무궁토록 우리함게 하리라

다시 산 태극긔

삼각산 마루에 새벽빗 빗췰제
그그립던 태극긔 네보앗냐 보아
보앗나 보앗다 죽은줄 아럿던
우리귀한 태극긔 오늘 다시 밧네

자유의 바람에 태극기 날니네
동포들아 니러나 만세를 불너라
다시산 대한국 태극긔를 위하야
만세 만세 만세

大韓魂

화려한 강산 우리 대한은 삼천리 범위 적지 안토다
백두산으로 한라산까지 자연한 경개 그려냇도다
(후렴) 선조가 임이 여긔못첫고 우리도 대한혼이 되리니
　　　사천년 조국 대한 강토를 내 집을 내가 보호하리라

言語와 衣服갓흔 民族이 한마음 한쯧 든든하고나
원수가 비록 산하 갓흐되 자유의 졍신 꺽지 못하네

귀하고 빗낫 우리 태극긔 우리의 혼을 모다드리네
강강한 맘과 굳은 단체로 동족을 서로 도와주리라

용감한 우리 청년 남녀야 조국의 정신 잇지마러라
우리의 힘과 졍셩다하야 국민의무 감당합셰다

나라의 한 아바지들

종소리가 어둠속에 비통하게 울니워서
영광잇는 그력사의 문명함을 조상한다오
오나라의 한 아바지들 우리가 상하의
차고 빗업는 땅우에 업드려서 우는 그때

우리 력사

백두산이 붓이되여 한강수로 먹을 갈고
청쳔으로 죵히삼아 우리력사 써보리라

수양왕의 백만대병 검무고혼 되엿스니
을지장군 삼쳑검이 쳔만고에 빗낫도다

리세민의 삼십만병 한싸홈에 쓰러지니
양만춘에 일편젼이 젹의혼을 일케햇네

신라츙신 박제상은 왜젹의게 사로잡혀
죽기까지 불복하니 그졀개가 강하도다

백제재상 셩츙이는 옥중불식 림종시에
일폭상셔 간졀하여 그마음을 뵈웟도다

우 리 녯 력 사

우리력사 삷혀보니 녯날판도 장하도다
만주벌과 서비리가 모다우리 녯짱일세

황조유택 무궁하야 북부여의 단군자손
나라터를 굿게각고 이천여년 다스렷네

동명성왕 복래하여 혼강일대 자리잡고
고국려를 건설하야 그때형세 장하엿다

환도성에 아직까지 광개토왕 비문잇다
남정북벌 간곳마다 동양대륙 진동햇네

산해관에 옛무덤은 합소문의 뭇친데라
개세영웅 녯자최를 오늘까지 볼수잇다

롱천부를 도라보면 발해태조 사업다
사천만중 한호령에 해동성국 일우웟네

우리동족 김태조는 백두산에 터를닥고
이천오백 정령으로 횡행천하 족하엿다

이러하든 녯기업이 오늘내것 안되엿네
그러하나 분발하여 조상력사 다시잇세

우리말과 글

놉히소슨 장백산하 고흔 련연계
녯젹우리 신셩한씨 처음 생겻네
특별한땅 특별한씨 우리 민족이
서로 쓸 말 냇네
(후렴) 넓히넓히 우리말 넓히 멀니멀니 우리 글 멀니
　　　우리말과 우리 글은 긔묘하여서 세계 웃듬일세

총명하고 리상많은 설총 선생이
말에맞는 우리글을 지여 냇도다
아름답고 보배롭다 우리 민족의
특성을 그럿네

국민에게 조국정신 배양하기는
국문발달 식힐것이 필요하도다
간편하고 알기쉬운 우리 국문은
못 쓸 말이 업네

엇던나라 민족들을 삷혀 보건대
말과글이 구역싸라 각각 다르되
우리말과 우리글은 한결 것해서
널니 통용하네

우리나라 자랑

- 말과 글 곡

장하고도 아름답다 무궁화 벌판
금수강산 삼천리는 우리 집이요
성자신손 삼쳔만은 우리 겨레며
반만년의 긴력사는 우리 빗칠세

십륙억의 세게인종 모화 세우고
모든비교 가진시험 다해 보아도
영특하고 슬시잇는 문명 인종은
삼쳔만의 우리민족 하나 쑨일세

륙대주의 끗끗까지 두루 차즈며
오대양을 속속들이 뒤져 보아도
산은놉고 물은맑은 세게 공원은
삼쳔리의 금수강산 하나 뿐일세

이세상에 온갖셔책 한데 모흐고
이리찾고 져리뒤저 암만 보아도
오래되고 거룩하여 세게 웃듬은
반만년의 빗난력사 하나 뿐일세

나의 한반도

동해에 돌출한 나의 한반도야
너는 나의 조상 나의 나라이니
나의 사랑할이 오즉 너 뿐일세
한반도야

은택이 깁고나 나의 한반도야
내 선조와 우리 민족들이
너를 의탁하여 생장하엿고나
한반도야

삼천리 수려한 나의 한반도야
물은 맑고 산은 웅장한데
너를 향한 츙성 더옥 깁허진다
한반도야

꽃동산 반도

금수강산 삼쳔리에 조흔 경개는
쳔연으로 비져내인 공원이로다
산은놉고 물은빗난 고흔 모양이
한폭 그림일세
(후렴) 만세만세 우리나라 만세만세
　　　우리강산 만세만세 우리반도 거룩한 꽃동산

호호탕탕 태평양에 넓은 그 물은
동서남을 보기조케 둘너 잇스니
북편으로 연한대륙 끗이 없으니
수륙 젼진하세

백두산이 북에소사 남에 끗치며
남해속에 소사나니 한라산일세
그가온대 금강산악 일만이쳔이
병풍갓치 셧네

거륵하다 반도로되 화원 속에서
뛰고노는 삼쳔만의 딸과 아들들
아름답고 건장함이 옛날 예전에
아담에와 갓다

반만년의 긴력사를 드에 시른 후
삼쳔만의 귀한자녀 품에 안고서
용맹잇게 뛰여가는 반도 형세가
맹호 기샹일세

조선반도

무궁화 삼쳔리 내사랑 아화려한 네품에 안기여
자유와 복락을 누리면서 영원히 노래를 부르리
(후렴) 아름다운 조선반도 억쳔만년 무궁토록
　　　너는 내 사랑이니 너를 잇지 못해

시내물 흐르는 저동산은 귀하다 단군님 나신곳
무궁화 삼쳔리 화려강산 내사랑 만세라 만만세

고국을 떠나서 방황하는 동포의 그리운 정 깊도다
형제여 도라와 갓치살자 무궁화 동산은 네에 집

나의 사랑 한반도

- The last sase of summer 曲

나의사랑 한반도야 나언제나 다시볼가
꿈에놀던 나의반도 쌔여생각 나의 반도가
자나깨나 이가슴속 나의사랑 한반도뿐

나의사랑 한반도야 나언제나 다시볼가
나의부모 나의동생 고흔얼골 암암하도다
나언제나 목적일워 한반도에 다시갈가

모잇즐 한반도

산천이 수려한 한반도야
나의 사랑 나의 사랑
그리운 내맘이 너위하여
못 잇노라 나의 사랑
(후렴) 내 죽으면 바로 죽지
　　　　내 본향 넷집을 웨니즈랴
　　　　내 죽으면 바로 죽지
　　　　내 사랑 너를 잇즈랴

버들은 강변에 느러지고
쇠꼴이 봄노래한다
해당화 명사에 만발하고
봉접쌍쌍 날나온다

층암과 절벽은 웅장하고
폭포수는 快活하다
청풍은 夕陽에 은근하고
명월은 거긔 다정코나

槿花樂園

백옥갓흔 뫼봉들은 청천밧게
우람차게 소사잇는
반도야 반도야 내사랑 반도야
수정갓흔 폭포수는 구름속에
장판으로 그리워 잇는
반도야 반도야 내사랑 반도야
(후렴) 근화락원 한반도야 만세만세 내 깊은정 못 익여서
　　　조국반도 네게로 간다 네게로 한반도야 간다간다 네게로 한반도야

산명수려 깁흔곳에 주련화각
천국인듯 황홀하다
반도야 반도야 내 사랑 한반도
일난풍화 별건곤에 기화요초
션경인듯 찬란하다
반도야 반도야 내사랑 한반도야

단향나무 창창한곳 태백산에
집을짓고 거하고저
반도야 반도야 내사랑 한반도
무궁화꼭 작작한땅 에전동산
노래하며 춤추고저
반도야 반도야 내사랑 한반도

自由國

대한의 국민들아 너희조상 나라를
자유국으로 동셔에 활동하려면
우리의 긔반을 버서바리고
자유종치는 소리로 지구를 진동케하라

용감한 청년들아 우리조상 나라를
세세 전하던 동방의 력사국으로
오늘날 이 지경 웬일인가
와신상담을 하면서 국가를 위해 힘쓰세

국민의 결망들을 관찰하여 보시오
활발한 긔상 부러움 한량업도다
분하고 절통한 우리 국민도
일심단체 하고 보면 국권을 회복하겟네

우리의 自由

한반도 강산 우리나라는 단군의 유업 완연하고나
당당한 한국민 이천만으로 륙대주샹에 활동
(후렴) 하나님이 주신 자유를 대한사람 모다 가졋네
　　　　독립사상과 애국셩으로 우리 자유를 공고

先祖의 주신 살진 토지는 우리가 직힐 遺業이로다
怨讐의 野慾 生覺할사록 우리의 용긔 더욱

신대한국민 우리 동포야 국가 운명이 뉘게 잇는냐
우리 精誠과 힘을 다하여 내나라 국권 회복

自由를 일흔 나라 百姓은 容納할 곳이 젼혀 업고나
차라히 이몸 한번 죽어도 나의 自由는 永遠

自由聲

천동갓치 나는소리 금셕종을 울니는듯
우리의 자유셩일세 뉘 능히 당하리오
(후렴) 걱정마라 부모국아 걱정마라 부모국아
　　　自由를 위하여 나선내니 념려할것 아조업네

철퇴갓흔 그힘으로 나라怨讐 防備하고
자유의 權을 뽐내서 나라의 영광이로다

銃과칼을 견울때와 우리피를 흘닐때에
거룩한 우리따우에 원수가 설곳 업겟네

우리군긔 가는곳에 병립할자 전혀업고
유진으로 맹약하니 소향무적 이아니냐

사랑하는 自由

사랑하는 나의自由 언제다시 맛나볼가
우리목숨 다하기젼 너를다시 맛나볼가
일구월심 네의생각 이내맘에 간절하다
사랑하는 나의自由 너언제나 다시볼가

四千餘年 文明歷史 녯江山을 남겨두고
사랑하는 나의自由 奮鬪하여 努力하던
先烈들께 네갓느냐 사랑하는 나의自由
나를두고 어데갔나

정든품에 안겨잇는 젹자두고 어데갓나
苦와樂을 갓치하던 사랑하던 나의自由
너를차저 맛나랴고 류리하는 우리悽形
어느날에 너를맛나 깃뿐生活 하여볼가

靑年의 義務

靑年들아 靑年들아 新大韓國 靑年들아
四千餘年 祖國精○ 보기爲하야
죽고삶은 갓치하자 맹약이로세
(후렴) 新大韓國 靑年들아 우리원수 누군가
　　　 언제던지 이즐소냐 피를흘려 갑고야

이십世紀 競爭場에 자지말고 奮鬪하세
우리나라 자유○○ 피여보려면
우리靑年 學生들로 ○○으로야

우리目的 도達하기는 忍耐性에 달녓도다
어렵고도 무거운 짐지고 가는 자
永世福樂 ○○삼아 낙심말지라

大事業을 目的하면 위험한곳 당하리라
즐거우나 괴로우나 낙담말고서
세상 끗날되기까지 각각 힘쓰세

靑年의 뜻

靑天에 百日이 밝음과 갓치
조국의 영화도 빗나여라
祖國의 榮華가 빗나여짐은
청년의 할탓에 달넛도다
조국의 영화 빗나여짐은
우리 활탓에 달넛도다
청년아 힘써 조국의

님생각

만나보고 싶은마음 홀로달내는
으스릉 달빛아래 헤매이는몸
넘처나는 눈물을 참고 흐트니
넷園의 밤거리도 슲이떠도나

사랑으로 여웨어진 내그림자를
밤바람도 쳐량이 부러오건만
참사랑에 쫏겨나온 어린이몸은
울면서 우서야할 身勢람니다

찾아보기

1. 인명 찾기

가

강용권	39
강용이	79
강재천	72
계봉우	27
고종	168
공진원	192
곽영숙	30
곽재우	181, 185
곽종석	83
구양근	28
권동주	119, 158
권두현	119
권세연	83
권영민	57, 124
권중희	104
권진연	83
권철	20, 31, 46, 47
근원운인	119
기우만	68
김골패	79
김광현	119
김교제	119
김구	192, 222
김규식	113

김기전	148	김원용	170, 171
김기훈	134	김윤식	238
김대락	83, 84	김은철	209
김대웅	233	김이한	119, 246
김대행	236	김인식	25, 26, 156, 187
김덕균	246, 247	김일성	35, 38, 228
김도형	70	김재호	31
김도화	83	김정구	141
김립	27	김정숙	235, 236
김민수	205, 206	김정아	109
김병선	65	김제곤	179
김병하	52	김종한	119, 141
김복한	68	김좌진	112, 113, 119, 175,
김상기	52, 53, 54		176, 190, 193
김상호	27	김주인	90
김서정	119	김준식	86
김석송	208, 209	김준오	55, 65
김석영	109	김창순	175
김성태	176	김창욱	147
김세형	156	김천애	156
김억	119	김철남	119
김여	119	김춘미	132, 152, 186, 187
김영삼	158	김춘선	110
김영준	215	김태연	119
김영진	119	김평묵	77
김영철	65	김하락	68
김용락	121	김하석	27
김용직	57, 84	김학규	119, 192, 219, 246
김용환	141	김학길	215

김학동	65
김한산	39
김항	174
김혁	176
김현	238
김형원	208
김형준	26, 28, 119, 155
김형직	35, 228
김호	176
김홍규	243
김홍락	83
김홍수	109
김희산	39

나

나운영	25
나월환	192
나중소	176
나철	164, 174
낙천자	119, 158
남궁억	119, 166
노동은	19, 187, 251
노백린	119, 166
노자영	119
늘샘	119

다

多梅稚	36
동명왕	181, 190

라

랑화츄선	94
리델	94

마

맥켄지	51
맹석조	119, 143
모리가와 준(森川 潤)	150
문상명	30, 119, 158
문석봉	67
미우라(三浦梧樓)	67
민경찬	19, 25, 36, 37, 132,
	152, 186, 187, 228, 251
민긍기	181
민긍호	104
민병수	65
민병찬	36
민비	66
민영환	71
민종식	71
민중식	33

바

박규채	46
박노일	30
박노철	119
박명규	137
박상무	140
박성수	68, 72, 74, 75, 79, 106, 192
박세영	146
박승환	73, 74
박영만	119, 190, 191, 246
박영석	108
박용구	147
박용만	111, 119
박우영	99
박은경	26
박재곤	30
박재권	229
박재순	119
박정빈	104
박제상	181, 185
박종원	55
박지원	180
박찬호	215
박창욱	112
박태일	149
박태준	151
박한설	77, 89, 92
박훤	112
방인관	104
방정환	119, 139, 140, 149, 151, 153
백낙청	124
백석	145
백우용	156, 187

사

서덕출	148
서범석	140
서일	110, 113
석담생	119
석우로	181, 185
선우혁	222
선우훈	119, 221
성기옥	235, 236, 237, 238, 242, 244, 245, 249
송민호	60, 65
손병희	151, 169, 172
송영목	209
송옥동	119
송유철	157
송호	192
신고송	148
신덕영	119, 211, 246
신돌석	72, 73
신동한	69, 73
신명하	79

신범순	65
신숙	79
신숭겸	79
신용하	24, 28, 106, 175
신인애	174
신일철	149
신채호	70, 137
신태식	79
신하균	246
심명숙	153
심형택	31

아

안기영	151, 156, 187, 209
안병직	70
안병찬	68, 69
안신영	119
안중근	119, 181, 185, 190
안창호	119, 137, 166, 184, 232
안호상	30
안훈	192
안희제	176
양무춘	19, 29
양상은	119, 158
양세봉	115
양아	119
양헌	222
양헌수	71

여준	109
예창해	60, 63, 65
오광심	119, 210
오능조	119
오영선	27
오제동	176
옥인찬	119
와룡	119
왕세일	30
우성조	178
운생	119
원종찬	150
유도순	119, 139
유영	119
유인석	68, 71, 77
유중교	87
유중락	87
유중악	87
유진동	192
유홍석	76, 77
윤극영	119, 139, 151, 152, 154
윤동주	19, 32
윤병석	68, 109
윤봉길	119
윤사순	170
윤상우	86
윤석중	148
윤세복	176
윤세위	119

윤영천	14, 19, 140	이두산	119, 190, 246
윤익상	87	이득화	119
윤치호	119	이만갑	144
윤해	27	이범석	112, 119, 160, 192, 196, 246, 247
윤해영	31, 46		
윤희순	87, 89, 93, 210	이병기	119
栗林宇一	36	이상룡	83, 84
을지문덕	181, 190	이상설	109
이가	29	이상준	25, 26, 28, 156
이강년	79, 104	이상춘	119, 182
이강숙	132, 152, 186, 187, 209	이설	68
이계홍	147	이소응	87
이광수	32	이순신	181, 185, 190
이광종	205	이시영	83
이구용	89	이신성	30, 119
이국영	32, 40, 41, 142, 143, 144, 167	이영미	130
		이용구	172
이규송	119, 143	이용악	145
이규영	119, 204, 205	이우성	70
이근영	111	이원수	119, 147, 148, 149, 151
이노우에 타케시	25	이원일	176
이노우에(井上馨)	67	이유필	222
이노형	127	이육사	19
이능우	236	이윤재	119
이동녕	83, 109	이은상	30, 146
이동순	20, 64, 65, 99, 127, 140, 239	이인영	104
		이일래	148
이동언	175	이장녕	113
이동휘	27, 111	이재봉	31

이재철	151	정몽주	181, 182
이재현	216	정병욱	236, 238
이준	190	정봉준	104
이준식	192	정순철	151
이중연	32, 34, 35, 176	정열모	179, 180
이진룡	72	정원옥	112
이청원	65	정인보	176
이청천	192	정지용	146
이포영	119	정초랑	119
이필균	119	정한모	60
이항로	70, 77	정한용	122
이해평	119, 216, 246	정헌	209
이현익	175, 176	정환직	72
이현희	109, 175, 194	조기천	227, 228
일우	119	조남령	119
임기중	126	조남현	65
임진선	89	조동린	46, 219
임화	124	조동일	55, 236, 238, 239
		조두남	47
자		조만식	119
		조민	119
장관성	119, 143	조병세	71
장세윤	108	조성국	140
장응두	119, 242	조성환	113
장조인	119	조영규	182
장지연	71	조영진	227
장진영	119, 159	조운	119
장호강	30, 119	조종현	119
전우한	119	조헌	185

주근옥	209
주요한	32
지청천	113, 115, 119

차

차영철	46
창호일지	119
彩本長夫	150
채봉석	119
채영국	112
채형세	192
철종	168
최남선	32, 119, 150, 176
최덕수	128
최병서	119
최시형	169, 172
최용덕	192
최원식	122
최익현	70, 72, 181, 185
최인학	119, 159
최제우	169, 170
추미림	119
추양	119, 141, 240
칠백의사	181

하

하심	119, 136
하현강	66
한검	178
한시준	137
한얼	178
한용운	32
한울	178
한유한	29, 30, 246, 247
한정동	119, 139, 151, 153
한진교	222
한철수	31
한형석	191, 245, 246, 247
함호영	119
해일	119
향산	119
허위	104
현규환	107
현상윤	119
호리우찌 케이조우	25
홍난파	147, 150, 151, 155
홍범도	99, 100, 112, 113, 175
홍정수	147
황선열	37, 40
황유복	107
황학수	192
황현	205

기타

F. 엥겔스   233
K. 마르크스   233

2. 용어와 작품 찾기

가

가고파	146
가을의 송가	163
갑진 개혁운동	172
강남제비	31
개벽사상(開闢思想)	171
개벽행진곡	170
개천가	176
개천절 노래	176
개천절가	176
거름인 독립군	244
거북선가	182

거의소청(擧義掃淸)	69
거지수구(去之守舊)	70
결사전가	36, 233
경학사(耕學社)	83
계급전가	36
계급주의 문학	11
고난의 노래	195
古都感懷-夫餘神宮御造營 奉仕作業에 다녀와서	149
고병정가사(告兵丁歌辭)	76, 77
고치강의 노래	170, 172
고향	145, 158
고향생각	158

고향의 봄	147, 148, 149, 150, 151
고흔ᄃ 오룡 키드릐기	88
공농제(公農制)	114
공리회(共理會)	83
광복군가	192
광복군닐리리야	201
광복군맹진곡	244
광복군석탄가	192, 201
광복군아리랑	192, 201
광복군 행진곡	190
曠野	201
광제창생(廣濟蒼生)	173
교훈주의 문학(敎訓主義, didiactic literature)	64
구전시가(口傳詩歌)	23
국기가	192, 247
군가(軍歌)	13
군구제(軍區制)	114
궁을기(弓乙旗)	171
그네	227
근왕주의(勤王主義)	71
금수들은 브더보거ᄅ	88
금주가	212
기원절(紀元節)	27
기전사가(祈戰死歌)	196
기차	149
꽃 피는 고향	158
끓는 피	234

나

나가자 싸우자	36
나의 고지	227
낡은 우물이 있는 풍경	141
내가 조물주라면	208
내연(內燃)	158
녀성의 노래	36
논리적 휴지(論理的 休止, logical pause)	238
籠 속에 든새	213
농민혁명가	250
농부가	165, 166
누에 오른 나그네	73
눈물젖은 두만강	31
늙은 잠자리	152, 153
님 찾아가는 길	210

다

다뉴브강의 잔물결	187
단군성덕가	177, 178
단발령(斷髮令)	68
대의를 펼것	96
대한팔경	31
독립	22
독립군 추도가	200
독립군시가	12, 18, 21

독립문	240
동경대전(東經大全)	170
동학행진곡	170, 173
동학혁명군추모가	170, 173
동학혁명기념가	170, 173, 174
두루미	154
두만강 뱃사공	141, 240, 241
두만강	227
둔전제(屯田制)	114
등가적 범주화 (equivalence categorization)	237
따오기	152, 153, 154
落下傘	149

라

리나	192

마

만 번 죽어	74
망향가	159
망향곡	158, 160
메데가	36
모두 다 나서자	36
모두다 반일전으로	36
목숨의 금싸락	140
목포의 눈물	31
무산혁명가	250
문법적 구절(文法的 句節, grammatical phrase)	238
민족(民族, nationality)	122
민족문학	11, 12
민족혁명당(民族革命黨)	114

바

반달	152
半島の光	149
반일가	36
반일혁명가	36
방랑자의 노래	143
백두산	227
백마고지	158
백하일록(白下日錄)	83
버들피리	167
벌거숭이의 노래	208
병인양요(丙寅洋擾)	169
병정노리	87, 91
병정타령	96
병정ᄀ	88
보국안민(輔國安民)	169, 173
보리밧헤서-젊은 農夫의 노래	149
복군행진곡	193
복동이	224
복벽운동(復辟運動)	71
복지만리	31

봄의 송가	163
봉기가	96, 98
봉선화	155, 156
부왜문인	149
분통가(憤痛歌)	83, 84, 85
불순의 피	208
불타는 거리에서	227
불평등가	36
비누 풍선	149

사

사막의 한	31
사의 찬미	187
산토끼	148
살구꽃처럼	141
삼진귀일(三眞歸一)	175
삼천리 강산 에라 좋구나	31
새벽종	167
새야새야 파랑새야	97
생의 노래	227
생장의 균등	208
서민문화	130
서종록(西從錄)	83
선구자	31
선봉대	192
선죽교	182
섣달 그믐밤	149

소년군가	36
소년애국가	231, 232
소년행진가	232
숨쉬는 부두	143
승리 행진곡	190, 193
시간적 통합(temporal integration)	
	237
신가극삽곡	30
신미양요(辛未洋擾)	169
신방아타령	201
신세타령	87, 92
신아리랑	201
신의관 창의가	80
신출발	192

아

아, 지금은 새벽 4시	208
아관파천(俄館播遷)	70
아동가	36
아동심청전	140
아버지를 찾아서	198, 199
아베마리아	94
ᄋᆞᆫᄉᆞ롬 ᄋᆞ병노릭	88
ᄋᆞᆫᄉᆞ롬 ᄋᆞ병ᄀᆞ 노래	88
압록강 뱃사공	140
압록강 행진곡	190, 191, 192
압록강을 건너면서	242

압록강의 노래	230
앞으로 행진곡	192
애국지사의 노래	197
愛國の花	156
애기 혁명군	199
애수	155
애듈픈 노릭	88
어데까지 왔니	251
어린이	140, 148, 149
어여쁜 금방울	149
여명의 노래	192
여명의 애상	143
여성종군가	94
여수(旅愁)	143
영웅의 모범	184
왜놈만이 하는 그 짓	221
외놈압즈비들으	88
외로운 나그네	140
요나누키(ヨナ跋き)	187
용담유사(龍潭遺詞)	170
용병가	96
용진가(勇進歌)	190, 192
우국경시가	31
우리나라 어머니	192
우리의 길	227
위정척사(衛正斥邪)	71
流浪客의 우름	142, 143
유랑의 노래	143
유민시(流民詩)	14
유실(遺失)된 시간과 지워진 언어	158
율격(律格)	235
으병군ㄱ1	87
으병군ㄱ2	88
의병	51
의병가	96, 97
의병격중가	96, 97
의병노래	96
의병대가	96, 97, 99
의병창의가	96, 97
이향가	162
一番始めは	36
일어나라 만국의 로동자	36
일어나라 무산대중	36

자

자기성실성	19
자기정체성	19
장검가	184
장성(長城)의 파수(把守)	150
저항가요	22
적기가	36
赤旗の歌	36
적층문학(積層文學)	13
戰時下 農村兒童과 兒童文化	149
전우를 그리며	218
전우추모가	219

점진학교(漸進學校)	185	천장절(天長節)	27
정의의 개가(凱歌)	150	청춘의 희망	161
제시형식(提示形式, form of presentation)	55	최후의 결전	192
		추도가	36
조국해방가	36	치명수지(致命遂志)	70
조국행진곡	192		
조선문학가동맹	150		

타

조선민족전선연맹(朝鮮民族戰線聯盟)	114
조선은 싸운다	227
조선의 어머니	227
조선의용대(朝鮮義勇隊)	114
조선인민혁명군	36
조선타령	140
조선프롤레타리아문학동맹	150
존화양이(尊華洋夷)	71
죽음을 원쑤에게	227
志願兵을 보내며	149
집단귀속감정(集團歸屬感情)	122

타향살이 31
통일전선가 36

파

파스큐라 208
폐정개혁(弊政改革) 169
피지 못한 꿈 140

차

찬미가	94
창가(唱歌, ショーカ : 쇼오까)	24, 31
창의토왜(倡義討倭)	67
척사운동(斥邪運動)	71
척왜양이(斥倭攘夷)	169
천도교청년당가	170, 174

하

하나씩의 별	146
학도가	214
한국군가	241, 242
한국청년전지공작대 (韓國靑年戰地工作隊)	217
한얼(桓雄)님의 축복	164
항구의 한 밤	144

항일가요	21, 22
항쟁의 려수	227
항전론(抗戰論)	71
향수	146
허생전	180
혁명가요	21, 22
혁명군이 되었다	251
혈흔(血痕)의 묵화(墨畵)	140
화물차가는 소리	222
후천개벽(後天開闢)	171
흘러가는 저 구름	192
흰 바위에 앉아서	227

기타

3·1 운동가	230